Wolfgang Plat
Attentate

Wolfgang Plat

ATTENTATE

Eine Sozialgeschichte des politischen Mordes

ECON

1. Auflage 1982

Gesetzt aus der Times der Fa. Hell
Satz: Bauer & Bökeler Filmsatz GmbH, Denkendorf
Papier: Papierfabrik Schleipen GmbH, Bad Dürkheim
Druck und Bindearbeiten: Richterdruck, Würzburg
Printed in Germany
ISBN 3 430 17495 3

Inhalt

Tyrannen und ein Hund der tobt – wer die ertödt, der wird gelobt.
Johann von Schwarzenberg

Es machte mir stets eigene Gedanken,
Was man vom Tod des vierten Heinrich liest.
Der König fühlte das Gespenst des Messers
Lang vorher in der Brust, eh sich der Mörder
Ravaillac damit waffnete. Ihn floh
Die Ruh', es jagt' ihn auf in seinem Louvre,
Ins Freie trieb es ihn; wie Leichenfeier
Klang ihm der Gattin Krönungsfest, er hörte
Im ahnungsvollen Ohr der Füße Tritt,
Die durch die Gassen von Paris ihn suchten.
Friedrich Schiller, »Wallenstein«

. . . doch drohend der Tyrannenmacht
blinkt silberhell vom Leichensteine
des Dolches Schneide durch die Nacht.
Alexander Puschkin, »Der Dolch«

Jeder Zoll, den die Menschheit weiterrückt, kostet Ströme Blutes. Und ist das nicht etwas zu teuer? Ist das Leben des Individuums nicht vielleicht ebensoviel wert wie das des ganzen Geschlechts? Denn jeder einzelne Mensch ist schon eine Welt, die mit ihm geboren wird und mit ihm stirbt. Unter jedem Grabstein liegt eine Weltgeschichte.
Heinrich Heine, »Reisebilder«

»Wir sind alle sehr schlecht untergebracht. Auch die Verpflegung ist schlecht, sowie die Bezahlung. Aber an Strike ist nicht zu denken. Zu viele sind bereit, an unsere Stelle zu treten. Man sollte diesen ganzen ausbeuterischen Kasten in Asche legen. Ich bin Anarchist, müssen Sie wissen, voilà ce que je suis.«
Es war ein sehr netter, kindlicher Junge.
Thomas Mann, »Felix Krull«

Bei tote Könige, da kommt dat janz schnell raus, wer da die Finger drin hatte. Ährlich!
Jürgen von Manger

Vorwort

Unter einem Attentat wird *jeder politisch motivierte Anschlag auf das Leben eines Menschen in hervorragender gesellschaftlicher Stellung* verstanden. Das Attentat ist in der Geschichte der Menschheit keine Ausnahmeerscheinung, sondern ein immanenter Bestandteil des historischen Ablaufes der Weltgeschichte, wie Kriege, Thronwechsel, Entstehung neuer Produktionsweisen und neuer Produktionsverhältnisse, Revolutionen, Seuchen und Überschwemmungen.

Gerade die Jahre 1980 und 1981 wurden in der Publizistik als *»Jahre der Attentate«* bezeichnet, und in der Tat: mit dem rechtsextremen Bombenanschlag im Bahnhof von Bologna und der Bombe auf dem Münchner Oktoberfest im Jahre 1980, mit den Attentaten auf die Präsidenten Reagan und Sadat und auf den Papst im Jahre 1981 ist das Phänomen des Attentats noch mehr in den Mittelpunkt des allgemeinen Interesses gerückt als vorher.

Es werden in diesem Buch aus fünf Jahrhunderten zwölf Attentate geschildert, aus einer langen Reihe vieler hundert politischer Morde, die geschichtlich gesichert sind. Nicht auf die Schilderung möglichst vieler Attentate kam es mir an, sondern vielmehr darauf, den Leser mit Geschichtsabschnitten bekannt zu machen, in die das jeweilige Attentat eingebettet ist. Denn nur so erschließt sich die geschichtliche Erscheinung des politischen Mordes dem Leser in allen ihren Aspekten.

In einem abschließenden Essay habe ich den Versuch gemacht, vom Standpunkt der Historiographie das Attentat als geschichtliche Erscheinung zu deuten. *Wer in die Problematik eingeführt werden möchte, sollte diesen Essay zuerst lesen.*

Wertvolle Anregungen für den Essay gab mir *Peter Voss-Andreae*, Hamburg. Für die Übersetzungen aus dem Russischen für das schwierige Kirow-Kapitel danke ich *Krystyna Götz*, Kassel.

Ebenso bedanke ich mich bei *Vera Schröder*, von der die Idee zu diesem Buch ursprünglich stammt.

Mein besonderer Dank gilt meinem Lektor *Wolfgang Drescher*, dem ich viele Anregungen und Hinweise verdanke.

Wolfgang Plat
Hamburg, am 1. Mai 1982

Papst Alexander VI. Borgia
Ermordung durch eine Mücke?
(1503)

»Rom ist eine freie Stadt, wo jeder reden und schreiben kann, was ihm beliebt!
Es wird viel Schlimmes über mich erzählt, doch ich mach' mir nichts draus.«
Papst Alexander VI. (1502)

»Es ist immer so, daß das Volk nicht von den Großen beherrscht und unterdrückt zu werden wünscht und daß die Großen Herrn über das Volk sein und es knechten wollen.«
Niccolò Machiavelli (1513), »Der Fürst«

»Der Papst hatte sich vom Sessel erhoben. Dann fiel er vor dem Mönch nieder und küßte den Saum seiner Soutane.
Oh – welch ein herrliches Gefühl war in ihm – wie süß, einmal erniedrigt zu sein – die Wonnen der Erniedrigung zu schmecken, getreten zu werden, beschimpft und bespien,
wie einst Christus, als er sein eigenes Kreuz zur Richtstätte schleppte.
Ja, zertritt mich, schrie er zum Mönch empor, bespei mich, geißle mich mit Dornen und Ruten. Ich will tun, wie du gesagt.
Von dannen gehen, in die Wüste fliehen. Erhebe doch die Faust und laß sie auf meinen tonsurierten Kopf niedersausen wie einen Hammer. Ich will dein Amboß sein. Speichel lief ihm aus den Mundecken. Er fühlte, wie er der Erlösung nahe war – ah – jetzt – jetzt – Apage, Satanas! schrie entsetzt der Mönch, schlug das Kreuz und floh.
Er sah nicht, wie der Papst sich erhoben hatte und ihm lächelnd eine geballte Faust nachsandte.«
Klabund, »Borgia – Roman einer Familie«

Es ist Mitternacht. Einige Kerzen erhellen nur schwach die schreckliche Szene. An das Bein eines furchtbar entstellten Leichnams haben Totengräber einen Strick gebunden. Die Leiche ist schwarz gefärbt, riesig aufgeschwollen. Eine gräßliche Zunge hängt aus dem verzerrten Mund heraus. Jetzt schleifen die Totengräber den Leichnam durch den Vatikan in die Grabeskapelle. Mit Faustschlägen und Fußtritten wird der nackte Körper des Toten in den Sarg gequetscht, der dann flüchtig verscharrt wird. Währenddessen lärmen schwarze Höllenhunde in der Peterskirche. Im Krankenzimmer des eben Verstorbenen hatten Dämonen in Gestalt von großen Affen Wache gehalten. Einer dieser Dämonen ist der Teufel selbst. Auch Dirnen bevölkern das Sterbezimmer bis zuletzt, und, wie man erzählt, die Hände des sterbenden Papstes verkrampften sich im Todeskampf in den Brüsten einer dieser Verworfenen.

Wer war dieses Monstrum, dessen Höllenfahrt hier so eindringlich beschrieben wird? Die Antwort: ein Papst, genauer Papst Alexander VI. aus dem Geschlecht der Borgia, im spanischen »Borja« genannt.

Im Juli 1432 wird der Spanier *Rodrigo de Borja* im Xativa bei Valencia geboren und angeblich unter den eben geschilderten gräßlichen Umständen begraben, nachdem er am 18. August 1503 als Papst im Vatikan bei Einbruch der Dunkelheit als Opfer eines Giftmordes starb. *Jahrhunderte webten an der Borgia-Legende. Orestes Ferrera* bemerkt treffend, man habe so über Alexander geschrieben wie die zeitgenössischen englischen Zeitungen über Napoleon, das »korsische Ungeheuer«. Ein Teufel in Menschengestalt entsteht vor unseren geistigen Augen, der alle Kapitalverbrechen vom Mord bis zur Blutschande mit der eigenen Tochter, der berüchtigten *Lukrezia Borgia,* begangen haben soll und der dann selbst einem Kapitalverbrechen zum Opfer fällt und so sein wohlverdientes Ende findet.

Was aber wissen wir nun wirklich über dieses Geschlecht? Wenn wir alles das herausgefiltert haben, was in Jahrhunderten an immer neuen Legenden über Leben und Tod Alexanders VI. zusammenphantasiert wurde und wenn wir, was die zeitgenössischen Quellen anbelangt, diese einteilen in echte Urkunden einerseits und wahrscheinlich gefälschte andererseits und Tagebücher, Briefe, Berichte von Gesandten, anonyme Pamphlete usw. und wenn wir letztere wiederum unterteilen in solche Schriftstücke, die von Feinden,[1] von Freunden des Papstes oder von relativ neutralen Zeugen der Zeit stammen, dann wissen wir eine ganze Menge über Alexander VI.

Papst Alexander VI. Borgia. Fresko von Bernardino Pinturicchio (um 1454–1513).
Archiv des Verfassers

Und es entsteht das Porträt eines Renaissancepapstes, *der ein bedeutender Staatsmann war. Aber es entsteht weder das Bild eines Teufels noch eines Engels in Menschengestalt.* Das eingangs beschriebene Ende Alexanders und sein Begräbnis – grausig, farbig, effektvoll – lassen uns schaudern. Nur: diese Schilderungen sind Produkte der Phantasie, geeignet als Vorlage für Sensationsromane oder aufwendige Kinofilme. Der gewissenhafte Chronist darf sich dieser Schauergeschichten leider nicht bedienen; mit ihnen würde die Schilderung natürlich wesentlich interessanter sein. Das wirkliche Leben Alexanders VI. Borgia ist aber auch ohne die ihm angedichteten Verbrechen und Sensationen noch farbig genug. Wenn wir das Leben dieses Papstes beschreiben und deuten wollen, dann dürfen wir vor allem nicht den Kardinalfehler vieler Historiker begehen, die, weil es sich um einen Kirchenfürsten handelt, ununterbrochen auf sein geistliches Gewand starren und ihn mit der Elle strengen Christentums messen wollen. Die Ergebnisse sind dann natürlich erschreckend. Sehen wir aber diesen großen Kirchenfürsten *als Fürsten in seiner Zeit* und die Geschichte der Päpste insgesamt als eine lange Geschichte gewählter Herrscher und vergleichen wir ihre Tätigkeit und Wirkungsgeschichte mit den Taten ihrer zeitgenössischen Kollegen, dann schneidet das *»fürstliche Geschlecht der Päpste« insgesamt besser ab als die Mehrheit aller anderen fürstlichen Geschlechter.* Wenn wir da nur an die Hohenzollern oder die Habsburger denken, so haben wir außer Joseph II. und Friedrich II. kaum eine einzige überdurchschnittliche Persönlichkeit vor uns. Ganz anders das »Geschlecht« der Päpste, *wenn auch kaum einer im Sinne Jesu Christi ein Christ war* – und schon gar nicht ein Heiliger.

Der Lebensweg des spanischen Adligen Rodrigo de Borja ist von Kindesbeinen an vorgezeichnet. Aller Wahrscheinlichkeit nach seit dem siebten Lebensjahr haben seine Eltern ihn für die geistliche Laufbahn bestimmt. Es geht schließlich allein um die Versorgungsfragen der Kinder und um den Einfluß im späteren öffentlichen Leben, es geht um Macht und Ansehen. So bestimmt der Vater eines adligen Geschlechtes in der Regel seinen ältesten Sohn zu seinem Nachfolger, seinen zweiten Sohn für ein geistliches Amt. Noch rigoroser als die Söhne werden die Töchter der Familienpolitik unterworfen. Sie werden regelrecht verkauft und oft schon im ersten oder zweiten Lebensjahr mit gleichaltrigen Sprößlingen einer anderen Adelsfamilie, zu der eine verwandtschaftliche Verbindung Nutzen zu bringen schien, »verlobt«.

Rodrigo ist zwölf Jahre alt, als sein Onkel, Alonso de Borja, den Kardinalspurpur erhält, und er ist 23 Jahre alt, als sein Onkel zum Papst *Kalixt III.* gekrönt wird. Ganz selbstverständlich im Geiste der Zeit ist Rodrigo als Neffe des Papstes selbst ein Jahr später Kardinal. Jedermann hätte sich damals gewundert, wenn es nicht so gewesen wäre. Die Familienpolitik der Päpste unterscheidet sich als wichtigstes Mittel der Politik der Zeit (und dieses politische Instrument ist damals oft wichtiger und bedeutender als beispielsweise die Kriege) in nichts von der Familienpolitik der anderen Mächtigen dieser Erde. Mit einer Ausnahme: Ein Kardinal kann ein gültiges Testament nur dann machen, wenn es durch den Papst bestätigt wird. Ein päpstliches Testament gibt es überhaupt nicht. Ein Papst kann also nur zu Lebzeiten seine Verwandten so begünstigen, als seien es seine Söhne oder Töchter. Das Beispiel der Borgia-Päpste ist in dieser Hinsicht positiv, wenn wir die Frage beantworten, ob die päpstliche Familienpolitik *dem Kirchenstaat* schadete oder nützte. Ganz anders lautet die Antwort, ob diese Familienpolitik *der katholischen Kirche*, ob sie dem christlichen Glauben schadete oder nützte.

Vergessen wir nicht: Alexander VI. ist erst 14 Jahre tot, als Martin Luther mit seinen berühmten Thesen in Wittenberg hervortritt und so das Signal setzt für eine über Jahrhunderte reichende Kirchenspaltung, für die Reformation. Und Luther wußte, wovon er sprach, denn acht Jahre, bevor er die Thesen der Reformation verkündete, war er im Auftrage des Augustinerordens, dem er angehörte, in Rom gewesen und hatte das Leben und Treiben des Papstes und der Kardinäle mit eigenen Augen gesehen.

Was war Rom für eine Stadt am Ende des 15. Jahrhunderts zur Zeit Alexanders? 1420, nach über hundert Jahren Exil, war das Papsttum *von Avignon nach Rom zurückgekehrt.* Die ehemalige »Hauptstadt der Welt« war ein trostloser, schmutziger Trümmerhaufen, bewohnt von Hirten und Bettlern, beherrscht von adligen und nichtadligen Räuberbanden.

Der erste Papst, der wieder in Rom seinen Sitz nimmt, Martin V., ist auch der erste Papst, der mit dem *Wiederaufbau Roms* beginnt. Zunächst werden die vielen verfallenen römischen Kirchen als »Steinbruch« für die Neuerrichtung der Laterankirche genutzt. 1434 läßt der Herzog von Mailand Rom erneut verwüsten. In einem blutigen Kampf zwischen 1434 und 1437 züchtigt der päpstliche Truppenführer und Kardinal Giovanni Vitelleschi die rebellierenden Barone des Kirchenstaates und die aufrührerische Stadt Rom.

Nikolaus V. legt den Grundstock der Vatikanischen Bibliothek. Mit Pius II., dem großen Humanisten, Paul II., dem Rom den schönsten Renaissancepalast, den Palazzo Venezia, verdankt, und Sixtus IV., der als »Wiedererbauer Roms« gefeiert wird und dessen Förderung die Nachwelt die *Sixtinische Kapelle* als Krönung seiner Bautätigkeit verdankt, sehen wir jene Renaissancepäpste vor uns, die sich sowohl durch energische Förderung der freien Wissenschaft und Kunst, durch Wiedererweckung der antiken Ideale auszeichnen als auch durch Verweltlichung und Hinwendung zur europäischen Machtpolitik. Und in diese Reihe gehört auch Alexander VI.

Die *Renaissance* bedeutet nicht einfach nur den Bruch mit dem Mittelalter. Ihre großartigen Leistungen auf den Gebieten *der Architektur, der bildenden Kunst, der Musik, des Theaters, des Musiktheaters, der Wissenschaft und der Entdeckungen in aller Welt* – das alles ist nicht einfach nur die Wiederbelebung des antiken Erbes. Die sozialökonomische Basis dieses großen wissenschaftlichen und kulturellen Aufschwunges ist das Bürgertum, dessen weltlich-humanistische Denkweise stark kontrastiert mit den als rückschrittlich empfundenen Vorstellungen der katholischen Kirche. *Die Kultur der Renaissance ist städtische Kultur,* Ausdruck des hohen Entwicklungsstadiums der italienischen Städte am Ausgang des Mittelalters. Das ist kein Widerspruch zu der Tatsache, daß weltliche und geistliche Fürsten zu den großen Förderern dieser neuen Wissenschaft und dieser neuen Kunst gehören.

Betrachten wir das Porträt Alexanders: ein Sechzigjähriger. Dieser Fürst ist intelligent, sehr energisch, sinnlich, temperamentvoll, prunkliebend. Keineswegs eine unsympathische, keineswegs eine unkomplizierte Erscheinung. Wir lernen Rodrigo de Borja zunächst als einen ausgezeichneten Verwaltungsfachmann und Diplomaten kennen. 35 Jahre lang unter fünf Päpsten ist Kardinal Rodrigo der oberste »Beamte« des Vatikans. Alle loben ihn, da er mit großer Umsicht die Verwaltung des Kirchenstaates leitet, und alle heben rühmend hervor, wie exakt und relativ schnell unter seiner Leitung die päpstlichen Befehle und Erlasse ausgeführt werden. Aber der Kardinal Rodrigo ist keineswegs ein trockener Bürokrat. Leidenschaftlich liebt er beispielsweise sein Leben lang Theateraufführungen. Mit besonderer Vorliebe läßt er sich die Tänze seiner Heimat, spanische Volkstänze, vorführen. Erstaunlich ist, daß über ihn während seiner 35jährigen Amtszeit als Kardinal *nicht eine einzige jener*

Skandalgeschichten oder ein einziges furchtbares Gerücht aufkommen, die später schon bald nach seiner Krönung zum Papst in ganz Europa die Runde machen. Wenn die Historiker für die Zeitspanne zwischen 1456 und 1492 allesamt einen einzigen Brief zitieren, einen Brief, den Pius II. dem Kardinal Rodrigo am 11. Juni 1460 schrieb – und dieser Brief enthält den Vorwurf, der Kardinal habe sich unsittlich betragen –, dann ist dieser Vorwurf kein Beweis dafür, daß bereits der Kardinal Rodrigo de Borja ein »Ungeheuer« war.

Was hatte der Kardinal im Juni 1460 angeblich verbrochen? Zusammen mit zwei anderen Kardinälen hatte Rodrigo in Siena während einer Badereise des Papstes mit einem Kranz schöner Frauen in einem Garten ein Fest gefeiert. Es war ein Ball mit Essen, Trinken und Tänzen. Der 28jährige Kardinal hatte die Ehemänner und die anderen Verwandten dieser Damen vom Fest aussperren lassen. Nach der Beschreibung hat Rodrigo mit den Tänzerinnen geflirtet; eine hatte sogar aus seinem Becher getrunken. Mehr war nicht gewesen. Aber die ausgesperrten Ehemänner waren natürlich wütend und beschwerten sich beim Papst. Und so schreibt der Papst einen Brief in strengem Ton an den Kardinal, und man merkt, dieser Brief ist vor allem deshalb so geharnischt ausgefallen, weil der Papst diesen Kardinal wegen seiner Fähigkeit und seines bisherigen Lebenswandels ganz besonders schätzt und sein Lebenswandel offensichtlich bisher gut war. Diesem scharfen Verweis stehen Briefe verschiedener anderer Päpste gegenüber, in denen Borjas *Fähigkeiten und seine Treue zur Kirche* in den höchsten Tönen gelobt werden, so etwa durch Innozenz VIII. im Jahre 1486:

»Du hast uns in dieser Zeit geholfen, die Verantwortung für die Kirche zu tragen, du hast dich gebeugt unter der steten Last der Arbeit, und deinem Eifer wurde keine Anstrengung zuviel. Du hast der Kirche beigestanden mit deiner beispielhaften Umsicht, deinem wendigen Scharfsinn, deinem reifen Urteil, deiner Treue für das gegebene Wort, deiner großen Erfahrung und all den anderen Fähigkeiten, die man an dir kennt. Nicht ein einziges Mal hast du aufgehört, uns nützlich zu sein, bis auf den heutigen Tag.«[2]

Nur soviel noch: Schon als Vizekanzler ist Alexander eine international anerkannte Persönlichkeit. Am 20. Juni 1572 landet er in Valencia als Gesandter des Papstes. Er legalisiert die Ehe von Ferdinand v. Aragon und Isabella v. Kastilien und macht die entscheidenden Schritte zur Einigung Spaniens und zur Vertreibung der maurischen Herrschaft.

21 Jahre später als Papst *begründet Alexander die Stellung Spaniens als Weltmacht.* Nach der Entdeckung Amerikas durch Kolumbus wendet sich das spanische Königspaar an Alexander. Der Papst gibt dem umstrittenen Kolonialreich durch seine Bullen eine feste Rechtsgrundlage. Zugleich legt er gesetzlich die Einflußsphären von Spanien und Portugal im neuentdeckten Kontinent fest.

Susanne Schüller-Piroli betont mit Recht, daß *dank der moralischen Unterstützung aus Rom Kolumbus sein Werk gegen eine Welt von Feinden fortsetzen konnte.* Alexander wird für sein Heimatland eine der bedeutendsten geschichtlichen Persönlichkeiten:

»Daß er diesem seinem kaum von Araberherrschaften und inneren Zwisten befreiten Vaterland nun auch den Weg zur Weltmacht ebnen, daß er eines der größten Unternehmen der Menschheit überhaupt, die Erschließung Amerikas, fördern konnte, hätte jedem andern Staatsmann den Rang eines der Größten unter den Großen gesichert.«[3]

Dem ist eigentlich nichts hinzuzufügen. Die Hauptfrage, die wir jetzt beantworten müssen, ist die: Wo sind die Ursachen zu suchen, daß sehr bald nach der Krönung des Kardinals zum Papst Alexander VI. unheimliche Gerüchte auftauchen: *der Papst ein Sittenstrolch, der Papst ein Mörder?*

Zwei Antworten sind möglich. Entweder: Alle diese Anschuldigungen oder ein Großteil dieser Anschuldigungen beruhen auf *Wahrheit. Oder:* Es handelt sich um einen besonders raffinierten Fall von *Rufmord.* Aber wenn es Rufmord war, was waren die Gründe dafür?

Beginnen wir mit den *Vorgängen im Konklave.* Wir dürfen uns das Konklave, die Versammlung von Kardinälen, die in strengster Isolierung den neuen Papst wählen soll, nicht einfach als eine harmlose Zusammenkunft von gütigen Priestern vorstellen. Außer Borja als Spanier und einem portugiesischen Kardinal sind alle übrigen 25 Kardinäle des Konklaves Italiener. Es ist eine glänzende *Versammlung der berühmtesten italienischen Familien:* ein Caraffa, zwei Rovere, ein Conti, ein Colonna, ein Orsini, ein Savelli, ein Medici, ein Zeno (aus Venedig), ein Sforza Visconti, Bruder des späteren Herzogs von Mailand. Mehrere dieser Kardinäle sind Neffen ehemaliger Päpste. Außer Borgia werden drei weitere Kardinäle später den Papstthron besteigen. Alles in allem reiche und mächtige Herren, die die Interessen der einflußreichsten italienischen Adelshäuser vertreten. Auch das Ausland ist, wie immer, brennend an der Papstwahl interessiert. Es gibt zeitgenössische Berichte, daß Frankreich zum

Beispiel 200 000 Dukaten für die Wahl des Kardinals Giuliano della Rovere zum Papst zur Verfügung gestellt habe. Ob das stimmt, wissen wir nicht. Niemand dachte übrigens zunächst an Borgia, der Unterstützung aus Frankreich, Neapel, Venedig oder Florenz sowieso nicht bekommen hätte, denn seine Vorstellungen von einem tatkräftigen und politisch starken Kirchenstaat, die bekannt waren, konnten bei denen keinen Anklang finden, die im Kirchenstaat nichts anderes sahen als eine Figur auf dem Brettspiel ihrer Macht. Daß Borgia letzthin dann doch gewählt wird, hängt nicht nur mit seinen jahrzehntelangen Erfahrungen an den Schalthebeln der vatikanischen Macht zusammen, sondern auch mit der Tatsache, daß er weder der Exponent irgendeiner der großen italienischen Familien, die auch noch alle untereinander verfeindet waren, noch einer ausländischen Macht war. Zweierlei ist noch bemerkenswert an dieser Wahl: einmal, daß Rodrigo de Borja *einstimmig zum Papst gewählt* wird. Zum anderen, daß seine *Wahl allgemein begrüßt* wurde, zumindest in Italien selbst. Der Jubel des Pöbels sollte da allerdings nicht als Maßstab gelten.

Nichts bei der Wahl des Borgia-Papstes deutet also darauf hin, daß ein Monstrum gewählt wurde bzw. daß Rodrigo sich sein Amt erkaufte, denn er hatte es mit Kardinälen zu tun, die allesamt sehr reich waren, wenn sie auch die Verteilung der üppigen Benefizien durch den frischgebackenen Papst keineswegs ablehnten!

Aus der politischen Situation heraus gesehen, *war diese Wahl im Interesse des Kirchenstaates und auch im Interesse Italiens klug und weitsichtig*. Das sollten nicht nur die Freunde des neuen Papstes, sondern auch seine Feinde bald zu spüren bekommen.

Am Ende des 15. Jahrhunderts befinden sich Italien und der Kirchenstaat in einer Umbruchsituation, die den neuen Papst zwingt, sehr rasch zu handeln. Italien ist noch weit weniger als das damalige Deutschland ein auch nur annähernd einheitlicher Staat. Vier Staaten (Venedig, Neapel, Mailand, Florenz) sind es, die sich die Vorherrschaft teilen, und das immer wieder mühsam zwischen ihnen ausbalancierte Gleichgewicht ist der sehr labile machtpolitische Zustand der italienischen Halbinsel. Der Kirchenstaat selbst ist zu dieser Zeit keine politische Größe erster Ordnung. Das Papsttum hat seinen politischen und moralischen Einfluß auf die Christenheit schon zu Beginn des Pontifikats Alexanders weitgehend eingebüßt.

Dieses Gleichgewicht zwischen den vier italienischen Staaten

Der Kirchenstaat im letzten Jahrzehnt des 15. Jahrhunderts. *Archiv des Verfassers*

zerbricht am Ende des 15. Jahrhunderts. Die Konsolidierung der Macht in Frankreich und in Spanien sowie die immer neuen Vorstöße der Türken leiten jenen Prozeß der *Fremdherrschaft über Italien* ein, der dann für Jahrhunderte mit dem Namen Habsburg und später mit dem Napoleons verbunden ist.

Venedig, Mailand und Florenz neigen eher zu Frankreich, dessen König Karl VIII. auf der schwankenden Grundlage von Erbansprüchen den ersten Versuch unternimmt, den größten italienischen Staat, nämlich Neapel, an sich zu reißen.

Alexander VI. sieht sich so bei seiner Thronbesteigung vier verschiedenen Feindgruppen gegenüber, nämlich einmal Frankreich, zum anderen Mailand, Venedig und Florenz, zum dritten den Statthaltern des Kirchenstaates selbst, die verflochten sind mit den einflußreichsten und mächtigsten italienischen Familienclans, und schließlich mit jener Gruppe von Kardinälen, die wie der Kardinal Rovere offene Parteigänger des französischen Königs sind und ihn geradezu einladen, Neapel zu erobern und den Kirchenstaat zu besetzen. Nur wenn wir diese höchst komplizierte Lage vor Augen haben, können wir verstehen, was Alexander VI. innen- und außenpolitisch in Angriff nimmt. All seine Maßnahmen haben nur ein einziges Ziel: einen *starken und unabhängigen Kirchenstaat herzustellen, der* als bedeutender politischer Machtfaktor in Italien im Bündnis mit Venedig *eine neue selbständige Politik Italiens einleiten soll.* Nur wenn wir das berücksichtigen, verstehen wir, wie logisch und konsequent die Mittel sind, deren sich der Papst zur Erreichung seiner politischen Ziele bedient:

1. eine vorsichtige Politik gegenüber Frankreich und Spanien, um deren Einfluß auf Italien abzuwehren;
2. die Brechung des Einflusses der großen italienischen Familien und der Statthalter des Kirchenstaates mit allen, natürlich auch den grausamsten Mitteln;
3. eine ausgedehnte und höchst geschickte Familienpolitik bis zum letzten Atemzug.

Wer so an dem Status quo rüttelt – und Alexander VI. rüttelte da höchst erfolgreich bis zu seinem Tode –, der mußte sich, zumal als »Ausländer«, die großen Familien Italiens zu Todfeinden machen, die nun ihrerseits nicht nur ganze Salven von Verleumdungen in Form von Briefen, Berichten und anonymen Pamphleten gegen den Papst abschießen, sondern auch versuchen, ihn durch ein Konzil abzusetzen oder gar ihn zu ermorden. *Die Zeichnung des Papstes als »Monstrum«, als »geiles Vieh«, als »Massenmörder«* – und diese Zeichnung ist ja bis auf uns gekommen – *ist das Echo auf die Politik dieses Papstes.* Hätte Alexander VI. nur in Ruhe in Rom gebaut, Theaterstücke angeschaut, prächtig gelebt und natürlich auch ein paar Kinder gezeugt, sich aber in die große Politik nicht eingemischt – die Geschichte hätte von Alexander VI. nie oder nur beiläufig und wohlwollend Notiz genommen.

Zunächst soll, um mit der Prüfung der einzelnen Anschuldigungen zu beginnen, die Frage gestellt werden, ob der Papst tatsächlich mehrere Geliebte hatte und fast ein Dutzend Kinder, wovon noch eins nach seinem Tode geboren sein soll. Die Antwort wird den Leser überraschen: Nichts ist ganz sicher. Ohne irgendeine Art von Mohrenwäsche vornehmen zu wollen: es war zunächst einmal in dieser Zeit nichts Ungewöhnliches, wenn ein Papst eine illegitime Frau und ein oder mehrere Kinder hatte, ganz davon abgesehen, daß im 15. und 16. Jahrhundert auch in streng katholischen Kreisen geglaubt wurde, die Aufhebung des Zölibats sei nur eine Frage der Zeit. Wollte man die Kinder aller Päpste und Kardinäle der Renaissancezeit aufzählen: bald hätte man eine Kompanie beisammen. Wahrscheinlich hatte Alexander VI. mehrere illegitime Kinder wie auch Pius II., Sixtus IV., Pius III., Julius II., Paul III. und Paul IV. Papst Innozenz VIII. gar war Vater von immerhin 16 Kindern, acht Knaben und acht Mädchen.

Jetzt ist natürlich der Augenblick gekommen, wo jene beiden Frauen die unbarmherzig ausgeleuchtete Bühne der Weltgeschichte betreten müssen, die mit dem Namen des Papstes Alexander so eng verbunden sind: *Vannozza de Catanj* und *Giuliana Farnese*, genannt »Giulina la Bella«. Aber so hell auch die Bühne sein mag, die beiden Frauen stehen dennoch im Halbdunkel, so wenige wirklich gesicherte Quellen gibt es über sie.

Von der Vannozza, die dem Kardinal Rodrigo zwischen 1475 und 1481 vier Kinder gebar, haben wir nicht einmal ein Bild. Einige Briefe von ihr haben sich erhalten und – mit als wichtigstes Dokument – die Platte ihres Grabes, die sich heute in der Kirche San Marco in Rom befindet und auf der steht:

»Hier ruht Vanotia de Cathaneis, berühmt durch ihre edlen Kinder, Herzog Cesare von Valentinois, Giovanni von Gandia, Giofre Squillace und Lucrezia von Ferrara. Sie war vorbildlich in ihrer Tugend, groß an Frömmigkeit, Alter und Weisheit und um das Hospiz im Lateran hoch verdient.«

Das Grab einer Skandalnudel ist das nun gerade nicht. Die Vannozza war immerhin die Mutter einer Herzogin und dreier Herzöge und wurde 1518 als 75jährige mit den Ehren, die auch einem Kardinal zukamen, begraben. Kopfzerbrechen haben den Forschern einige Briefe der Vannozza bereitet, denn in einigen dieser Briefe hat sie mit »Borgia« unterschrieben. Die Geliebte des Papstes unterschreibt mit dessen Familiennamen? Wohl kaum. Einige Forscher haben deshalb angenommen, daß Vannozza die Frau eines Verwandten des Papstes war, nämlich des Guillermo Raimundo Llancol y de Borja. Aber genau wissen wir das auch nicht. Ganz gleich, ob *Caesar und Lukrezia Kinder des Papstes waren oder seine Nichte und sein Neffe, sie spielen in der Familienpolitik des Papstes die größte Rolle.* Vannozza dagegen, dem Aussehen ihrer Kinder nach zu urteilen eine blonde Schönheit, hat in der Familienpolitik des Papstes überhaupt keine Rolle gespielt.

Von Giuliana Farnese sind ein Bild und eine Büste auf uns gekommen.

Sie war eine blendende Schönheit aus dem vornehmen italienischen Haus der Farnese, die der 58jährige Kardinal Rodrigo verführt haben soll, als sie noch nicht einmal 15 Jahre alt war. Die Gerüchte behaupten, sie habe dem Papst vier Kinder geboren. In Wahrheit hatte sie nur eine einzige Tochter, Laura, die im November 1503 einen Neffen des gerade gekrönten Papstes Julius II. heiratet. Die Hochzeit Lauras wird mit großer Pracht im Vatikan gefeiert. Nun war eben gerade dieser Julius II. als Kardinal Rovere einer der engagiertesten Parteigänger des französischen Königs und einer der intimsten Feinde Alexanders gewesen. Hätte er seinem Neffen eine Bastardin des Borgia-Papstes zur Frau gegeben? Auch hier gibt uns die Geschichte Rätsel auf.

Wir betonten bereits, Alexander war fast allen weltlichen Freuden zugewandt. Saufen und Fressen gehören – im Gegensatz zu den Gepflogenheiten der meisten Fürsten seiner Zeit – nicht dazu. Der Papst trinkt keinen Wein, und er ißt so mäßig, daß sich die Kardinäle, auch seine Freunde und seine Verwandten, gerne vor seinem Mittagstisch drücken, denn bei Alexander VI. wird immer nur ein Gang aufgetragen.

Unsterbliche Werke der Baukunst, der Bildhauerkunst und der Malerei hat dieser Papst nicht in jenem Maße veranlaßt wie andere Päpste der Renaissance. Bezeichnend für ihn ist die *Renovierung und die Neubefestigung der Engelsburg und die Errichtung eines gedeckten Ganges zwischen Papstpalast und Engelsburg,* den Alexander anlegen läßt, damit der Papst sich im Augenblick der Gefahr in die Engelsburg zurückziehen kann. Und je länger Alexander lebte, desto gefährlicher lebte er. Aber herrlich sind die Fresken erhalten, mit denen er seine Gemächer ausschmücken ließ und die auf uns gekommen sind. *Pinturicchio* und seine Werkstatt haben diese wunderbaren

Säle der Heiligen, der Propheten, der Mysterien, der Apostel und der Sybillen geschaffen. Wer diese Säle heute durchwandert, sieht, was an geistiger Substanz von diesem Papst geblieben ist; denn alles, was die Wände der Borgia-Appartements bedeckt, ist nach Alexanders Weisungen geschaffen worden.

Seine eigentliche Welt aber ist die Politik, und seine Hauptwerkzeuge hierbei die vier Kinder der Vannozza.

Die bedeutendste Figur auf dem Schachbrett der väterlichen Politik ist *Caesar Borgia*, geboren 1475, ermordet 1507, vier Jahre nach dem Tode des Papstes. Zunächst ist er Kardinal.

Nach der Ermordung seines Bruders Juan Borgia (1476–1497), zweiter Herzog von Gandia, legt er den Purpur ab und wird oberster Feldherr des Papstes. In vier großen, grausam geführten Feldzügen gegen die mächtigsten Familien Italiens und gegen das Königreich Neapel zeichnen sich die *Umrisse eines fast absolutistisch regierten Kirchenstaates* ab.

Eine ungeheure Leistung, wenn wir bedenken, daß zu Beginn des Pontifikats Alexanders VI. die Macht der Päpste kaum über die Engelsburg und über den Papstpalast hinausging. Schon in Rom selbst war die Herrschaft des Papstes bis dahin auf das höchste gefährdet, denn Rom gehört zu dieser Zeit zu den unsichersten Städten Italiens.

Die große Leistung des Papstes und Caesars besteht darin, daß sie Rom und dann den gesamten Kirchenstaat, Dorf für Dorf, Stadt für Stadt, Burg für Burg, für den Vatikan zurückerobern. Durch diese Feldzüge machen sich die Borgias praktisch alle Geschlechter Mittelitaliens und damit auch viele der Kardinäle zu Todfeinden. Sicher, ein Papst, der nach Blutrache schreit, der auf die Jagd geht, der Kriege führt, der Burgen belagert, Städte stürmen und plündern läßt, der Festungsbauten beaufsichtigt und Reisen durchführt, um strategische Studien zu betreiben, wie etwa auf Elba, ist uns heute völlig wesensfremd. Aber an die Renaissancepäpste die Maßstäbe anzulegen, die unserem heutigen Papstbild entsprechen, oder gar die Renaissancepäpste aus den Grundvorstellungen des Christentums her zu beleuchten wäre völlig verfehlt. Die Borgias sind nicht grausamer (auch nicht wilder) als andere Fürsten ihrer Zeit. Ein Menschenleben galt wenig!

Was Alexander VI. auszeichnet, ist, daß er die Zeichen der Zeit erkennt. Indem der Papst den Kirchenstaat befriedet und eint, indem er hundert kleine Tyrannen entmachtet, indem er vielen Städten ihre Selbstverwaltung zurückgibt, indem er hartnäckig an einem dauerhaften Bündnis mit Venedig arbeitet (was ihm nicht gelingt), indem er geschickt die Machtgelüste Spaniens und vor allem Frankreichs zu vereiteln sucht, ist er ein bedeutender Vorläufer der italienischen Einigung im 19. Jahrhundert. Das heißt natürlich nicht, daß der Borgia-Papst in nationalen Kategorien dachte; die gab es im 15. Jahrhundert nicht. Es sind vielmehr die Denkkategorien eines absoluten Fürsten, und sie bedeuten in dem von Familienclans beherrschten und unendlich zerrissenen und ohnmächtigen Italien einen ungeheueren Fortschritt.

Ein berühmter Zeitgenosse des Papstes hat das in seiner ganzen Bedeutung erkannt und *die praktische Politik Alexanders, des ersten Papstes der Neuzeit, mit Recht zur Folie einer Staatstheorie gemacht, die durch die Jahrhunderte wirkte: Niccolò Machiavelli,* der Florentiner Diplomat, Schriftsteller und Philosoph (1469–1527). In seinem Hauptwerk *»Der Fürst«* (1513) formuliert er als erster die Lehre vom absoluten Staat. Zum Ausdruck kommt hier das *Interesse des italienischen Bürgertums an der Schaffung einer straff zentralisierten Monarchie.* Da der Adel für Machiavelli nichts anderes ist als »entartetes Gesindel« (womit er vollständig recht hatte), empfiehlt er zur Erreichung des politischen Zieles ein skrupelloses Vorgehen des »Fürsten« gegen alle, die sich dem politischen Ziel, der Schaffung einer absoluten Monarchie, entgegenstellen. Caesar Borgia, mit dem Machiavelli mehrfach über Florenz verhandelt, ist das Vorbild seines Hauptwerkes.

Machiavellis Theorie hat ein merkwürdiges Schicksal gehabt. Immer wieder ist sie verdammt worden. Aber immer entsprach die praktische Handlungsweise jener Fürsten, die den Absolutismus anstrebten, der Theorie Machiavellis, ganz gleich ob es schon vor seiner Zeit die Kreuzritter waren oder nach ihm Friedrich Wilhelm I. (der »Große Kurfürst«), der die Anführer der preußischen Fronde, die sich dem Absolutismus widersetzte, einkerkern oder hinrichten ließ. Dessen Nachfahre, Friedrich II., schrieb als Thronerbe übrigens einen »Anti-Machiavell«, der 1740 erschien, obwohl Friedrich dann in der Praxis seiner Politik Machiavellis skrupellose Theorie vollständig durchführt.

Aber noch eine andere, noch viel berühmtere Persönlichkeit sehen wir im Dunstkreis des Caesar Borgia. Zwischen 1501 und 1503 wird er auf seinen Feldzügen von einem Spezialisten für Festungen und

Brückenbau begleitet, den er 1502 zu seinem Generalingenieur ernennt. Die Urkunde ist erhalten. Es ist der 50jährige *Leonardo da Vinci*, hoch geehrt und gut bezahlt von Caesar Borgia für seine wertvollen Dienste.

So überaus erfolgreich Alexander ist bei der Errichtung seiner absolutistischen Macht über den Kirchenstaat, so wenig erfolgreich ist er bei seinem *Werben um das Bündnis mit Venedig.* Ganz realistisch beurteilt er die Gelüste Spaniens, Frankreichs und des deutschen Kaisers Maximilian I. auf Italien. Die schrecklichen Ahnungen Alexanders sollten sich nur zu bald erfüllen. 24 Jahre nach seinem Tod flieht Papst Clemens VII. über den gedeckten Gang, den Alexander anlegen ließ, in die Engelsburg. Deutsche Söldnerheere plündern Rom und ermorden Tausende seiner Bewohner. Nur ein starker Kirchenstaat im Verein mit Venedig hätte die Katastrophe verhindern können. Schon am 20. März 1502 hatte der Papst durch einen seiner Sekretäre dem venezianischen Botschafter folgendes sagen lassen:

»Seht Ihr denn nicht, Herr Gesandter, daß Italien der Untergang droht? Seht Ihr nicht, daß die Könige von Frankreich und Rom (d.h. der Kaiser) *miteinander beschlossen haben, sich Italiens zu bemächtigen? Mag sein, daß der Kaiser nur kommen will, um dem Papst zu schaden: Wenn er nun aber tatsächlich unterläge, was tätet Ihr anderen in Italien? Wie ist es möglich, daß die Weisheit Eures Senats ... sich dies nicht überlegt? Könntet nicht Ihr und der Papst ein geheimes Bündnis schließen ..., damit diese fremden Könige, wenn sie zu Eurer beider Schaden nach Italien kommen, Euch einig finden, bereit zur Verteidigung Eurer Länder? Dieses Bündnis müßte weder gegen Frankreich noch gegen den König der Römer gerichtet sein; es würde beschlossen, einzig zum Schutz Eurer Staaten und Italiens ...«*[4]

Aber Alexander predigte tauben Ohren. Indem Venedig sich weigert, die auf Italien abgestimmte Politik des Papstes mitzumachen, und indem es auf die französische Karte setzt, bereitet es sich selbst den Untergang: Schon sechs Jahre nach dem Tode Alexanders verliert Venedig viele seiner Besitzungen. Papst Julius II., der deutsche Kaiser, der französische König und auch der spanische König teilen sich die Beute.

Im Mittelpunkt aller schrecklichen Gerüchte um den Borgia-Papst steht *Lukrezia Borgia, Sinnbild aller Laster und geschlechtlicher Verirrungen*, 23 Jahre alt, als der Papst stirbt.

Geboren wird sie 1480 als Tochter der Vannozza. Sie stirbt 39jährig als Herzogin von Ferrara im Kindbett. Im Saal der Heiligen der Borgia-Appartements im Vatikan ist Lukrezia auf dem Fresko »Diskussion der Heiligen Katharina von Alexandria« als Katharina dargestellt. Sie ist 13 Jahre alt, als *Pinturicchio* sie 1493 für diesen Saal malt, und sie sieht genauso aus auf diesem Fresko, wie die Zeitgenossen sie beschrieben haben: von mittlerer Größe und von zierlicher Gestalt. Ihr blondes Lockenhaar fällt auf die Schulter, das reichbestickte Gewand ist in den Farben des Borgia-Geschlechts gehalten: rot und blau.

Mit Lukrezia stoßen wir auf den *Kern der Borgia-Legende:* Blutschande mit dem angeblichen Vater, Blutschande mit dem Bruder Caesar, der aus Eifersucht ihren dritten Ehemann ermordet und einen ihrer Liebhaber mit dem Messer in der Hand durch den ganzen Vatikan verfolgt. Der Unglückliche – so wird erzählt – rettet sich an die Brust des Heiligen Vaters. Caesar stößt zu, und das Blut des Ermordeten spritzt über die Gewänder des Papstes. Das sind Bilder »voller Saft und Kraft«, eine *Chronique scandaleuse*, die die Jahrhunderte behaglich überdauerte und von Geschichtsschreibern und Literaten (wie Klabund) in immer neuen Variationen ausgepinselt worden ist. Für einige dieser Schreiber ist es auch selbstverständlich, daß Alexander, Caesar und Lukrezia die Syphilis hatten. Die Höhepunkte der Schilderung erotischer Exzesse des Papstes und der Lukrezia erinnern allerdings peinlicher an pubertäre Träume ihrer Erfinder als an wirkliche Tatsachen. Da sollen der 70jährige Papst und seine 21jährige Tochter vom Balkon des Vatikans aus zugesehen haben, wie vier Hengste um zwei Stuten kämpften. Die »Sieger« besteigen vor den entzückten Augen von Vater und Tochter die Stuten (die in anderen Schilderungen Mauleselinnen gewesen sein sollen). Solche Schilderungen kennen wir bereits aus dem Altertum. Und dann das berühmte und berüchtigte Kastanienfest in den Borgia-Appartements kurz vor der letzten Hochzeit Lukrezias: Fünfzig Kurtisanen krauchen nackt auf allen vieren herum, und wer sie von den anwesenden Männern mehrfach hintereinander begattet, bekommt eine »Siegesprämie«. Es gibt natürlich keine seriöse Quelle für diese Pornoszenen, aber darauf kam es wohl vielen Geschichtsschreibern auch gar nicht an. Langweilig wäre es, die zahlreichen Giftmorde anzuführen, die Alexander speziell an begüterten Kardinälen begangen haben soll, um deren Vermögen einzukassieren. Es ist ganz erstaunlich, daß es nur wenige Historiker gab, die diese einmalige Anhäufung schrecklichster Verbrechen stutzig machte. Nur bei wenigen regte sich Zweifel, und sie begannen nach den Ursachen einer solchen infernalischen Haßorgie zu suchen.

Lukrezia Borgia teilt in Wirklichkeit das gewöhnliche Schicksal aller Töchter aus den großen Adelsfamilien. Sie ist buchstäblich von Kindesbeinen an einer strengen Familienpolitik unterworfen: als 12jährige wird sie verlobt, als 13jährige zum erstenmal (pro forma) verheiratet. Zwischen 1493 und 1501 wird Lukrezia dann noch weitere dreimal verheiratet. Zwei Ehen sind kinderlos. In der vierten Ehe hat sie sechs Kinder, von denen vier die Mutter überleben. Ihr dritter Ehegatte (Alfonso von Aragon) wird 1500 auf Befehl ihres Bruders Caesar ermordet, da er den politischen Ambitionen Caesars im Wege steht. Lukrezia stirbt mit 39 Jahren. Wer möchte einen Menschen um ein solches Leben beneiden?

Wir wissen übrigens heute, wer der Urheber jenes Gerüchts war, daß Lukrezia mit ihrem Vater, dem Papst, geschlechtlich verkehre: Es ist ihr zweiter Ehegatte, Giovanni Sforza von Pisano, von dem Lukrezia 1497 geschieden wird, da er wegen Impotenz die Ehe nicht vollziehen konnte. Er ist es, der in höchster Wut äußert, der Papst habe Lukrezia geschieden, um sie selbst zu besitzen. Auf solche Äußerungen baut sich die ganze Lukrezia-Legende auf. Es darf allerdings nicht übersehen werden, daß Lukrezia auch wirklich Liebe und Verehrung empfangen hat. Verehrung natürlich vor allem wegen ihrer Schönheit. *Ariost*, der bedeutendste Dichter der Renaissance (1474–1533), schreibt im 13. Gesang des *»Rasenden Roland«* folgendes:

»Wie Zinn zum Silber, Kupferblech zum Golde
Wie blasse Weide sich zum Lorbeer stellt;
Wie Ackermohn zur duft'gen Rosendolde;
Gefärbtes Glas sich zum Juwel verhält:
So stellt dereinst sich neben diese Holde,
Die ich verehr', eh sie betrat die Welt,
Jedwede Frau, die man als schön und weise,
Als ausgezeichnet und vollkommen preise.«

Liebe aber hat Lukrezia ganz sicher von ihrem leiblichen oder angeblichen Vater empfangen. Die konsequente Familienpolitik des Borgia-Papstes mit ihren heute durchaus grausam anmutenden Zügen unterscheidet sich in einem Punkt von der Familienpolitik mancher seiner adligen Zeitgenossen: *Der Papst hat Liebe und Zuneigung zu der eigenen Familie nie verborgen.* Ganz sicher war er das, was man einen Kindernarren nennt. Um die Familie dreht sich fast sein ganzes Sinnen und Trachten. Als Giovanni Borgia, zweiter Herzog von Gandia, im Juni 1497, wahrscheinlich im Auftrage der mächtigen italienischen Familie Orsini, ermordet wird, ist Alexander mehrere Tage wie von Sinnen. Die Historiker vermerken das mit sarkastischer Genugtuung, sind sie doch fast alle der Meinung, Giovanni sei von seinem Bruder Caesar ermordet worden, wofür es nicht den Schatten eines Beweises gibt.

Diese leidenschaftliche Liebe Alexanders zu der eigenen Familie ist zwar verständlich in einer Welt, die Freundschaft nicht kennt, denn jeder Fürst wäre ohne seine Familie in eisigste Isolierung geraten, aber schon die Zeitgenossen waren schockiert über das Ausmaß dieser Familienpolitik. Der Papst wagte es, Lukrezia Missionen des Heiligen Stuhls anzuvertrauen. Er beauftragte sie sogar, während seiner Abwesenheit von Rom seine Amtsgeschäfte als sein Stellvertreter zu führen, Aufgaben, denen Lukrezia offensichtlich geistig gewachsen war. Aber nicht nur in dieser Hinsicht hat der Fürst auf dem Papstthron verblüffend moderne Anschauungen. Modern mutet auch seine *Toleranz* an, die ihm schon die Zeitgenossen schwer ankreideten und die 100 Jahre später im Zeichen der Restauration der katholischen Kirche geradezu als eine Todsünde angesehen wurde. Alexander war zum Beispiel tolerant gegenüber den Juden. Er erklärt ihnen, daß sie sich im Irrtum befänden, wenn sie auf den Messias warteten, denn Jesus Christus sei der Erlöser gewesen. Aber gleichzeitig betont Alexander ausdrücklich, was den Christen mit den Juden verbindet. In seiner *Ansprache an die Juden* nach seiner Thronbesteigung sagt Alexander:

»Hebräer! Wir bewundern und ehren Euer Heiliges Gesetz, das Eure Vorväter aus Moses Hand vom Allerhöchsten empfingen.«[5]

Noch nicht einmal alle Päpste des 20. Jahrhunderts haben sich zu dieser Erkenntnis durchringen können.

Alexander hätte weder Giordano Bruno verbrennen noch Galileo Galilei die Folterinstrumente zeigen lassen. Niemand hat Kopernikus daran gehindert, in der römischen Universität im Jahre 1500 zu verkünden, daß sich die Erde um die Sonne dreht. Kopernikus verkündete seine »Revolution des Himmels« in jenem ersten und bedeutendsten eigenen Gebäude, das Alexander 1498 der römischen Universität gestiftet hatte und das bis 1935 als Universitätsbau genutzt wurde. Heute ist dort das Staatsarchiv untergebracht. Bis 1498 mußte sich der Lehrkörper der römischen Universität mit schäbigen und völlig unzureichenden gemieteten Häusern begnügen.

Aber, wird man einwenden, Alexander hat *Savonarola* vernichtet. Wo war da seine Toleranz? Dieser Fall ist komplizierter. Viele Historiker sind der Meinung, Savonarola mußte 1498 in Florenz den Scheiterhaufen besteigen, weil er gegen die unsittliche Lebensführung des Papstes predigte.

Das ist so nicht richtig.

Über Jahrhunderte hinweg bildete die *Schar der Bettelmönche, der Bußprediger und der Einsiedler den Gegenpol zu der vollständig verweltlichten Hierarchie der katholischen Kirche.* Die Päpste selbst luden solche feurigen Bußprediger ein und ließen sie im Vatikan zur Erbauung ihres Hofstaates predigen. Ein solcher war auch Savonarola in Florenz. Natürlich wetterte er gegen die Verderbtheit der Kirchenhierarchie, gegen den Luxus der reichen Leute. Das alles störte zwar die reichen Leute in Florenz sehr, aber nicht den Papst. Was dem Papst schon 1495 als ärgerlich erschien, waren die *politischen Prophezeiungen* Savonarolas. Durch sie sieht der Papst, der zu diesem Zeitpunkt gegenüber den Mächtigen Italiens eine empfindliche Niederlage erlitten hatte, seine großen politischen Ziele gefährdet. Savonarola prophezeit beispielsweise die »göttliche Sendung« der französischen Könige für Italien. Das war vielen italienischen Adligen, die schon Todfeinde des Borgia-Papstes waren, natürlich gerade recht. Sie begrüßten es auch, daß Savonarola prophezeite, Gott selbst habe es ihm eingegeben, daß die Türken sich »von selbst« zum Christentum bekennen würden: Dann brauchte man sie auch nicht mehr zu bekämpfen, obwohl sie sich immer bedrohlicher Italien näherten, denn dieser Kampf gegen die »Heiden«, den Alexander VI. forderte, war den italienischen Fürsten lästig, denn er kostete nur Geld und Leute. Am 15. Oktober 1495 schreibt Alexander deshalb an Savonarola:

»In Deinen öffentlichen Predigten sagst Du die Zukunft voraus und behauptest, daß Dir Deine Weisheit direkt vom Licht des Ewigen komme, gleichsam als eine Eingebung des Heiligen Geistes. Damit bringst Du diese einfältigen Leute ab vom Wege des Heils und störst sie in ihrem Gehorsam zur Heiligen Römischen Kirche. Frieden und Eintracht solltest Du predigen, statt dieser Dinge, die der Pöbel Prophezeiungen und Weissagungen nennt. Du solltest bedenken, daß unsere Zeiten schlecht geeignet sind für die Verbreitung von Lehren, die schon

in tiefsten Friedenszeiten Verwirrung stiften, geschweige denn, wenn Hader und Zwietracht herrschen.«[6]

Savonarola aber denkt überhaupt nicht daran, seine Predigten, die der Außenpolitik des Papstes direkt engegengesetzt sind, einzustellen. So reißt 1498 Alexander der Geduldsfaden. Wegen Betruges der Öffentlichkeit wird Savonarola in Florenz zum Tode verurteilt. Alexander beauftragt zwei Geistliche, das Florentiner Urteil zu überprüfen. Erst dann gibt er der Signoria (dem Rat) in Florenz die Erlaubnis, den asketischen Mönch hinzurichten.

Alexander VI. Borgia stirbt am 18. August 1503, 71jährig, nach siebentägiger Krankheit, *wahrscheinlich an Ruhr oder an einem Sumpffieber*, das durch Mücken übertragen wurde. Das römische Klima im Hochsommer war zu dieser Zeit außerordentlich heimtükkisch und der Aufenthalt in dem von Sümpfen umgebenen Rom im Juli und im August fast unerträglich. Eine ganze Reihe von Päpsten – und nicht nur Alexander – stirbt im Juli oder August. Natürlich waren die Feinde des Papstes – und er hatte eigentlich nur Feinde außerhalb seines Familienclans – voller Freude über diesen Tod. Alexander sei endlich tot, und zwar sei er *durch Gift ermordet* worden. *Susanne Schüller-Piroli*, die unbedingt zu den wenigen ernst zu nehmenden Historikern des Borgia-Lebens zählt, nimmt allerdings auch ein Attentat durch Gift an, ausgeführt von Kardinal Adriano da Corneto, der den Giftmord später neben weiteren Giftmorden gestanden haben soll.[7] Genußvoller jedoch war jene Story, in der es heißt, Alexander habe *sich selbst aus Versehen ermordet*: denn die vergifteten Pralinen (andere Historiker sprechen von vergiftetem Wein) seien für den Kardinal Adriano da Corneto bestimmt gewesen. Der Papst habe sie verwechselt, und so sei er und auch sein Sohn Caesar, der an dem Gastmahl des Kardinals am 8. August auf dessen Landgut teilnahm, vergiftet worden. Caesar, nicht der Papst, wird von anderen Historikern als der Anstifter des Giftmordes genannt.

Eine prächtige Geschichte: das verdiente Ende eines Monstrums. *Die Schilderung hat nur einen Fehler: Sie stimmt nicht.* Wir müssen bedenken: Alexander hatte durch die siegreichen Feldzüge Caesar Borgias und durch seine erfolgreiche Außenpolitik die italienischen Herren wirklich das Fürchten gelehrt und sich Achtung verschafft in Europa, das sehr wohl registrierte, daß dieser Papst keine Schachfigur war. Allein unter dem Eindruck der wirklichen Erfolge Caesars versuchten Frankreich, Spanien und auch der Kaiser Maximilian I., den Borgia-Papst als Verbündeten zu gewinnen. *Das Jahr 1503 sieht Alexander auf der Höhe seiner Macht. Die Lage in Italien, die Lage in Europa ist nicht ungünstig. Der Papst stirbt für seine Feinde nicht mehr zur rechten Zeit, sein Tod ist für sie längst überfällig.* Tod durch eine Mücke, oder?

In dem schönen Buch »Geschichte der Päpste in Bildern« steht ein wunderlicher Satz über Alexander VI., der das vollständige Dilemma der »christlichen« Geschichtsschreibung beleuchtet:

»Wäre er nicht Papst gewesen, er würde zu den bedeutendsten Renaissance-Fürsten zählen.«[8]

Aber gerade das war Alexander!

Die Geschichte des 16. Jahrhunderts beweist: die Zeit, wo die katholische Kirche mit dem Papst an der Spitze der Hierarchie eine bedeutende geistliche und weltliche Macht darstellte, diese Zeit war mit der allmählichen Herausbildung der europäischen Nationalstaaten, deren Widerschein Kirchen- und Glaubensspaltung bildet, für immer vorbei. Die Nachfolger Alexanders auf dem Heiligen Stuhl haben das lange nicht begriffen und so immer neue Niederlagen erlitten. *Als weltliche Macht geschlagen, wurde die Kirche auch als geistliche Macht verdient gezüchtigt, und erst am Ende des 20. Jahrhunderts dämmert es der Kirche, daß sie sich auf ganz andere radikale Art und Weise mit den Geknechteten, Gedemütigten und Verhungernden dieser Welt verbinden muß, um auf Dauer überleben zu können.*

Wenn da mit treuherzigem Augenaufschlag gefordert wird, Alexander VI. Borgia solle aus der Liste der Päpste gestrichen werden, dann ist das merkwürdig. Dann nämlich wäre es konsequenter, gleich alle Päpste zu streichen, denn unseres Wissens hatte und hat Jesus Christus kaum einen würdigen Nachfolger in Rom gehabt. Fast ausnahmslos alle Päpste wären von Jesus mit der Geißel aus dem Vatikan gejagt worden. Wahrscheinlicher ist allerdings, daß die Schweizer Garde Jesus Christus bei diesem Versuch verhaftet und ihn als Aufrührer vor dem päpstlichen Palast hingerichtet hätte ...

Zweiunddreißig Faß Pulver gegen das Parlament seiner Majestät (1605)

O Wunder!
Was gibt's für herrliche Geschöpfe hier!
Wie schön der Mensch ist! Tapfre neue Welt,
Die solche Bürger trägt . . .
Shakespeare

»Das Attentat gegen das Parlament ist ein Beweis seiner Macht.«
Leopold von Ranke

Als die Männer des Königs am 4. November 1605, am Abend vor der Eröffnung des Parlaments, aufgrund dringender und geheimnisvoller Hinweise die Kellergewölbe des Parlamentsgebäudes untersuchten, machten sie eine erstaunliche Entdeckung: der Keller schien mit Holz und Reisig angefüllt. Aber als sie alles abgeräumt hatten, fanden sie 32 große Fässer mit etwa 9000 Pfund Pulver, und sie ertappten einen der Verschwörer, *Guy Fawkes*, der letzte Vorbereitungen zu dem Attentat traf, auf frischer Tat. Er erschien ihnen wie ein Teufel. Grinsend gesteht er, *er habe es als seine religiöse Pflicht angesehen, den König, seinen Sohn und das ganze Parlament in die Luft zu sprengen.*

Die Bedeutung der Pulververschwörung von 1604/1605 liegt – um es gleich am Anfang unserer Schilderung zu betonen – darin, daß sich dieses Attentat im Unterschied zu anderen Attentaten weder gegen eine einzelne Persönlichkeit noch gegen eine unbestimmte Menge (wie beispielsweise das Attentat auf dem Oktoberfest in München 1980) richtete, sondern – fast einzigartig in der Weltgeschichte – gegen den König als Haupt der gesetzgebenden Gewalt und gegen die gesetzgebende Gewalt in ihrer Gesamtheit. Allerdings hatte der Gedanke an ein Sprengstoffattentat gerade in den *souveränen Königreichen von England und Schottland* bereits eine lange und böse Tradition.

1566 hatte ein Günstling der schottischen Königin *Maria Stuart*, der Earl von *Bothwell*, ihren zweiten Gatten, Henry Lord *Darnley*, nach *Stefan Zweigs* brillanter Beschreibung ein ebenso schöner wie dummer und gefühlskalter Jüngling –,[1] auf eine seltsame Art ermordet. Darnley, schon ein Jahr nach der Vermählung der Herrscherin entfremdet, wohnte nahe des königlichen Palastes Holywood in einem abgelegenen Haus. Bothwell läßt heimlich unter dem Schlafzimmer Darnleys Pulver anhäufen und dann die Tür des Hauses mit Gewalt öffnen. Durch den Lärm erschreckt, springt Darnley aus dem Bett und wird zusammen mit seinem Pagen erdrosselt. Daraufhin läßt Bothwell das Pulver zur Explosion bringen: Das Haus liegt in Trümmern.

Es ist nie nachgewiesen worden, daß Maria Stuart unmittelbare Mitwisserin des Attentates war, aber nach dem Mord ernennt sie Bothwell zum Herzog von Orkney und begünstigt die anderen Teilnehmer des Mordes. Um allem die »Krone« aufzusetzen, heiratet Maria Stuart den neugebackenen Herzog und Mörder ihres Gatten. Das ging den Lords von Schottland nun doch zu weit. Sie sammeln ein stattliches Heer und rücken gegen das Schloß der Neuvermählten vor. Bothwell flieht und endet später als Seeräuber. Maria Stuart wird gefangengesetzt und muß zugunsten ihres Sohnes *Jakobs VI.* (dem späteren englischen König Jakob I.) auf die schottische Krone verzichten. Da Jakob noch minderjährig ist, wird Marias Bruder Moray zum Regenten ernannt. Aber nicht so sehr moralische Empörung dürfte das Hauptmotiv der schottischen Lords gewesen sein, sondern handfeste politische Interessen. Seit jeher fürchteten sie eine starke Zentralgewalt in Edinburgh. Die Annahme der protestantischen Konfession durch eine Mehrheit von ihnen war also in erster Linie als Opposition gegen das katholische Haus der Stuarts zu verstehen.

Gefängnis, Flucht – romantisch in der »Ballade von Lochlevem« durch *Sir Walter Scott* verklärt –, neue Hoffnung und endgültige Vertreibung sind die weiteren Stationen auf dem Lebensweg der »königlichen Hure«, wie sie ihr eifernder Gegenspieler, der puritanische Reformator *John Knox*, genannt hatte. Und nun tut Maria Stuart den für sie verhängnisvollsten Schritt ihres Lebens. Als abge-

Die Aufdeckung der Pulververschwörung am 5. November 1605. Holzschnitt nach einer zeitgenössischen Darstellung.
Bildarchiv Preußischer Kulturbesitz

setzte katholische Königin flieht sie in das England der anglikanischen Staatskirche unter den Schutz *Elisabeths I.* Das bedeutete noch nicht ihren Tod, wenn sie sich von allen politischen Kämpfen der Zeit ferngehalten hätte. Denn Elisabeth mißbilligt entschieden die Art und Weise, wie die schottischen Lords mit Maria Stuart umgegangen waren. Aber Maria denkt nicht daran, sich aus der Politik zurückzuziehen; sie verwickelt sich in mehrere Verschwörungen gegen Elisabeth, was ihr schließlich das Todesurteil einbringt. Um Maria Stuart im letzten Augenblick zu retten, wollen die Verschwörer Elisabeth durch eine Pulverladung in die Luft jagen. Das Attentat kommt nicht zur Ausführung, aber der aufgedeckte Plan des Attentats ist der berühmte Tropfen, durch den das Faß zum Überlaufen gebracht wird. *Elisabeth unterzeichnet das von einer Parlamentskommission empfohlene Todesurteil gegen Maria Stuart.*

Und so kam es in der britischen Geschichte 1605 schon zum drittenmal zu einem Attentat oder Attentatsversuch, bei dem die Erfindung des Mönches Berthold Schwarz eine wesentliche Rolle spielte (wahrscheinlich hat übrigens Berthold Schwarz das Pulver nicht »erfunden«, sondern nur mit ihm experimentiert).

Wir erinnern uns: Der Mittäter der Pulververschwörung Guy Fawkes hatte grinsend erklärt, er hätte es als eine Erfüllung seiner *religiösen* Pflicht angesehen, König Jakob I. und das Parlament in die Luft zu jagen.

Um diesen seltsam anmutenden Ausspruch zu erklären, müssen wir ein wenig in der englischen und der europäischen Geschichte zurückgehen.

Zwar erreicht das Papsttum am Ende des 16. und in der ersten Hälfte des 17. Jahrhunderts als absolutistische Macht einen eindeutigen Höhepunkt, aber die Zeit, wo ein Papst einen König wirklich absetzen konnte und ein König vor dem Papst »zu Kreuze kriechen mußte«, diese Zeiten waren längst vorbei. Für diese Jahrhunderte wäre es schon völlig undenkbar gewesen, daß ein König oder Kaiser im Streit um die Rechte, Bischöfe und Reichsäbte einzusetzen und zu belehnen, den kürzeren gegen den Papst gezogen hätte, wie es das Schicksal Kaiser Heinrichs IV. war: der *Gang nach Canossa.*

Wir werden in der Geschichte immer wieder auf den Begriff *»Religionskämpfe«* oder den Begriff *»Religionskriege«* stoßen, am bekanntesten ist der Dreißigjährige Krieg. Je nüchterner wir aber heute diese *sogenannten* Religionskriege und -kämpfe betrachten, desto deutlicher wird, daß die Botschaft Jesu Christi oft nur als ein flüchtig aufgeklebtes Etikett benutzt wird. In Wirklichkeit handelt es sich um Machtkämpfe, um die Durchsetzung politischer und ökonomischer Einflüsse. Das absolutistische Papsttum will im 16. und 17. Jahrhundert seinen vielfach durchlöcherten Herrschaftsanspruch über den ganzen Erdball noch lange nicht aufgeben. Der angebliche Kampf um die Reinheit der katholischen Lehre – und auch die ertappten Pulverattentäter von 1605 berufen sich ausdrücklich auf ihre religiösen Pflichten gegenüber den »Ketzern« – ist in Wirklichkeit ein Teil des gigantischen Kampfes mit dem Papsttum, dem deutschen Kaiser, der spanischen Krone auf der einen Seite und dem englischen Königreich auf der anderen Seite. *England ist auf dem Wege zur Weltmacht und mußte dabei unweigerlich mit den anderen Großmächten dieser Erde zusammenstoßen.* Das ist in Kürze die historische Folie der Pulververschwörung.

In diesem Zusammenhang muß gesagt werden, daß England nicht das erste Land war, das den Papstanspruch, Oberhaupt der ganzen Welt zu sein, zu beschneiden begann. Mit der Konsolidierung der Staaten, der Herausbildung des Bürgertums und der Nationwerdung werden immer neue Versuche, die Hoheit der Kurie über Fürsten und Völker zu erzwingen, mit zunehmender Schärfe von den aufstrebenden Nationalstaaten abgewehrt, z. B. schon sehr früh von Frankreich und fast parallel zu England in Deutschland.

Wie begann diese Entwicklung in England?

Die Entstehung der anglikanischen Staatskirche erfolgt unter *Heinrich VIII.* (König 1509–1547) und *Elisabeth I.* (Königin 1558–1603), seiner Tochter aus der Ehe mit seiner zweiten Frau Anna Boleyn.

Auch bei diesem ein volles Jahrhundert dauerndem Prozeß der Herausbildung der anglikanischen Kirche sind religiöse Motive allein nicht ausschlaggebend. Im Gegenteil. Anstöße zu der eigenständigen Entwicklung gaben Spanien und der Papst selbst. Karl I. begründete in Spanien die Dynastie der Habsburger und war seit 1519 als Karl V. zugleich deutscher Kaiser. Spanien gelangte zu einer Weltstellung, die die europäischen Staaten, insbesondere Frankreich und England (aber auch Deutschland), in ihrer Selbständigkeit bedrohte. Als Heinrich VIII., der zunächst auf der Seite Spaniens so engagiert im Krieg gegen Frankreich teilgenommen hatte, sich über die veränderte Lage in der Welt klarwurde, die ihm so bedrohlich schien, suchte er eine Annäherung an Frankreich. 1525 wird Friede geschlossen zwischen diesen beiden Staaten. Nichts lag näher, als die neue Aussöhnung durch eine Ehe Heinrichs mit einer hohen französischen Adligen zu befestigen. Eheschließungen der Fürsten waren seinerzeit ausschließlich Fragen der großen Politik, und sie rangieren auf der Liste der Möglichkeiten der Außenpolitik ganz oben. Nun stand aber einer französischen Heirat Heinrichs VIII. ein entscheidendes Hindernis im Wege: Heinrich war bereits verheiratet, und zwar mit der Witwe seines Bruders, Katharina, der spanischen Infantin. Diese hatte Heinrich die Tochter *Maria* geboren. Ein männlicher Thronfolger war nicht in Sicht. Wie sollte die Zukunft Englands aussehen, wenn Maria mit dem Kaiser oder einem französischen Prinzen verheiratet würde? Und da noch nie bis dahin eine Königin aus eigenem Recht in England regiert hatte, fürchtete Heinrich, daß mit seinem Tode der Thron der Tudors in England erledigt sein würde.

So schien es Heinrich nur logisch, sich von Katharina zu trennen. Und da der Papst seinerzeit seine Einwilligung für die Ehe mit einer nahen Verwandten hatte geben müssen, hoffte Heinrich, der Papst würde auf sein dringendes Ersuchen hin dieses Zugeständnis zurücknehmen. Aber der Papst sträubte sich, denn wie konnte sich ein Papst bei der Erteilung einer solchen Einwilligung geirrt haben? Und außerdem war Karl V. immer mächtiger geworden, kein Papst hätte in dieser Zeit einen Schritt wagen können, der, gegen eine nahe Verwandte des Kaisers gerichtet, ein Affront gegen Habsburg sein mußte. Also erklärte der Papst, er werde die Rücknahme der seinerzeit erlassenen Ehebewilligung verweigern.

Damit schienen alle weitreichenden Pläne Heinrichs gescheitert. Außerdem fühlte er sich vor seinem Hochadel blamiert, denn leichtsinnigerweise hatte er bereits öffentlich erklärt, er werde die Scheidung mit Katharina zum Segen Englands durchführen. In seiner ganzen Wesensart war Heinrich zwar *nicht jener grausame Blutsäufer und Blaubart,* als den ihn die Literatur dargestellt hat, *aber er war selbstbewußt und stur.* Was er sich einmal vorgenommen hatte, das führte er auch durch, und zwar auf Biegen und Brechen. Indem Heinrich VIII. die Absicht hatte, seine Nation und sein Reich von der Rechtsprechung Roms vollständig zu trennen, faßte er einen Entschluß, dessen riesige Tragweite er schwerlich übersehen konnte. Aber die internationale Situation begünstigte seinen entscheidenden Schritt.

Wir schreiben das Jahr 1529. Zwölf Jahre vorher hatte *Martin Luther* seine Thesen verkündet und damit die *erste Phase der frühbürgerlichen Revolution* in Deutschland eingeläutet, die sich *zunächst gegen die Vorherrschaft der Papstkirche* richtete, die damals Deutschland als bevorzugtes Objekt finanzieller Ausplünderungen betrachtete. Im Gefolge dieses Ereignisses verwandelt sich Mitteleuropa für über ein Jahrhundert zum Austragungsort von Kriegen und Bürgerkriegen. Die gewaltsame Niederwerfung der aufständischen Bauern 1524/1525 konnte den Prozeß der Herausbildung der Deutschen Nation hemmen, stärkte aber gleichzeitig die Partikulargewalt der deutschen Fürsten, die alle, ganz gleich ob protestantisch oder katholisch, nun ihrerseits begannen, die Macht des Papstes in Deutschland einzudämmen oder ganz zu beseitigen. 1531 gründen die evangelischen Fürsten den Schmalkaldischen Bund, der jene Entwicklung und Mächtegruppierung einleitet, die 80 Jahre später zum Dreißigjährigen Krieg führt. Auch in den Niederlanden, die 1516 an die spanischen Habsburger gefallen waren und nur wenige Jahrzehnte später ihren Unabhängigkeitskampf begannen, sollten Heinrich und seine Nachfolger in der Perspektive einen wichtigen Verbündeten erhalten.

Aber wie war die Situation im eigenen Lande? *Wie würde England auf den sensationellen Schritt Heinrichs reagieren, sich und seine Kirche vollständig von Rom zu lösen?*

Zwei Maßnahmen führt Heinrich VIII. zunächst durch: Er *stürzt den Generalvikar des Papstes* Kardinal Wolsey, der die stärkste Stütze des Papsttums in England war, und er *beruft das Parlament ein.* Und es zeigt sich, daß das englische Parlament sich von 1529 an *zu einer wirklichen Repräsentation des nationalen Gesamtwillens entwickelt.*

Die Anfänge einer parlamentarischen Verfassung hatte England bereits seit 1258. Sie ging, wie schon vorher die Magna Charta von 1215, aus einem heftigen Streit mit dem Papsttum hervor. Denn Heinrich III. hatte sich allzu eng mit Rom verflochten. Der Papst war nicht nur als Oberlehnsherr von England vom König ausdrücklich anerkannt worden, er beutete vorzugsweise England finanziell aus. Als Heinrich III. der erstaunten Reichsversammlung 1257 gar seinen Sohn als König von Neapel vorstellt und auch die Geldsumme nennt, die er dem Papst dafür entrichtet hatte, erhoben die Stände entschieden Einspruch. Die Adligen zwingen den König, einen Ausschuß von 15 Mitgliedern einzusetzen, der nach dem

Willen der Stände den König daran hindern soll, eine Politik zu betreiben, die gegen die Interessen und gegen die Unabhängigkeit Englands gerichtet ist. Es nützte dem Papst nichts, daß er den Wortführer des Adels, Simon Montfort, mit dem Bann belegt, die Stände setzen ihren Willen durch. Zunächst wird ein Königlicher Rat gebildet, aus zwölf Mitgliedern des Hochadels bestehend, der jedes Jahr dreimal zusammentreten soll, um über die laufenden Reichsangelegenheiten zu beraten. Dem Rat steht bereits ein vom Adel gewählter ständiger Ausschuß zur Seite. Der Widerstand des Papstes, der königlichen Familie und auch Frankreichs gegen diese Beschneidung der Rechte des englischen Königs war so groß, daß Simon Montfort auf die Idee kam, das »Gegengewicht« zum König durch Abgeordnete der Ritterschaft, der Städte und der Häfen zu vergrößern und zu verbreitern. *So entsteht das englische Parlament*, das in der Folgezeit als *Oberhaus* (Prälaten, Barone) und *Unterhaus* (Ritter und Städte) zusammentritt.

Wir dürfen uns allerdings dieses Parlament nicht so vorstellen wie eines des 20. Jahrhunderts, das aus freien, allgemeinen, gleichen und geheimen Wahlen hervorgeht. Das englische Parlament wurde bis 1832 von lediglich zwei Prozent der Bevölkerung gewählt, ab 1832 von fünf Prozent der Bevölkerung. Ein allgemeines Männerwahlrecht und ein beschränktes Frauenwahlrecht gab es erst ab 1918 in England; das allgemeine Stimmrecht für Frauen gilt ab 1928.

Zurück zum Jahre 1529. Als das Parlament nach dem Willen Heinrichs VIII. 1529 zusammentritt, kommt aus der Mitte des Unterhauses jener Vorschlag, der den Einfluß des Vatikans auf England mit einem Streich abschneiden soll: Der König wird unumwunden aufgefordert, die Allmacht der geistlichen Gerichtshöfe über alle Beziehungen des Privatlebens der Gläubigen zu brechen, denn er, *der König, sei doch das einzige Oberhaupt der weltlichen und der geistlichen Untertanen.*

Das allerdings bedeutete in der Tat nichts anderes, als daß mit einem Schlage *der Papst als Oberhaupt der katholischen Kirche Englands abgesetzt wurde.* Heinrich stimmt dem Vorschlag sofort zu, denn das scheint der einzige Ausweg zu sein, um von seiner ersten Ehe loszukommen. Am 7. Februar 1531 stimmen beide Häuser des Parlaments – nicht wenige Geistliche natürlich mit schwerem Bedenken – der Forderung Heinrichs zu, den König von England als Protektor und einziges Haupt der Kirche und des Klerus von England anzuerkennen. Das ist die *Geburtsstunde nicht nur der anglikani-*

schen Kirche, sondern gleichzeitig die Geburtsstunde des modernen englischen Nationalstaates, zu dem mit der Magna Charta und der erwähnten Gründung des Parlaments bereits vorbereitende Schritte getan worden waren. Die gewaltsame Lostrennung Englands von der Institution des Papsttums, dessen Existenz und Wille als Ausdruck des göttlichen Willens auf Erden angesehen wurde, und die Tatsache, daß Heinrich sich durch die bedeutendsten Universitäten Italiens, Deutschlands, Frankreichs und Englands wissenschaftlich bestätigen ließ, daß das Recht der Päpste, Ehen zu gestatten oder zu untersagen, nach göttlichem Recht unzulässig sei, das bedeutete in der Tat eine Revolution. Die Fundamente der hierarchischen Ordnung, auf der das mittelalterliche Europa ruhte, begannen zu wanken. So wurde durch die Klemme, in der sich ein König befand, weil er von der einen Frau loskommen wollte, um aus wichtigen Gründen der männlichen Erbfolge und aus Gründen der Staatsräson eine andere zu heiraten, das Zeitalter der europäischen Nationalstaaten eingeläutet. – Ein relativ geringer Anlaß mit einer ungeheuren Wirkung!

Es liegt auf der Hand, daß Rom zu dieser Lossagung Englands vom Papst als geistliches Oberhaupt nicht stillhielt, weder bei Heinrich VIII. noch beim Regierungsantritt seiner Tochter Elisabeth I. Dazwischen kommt es allerdings noch einmal zu einer katholischen Regierung.

Heinrich VIII. sollte durch Papst Clemens förmlich vor ein Gericht nach Rom geladen werden, was in England als eine Beleidigung des Königs empfunden wurde. Elisabeth gar wurde nach einem vergeblichen Aufstandsversuch englischer Katholiken von Pius V. exkommuniziert. Der Papst erklärte Elisabeth des Reiches verlustig und drohte allen Engländern ebenfalls mit der Exkommunikation, wenn sie weiter dieser Königin gehorsam sein würden. Aber es blieb nicht allein bei diesen Drohungen. Es folgt eine Kette von Verschwörungen und Attentatsplänen, deren Antriebskraft nicht allein in dem Bestreben gesehen werden kann, England dem Papst und dem Katholizismus zurückzugewinnen, sondern die alle primär *mit dem Ringen Englands und Spaniens um die Weltherrschaft* unmittelbar verbunden sind.

Das Haus der spanischen Botschaft in London wird immer wieder als Zentrum dieser Verschwörungen ausgemacht. Da Elisabeth nicht heiratet, stellen nicht nur England, sondern auch Spanien immer neue Betrachtungen darüber an, wer ihr auf den Thron folgen und ob man die Thronfolge nicht vielleicht gewaltsam beschleunigen könne.

Wir erinnern uns, daß Maria Stuart 1568 nach England floh. Sie erhielt ein königliches Gefängnis. Maria war die Enkelin einer Schwester Heinrichs VIII. Schon bei der Thronbesteigung Elisabeths hatten die katholischen Gegner Elisabeths daran gedacht, ob es nicht möglich sei, *die katholische Maria Stuart anstatt Elisabeth auf den englischen Thron zu bringen.* Nun um 1580, Elisabeth war inzwischen 47 Jahre alt, waren alle Hoffnungen, sie werde heiraten und dem Land einen Thronerben schenken, längst dahingeschwunden. Gleichzeitig verdichten sich die Gerüchte um Attentatspläne. Und Maria Stuart selbst hatte deutlich zum Ausdruck gebracht, daß sie sich selbst als legitime Anwärterin auf den englischen Thron betrachtet. Ihre Kombinationen gehen aber noch viel weiter. Ihr unmündiger Sohn, wie bereits erwähnt, war seit 1567 als Jakob VI. König von Schottland. Er war Protestant. *Maria Stuart faßt den Plan, ihren Sohn aus Schottland nach Spanien entführen zu lassen, um ihn dort zum Katholizismus zu zwingen.* Das war alles gar nicht so aus der Luft gegriffen, denn unter der katholischen Vorgängerin Elisabeths, *Maria Tudor, war England bereits in der großen Gefahr gewesen, ein Satellit Spaniens zu werden.*

In dieser Stunde der Hoffnungen und Verschwörungen auf der einen, der Befürchtungen und Intrigen auf der anderen Seite wird erneut deutlich, welche bedeutende Rolle das Parlament als Teil der Staatsgewalt einnimmt. Denn es beschließt 1585 einmütig ein Attentatsgesetz, das zugleich ein Recht antastet, das bis dahin als unantastbar galt, nämlich: daß Personen, zu deren Gunsten eine Rebellion versucht oder ein Attentat gegen die Königin unternommen werde, ihr Recht auf die Krone verlieren würden. Das ging eindeutig gegen alle – bis dahin als legitim anerkannten – Erbansprüche Maria Stuarts. Ferner beschließt das Parlament, daß Personen, die Anteil an einem Attentat gegen die Königin hätten, dies mit dem Leben büßen müßten. Königin Elisabeth wird durch das Parlament ermächtigt, eine Parlamentskommission von wenigstens 24 Mitgliedern zu ernennen, die über Schuld oder Unschuld der Thronanwärterin urteilen sollte. Genau dieser Fall trat, wie wir berichteten, zwei Jahre später ein. Am 8. Februar 1587 *wird Maria Stuart genau nach diesem Gesetz hingerichtet.* Sie ist 45 Jahre alt, und es war das neunzehnte Jahr ihrer Gefangenschaft.

Es ist merkwürdig, daß Literatur und Film solche Ereignisse wie die eben geschilderten mit Vorliebe als große Tragödien darstellen – so auch Leben und Tod der Maria Stuart (F. Schiller, W. Scott, S. Zweig, A. Fraser). Aber Maria Stuart kannte den Parlamentsbeschluß von 1585, und die, die an der Verschwörung gegen Elisabeth mitgewirkt haben, kannten ihn natürlich auch. *Der Tod der Maria Stuart war keine Tragödie.* Sie war weder unschuldig, noch haben solche Imponderabilien wie Eifersucht einer einsamen alternden Königin auf eine Nebenbuhlerin, die wesentlich jünger und schöner sei als sie selbst, irgendeine Rolle gespielt. Beide Damen waren schon grauhaarig und in den Augen ihrer Zeitgenossen Matronen.

Wer aber waren die Verschwörer, und welches waren ihre Pläne?

Im Vordergrund stehen, und hier zeigen sich bereits die Parallelen zur Pulververschwörung von 1605, *englische Emigranten*. Nicht wenige englische Katholiken waren ins Ausland geflohen. Ihre einzige Hoffnung, die politischen Verhältnisse in ihrem Heimatland umzustürzen, war die Weltmacht Spanien unter Philipp II., das spanische Heer vor allem, das seit 1566 mit dem Beginn der *niederländischen Revolution* in blutigen Kriegen seine Herrschaft gegenüber der englischen Küste zu erhalten suchte. Zwei dieser Emigranten werden als Initiatoren der Verschwörung von französischen Priestern im Seminar von Reims gewonnen. Einer von ihnen heißt *Thomas Babington.* Babington entfesselt eine fieberhafte Tätigkeit. Sein Plan scheint einfach, in Wirklichkeit ist er phantastisch in seiner völligen Verkennung der Kräfteverhältnisse:

1. Königin Elisabeth soll ermordet werden;

2. es kommt zu einer bewaffneten Erhebung der Katholiken im Lande selbst bei gleichzeitiger Landung spanischer Truppen;

3. Maria Stuart wird befreit und zur Königin von England gekrönt.

Philipp II. von Spanien ist in den Plan eingeweiht und billigt ihn vollständig.

Die Verschwörung ist im vollen Gange. Maria Stuart korrespondiert eifrig mit Thomas Babington. Aber man hatte wohl nicht mit der Wachsamkeit der englischen Gegenspionage gerechnet. Alle Briefe, die da – oft chiffriert – hin- und herfliegen, werden in der englischen Regierung dem zuständigen Staatssekretär vorgelegt, bevor sie weitergehen, denn die Verschwörer sollen nicht vorher gewarnt werden. Als alle Beweise vorliegen, schnappt die Falle zu. Maria Stuarts Leben und das der anderen Verschwörer ist verwirkt.

Die Verschwörungen und Attentatspläne sind, im größeren Maßstab gesehen, aber nur ein Teil des *Krieges zwischen Spanien und England,* der dann 1588 seinem dramatischen Höhepunkt zusteuert. Nun wird es wirklich ernst für England und für Elisabeth, denn unter der Führung der spanischen Monarchie und des Papsttums hat das katholische Europa, vor allem Spanien, Portugal und Italien, die *größte Flotte aufgebracht, die jemals von einem europäischen Hafen aus gestartet war:* 135 Kriegsschiffe mit 8000 Matrosen. Die Zahl der Landungstruppen wird zwischen 19000 und 30000 angegeben: Es sind Spanier, Portugiesen, Italiener, Korsen, päpstliche Truppen, Flamen, Wallonen, Deutsche. Aber alle diese gewaltigen Anstrengungen nützen nichts. Die kleine, bewegliche englische Flotte kämpft tapfer und kann zum erstenmal in der Geschichte der Seekriege die verheerende Wirkung von breitseitig abgefeuerten Schiffsgeschützen studieren. Die zu großen und unbeweglichen spanischen Kriegsschiffe werden ihre Beute oder stranden. Es war wohl weniger der »Sturmhauch Gottes«, der die *»unüberwindliche Armada« vernichtete* (wie es auf einer englischen Gedenkmünze zu lesen ist), als vielmehr die tapferen Engländer selbst und die schweren Konstruktionsmängel der spanischen Riesenschiffe. Die Hoffnung, bei dem Herannahen der Armada würden sich gleichzeitig die Katholiken Englands erheben, diese Hoffnung Spaniens erfüllte sich nicht. Die englische Nation zeigt schon, unbeachtet der tiefen Gegensätze zwischen den Anhängern der anglikanischen Kirche und der Katholiken, die immer wieder schweren Verfolgungen ausgesetzt sind, daß sie dem Feind Spanien einmütig die Stirn zu bieten vermögen.

Elisabeth I. stirbt am 24. März 1603 im Alter von 70 Jahren. Als sie 45 Jahre vorher Königin wurde, war England, verglichen mit Spanien und Frankreich, eine durchaus zweitrangige Macht. Als Elisabeth stirbt, sinkt der Stern Spaniens bereits, und *England ist auf dem Wege zur Weltmacht.* Das Zusammenwirken der Monarchie mit einem selbstbewußten und klugen Parlament hatte daran einen entscheidenden Anteil. Entstehung und Stärkung der anglikanischen Hochkirche bedeutete gleichzeitig die Konzentration auf die nationalen Probleme des Landes. Die katholische feudale Reaktion war erfolgreich niedergehalten worden. Das Bürgertum hatte mit Elisabeth einen mächtigen Aufschwung genommen. Der Überseehandel war bedeutend gewachsen. Handelskompanien waren gegründet worden (Moskauer Kompanie 1553, Handel mit der Levante 1581, Ostindien 1600). 1562 begründet J. Howkies Englands bedeutende Stellung im Handel mit Negersklaven. Banken und Börsen werden gegründet (1560–1576). England wird Kolonialmacht: 1583 gibt es eine erste Niederlassung in Nordamerika, 1588 an der Westküste Afrikas. Die Konkurrenz der Hanse wird gebrochen, ihre Niederlassung in London 1598 geschlossen. Mit dem Sieg über die spanische Armada wird England eine der großen See- und Kolonialmächte dieser Welt.

Der Aufschwung und das Selbstbewußtsein des englischen Bürgertums findet seinen Niederschlag auch in einer *ersten Blüte der bürgerlichen Kultur. William Shakespeare* muß hier an erster Stelle genannt werden.

Als Philipp von Spanien 1588 seine Armada gegen England schickt, arbeitet der 24jährige Shakespeare seit einem Jahr in London am Theater als Inspizient, Hilfsregisseur, Schauspieler und Bearbeiter älterer Stücke. In der Zeit der Pulververschwörung 1604/1605 vollendet Shakespeare *»Othello«, »Maß für Maß«, »König Lear«* und *»Macbeth«*. 1604 werden acht Stücke des Dichters am Hofe Jacob I. aufgeführt, und Shakespeares Truppe trägt seit einem Jahr den Ehrentitel »Schauspieler des Königs«. Als Shakespeare 1600 den *»Hamlet«* und *»Die lustigen Weiber von Windsor«* schreibt, wird die Ostindische Handelskompanie gegründet, und in Rom wird Giordano Bruno verbrannt, weil er in Anwendung der Lehren des Kopernikus die Unendlichkeit des Weltalls verkündet und die Wissenschaftsfeindlichkeit der katholischen Hierarchie bloßgestellt hat.

Die Zeit, in der Shakespeares unsterbliches Werk entsteht, sollten wir gut kennen, denn ohne den historischen Hintergrund sind die Protagonisten des Dichters in ihrem Denken und Tun kaum zu fassen. Das Dunkel des Mittelalters weicht dem Licht der neuen Zeit, die sich auch im Werk Shakespeares stürmisch ankündigt. Es ist die Welt des Feudalismus, die »aus den Fugen« (Hamlet) ist. Das alte Feudalsystem, organisiert durch Lehnswesen und Hörigkeit und geistig abgestützt vom Katholizismus, zerfällt unter den Schlägen des Bürgertums. Die Warenproduktion, die Geldwirtschaft, der weltumspannende Handel gehen Arm in Arm mit der Entdeckung der menschlichen Vernunft, der Schönheit des menschlichen Körpers und der Erkenntnis, daß Natur und Gesellschaft durch Wissen begreifbar sind und nicht von einem fernen Gotte gelenkt werden. Der Ausbruch des Bürgertums aus dem Gefängnis des Mittelalters, das ist der wesentliche Inhalt von Shakespeares Bühnenwelt ganz im Sinne des Aufschreis Ulrich von Huttens:

»Oh, Jahrhundert! Oh, Wissenschaft! – Es ist eine Freude, zu leben. Es blühen die Studien, die Geister regen sich! Du, nimm den Strick, Barbarei, und mache dich auf Verbannung gefaßt!«

Wenn auch Shakespeares Leben für lange Strecken und für uns für immer in Dunkel gehüllt bleibt, *aus dem Geist seiner Stücke entsteht seine Zeit:* die Bartholomäusnacht, der Untergang der Armada, die Hinrichtung Maria Stuarts und die Pulververschwörer, die die geschichtliche Entwicklung aufhalten wollen, die kühnen Eroberer der neuen kapitalistischen Welt ...

Lear muß fallen, denn er verteidigt die feudale Welt, Coriolan wird verurteilt, denn nicht die Liebe zum Vaterland leitete ihn. Aber alles das bedeutet nicht, daß Shakespeare die heraufdämmernde bürgerliche Welt mit verklärten Augen schaut. Die neue Welt ist gegründet nicht auf alten Privilegien und Pergamenten, sondern auf die Macht des Geldes, dieser allgemeinen Hure und Kupplerin der Menschen und Völker. Das erkennt Shakespeare ganz genau:

»Gold? Kostbar, flimmernd, rotes Gold? Nein, Götter!
Nicht eitel fleh ich.
So viel hievon macht schwarz weiß, häßlich schön;
Schlecht gut, alt jung, feig tapfer, niedrig edel.
Dies lockt ... den Priester vom Altar;
Reißt Halbgenes'nen weg das Schlummerkissen;
Ja, dieser rote Sklave löst und bindet
Geweihte Bande; segnet den Verfluchten;
Er macht den Aussatz lieblich, ehrt den Dieb
Und gibt ihm Rang, gebeugtes Knie und Einfluß
Im Rat der Senatoren, dieser führt
Der überjähr'gen Witwe Freier zu;
Sie, vom Spital und Wunden giftig eiternd,
Mit Ekel fortgeschickt, verjüngt balsamisch
Zu Maienjugend dies. Verdammt Metall,
Gemeine Hure du der Menschen, die
Die Völker tört ...«
(Timon von Athen)

Und trotzdem: Die neue Welt des Bürgertums muß mit Gewalt durchgesetzt werden gegen die alte Ordnung, die durch Blut und mit Hilfe von Verbrechen lebt.

Weihnachten 1606, ein Jahr nach der Aufdeckung der Pulververschwörung, sieht König Jakob den *»König Lear«*. *Anthony Burgess* schreibt dazu in seiner ausgezeichneten Shakespeare-Biographie:

»Das war kaum angemessene festliche Unterhaltung, und man fragt sich, was die vergnügungssüchtige Königin Anne davon hielt. Oder auch Jakob selbst, obwohl Shakespeares wahnhafte Phantasien über die Undankbarkeit in ihm eine Saite zum Schwingen gebracht haben mögen. Das Thema der Ehrfurcht vor dem Gottesgnadentum des Herrschers wird schon in der ersten Szene laut genug ausgespielt, aber Lear ist in seinem Bedürfnis nach unappetitlicher Schmeichelei, wo klare Wahrheit am Platze wäre, Jakob nur allzu ähnlich: seine Tragödie entspringt der Ablehnung der Ehrlichkeit . . . Glosters Worte über den Verfall des Staates hatten einen unmittelbaren, einen modernen Klang: ›Wir haben das Beste unserer Zeit gesehen: Ränke, Herzlosigkeit, Verrat und alle zerstörenden Umwälzungen folgen uns rastlos bis an unser Grab.‹ Er meinte mehr als die Pulververschwörung. Aber sein Schöpfer hatte die Pulververschwörung im Kopf, als er die Entdeckung von Verrat durch Briefe zum Angelpunkt seiner Handlung machte. Die Zeiten gaben ihm ein neues dramatisches Mittel, aber sie konnten ihn nicht Neues über das Böse lehren . . .«[2]

Wir sollten anmerken, daß sich hier Parallelen zur Entwicklung der bürgerlichen Literatur sowohl in Frankreich als auch in Deutschland zeigen, wenn wir an Rousseau, an die Enzyklopädisten oder an die Dichter des »Sturm und Drang« denken. Die Dichter sehen die neue Zeit des bürgerlichen Jahrhunderts hinaufdämmern, ehe das Bürgertum in Wirklichkeit die Macht in Händen hat.

33 Jahre nach dem Tode Shakespeares wird zum erstenmal in der Neuzeit ein König vor Gericht gestellt, verurteilt und hingerichtet: es ist ein englischer König, verurteilt und hingerichtet vom englischen Bürgertum. Wir werden Shakespeares Werk besser begreifen, wenn wir uns erinnern, was Shakespeares Hamlet zu den Schauspielern sagt: *»Sie sind der Spiegel und die abgekürzte Chronik des Zeitalters . . .«*

Elisabeths Nachfolger auf dem Thron ist der schon erwähnte Jakob VI. Stuart, der Sohn Maria Stuarts, *der als Jakob I. die Stuart-Dynastie in England begründet und die beiden selbständigen Königreiche von Schottland und England als erster in Personalunion vereinigt* (die Realunion besteht seit 1707). Jakob ist 37 Jahre alt, als er nach London zieht, um dort zum englischen König gekrönt zu werden. Er wird von den Zeitgenossen als eine etwas seltsame Erscheinung geschildert: Körperliche Schönheit und Tapferkeit, und das waren die Attribute, die man an einer königlichen Erscheinung so schätzte, sind bei Jakob nicht vorhanden. Sein Körper war schwach, und tapfer war er gewiß nicht. Wodurch er sich auszeichnete, war sein umfassendes Wissen, vor allem seine theologische Belesenheit. Außerdem war er Verfasser eines der scharfsinnigsten Bücher gegen den Hexenwahn und die Hexenverfolgung in seiner Zeit. Sully, der Finanzminister des 1610 ermordeten französischen Königs Heinrich IV., nannte Jakob halb achtungsvoll, halb spottend den *»weisesten Narren in Europa«*. Ein Narr war Jakob allerdings nicht, wenn er auch merkwürdig aussah, als er so durch die ihm zujubelnde Menge in London einzog. Wams und Beinkleider seines Anzuges waren weit und dick gefüttert. Er sah aus, als sei er in einen Wulst von Kleidern gesteckt worden. Diese merkwürdige Kleidung wird hier deshalb besonders hervorgehoben, weil sie für unser Generalthema so interessant ist. Jakob ist sicher der Monarch, der als einziger eine »Anti-Attentats-Kleidung« für Könige kreierte, denn dieser dick gefütterte und weite Anzug sollte den Monarchen vor eventuellen Dolchstichen schützen!

Gegen die 32 Fässer mit Pulver, wären sie zur Explosion gekommen, hätte der Anzug allerdings auch nicht sehr viel genützt. Aber wir wollen nicht spotten, denn die Geschichte lehrt, daß der Beruf eines Monarchen oft genug eine ziemlich lebensgefährliche Existenz war ...

Die Pulververschwörung gegen Jakob I. hängt damit zusammen, daß nicht nur die einheimische katholische Reaktion (vom Standpunkt des Parlaments und der englischen Staatskirche aus gesehen) auf Jakob große Hoffnungen setzte, sondern auch Spanien, der Papst und das übrige feudalkatholische Europa. Er war zwar kein Katholik wie seine Mutter Maria Stuart, sondern Protestant, aber *seine Vorstellung vom Königtum im Sinne feudal-absolutistischer Bestrebungen* kontrastierten doch sehr scharf mit der Einrichtung eines bürgerlichen Parlaments. Obwohl Jakob sicher auch unter der Hand den Katholiken Versprechungen hinsichtlich ihrer Stellung als Staatsbürger, im Heer und in der Staatsverwaltung gemacht hatte, enttäuschte er sie bald. Das tat er nicht freiwillig. Schon in Schottland, als er noch Jakob VI. war, hatte das katholische Europa ihm große Perspektiven eröffnet. Aber Jakob widerstand den damaligen Einflüsterungen und entschied sich für Elisabeths Angebot der Thronfolge (und ihre nicht unbeträchtlichen Geldsummen, die Jakob in seiner finanziellen Beschränktheit sehr gut gebrauchen konnte). So war ihm der »Spatz« der doppelten Krone Großbritanniens in der Hand lieber als die »Taube« der großen spanischen Versprechungen auf dem Dach.

Konsequenterweise heiratete er auch keine Katholikin, sondern eine Tochter des Königs Friedrich II. von Dänemark und wurde so »um drei Ecken« auch mit den fürstlichen Häusern Brandenburg, Mecklenburg und Braunschweig verwandt. Aber gleichzeitig gibt es geheime Verbindungen zwischen ihm und dem Papst. Alles scheint somit im Augenblick seiner Thronbesteigung in der Schwebe zu sein.

Aber die innen- und außenpolitische Situation zwingt den König schnell zu ersten Stellungnahmen. Er kann einfach nicht umhin, nach seiner Thronbesteigung eine Erklärung abzugeben, daß er die englische Staatskirche erhalten wolle und jede andere Religionsform ausgeschlossen sei, was die Protestanten beruhigte, die Katholiken aber entrüstete. Auch außenpolitisch müssen Entscheidungen getroffen werden. Da erscheint der Vertreter Frankreichs, Sully, im Auftrage König Heinrichs IV., der wie Elisabeth die rebellischen Niederlande gegen Spanien unterstützt hatte, und schlägt dem widerstrebenden Jakob ein großes europäisches Staatenbündnis unter Führung Frankreichs gegen die spanisch-habsburgische Macht vor.

Aber auch ein spanischer Botschafter erscheint in großer Aufmachung: Graf von Mediana Don Juan de Tassis. Nach Meinung des englischen Hofes benimmt sich der stolze Spanier ziemlich unverschämt, denn statt am Eingang des Thronsaales seinen Hut abzunehmen, geht der Graf bis zur Saalmitte. Erst dort entblößt er sein Haupt. Die Unterredung zwischen dem König und ihm verläuft ziemlich kühl. Spanien fordert England auf, die niederländischen Rebellen nicht mehr zu unterstützen. England lehnt ab: In seinen Augen sind die Niederländer keine Rebellen. Auch den Handelsverkehr mit ihnen will Jakob nicht abbrechen. Ein Friedensvertrag mit Spanien kommt zwar zustande, aber die Spanier sind nicht begeistert von den Unbestimmtheiten dieses Abkommens.

Jakob befindet sich von Anfang an in einem *Grundirrtum: er will sich aus der europäischen Politik*, die ja zu dieser Zeit Weltpolitik ist, *möglichst heraushalten.* Er möchte neutral bleiben, mit allen Mächten Freund sein. Das ging nicht und wurde für ihn zu einem Fiasko, als er beispielsweise später seinen Sohn mit einer spanischen Infantin und seine Tochter mit einem deutschen Protestanten, mit jenem Friedrich V. von der Pfalz, dem unglücklichen »Winterkönig«, der 1618 nach der Schlacht am Weißen Berge bei Prag seine böhmische Krone verliert, verheiraten will.

Auch innenpolitisch sammelt sich bald immer mehr Zündstoff um den König an. Er braucht viel Geld, er reist im Lande umher und veranstaltet große Jagdvergnügungen, die dem Ackerbau empfindlichen Schaden zufügen, er erhöht die Zölle, was den Handel schädigt, er will die Strafbestimmungen gegen die Katholiken mildern, dagegen die *Puritaner*, jene bürgerliche kirchlich-politische Reformbewegung, die sich gegen die anglikanische Hochkirche und den Katholizismus gleichzeitig richtet und die in der Folgezeit in der bürgerlichen Revolution den Kern der Königsgegner bildet, in die Zange nehmen. Das Parlament ist in all diesen Fragen ganz entgegengesetzter Meinung, und so versprach die Parlamentssitzung vom November 1605 stürmisch zu werden. Davor aber kam es zur Aufdeckung der Pulververschwörung.

Die ursprüngliche Idee der Verschwörer war zunächst, den König zu fangen und ihn praktisch als Geisel für die Katholiken zu benutzen. Aber dieser Plan wurde fallengelassen zugunsten weitaus größerer Unternehmungen. So wurde in den spanischen Niederlanden begonnen, Truppeneinheiten aus emigrierten englischen Katholiken zusammenzustellen. Sowohl der Papst als auch Philipp II. von Spanien wußten, was sich in England zusammenbraute. Im Lande selbst sollten sich am Tage des Attentats zahlreiche Katholiken an einem bestimmten Ort bewaffnet versammeln. Man hoffte, daß Tausende Katholiken sich spontan anschließen würden. Nach der Vernichtung des Königs, seines Sohnes und des ganzen Parlaments wollten die Verschwörer eines der minderjährigen Kinder des Königs auf den Thron bringen und gleichzeitig einen ihnen genehmen Protektor einsetzen. Ein wilder Plan, der wiederum in *völliger Verkennung der Stimmung im Lande* gefaßt wurde.

Durch Zufall war ein Gewölbe unter dem Parlamentsgebäude frei geworden und stand zur Miete. So konnten die Verschwörer ihren ursprünglichen Plan, von einem Nachbarhaus aus einen Stollen zu graben, fallenlassen. Die *unmittelbare Vorbereitung für das Attentat dauerte fast ein Jahr* und hatte im In- und Ausland solche unkontrollierten Verzweigungen erreicht, daß sich Männer fanden, die die Regierung warnten. Andererseits – und die Parallelen zu Walraffs berühmter Napalm-Reportage drängen sich auf – fand sich auch hier ein Geistlicher, der Jesuit Henry Garvet, der auf die Frage, ob die katholische Kirche denn ein solches Attentat erlaube, beruhigend antwortete, das sei ganz rechtmäßig, und da eine Vernichtung der Ketzer auf keine andere Weise möglich sei, so solle man nur so verfahren, möchten auch unter vielen Schuldigen einige Unschuldige vertilgt werden ... So, im Gewissen beruhigt, begannen die Verschwörer, ihr Pulver anzuhäufen.

Der entscheidende Hinweis auf das Vorhaben kam von einem katholischen Mitglied des Oberhauses, *Lord Monteagle*. Der Lord hatte einen anonymen Brief bekommen, in dem er gewarnt wurde, an der Eröffnung des Parlaments von 1605 teilzunehmen. Lord Monteagle übergab diesen Brief ohne Zögern der Regierung, und so konnte der Anschlag in der oben beschriebenen Weise entdeckt werden. Die Verschwörer werden auf schreckliche Weise hingerichtet.[3]

Die Folge der Aufdeckung der Pulververschwörung war eine entschiedene Stärkung des Parlaments, das sich in seiner Auffassung vollständig bestätigt sah, daß eine Neutralitätspolitik gegenüber Wien und Madrid und eine wohlwollende Politik gegenüber der feudal-absolutistischen Opposition im Lande selbst für das Schicksal Englands verderblich sei. Dem König blieb nichts anderes übrig, als diese Politik nachzuvollziehen.

Wir wollen hier noch eine Szene aus späteren Jahren anführen, um zu zeigen, zu welchem Selbstbewußtsein sich das englische Parlament entwickelt hatte. Es kam zwischen dem König und der Volksvertretung zu Zusammenstößen, die schon wie ferner Donner *die bürgerliche Revolution ankündigten.* 1613 hatte Elisabeth, die Tochter des Königs, Friedrich, den Kurfürsten von der Pfalz, geheiratet. Als der unglückliche Friedrich Kopf und Kragen zu verlieren droht, schickt der Schwiegervater Jakob I. dem Schwiegersohn ganze 4000 Soldaten zur Unterstützung der Sache der Protestanten. Das Unterhaus protestiert und fordert energisch mehr Truppen und gleichzeitig die Aufgabe aller dynastischen Heiratspläne mit Spanien. Ein Unterhausmitglied klagt laut, daß der König begonnen habe, Parlamentsmitglieder, die vom Recht der freien Rede im Parlament Gebrauch gemacht hatten, zu verhaften. Der König richtet darauf ein Schreiben an das Unterhaus, das vom Sprecher verlesen wird. Der König verbittet sich darin sehr barsch die Einmischung des Unterhauses in außenpolitische Angelegenheiten. Auch könne er die Freiheit der Rede im Parlament nicht gestatten. Daraufhin faßt das Unterhaus am 18. Dezember 1621 »abends zwischen 5 und 6 Uhr bei Kerzenlicht« folgenden Beschluß:

»Die Freiheiten des Parlaments sind das alte und unzweifelhafte

Geburtsrecht und Erbe der Untertanen von England. Schwierige und dringende Geschäfte, die den König, den Staat, die Verteidigung des Reiches und der Kirche von England angehen, auch die Abfassung und Nachahmung der Gesetze und die Abstellung von Unbilden und Beschwerden sind geeignete Gegenstände für die Beratung und Erörterung im Parlament. Bei Behandlung dieser Angelegenheit hat jedes Mitglied des Hauses und zwar von Rechts wegen die Freiheit der Rede. Die Gemeinen haben gleichfalls die Freiheit, diese Gegenstände in derjenigen Folge vorzunehmen, die ihnen am besten dünkt. Und jedes ihrer Mitglieder ist vollkommen frei von aller Anklage, Verhaftung oder Belästigung . . .«[4]

Das war schon die Sprache einer Volksvertretung, die in den folgenden 20 Jahren auf die Revolution zuging, und es war nur der Anfang einer Entwicklung, an deren Ende die Hinrichtung Karls I. stand.

Britischer Pragmatismus, angelsächsisches Traditionsbewußtsein und »englischer Humor« haben – vor allem der Jugend – bis heute einen besonderen Feiertag mit Feuerwerk und Strohfeuer beschert: den *Guy-Fawkes-Day* am 5. November, dem Jahrestag der glücklichen Entdeckung der Pulververschwörung. Kein Attentat der Weltgeschichte mit Ausnahme der Pulververschwörung von 1605 wird so gefeiert.

August von Kotzebue
Tod eines Lustspieldichters und das jähe Erwachen aus einem deutschen Traum (1819)

Über jede Schicksalsbeugung
Hebt uns unsere Überzeugung;
Gott getrost packt Schwerter an,
Haut durch alle Teufel Bahn!
Studentenlied 1818.

Wenn einer dahergekommen wäre, um den Herrn von Kotzebue wegen eines seiner 230 Lustspiele, Singspiele und anderer Possen zu erwürgen, damit endlich Ruhe wäre vor dieser Sintflut, so hätte man das begreifen, aber natürlich nicht billigen können. Aber bekanntlich mußte August von Kotzebue nicht wegen seiner schlimmen Stücke von Mörderhand sterben, obwohl er, *der meistgespielte Bühnenautor des ausgehenden 18. und des beginnenden 19. Jahrhunderts,* von nicht wenigen deutschen Schriftstellern wirklich gehaßt und verachtet wurde. Und das war nicht etwa Brotneid gegenüber einem Schriftsteller, der immer reicher wurde und der, was seine Welterfolge angeht, es in aller Ruhe mit Karl May, mit Hedwig Courths-Mahler und Agatha Christie aufnehmen könnte. Zwischen 1795 und 1825 ist jedes vierte Stück, das auf einer deutschen Bühne gespielt wird, von seiner Hand geschrieben, und jedes dieser Lustspiele entsteht oft in nur drei oder vier Tagen. Alles, was deutsche Dichter dieser Epoche oft unter erbärmlichsten Lebensumständen ersannen, um (ganz allgemein ausgedrückt) die Vorstellungen von bürgerlicher Freiheit, von der Einheit des Vaterlandes und einem menschenwürdigeren Leben von der Bühne her den Deutschen näherzubringen, wurde von Kotzebue mit der süßen Himbeersoße seiner Lustspiele übergossen und verkleistert. Nathan, Emilia Galotti, der Marquis Posa, Tellheim und Minna von Barnhelm, Götz, Die Räuber, Faust und Tell mußten auf der Bühne den kitschigen Rührstücken Kotzebues hoffnungslos unterliegen.

Das Geheimnis seiner ungeheuren Erfolge als Bühnenautor bestand im folgenden:

1. Kotzebue verstand es überragend, kulinarisches Theater, *leichteste Unterhaltungsstücke, bühnenwirksam* zu schreiben, was auch Goethe nicht ganz ohne neidischen Unterton anerkennen mußte.

2. Dem bürgerlichen Trauerspiel, dem Drama des Sturm und Drang und der Klassik stellte Kotzebue einen Typ des Lustspiels gegenüber, dessen Inhalt durchweg eine *Idyllisierung spätfeudaler Verhältnisse* darstellt.

Für Kotzebue ist jeder Adel edel, er leugnet grundsätzlich jeden wirklichen gesellschaftlichen Konflikt zwischen Adel und Bürgertum. Statt, wie es der europäischen Wirklichkeit entsprach, den unüberbrückbaren Gegensatz zwischen Feudalität und bürgerlicher Freiheit darzustellen, verherrlicht Kotzebue die feudale Residenz, die schon Lessing und der junge Schiller bekanntlich mit Räuberhöhlen verglichen hatten. Nicht den Adel, das Bürgertum stellt Kotzebue als dumm und lächerlich dar. Bei Kotzebue münden alle Konflikte, auch alle scheinbaren Konflikte, ein in die Kloake des Happy-End, und das angeblich bürgerliche Mädchen entpuppt sich am Ende fast immer als ein verkapptes »Fräulein von Stand«. Der Einwand, die Gegner und Neider Kotzebues hätten ihm nicht zubilligen wollen, daß Theater unterhalten soll, darf und muß – dieser Einwand zieht nicht. Wer auch nur ein paar Gramm Gehirn in seinem Schädel hatte, konnte sich weder im *»Nathan«* noch im *»Götz«* und schon gar nicht mit *»Minna von Barnhelm«* langweilen. Das ist alles pralles Theater, ohne daß auch nur eine Sekunde der berühmte Zeigefinger gehoben wird. Aber Kotzebue bringt das Kunststück fertig, in über 200 Bühnenstücken nicht einen einzigen großen Gedanken seiner Zeit auf die Bühne zu bringen. Er bietet dafür Verwechslung, Komik, Rührung, Happy-End. *Den ungeheuren Riß, der durch die Welt geht, sieht Kotzebue nicht.* Seine Figuren wälzen sich durch eine unwirkliche Scheinwelt, an der man nicht rütteln darf und die letzthin in furchtbarer Glückseligkeit zerfließt. So entwickelt sich Kotzebue mit seiner unbedingten Beherrschung der deutschen Bühne zu einer der *stärksten ideologischen Stützen der verfaulten und korrupten Welt deutscher Feudalität,* die erst durch den Sturm der Französischen Revolution und seinen großbürgerlichen

Die Hinrichtung des Kotzebue-Attentäters Karl Ludwig Sand am 20. Mai 1820. Federlithographie.
Bildarchiv Preußischer Kulturbesitz

Exponenten, Napoleon Bonaparte, der *auf den Spitzen seiner Bajonette auch bürgerliche Freiheit nach Deutschland mitbringt,* unbarmherzig zerzaust wird.

Wenn Benno von Wiese betont, Kotzebue sei zwar kein »Dichter von Rang«, aber doch ein »Theaterpraktiker von Format« gewesen,[1] so wird hier ein Gegensatz betont, der dem Wesen des Theaters und seiner gesellschaftlichen Rolle nicht gerecht wird. Goethe und Bertolt Brecht, jeder in seinem Jahrhundert, sind die überzeugendsten Beispiele dafür, daß große Dichtung *und* fundierte Theaterpraxis zusammen jenes Theatererlebnis vermitteln, das den Zuschauer unterhält und begeistert, ohne ihn zu zwingen, sein Gehirn in der Garderobe abzugeben.

August von Kotzebue hat ein unruhiges Leben geführt. 1761 in Weimar geboren, geht Kotzebue nach der Beendigung seiner juristischen Studien 1781 als Sekretär eines Generalingenieurs nach St. Petersburg. Dort beginnt seine Karriere im Dienst des Zarismus, und dieser Dienst sollte ihm 38 Jahre später zum tödlichen Verhängnis werden. 1785 ernennt ihn die Zarin Katharina zum Präsidenten des Gouvernements-Magistrats der Provinz Estland. Er erhält den persönlichen Beamtenadel und heiratet noch in demselben Jahr eine Dame aus der estnischen Hocharistokratie.

1788 entsteht eines der Dramen, die Kotzebue weltberühmt machen: *»Menschenhaß und Reue«.* Da dieses Stück beispielhaft ist für das, was Kotzebue in den nächsten 30 Jahren auf die Bretter der Bühnen dieser Welt hievte, und zwar sowohl inhaltlich als auch charakteristisch für sein dramatisches Vorgehen, wollen wir Inhalt und Probleme dieses Machwerkes hier schildern, auch wenn wir dem Leser einiges zumuten müssen:

Das Drama spielt auf einem Gutshof: Graf und Gräfin, ein Major und Baron, Bruder der Gräfin. Ganz entzückende und edle Menschen von der Minute an, wo sie die Bühne betreten. Da gibt es einen Gutsverwalter, einen wichtigtuenden Trottel. Sein Sohn: ein tumber Narr. Eine Zofe der Gräfin: eine Gans. Und da gibt es die eigentlichen Hauptpersonen, zwei Leute, deren Identität zunächst nicht bekannt ist, aber die beide geradezu von Edelmut triefen: die eine ist Madame Müller, Wirtschafterin des Guthofes, die eigentlich Baronin von Meinau heißt, und ein Unbekannter (mit einem ebenfalls einfältigen Diener behaftet), der sich am Rande des Gutes ein kleines Haus gemietet hat: Baron von Meinau. Natürlich rein zufällig lebt dieses Ehepaar auf demselben Gutshof, ohne voneinander zu wissen. Der Baron hat sich als betrogener Ehemann hierher zurückgezogen. Er ist ein Menschenhasser, der heimlich viel Gutes tut, und da ist die Baronin, die unter falschem Namen hier arbeitet. Sie büßt und büßt das ganze Stück hindurch, denn sie ist vor drei Jahren mit einem anderen ihrem Gatten durchgebrannt, und sie bereut unendlich. Und so tut sie auch Gutes und arbeitet – als Baronin! Der »Unbekannte« rettet den Grafen, der in einen Teich gefallen ist, und als er darauf zum Abendbrot gebeten wird, denn irgendwie will sich der Graf ihm gegenüber erkenntlich zeigen, stößt er auf sein Eheweib, die Ehebrecherin, die »Verbrecherin«, wie sie sich selbst nennt. Madame Müller, die also eigentlich Baronin von Meinau heißt, fällt in eine tiefe Ohnmacht. Letzte Szene: Das Ehepaar, seit drei Jahren getrennt, spricht sich aus. Die Baronin will ihrem Mann einen Brief übergeben, in dem sie ihm ihre »Verbrechen« bekennt, damit der Baron sich scheiden lassen kann. Aber der Baron zerreißt den Brief. Er bietet seiner Frau eine hohe Jahresrente an, damit sie nicht arbeiten muß. Aber die Baronin, die Eulalia mit Vornamen heißt, weist dieses Ansinnen entschieden zurück. Der Baron will seiner Frau wenigstens ihren Schmuck wiedergeben, aber auch den Schmuck weist sie zurück, nur eine Nadel möchte sie zum Andenken behalten. Wir sehen, die Bühne ist bereits von Edelmut überschwemmt. Schon wollen sich Baron und Baronin trennen, da werden auch noch ihre Kinder auf die Bühne geschoben. Der Vater ließ Wilhelm und Malchen erziehen, die Mutter hat die Kinder seit drei Jahren nicht gesehen und sehnt sich nach ihnen. Als die Kinder nun auf die Bühne geschoben worden sind und anfangen zu rufen: »Mama!«, »Papa!«, gibt es kein Halten mehr: Der »Menschenfeind« und die »reuige Sünderin« stürzen einander in die Arme. Der tränennasse Vorhang kann sich endlich senken, das tränenfeuchte Publikum kann sich einen Schnaps genehmigen. – Anmerkung von August Wilhelm Schlegel: *»Aber der Kinder Gequäk flicht die gebrochene Eh'. . .«*

Was war das nun für ein Publikum, das da mit Kotzebues Helden auf der Bühne weinte und lachte? Wir müssen davon ausgehen, daß er, selbst Adliger und nacheinander mit drei Damen aus dem baltischen Adel verheiratet, mit Orden dekoriert und mit Titeln ausgezeichnet, vom europäischen Hochadel nachdrücklich gefördert wurde. Kotzebue war der ausgesprochene *Lieblingsdichter des deutschen und europäischen Hochadels.* Seine Stücke will man auf allen Hofbühnen sehen. Ob es Katharina II. von Rußland war, Stanislaus August Poniatowski, der letzte polnische König, oder die Zaren Paul I. und Alexander I. – sie alle fördern Kotzebue nachdrücklich. Bei der Krönung Leopolds II. wird in Prag 1791 auf persönlichen Wunsch des Kaisers und unter Anteilnahme des gesamten österreichischen Herrscherhauses ein Kotzebue-Stück aufgeführt: *»Der weibliche Jakobiner-Club«*, ein Stück, das die Französische Revolution lächerlich machen sollte. Napoleon stand bezeichnenderweise Kotzebues Stücken ablehnend gegenüber.

Früheste und nachhaltigste Förderung erzielt Kotzebue mit seinen Lustspielen am preußischen Hof in Berlin. Der »Dicke Lüderjahn«, Friedrich Wilhelm III., ließ sich keine Kotzebue-Aufführung entgehen. Noch engere Beziehungen hatte der Stückeschreiber zu Friedrich Wilhelm II. und zu Königin Luise. Kotzebue liest ihnen regelmäßig vor und zeichnet für den künstlerischen Teil von Vergnügungen der königlichen Familie und ihrer Kinder verantwortlich. Die hohen Einkünfte, die er so erzielt, veranlassen Caroline Herder und Schillers Schwiegermutter, Frau von Langefeld, zu den bittersten Bemerkungen. In den Augen Caroline Herders ist Kotzebue ein »ausgemachter Schuft«, und Frau von Langefeld schreibt an ihre Tochter Charlotte von Schiller: *»Herr Kotzebue macht ja sein Glück recht in Berlin, es muß doch dummes Volk dort sein!«* Aber auch in Weimar selbst, in Coburg-Gotha und Meiningen hat Kotzebue seine unbedingten Anhänger an den Fürstenhöfen. Adlige treten in den immer noch weitverbreiteten Liebhaber-Theateraufführungen in Kotzebue-Stücken auf.

Was das Bürgertum anbelangt, so hatte Kotzebue eine eindeutige Anhängerschaft unter der älteren Generation und unter vielen Frauen. Das Bildungsbürgertum dagegen, das zwischen 1780 und 1815 in Zusammenhang mit der Französischen Revolution, dem Zusammenbruch des alten Deutschen Reiches und den »Befreiungskriegen« den vielfältigsten geistigen Strömungen ausgesetzt ist, lehnt Kotzebues Stücke in immer stärkeren Maße ab.

Hier muß hervorgehoben werden, daß Kotzebue Stücke verfaßte, mit denen er die ziemlich schwächliche deutsche Aufklärung, aber auch die Frühromantik und deren Anhänger und Förderer in Deutschland, auf eine geradezu beispiellose Art und Weise verhöhnte und beleidigte. Mit seinem Stück *»Doktor Bahrdt mit der eisernen Stirn«* versucht Kotzebue 1790/1791, ausgerechnet zu einer Zeit, wo nach dem Tode Friedrichs II. Friedrich Wilhelm II. der Aufklärung

Fußtritte versetzt (Religionsedikt zum Schutz der religiösen Orthodoxie, Bedrohung Kants in Königsberg), die deutsche Aufklärung auf seine Art und Weise zu verhöhnen. Kotzebues Stück war von so eindeutiger Niedertracht, indem er die Aufklärer samt und sonders als pervers, als sexuell hemmungslos darstellt, daß er die gesamte öffentliche Meinung gegen sich aufbrachte. Die Bestrafung Kotzebues wird so energisch gefordert, daß der Dichter sich nach Rußland unter die Fittiche Katharinas flüchtete. Schon von diesem Zeitpunkt an gibt es *zwischen dem fortschrittlichen bürgerlichen Deutschland und dem Lustspieldichter Kotzebue keinen Konsensus mehr*. Klopstock, Herder, Goethe, Schiller, Winckelmann, sie alle verachten ihn zutiefst.

An Kotzebue scheiden sich zu seinen Lebzeiten die Geister, und während das Bildungsbürgertum ihn scharf verurteilt, hat er bei einer *eindeutigen Mehrheit seines Publikums Erfolg*. Das ist der Grund, weshalb hervorgehoben wurde, daß in der umjubelten Aufnahme seiner Dramen durch das Publikum sich die völlige Unreife der bestehenden bürgerlichen Verhältnisse in Deutschland widerspiegelt. Die Dichter des Sturm und Drang haben schon einen zwanzigjährigen Krieg gegen den Feudalismus ihrer Zeit hinter sich, als Kotzebue beginnt, ganze Kompanien von edelsten Adligen auf die Bühne zu katapultieren – und damit Erfolg hat. Ein schwaches deutsches Bürgertum träumt noch lange nicht von dem »Tanz«, den Figaro mit dem Grafen (ein Jahr nach der Uraufführung von Kotzebues »Menschenhaß und Reue«) 1789 in Frankreich beginnt. Und bekanntlich verlor der französische Adel bei diesem »Tanz« mehr als nur seine Schuhe. *Das schwächliche deutsche Bürgertum träumt von Aussöhnung mit einem aufgeklärten Monarchen*. Es träumt nicht von jener Republik, die der Räuber Moor aus Deutschland machen will. Die Mehrheit des Bürgertums buckelt immer noch vor dem Adel, und ein Miller, der in *»Kabale und Liebe«* den Präsidenten aus seinem Bürgerhaus hinauswerfen will, ist sehr einsam in der deutschen Wirklichkeit.

Selbst Goethe in seiner vornehmen Zurückhaltung spricht von der »Nullität« Kotzebues und muß doch sarkastisch anerkennen, daß Kotzebue »die Zwiebel meisterhaft zu gebrauchen versteht, mit welcher man den Leuten das Wasser in die Augen lockt«. Ernst Moritz Arndt nennt Kotzebue eine »in Weimar ausgehaltene, *deutsche Schmeißfliege«*.

Aber, wie schon betont, nicht das wurde dem Lustspielschreiber zum Verhängnis.

Zum Verhängnis wird ihm seine provozierende Art, *wie* er sich in die große Politik seiner Zeit einmischt, immer stramm auf der Seite der Herrschenden. Das fiel zwischen 1804 und 1812 deshalb zunächst nicht besonders auf, weil der antinapoleonische Kurs, den Kotzebue in seinen immer neuen Zeitschriften *»Der Freimütige«* (1804–1806), *»Die Biene«* (1808–1809) und *»Die Grille«* (1811/1812) vertritt, zur Zeit der Herrschaft Napoleons über ein Großteil Europas durchaus auf fruchtbaren Boden fiel. Als Napoleons Stern aber 1813 zu sinken beginnt, da stellt sich allerdings heraus, daß der Haß auf den französischen Kaiser aus ganz unterschiedlichen Quellen gespeist worden war.

Der *gewaltsame und zugleich progressive Charakter der Herrschaft Napoleons* über Europa zwischen 1806 und 1812 wird nur von den wenigsten deutschen Zeitgenossen erkannt. Die Mehrheit sieht nur die eine Seite: Unterdrückung, Ausplünderung, Rekrutierung. Aber Napoleon war es gewesen, der mit seinem Säbel die unendliche Buntscheckigkeit des schon verwesten Heiligen Römischen Reiches Deutscher Nation im Westen und im Südwesten des alten Reiches mit seinen Hunderten Reichsdörfern, Reichsstädten, Reichsritterschaften, Klöstern und Grafschaften beseitigte und innerhalb des Rheinbundes nach 1806 größere lebensfähige Staaten schuf, die sich (ungefähr) in den Ländern der Bundesrepublik Deutschland bis zum heutigen Tage erhalten haben. Napoleon war es, der mit dem Code Napoléon nach Westdeutschland das fortschrittlichste bürgerliche Gesetzbuch seiner Zeit mitbringt und mit ihm das Gestrüpp feudaler Vorrechte zur bürgerlichen Gleichheit vor dem Gesetz zurechtstutzt. Napoleon war es, der durch die Abschaffung der Leibeigenschaft im Königreich Westfalen und in Polen, Preußen in die Zange nimmt und den preußischen Reformern Luft verschafft für das nicht ganz so berühmte preußische Reformwerk auf dem Gebiet der Bauernbefreiung, der Städteordnung, der Judenbefreiung und des Militärwesens. Napoleon ist es auch, der die Deutschen so lange unterdrückt, ausplündert und rekrutiert, bis immer mehr Deutsche sich als Deutsche zu fühlen beginnen und nicht nur als Preußen, Bayern oder Badenser: Napoleon »stöbert« (Goethe) die Deutschen so lange auf, bis 1813 die *Anfänge einer deutschen nationalen Bewegung* entstehen, die ganz deutlich *antifeudale und antipartikularistische Züge* tragen.

Aber diese Bewegung erweist sich als viel zu schwach, als daß sie nach dem Sieg über Napoleon Preußen, Rußland, Österreich und England daran hindern konnte, die Feudalität in Deutschland wiederherzustellen, zunächst ohne ein ernsthaftes Zugeständnis an das Bürgertum in Form einer Verfassung. Die Folge: Enttäuschung und Erbitterung auf der einen Seite, Auftrumpfen auf der anderen Seite.

Wo steht Kotzebue 1813? Wir finden ihn als russischen Staatsrat und Generalkonsul in Königsberg. Rußland, der »Gendarm Europas«, fühlt sich berufen, darüber zu wachen, daß in Europa die Gedanken bürgerlicher Freiheit und bürgerlichen Fortschritts nicht aufkommen. Und Kotzebue gehört ganz ohne Zweifel zu den *wichtigsten geistigen Werkzeugen der europäischen Reaktion,* und zwar sowohl durch die Flut seiner Lustspiele als auch durch seine *politische Publizistik.* Die Ernennung Kotzebues zum Staatsrat und Generalkonsul ist eine der vielen Belohnungen für stramme Haltung.

1817 siedelt Kotzebue nach Weimar über, seiner Geburtsstadt. Von dort her sendet er als literarisch-wissenschaftlicher Korrespondent der zaristischen Regierung Berichte nach St. Petersburg. Dafür wird er sehr gut bezahlt, und er berichtet getreulich und umfassend über die »neuen Ideen«, die in Deutschland und Frankreich in Zusammenhang mit der Politik, der Wissenschaft, des öffentlichen Unterrichts einschließlich des Hochschulwesens in Zeitungen und Zeitschriften und in Zusammenkünften und Gemeinschaften beispielsweise von Studenten erörtert werden.

Was waren das für Ideen, und wie waren sie entstanden?

Wir müssen uns eine Generation von Intellektuellen vorstellen, die den Zusammenbruch des Deutschen Reiches und vor allem auch den Zusammenbruch Preußens, das noch immer mit dem Namen Friedrichs des Großen in Zusammenhang gebracht wird, als ganz junge Menschen erlebten. Angesichts des kometenhaften Aufstiegs Frankreichs und Napoleons, einer begeisterten Nation, geschart um einen willensstarken und klugen Kaiser, treten Schwäche und Ohnmacht des Deutschen Reiches nur um so schärfer hervor. Wenn es auch nur eine Sage ist, daß der preußische König zum Unabhängigkeitskrieg gegen Napoleon 1813 aufrief und »Alle, alle kamen«, so war es doch die studentische Jugend neben Schülern und Handwerksburschen, die freiwillig und begeistert mit der Waffe in der Hand in den Krieg zieht. Die deutsche studentische Bewegung nach 1814 kann man, ohne das Erlebnis des Krieges gegen Napoleon zu berücksichtigen, gar nicht verstehen. Junge Menschen, die an einem siegreichen Krieg teilgenommen haben, mit dem sie sich vollständig identifizieren, kehren selbstbewußt und hoffnungsvoll aus dem Felde zurück. Und dieses Bewußtsein ist bei ihnen und auch bei nicht wenigen Professoren allgemein: »Jetzt muß es doch anders werden in Deutschland!«

Wie es anders werden sollte, und was anders werden sollte, darüber gab es ganz unterschiedliche und teilweise auch sehr verschwommene Meinungen. Der teilweise pathologische Haß auf alles Französische hindert die jungen Leute, das bürgerliche Frankreich, hervorgegangen aus der Revolution, als Vorbild anzusehen. Das Vorbild, und auch hier zeigt sich wieder ganz charakteristisch die Unfertigkeit der deutschen bürgerlichen Verhältnisse, wird in der eigenen Vergangenheit gesucht: dort, im 15. Jahrhundert, wo das Reich unter einem starken Kaiser noch einig und mächtig war. Wir brauchen nur die besten Gemälde von Caspar David Friedrich aufmerksam zu betrachten, dann wissen wir, wie die akademische Jugend damals dachte: Mächtige kahle Eichen sehen wir, die Ruinen gotischer Kirchen, die Gräber unbekannter deutscher Helden und Menschen in altdeutscher Tracht, die das alles und den silbrigen Mond im Eichenwald staunend und stumm betrachten.

Aber was auf dem *Wiener Kongreß* nach langem Tauziehen unter den Großmächten ausgehandelt wird, ist alles andere als ein einheitliches und freiheitliches deutsches Vaterland. Dem *»Deutschen Bund«*, gegründet durch die Bundesakte vom 8. Juni 1815, gehören – unter der eindeutigen Hegemonie Österreichs und Preußens – 41 Staaten an. Auch ausländische Herrscher, wie der König von England als König von Hannover, gehören ihm an, während anderseits Österreich und Preußen mit größeren Teilen ihrer Herrschaftsgebiete außerhalb des Bundes bleiben. Da alle Fragen der Wirtschafts- und Zollpolitik nicht in die Bundeskompetenz fallen, werden die Barrieren, die einer schnellen Industrialisierung Deutschlands im Wege stehen, zunächst nicht beseitigt.

Und weil die Furcht vor der bürgerlichen Opposition bei den Fürsten so übermächtig ist, wird am 26. September 1815 auf Initiative des russischen Zaren auch noch eine *»Heilige Allianz«* gegründet zwischen den »Drei schwarzen Adlern« Rußland , Preußen und Österreich. Die drei Fürsten bekennen sich in der Gründungsakte erneut zum »Gottesgnadentum« der Herrscher unter schamlosen Mißbrauches der christlichen Religion, die als nichts anderes angesehen wird als ein weiterer solider Knüppel gegenüber jedem gesellschaftlichen Fortschritt.

Aus dem Blickwinkel der jungen deutschen Intellektuellen, die glaubten, ihr Blut für eine gerechte Sache vergossen zu haben, konnte es schlimmer nicht kommen:

»Die deutschen Fürsten, welche, wenn es darauf ankommt den Übermut jedes Mächtigeren als sie geduldig zu ertragen, ebenso phlegmatisch sind als ihre Völker, wurden von den Franzosen so lange gerieben, daß sie, ohne es zu wollen, zu wahren Elektrisiermaschinen wurden. Als sie diese neue Kraft in sich spürten, suchten sie ihre Völker damit anzustecken, und es gelang ihnen so gut, daß die hellen Funken stoben. Den Völkern sagten sie, Napoleon sei ihr einziger Tyrann, und sein Untergang wäre der Aufgang ihrer Freiheit. Die deutschen Völker glaubten das, und in ihrem elektrischen Zustande besiegten sie den Kaiser der Franzosen. Darauf kamen sie mit großen Schnappsäcken herbei, um von den Schlachtfeldern die erbeutete Freiheit nach Hause zu tragen. Aber die Fürsten, die sie schon früher eingesackt, lachten das dumme Volk aus, und als es räsonierte, prügelten sie seine vorlaute Begeisterung durch. . .«[2]

Das schreibt rückblickend der deutsche Emigrant *Ludwig Börne* im Pariser Exil 1836. Aber wenn auch die machtpolitischen Tatsachen, die die Fürsten mit dem »Deutschen Bund« und der »Heiligen Allianz« in Deutschland für die nächsten 30 Jahre schaffen, das auslösende Moment für eine neue Qualität der liberalen Bewegung in Deutschland darstellen, so war der Boden dafür schon seit 50 Jahren vorbereitet:

»Seit der Mitte des 18. Jahrhunderts sehen wir eine stetig wachsende Bereitschaft der deutschen Intelligenz, bürgerlich-liberales Gedankengut von England und Frankreich aufzunehmen. War in jenen Ländern das Auftreten dieser Gedanken weitgehend unmittelbar verknüpft mit den praktischen Interessen des modernen gewerblichen Bürgertums, hatten dort breitere Schichten der Intelligenz sozial und politisch sich mit dessen Interessen verbunden, so fehlte in Deutschland dieser Rückhalt fast ganz. Nur indirekt als Rekrutierungsfeld für den individuellen Aufstieg in die Intelligenz wird die Entwicklung des gewerblichen Bürgertums zunächst bedeutsam, nicht als direkte Steuerung der politischen Ideenentwicklung. Es ist das dem Soziologen geläufige Bild: daß die Ideen der sozialen und politischen Entwicklung vorauseilen«,

schreibt Hans Gerth in seiner sorgfältigen Studie über die bürgerliche deutsche Intelligenz um 1800.[3] Die Situation in Deutschland, die die deutsche Intelligenz in einem großen Maße bereit macht, liberales Gedankengut aufzunehmen, nach neuen Wegen in Staat und Gesellschaft zu suchen, was in der Philosophie Kants und Hegels genauso zum Ausdruck kommt wie in den Versen Klopstocks und in Lessings, Goethes und Schillers frühen Dramen, ist das verfallene Reich in seinem Endzustand, über das der Publizist Friedrich Engels einige Jahrzehnte später schreibt:

»Das ganze Land war eine lebende Masse von Fäulnis und abstoßendem Verfall. Niemand fühlte sich wohl. Das Gewerbe, der Handel, die Industrie und die Landwirtschaft des Landes waren ganz unbedeutend: die Bauernschaft, die Gewerbetreibenden und Manufakturbesitzer fühlten den doppelten Druck einer blutsaugenden Regierung und schlechter Geschäfte; der Adel und die Fürsten fanden, daß ihre Einkünfte, trotz der Auspressung ihrer Untertanen nicht so gesteigert werden konnten, daß sie mit ihren wachsenden Ausgaben Schritt hielten; alles war verkehrt, und eine allgemeine Lähmung lag über dem Land. Keine Bildung, keine Mittel zur Einwirkung auf die Köpfe der Massen, keine freie Presse, kein Gemeingeist, nicht einmal ein ausgebreiteter Handel mit anderen Ländern – nichts als Gemeinheit und Selbstsucht – ein gemeiner, schleichender, elender Krämergeist durchdrang das ganze Volk. . . Die einzige Hoffnung auf eine Wendung zum Besseren wurde in der Literatur des Landes gesehen. Diese schändliche politische und soziale Epoche war zugleich die große Epoche der deutschen Literatur. . .«[4]

Die jungen Intellektuellen von 1815 kommen aus diesen Verhältnissen und ihrer sozialen Herkunft nach zu 70 Prozent aus dem Adel und aus dem Bürgertum, während der Aufstieg aus der Schicht der leibeigenen Bauern immer noch die große Ausnahme bleibt.[5] Für viele der jungen Intellektuellen ist der soziale Aufstieg quälend, ein Hungerdasein. Die sozialen und gesellschaftlichen Verhältnisse zerbrechen zum Beispiel solche Genies wie Lenz und Hölderlin.

Aber die jungen Intellektuellen von 1815 unterscheiden sich von der älteren Generation in mehreren entscheidenden Punkten. Der beispiellose Zusammenbruch des alten Reiches und des mächtigen Preußen des »Alten Fritz« hatten ihnen das *Bewußtsein vermittelt, daß der feudale Absolutismus nicht allmächtig und nicht unüberwindbar sei.* Die Teilnahme am »Befreiungskrieg« als entscheidendes Erlebnis hatte diese Intellektuellen *herausgerissen aus ihren tiefverwurzelten landsmannschaftlichen Bindungen,* die sich an den Universitäten des 18. Jahrhunderts in den ziemlich rohen und ungesitteten landsmannschaftlichen Vereinigungen der Studenten widergespiegelt hatte. Der Krieg gegen Napoleon gibt der Jugend das Bewußtsein, Deutsche zu sein, und er bestätigt sie in der Überzeugung, daß sie selbst mitberufen seien, an der Gestaltung öffentlicher Angelegenheiten mitzuwirken. Das kommt ganz eindeutig bei der *Neugründung von Studentenvereinigungen* 1814/1815 zum Ausdruck, wobei auffällig ist, daß die Gründung der Burschenschaften parallel zum Zusammentritt des Wiener Kongresses und zur Gründung des Deutschen Bundes erfolgt.

Die Burschenschaft »Teutonia« beispielsweise wird in Halle am 1. November 1814, am Tage der offiziellen Eröffnung des Wiener Kongresses, gegründet, die Jenenser Burschenschaft vier Tage nach der Gründung des Deutschen Bundes am 12. Juni 1815 von elf Studenten, darunter neun ehemaligen Mitgliedern des Lützowschen Freikorps. Programm und Satzung dieser ersten Burschenschaften spiegeln, wenn auch sehr verschwommen, die großen nationalen Ziele des deutschen Bürgertums am Anfang des 19. Jahrhunderts wider:

». . . die deutsche Universität . . . muß die Einheit aller auf Bildung und Wissenschaft gerichteten Bestrebungen des Volksgeistes verkörpern. . . Nur solche Vereinigungen, die bei ihrer Gründung vom Geist durchdrungen waren. . . der nach Gott für uns das Heiligste und das Höchste sein soll, und zwar der Freiheit und Selbständigkeit des Vaterlandes, nur solche Vereinigungen bezeichnen wir als Burschenschaft.«[6]

Die Gründung des Deutschen Bundes nun und die Gründung der Heiligen Allianz, und das empfinden die Studenten als ungeheuerlichen Verrat ihrer Ideale, erzeugen in ihnen jene starre intolerante und kompromißlose Haltung, die, gepaart mit Chauvinismus und Antisemitismus, »Erlösung« im Gemeinschaftserlebnis sucht, im Mystizismus und im Attentat, im individuellen Terror des Überzeugungstäters. So gesehen hat die Ermordung Kotzebues durch den Studenten Karl Ludwig Sand einen viel komplizierteren gesellschaftlichen und geistigen Hintergrund, als das in vielen Attentatsschilderungen zum Ausdruck kommt.

Großen Einfluß haben einige Hochschullehrer auf diese Studenten, und tatsächlich spiegeln sich in den Ansichten der Burschenschaftsstatuten in ganz erheblichem Maße die politischen, sozialen und philosophischen Vorstellungen ihrer Professoren und Erzieher wider. An erster Stelle müssen hier vor allem *Johann Gottlieb Fichte* und *Ernst Moritz Arndt* genannt werden.

Auch zu den Vätern der Burschenschaften gehören *Jacob Friedrich Fries,* Philosoph, Professor in Jena und Heidelberg, und *Heinrich Luden,* der uns mit seinem Goethe-Interview von 1813[7] eine der bedeutsamsten Einschätzungen des »Befreiungskrieges« geliefert hat. Während Fries ein strammer Partikularist und Monarchist ist und Gegner jeglicher Verfassung, gehört Luden zu den wenigen deutschen Professoren seiner Zeit, die die Einheit und Freiheit des Reiches auf verfassungsmäßiger Grundlage im größeren Rahmen der Freiheit der europäischen Staaten sehen möchten. Luden hält während des Unabhängigkeitskrieges Preußen für die führende Kraft in Deutschland. Ernüchtert durch den Bruch des Verfassungsversprechens des preußischen Königs wird er ab 1814/1815 ein fundierter Kritiker des absolutistischen und verfassungsfeindlichen Preußen. Zugleich ist er Herausgeber der in Weimar erscheinenden Zeitschrift *»Nemesis«,* die 1818/1819, wie wir noch sehen werden, Kotzebue zum Verhängnis wird.

Überblicken wir die sehr unterschiedlichen Einflüsse, die von den hier genannten Persönlichkeiten ausgehen, dann begreifen wir, wie sich fortschrittlich-bürgerliches und höchst reaktionäres Gedankengut in den Köpfen der Studenten von 1815 mischt. Und da ist es nun an der Zeit, jenen einen Kopf näher zu betrachten, den am 20. Mai 1820 auf einer Wiese vor dem Heidelberger Tor der Stadt Mannheim der Scharfrichter Widmann mit einem einzigen Schwerthieb vom Rumpf trennt: den Kopf des Studenten *Karl Ludwig Sand,* geboren am 5. Oktober 1795 in Wunsiedel im Fichtelgebirge als jüngster Sohn des ehemaligen preußischen Justizrats Gottfried Christoph Sand und seiner Ehefrau Dorothea Johanna Wilhelmine, einer entfernten Verwandten des Dichters Jean Paul.

Karl Ludwig Sand war das, was wir heute einen introvertierten Typ nennen würden, ein sehr fleißiger Junge, hilfsbereit, manchmal zum Jähzorn neigend. Er ist noch in der Pubertät, als er sich auf seine Art mit den großen Fragen seiner Zeit zu beschäftigen beginnt: Deutschland im Machtbereich Napoleons. Während seiner Gymnasialzeit in Hof kommt der Kaiser Napoleon dorthin, um Truppen zu besichtigen. Schon hier ist Sands Reaktion eigenartig: für die Zeit des Aufenthalts Napoleons in Hof geht Sand zu seinen Eltern nach Wunsiedel. Sein Kommentar: »Es ist für mich unmöglich, den

Unterdrücker des Vaterlandes in Hofs Mauern zu wissen, ohne mein Leben an denselben zu wagen.« Die Neigung, politische Fragen gewaltsam zu lösen, ist früh in Sands Persönlichkeit angelegt. Und wie wir von Heinrich von Kleist und dem 18jährigen Friedrich Staps, der 1809 nach einem Attentatsversuch in Wien erschossen wurde, wissen, der Gedanke, Napoleon zu töten, »lag in der Luft«. In einem Brief äußert Kleist den Gedanken: »Warum sich nicht nur einer findet, der diesem bösen Geist der Welt die Kugel durch den Kopf jagt?«

Die höhere Schule beendet Sand im Herbst 1814 am Regensburger Gymnasium. Sein Abiturzeugnis ist sehr gut. Schon ein Jahr vorher wollte er die Schule verlassen, um am Unabhängigkeitskrieg gegen Napoleon teilzunehmen. Aber die Völkerschlacht bei Leipzig, wo Napoleon vernichtend geschlagen wird, durchkreuzt solche Überlegungen. Als Napoleon am 20. März 1815 aus seiner Verbannung auf Elba nach Frankreich zurückkehrt und seine zweite Regierungszeit (die »Hundert« Tage) beginnt, tritt Sand als Freiwilliger in bayerische Kriegsdienste. An Gefechten nimmt er nicht teil. Im Dezember 1815 wird er mit einem sehr guten Führungszeugnis entlassen und beginnt im Winter 1815/1816 in Erlangen mit dem Studium der Theologie. Hier erlebt Sand noch das ziemlich wüste und rohe Treiben der studentischen Landsmannschaften und gleichzeitig die Gründung der Burschenschaften, deren Gedankengut und Ideale ihn vollständig in ihren Bann schlagen. Sand findet in den Burschenschaften nicht nur eine vorübergehende geistige Heimat wie die Mehrheit seiner Kommilitonen. Die Burschenschaften werden ihm zum alleinigen Mittelpunkt seiner Existenz, sie werden sein Verhängnis.

1817 nimmt Sand am *Wartburgfest* der Studenten teil. Die deutschen Fürsten argwöhnten, dieses Fest, zugleich zur Erinnerung an den 300. Jahrestag des Beginns der deutschen Reformation und zum Gedenken an den vierten Jahrestag der Völkerschlacht von Leipzig gedacht, sei nur eine Tarnung für radikale Umtriebe. Die Fürsten begriffen nicht, daß in den Köpfen der Studenten kämpferisches Luthertum, der Befreiungskrieg und Bekenntnisse zur Einheit und Freiheit Deutschlands keineswegs Gegensätze bildeten. Am Wartburgfest, das auf Anregung Jahns zustande kommt, nehmen etwa 500 Studenten teil, ungefähr die Hälfte von der Universität Jena, die übrigen von den Universitäten Berlin, Leipzig, Rostock, Kiel, Gießen, Marburg, Erlangen, Heidelberg, Würzburg und Tübingen. Das

Wartburgfest war eine »angemeldete« Versammlung. *Der Großherzog von Weimar und sein Minister Goethe hatten die Wartburg für die Versammlung zur Verfügung gestellt.* Uns Heutigen mag es merkwürdig anmuten, was für ein Aufsehen die Versammlung von 500 Jugendlichen damals in Europa hervorrief. Aber mit Ausnahme von Frankreich, wo mit der Revolution zum erstenmal der Bürger selbst politisch tätig wird, ohne irgendwelche Befehle von oben, sondern ganz aus sich selbst heraus, war es damals ganz unerhört, daß eine private Vereinigung sich überhaupt mit politischen Themen beschäftigte. Aber gerade darin liegt die große Bedeutung des Wartburgfestes für die Entwicklung des demokratischen Gedankens in Deutschland, daß hier zum erstenmal wieder seit dem Bauernkrieg von 1525 eine Gruppe von Menschen spontan und freiwillig sich dazu bekennt, daß die öffentlichen Angelegenheiten eigene Angelegenheiten des Bürgers seien.

Das Wartburgfest, eine aus heutiger politischer Sicht, wo wir ganz andere Töne von Studenten und auch Hochschullehrern gewohnt sind, sehr harmlose Versammlung, ein Gemisch von Gottesdienst, Manifestation und Sonnenwendfeier, war so gesehen die *erste deutsche Bürgerinitiative der neueren Zeit,* die nächste wichtige ist das Hambacher Fest (1832) mit 30000 Teilnehmern.

Die Ansprache des Studenten Riemann war vollständig auf den Ton enttäuschter Hoffnungen abgestimmt: *». . . vier lange Jahre sind seit jener Schlacht* (Leipziger Schlacht) *verflossen; das deutsche Volk hatte schöne Hoffnungen gefaßt, die sind alle vereitelt. . .; mit manchem heiligen und edlen Gefühl ist Spott und Hohn getrieben worden. Von allen Fürsten Deutschlands hat nur einer sein gegebenes Wort gelöst, der, in dessen freien Land wir das Schlachtfest begehen.* (Karl August, Herzog von Weimar, hatte am 5. Mai 1816 seinem Staat eine Verfassung gegeben.) *Über solchen Ausgang sind viele wackere Männer kleinmütig geworden. . . ziehen sich zurück vom öffentlichen Leben, das uns so schön zu erblühen versprach, und suchen in stiller Beschäftigung mit der Wissenschaft Entschädigung dafür. Andere sogar ziehen vor, in ferneren Weltteilen, wo neues Leben sich regt, ein neues Vaterland zu suchen. – Nun frage ich euch, die. . . ihr dereinst des Volkes Lehrer, Vertreter und Richter sein werdet, auf die das Vaterland seine Hoffnung setzt. . . ob ihr solcher Gesinnung beistimmt? Nein! nun und nimmer mehr!. . .«*[8]

August von Platen sagt es in seinem Gedicht »Nach dem Freiheitskrieg« im Februar 1816 so:

»Das ist die Blume, die dem Heldenmute,
Dem großen Aufstand unseres Volks entsproß,
Das ist die Frucht von dem entströmten Blute,
Das an der Pleiße, an der Seine floß!

Wo ist die Eintracht, die wir heilig schwuren?
Wo ist des Friedens teur' erkaufte Huld?
Das Volk ist gut auf allen deutschen Fluren;
Doch ihr, ihr Fürsten, tragt die große Schuld!

Umsonst fiel mancher Held, die Hand am Schwerte,
Doch was verschlägt dem deutschen Fürsten das?
Wenn sie nur streiten um ein Stücklein Erde,
Wenn sie nur nähren ihren gift'gen Haß.« [9]

Auch Karl Ludwig Sand hatte für das Wartburgfest einen kleinen Aufsatz vorbereitet, den er verteilt. Darin heißt es: *»Tugend! Wissenschaft! Vaterland!. . . Das deutsche Land, unser Vaterland, wollen wir lieben, ihm sei aller Dienst geweiht! In ihm wollen wir leben und weben, mit ihm oder frei in ihm wollen wir sterben, wenn's Gottes großer Ruf gebeut! Die deutsche Sprache erstehe! Das wahre Rittertum erglühe! Das deutsche Land sei frei!«* [10]

Also: viel Pathos, viel Schwärmerei, wenig Substanz, aber charakteristisch für die Denkungsart der frühen Burschenschaftler.

Was passiert noch beim Wartburgfest? Wie immer bei solchen Anlässen gibt es auch schon bei dieser ersten Bürgerinitiative eine »kleine radikale Minderheit«, denen Ansprachen, Gottesdienste, Turnübungen und das gemeinsame Hinaufwallen zur altdeutschen Wartburg in »altdeutscher Tracht« (in *Caspar David Friedrichs Gemälde »Zwei Männer den Mond betrachtend«* können wir diese altdeutsche Tracht studieren) nicht genügt. So kommt es am Abend zu einem aufsehenerregenden Autodafé. Ein Feuer wird angezündet, und, begleitet von markigen Worten, werden Zeitungsbündel in die Flammen geworfen, Makulatur, auf denen die Namen verhaßter Zeitgenossen und deren Werke geschrieben sind, wie Kotzebues »Deutsche Geschichte« und Camptz' »Codex der Gendarmerie«, eine Sammlung preußischer Polizeigesetze, der Code Napoléon und solche Attribute des feudalen Militarismus, wie ein Ulanen-Schnürleib, ein Korporalstock und ein Zopf.

Die symbolische Verbrennung des »Code civil« beim Wartburgfest zeigt mit aller Deutlichkeit, wie jener von Jahn und Arndt gepredigte Haß auf alles »Welsche« den Studenten die Köpfe vernagelt hat vor der Einsicht, daß es sich bei dem französischen Gesetzbuch um ein bürgerliches Gesetzbuch handelt, das die Gleichheit aller Bürger und die Beseitigung des Feudalismus voraussetzt.

Die symbolische Bücherverbrennung, aber auch die Tatsache des Wartburgfestes selbst, die dort gehaltenen Ansprachen und die politische und organisatorische Vereinigung von Intellektuellen über die vom Deutschen Bund geheiligten und neu zementierten Staatsgrenzen hinweg alarmieren die Beherrscher der »Heiligen Allianz«. Metternich fordert die preußische Regierung auf, gemeinsam bei dem Weimarer Großherzog Karl August zu intervenieren, der das Wartburgfest erlaubt hatte. Zur Ehre des Angegriffenen muß gesagt werden, daß er sich entschieden gegen solche Anwürfe wehrt und während Preußen im Dezember 1817 an allen preußischen Universitäten bereits die Burschenschaften zu verbieten versucht und das Turnwesen unter scharfe Polizeiaufsicht stellt, verteidigt Karl August die Freiheit der Universitäten:

». . . daß die deutschen Universitäten als Anstalten, auf welchen es nicht bloß um Unterricht, sondern um Ausbildung des Jünglings in seiner Gesamtheit, um Begründung des Charakters zur Freiheit und Selbständigkeit. . . zu tun ist, für das Vaterland von dem höchsten Werte sind. . .«[11]

Eine österreichische Denkschrift an den Bundestag fordert scharfe Eingriffe in das Universitätsleben, nämlich strenge Aufsicht des Staates über die Universitäten, Entlassung aller »schädlichen« Professoren ohne gerichtliche Untersuchung, Unterdrückung der Burschenschaften als »nicht autorisierte geheime Verbindungen«. Die Repressalien an den preußischen Universitäten und die österreichischen Forderungen von 1817 müssen deshalb hervorgehoben werden, um zu beweisen, daß *das Wartburgfest und nicht erst das Attentat Sands von 1819 die Monarchen zu den Erwägungen veranlaßte, die Universitäten »gleichzuschalten«* und damit jede akademische Freiheit zu unterbinden.

Von Sand selbst hören wir in der Zeit vom Wartburgfest am 18. Oktober 1817 bis zu seinem Mordanschlag am 23. März 1819 fast nichts. Er studiert in Jena. Im Herbst 1818 besucht er Berlin, und dort scheint er sich vor allem für das Turnwesen Jahns zu interessieren. Auf dem Rückweg nach Jena besucht er mit anderen Kommilitonen die Schlachtfelder des »Befreiungskrieges« bei Leipzig. Bauern halten ihn für den Gehilfen eines Zahnarztes, der die Schädel der

Gefallenen untersucht, um noch erhaltene Zähne zu verwerten. Ein makabres Erlebnis für den jungen Idealisten. Ostern 1819 verläßt Sand Jena. Er ist in altdeutsche Tracht gekleidet, das heißt, er trägt einen schwärzlichen deutschen Rock, ein gehrockähnliches Kleidungsstück in leicht militärischem Schnitt, darunter eine rote wollene Weste und schwarze lange Tuchbeinkleider. Die Füße stecken in Schnürstiefeln. Auf dem Kopf hat er eine schwarz-samtene Kappe mit Schirm. In seinen Taschen befindet sich ein Kompaß in einer zinnernen Kapsel, eine Karte von Schwaben und eine vom Neckarlauf. An Büchern führte er ein abgerissenes Stück aus dem Neuen Testament bei sich, Körners »Leier und Schwert« und ein geschriebenes Gedicht, die »Abendmahlsfeier« von Karl Follen, über den noch zu sprechen sein wird. Auf dem Rücken trägt er einen Tornister, und sein wichtiges Gut, das er am sorgfältigsten zu hüten sucht, sind zwei Dolche. Sand macht sich auf seine letzte Wanderung. Sein Ziel ist Mannheim. Dort wohnt der jetzt im 58. Lebensjahr stehende August von Kotzebue. *Sand ist fest entschlossen, Kotzebue zu ermorden.*

Was war in der Zwischenzeit, in diesen anderthalb Jahren zwischen 1817 und Anfang 1819 geschehen? Wenden wir uns zunächst wieder Kotzebue zu. Wir erinnern uns: russischer Staatsrat und Mitglied des Konsulats in Königsberg zwischen 1813 und 1816 und immer noch der große und gefeierte Lustspieldichter. Die Tätigkeit in Königsberg sagte Kotzebue nicht zu, und so unterbreitet er, als er im September 1816 nach St. Petersburg reist, seinem Chef, dem Grafen Nesselrode, 40 Jahre lang russischer Außenminister und einer der hartnäckigsten Verfechter der Heiligen Allianz und der Gendarmenrolle Rußlands über Europa, den Vorschlag, ob der Zar ihn nicht zum »literarischen Korrespondenten« des Kultusministeriums ernennen könne. Er wolle beobachten, welche neuen Ideen auf dem Gebiet der Politik, des Handels, der Kriegskunst, der Bildung und der Literatur in Deutschland und in Frankreich produziert würden als gesprochenes Wort, als Buch, als Broschüre. Es sei doch für die russische Regierung und für Kaiser Alexander persönlich von großer Wichtigkeit, alle diese neuen Ideen kennenzulernen, denn wenn man die Ideen kenne, sei es oft leicht, die Tatsachen, bevor sie einträfen, vorherzusehen. Der Zar greift den Vorschlag Kotzebues, der ihm persönlich sehr gut bekannt ist und den er sehr schätzt, sofort auf. Am 22. November 1816 (die Akten über diesen Vorgang sind alle erhalten) erfolgt die *Ernennung Kotzebues zum »literarischen Korrespondenten«*. Seine Publikationen, so wird ihm ausdrücklich vorgeschrieben, müßten immer mit den politischen und religiösen Grundsätzen, zu denen sich der Herrscher bekenne, in Einklang stehen. Eine wichtige und folgenreiche Vorschrift. Pro Jahr erhält Kotzebue, der selbstverständlich im Besitz eines russischen Passes ist, als Gehalt (für Reisespesen und Bücheranschaffungen) 3575 Rubel. (Die jährlichen Abgaben eines Leibeigenen an seinen Gutsherren betrugen damals etwa drei Rubel. Kotzebue war also indirekt Herr über fast 1200 Leibeigene, selbst zu damaliger Zeit ein Vermögen!)

Es ist viel darüber gestritten worden, *ob Kotzebue ein russischer Spitzel gewesen sei* und ob er nicht »sein Vaterland Deutschland« verraten habe. Und immer wieder wird betont, Kotzebue sei doch nur eine unbedeutende, drittrangige Nebenfigur auf der deutschen politischen Bühne gewesen. Deshalb muß hier klargestellt werden:

1. August von Kotzebue war *russischer Staatsbürger*. Er hat, mit Unterbrechungen, sein ganzes Leben hohe Beamtenstellen des russischen Staates innegehabt. Ein Landesverräter an Deutschland war Kotzebue also nicht.

2. August von Kotzebue war ein *überzeugter Anhänger des feudalen Absolutismus,* ein Reaktionär reinsten Wassers. Alle, auch die schwächsten, bürgerlichen fortschrittlichen Strömungen in Deutschland hat er sein Leben lang mit Entschiedenheit und öffentlich bekämpft. In diesem Sinne war er kein »Spitzel«.

3. Nach 1815 ist Kotzebue der bedeutendste literarische Propagandist der »Heiligen Allianz« und keineswegs irgendeine drittrangige politische Nebenfigur.

Und er ist der bedeutendste Propagandist dieser Ideen nicht nur mit seinem *»Literarischen Wochenblatt«,* das ebenfalls ausdrücklich vom Zaren gefördert wird, sondern auch als Übersetzer und Herausgeber eines Pamphletes des russischen Staatsrates und politischen Schriftstellers *Alexander Skarlatowicz Graf Stourdza* (1791–1854). Das ist nichts weniger als ein Generalangriff auf die Freiheit der deutschen Universitäten. Ganz richtig erkennt Stourdza (wobei wir nicht genau wissen, ob der 27jährige Stourdza wirklich der Verfasser dieser Denkschrift war. Viele verdächtigen Kotzebue selbst der Verfasserschaft), daß von den deutschen Universitäten nach 1815 der Hauptwiderstand gegen den nicht erfolglosen Versuch ausgeht, die uneingeschränkte Herrschaft des Feudalabsolutismus wieder zu festigen und alle bürgerlichen Ideen grundsätzlich als »staatsfeindlich« zu bekämpfen. Stourdza fordert im einzelnen:

– *Unterstellung der Studenten der allgemeinen anstatt der akademischen Gerichtsbarkeit;*

– *Einführung fester Studienkurse* anstatt der Freiheit der Lehre und Forschung;

– *Ernennung und Absetzung der Professoren durch die jeweilige Regierung* anstelle des akademischen Berufungs- und Abrufungsverfahrens;

– *Verbot aller für die Studenten »schädlichen« Schriften.*

Das heißt, aus dem Munde Stourdzas fordert der russische Zar nicht mehr und nicht weniger als die Aufhebung der deutschen Universitäten und ihre Rückverwandlung in Zuchtstätten des Absolutismus.

Die deutsche *Reaktion auf diese abenteuerlichen Pläne,* die die schlimmsten Befürchtungen bestätigen, wie sich die russische »Befreiung« Europas von Napoleon und von dem Gedankengut der Französischen Revolution auswirken würden, war ein *Sturm der Entrüstung,* und diese Entrüstung richtet sich natürlich nicht nur gegen Alexander und Metternich, nicht nur gegen Stourdza, sondern vor allem auch gegen August von Kotzebue, der immer wieder in seiner Wochenschrift hervorhebt, die »christlichen Grundsätze« des russischen Kaisers dürften von niemandem in Deutschland angegriffen werden.

Angeführt wird dieser Kampf um die Freiheit der deutschen Universitäten nicht von einer kleinen radikalen studentischen Minderheit, wie es manchmal dargestellt wird, sondern *von Wilhelm von Humboldt selbst,* dem großen Vorkämpfer für die bürgerliche Universität als autonome Stätte der Bildung, der Lehre und der Forschung. Durch die Bestrebungen der Heiligen Allianz sieht Humboldt sein Lebenswerk, die Reform des gesamten Bildungswesens in Preußen, unmittelbar gefährdet. An Humboldts Seite steht, mit ganz wenigen Ausnahmen, das gesamte intellektuelle Deutschland – einschließlich der gesamten Studentenschaft.

Die Erinnerung an die reaktionäre Rolle, die Kotzebue sein Leben lang gespielt hatte, vor allem aber mit seinen zotigen und unflätigen Angriffen auf den wirklich zahmen Kreis der norddeutschen Aufklärer und seine Verhöhnung der Frühromantik, seine Angriffe auf Goethe und Schiller nicht zu vergessen, werden wieder wach. Das Faß des allgemeinen Zornes läuft über, als nun auch noch *Bruchstük-*

ke aus einem der geheimen Berichte Kotzebues an den Zaren bekannt und in der Zeitschrift »Nemesis« (Nemesis ist bekanntlich die Göttin der Rache), die Professor Luden herausgibt, *publiziert werden.*

Das war so gekommen: Kotzebue hatte seinen ersten Rapport an den Zaren einem Kopisten zum Abschreiben gegeben. Der Kopist konnte Kotzebues Handschrift nicht immer genau entziffern und wandte sich ausgerechnet an Dr. Lindner, den Redakteur von Ludens »Nemesis«. Dr. Lindner reagiert sehr geschickt; er bittet sich die Schrift für eine Stunde aus und schreibt jetzt jene Stellen aus Kotzebues Rapport ab, die sich auf die »Nemesis« sowie Professor Luden persönlich beziehen. Die abgeschriebenen Stellen beweisen eindeutig Kotzebues Rolle als Denunziant und Scharfmacher der Politik der Heiligen Allianz. Der Skandal war nun vollständig da.

Kotzebue erhält anonyme Drohbriefe, und die Fensterscheiben seines Hauses in Weimar werden eingeschlagen. Er verläßt mit seiner Familie fluchtartig die Stadt und mietet ein Haus in Mannheim. Am 5. Dezember 1818 bittet er den Zaren um seine Entlassung als »literarischer Korrespondent«. Aus dem großmäuligen Kämpfer für die Heilige Allianz ist ein zitternder Feigling geworden: »Ich bin alt. Meine Gesundheit ist zugrunde gerichtet, ich zittere vor Angst, in einem *fremden* (von mir hervorgehoben, W. P.) Lande zu sterben. Nur in Reval kann ich Ruhe finden, weit entfernt von den Rasenden, die Deutschland überfluten und die mich wegen meiner gemäßigten Grundsätze erbittert verfolgen. Es ist Zeit für mich, die Feder niederzulegen.«[12]

Im Februar 1819 gestattet der Zar Kotzebue nach Rußland zurückzukehren. Seine vollen Bezüge sollen ihm belassen werden. Aber Kotzebue verläßt Mannheim noch nicht.

Der Zar hatte mit seinen Werkzeugen Kotzebue und Stourdza auf dem Aachener Kongreß übrigens eine Niederlage erlitten. Von Humboldt und Hardenberg widersprechen am schärfsten.

Aber nach dem Kongreß drängen insbesondere der berüchtigte Geheimrat Camptz und der Polizeiminister Wittgenstein auf König Friedrich Wilhelm III. ein, die Freiheit der preußischen Universitäten einzuschränken. Frucht dieser Pression ist die königliche Kabinettsordre vom 11. Januar 1819, die zwar noch nicht die Freiheit von Lehre und Forschung an den preußischen Universitäten vollständig beseitigt, aber in der eine *strenge staatliche Überwachung der Universitäten* angeordnet und auch ein *neues Pressegesetz* verabschiedet wird, um »den Mißbrauch der Meinungsfreiheit« zu verhindern.

Doch auch die Opposition hatte sich nach dem Wartburgfest innerlich gefestigt und ihrem Streben durch die Erarbeitung zweier wichtiger Dokumente Grundlage und Richtung gegeben: durch die *»Grundsätze und Beschlüsse des 18. Oktober«* (auch bekannt unter dem Namen »35 Grundsätze des Wartburgfestes«), verfaßt von dem Studenten Riemann auf Veranlassung von Prof. Luden, und die *»Grundzüge für eine zukünftige deutsche Reichsverfassung«*. Der Verfasser dieser brisanten Schrift ist der in Jena tätige Privatdozent *Karl Follen*. Die »Grundsätze« und der »Reichsverfassungsentwurf« zeigen mit aller Deutlichkeit, wie sich *innerhalb der bürgerlichen Bewegung in Deutschland von Anfang an zwei Strömungen herausbilden: eine liberal-gemäßigte und eine demokratisch-republikanische*. Als Vorformen des deutschen Parteiwesens des 19. und 20. Jahrhunderts sind diese beiden Dokumente von größter Wichtigkeit.

In den *»Grundsätzen«* werden die *Ideen des deutschen Liberalismus* zum erstenmal programmatisch dargestellt:

– *politische und wirtschaftliche Einheit* Deutschlands im Sinne der Grundgedanken von Friedrich List;

– Ausbau der deutschen *Wehrkraft;*

– *gegen die Leibeigenschaft* und vor allem gegen die 1816 in Preußen beginnenden Praktiken der »Bauernbefreiung«, die den Bauern das Land nimmt;

– für eine *konstitutionelle Monarchie mit landständischer Verfassung und Ministerverantwortlichkeit;*

– Öffentlichkeit der *Rechtspflege,* Schwurgerichte, ein einheitliches Gesetzbuch;

– *Schutz und Freiheit für das Eigentum;*

– Garantie der *Meinungs- und Pressefreiheit;*

– *Vertilgung alles Ausländischen aus dem Leben und der Sprache* der Deutschen.

Wir würden heute sagen: außerordentliche gemäßigte liberale Forderungen mit einem unangenehmen Schuß von Deutschtümelei und borniertem Franzosenhaß gemischt. Mit dem Motto »Ein Reich und ein Kaiser« sind es die Forderungen der Mehrheit des aufgeklärten deutschen Bürgertums, auch der Mehrheit der Studenten.

Der *»Reichsverfassungentwurf«* dagegen, mit dem Karl Follen auf dem Burschenschaftstag 1818 nur eine Minderheit der Studenten gewinnen kann, ist ein *republikanischer Verfassungsentwurf, in dem sich die Grundgedanken der Französischen Revolution und der amerikanischen Deklaration der Menschenrechte widerspiegeln:*

– Aufhebung der bisherigen politischen Gliederung des Reiches, *Einheitstaat mit Verwaltungseinheiten* nach französischem Vorbild;

– Schaffung *frei gewählter Volksvertretungen* auf allen Verwaltungsebenen;

– *Wählbarkeit aller Machtorgane;*

– *Volksvertretung im Reichstag* als Träger der obersten Gewalt;

– *Reichsausschuß als Kontrollbehörde* nach dem Vorbild der Jakobinerdiktatur;

– *persönliche Freiheit und Freiheit des Eigentums;*

– *direkte Steuern* für alle Bürger proportional zu ihren Einkünften;

– *Arbeit als Bedingung für die Teilnahme am gesellschaftlichen Leben;*

– entscheidende Rolle des *freien Bauernstandes* mit lebensfähigen bäuerlichen Wirtschaften;

– ein *Bildungs- und Erziehungssystem,* das die Jugend für die Arbeit in der Landwirtschaft, im Handwerk und für zukünftige gesellschaftliche Aufgaben als Staatsbürger vorbereitet;

– Schaffung einer *Volksmiliz;*

– *Versammlungs- und Pressefreiheit;*

– *Gleichheit aller Bürger* vor dem einheitlichen Gesetz des Staates.

Der »Reichsverfassungsentwurf« ist in seiner Bedeutung eines der frühesten und wertvollsten Dokumente der deutschen Demokratie und des deutschen Republikanismus. Aber die im Reichsverfassungsentwurf niedergelegten Grundsätze des Kreises um Karl Follen, einer Gruppe von etwa 20 Studenten, zu denen auch Sand gehört und die sich die *»Unbedingten«* nennen, spiegeln nur die eine Seite der Radikalisierung dieser Gruppe wider.

Die andere Seite, die vor allen auch den Grübler Karl Ludwig Sand voll erfaßt, ist die Vorstellung, daß durch *ein bestimmtes »Signal« eine revolutionäre Erhebung in Deutschland ausgelöst werden müsse,* um so die Grundsätze einer zukünftigen Reichsverfassung durchsetzen zu können. Die Vorstellung ist – und wir treffen immer wieder bei der Schilderung der Motive von Attentaten auf diese völlig irrige Vorstellung –, durch ein terroristisches Attentat auf einen repräsentativen Vertreter der »Tyrannei« könne eine revolutionäre Lawine ausgelöst werden. Die deutsche Situation der Jahre 1818/1819 war aber so weit entfernt von irgendeiner revolutionären Stimmung, daß, wie sich auch hier zeigen sollte, das Attentat zu nichts anderem führte *als zur Diskriminierung und zu einer furchtba-*

ren Niederlage der fortschrittlichen bürgerlichen Kräfte insgesamt. Das Spiel mit dem Gedanken des Attentats im Kreis um Karl Follen – und es gab zunächst einen Plan, Alexander I. auf seiner Rückreise von Aachen zu ermorden – zeigt eindeutig nicht nur die Stärke, sondern vor allem die Schwäche der politischen Bewegung. Was für ein Geist die »Unbedingten« beherrscht, zeigt ein Ausschnitt aus einem Gedicht Karl Follens, genannt *»Das große Lied«*. Hier werden apokalyptische Stimmungen in Rhythmen gefaßt, wie Hans H. Gerth ganz richtig bemerkt. »Ohne einen durchgängigen Sinnzusammenhang dienen die aneinandergereihten Bilder als Stichworte der Affektentladung«:[13]

»Es zieht eine Schar von Männern sich
Herab zum dunklen Haine
Beim dämmernden Fackelscheine.
Still ist ihr Blick, aber schauerlich,
Nachtschwarz ihr Gewand einfältiglich,
Nichts Glänzendes siehst du an solchen
Als den Glanz von geschliffenen Dolchen.
Und dort, wo die Tannen und Eichen im Rund
Zum erhabenen Dome sich türmen,
Gottes Orgel braust in Stürmen,
Wie ein Altar aufsteigt der Felsengrund,
Dort traf man zusammen zu Mitternachtsstund.
Und hervor aus dem heiligen Kreise
Dumpf schauerlich tönt die Weise:
Nacht und kein Stern!
Zündet des Opfertods Kerzen
Braust in die Segel der Herzen.«

Es ist dieser Mystizismus, der auch das Tagebuch Karl Ludwig Sands beherrscht, und wenn man in diesem Tagebuch liest, um nach den Gründen zu suchen, warum gerade dieser junge Mann sich auf den Weg nach Mannheim macht, um Kotzebue zu töten, dann muß man Gerth voll und ganz zustimmen, wenn er an anderer Stelle schreibt: *»Karl Ludwig Sand wurde in Jena Follens besonderer Freund und Schüler. Die Vorstellung einer geschichtlich zudiktierten Opfer- und Heldenrolle führte ihn in seelische Angstzustände, wie sie Dostojewskij z. B. im ›Raskolnikow‹ beschrieben hat.«*[14]

Eine Mitwisserschaft Karl Follens, der 1820 nach Amerika emigriert, an dem Attentat ist zwar niemals nachgewiesen worden, aber die *intellektuelle Urheberschaft des ganzen Kreises der »Unbedingten«*

für den Mord an August von Kotzebue ist unübersehbar. Das Tagebuch Sands zeigt, wie lange und wie sorgfältig er sich gedanklich auf seine gedachte Rolle als Märtyrer vorbereitet hatte. Auch fand sich in seinem in Jena zurückgelassenen Gepäck eine Zeichnung, von ihm selbst angefertigt, auf der vor einem gotischen Gewölbe ein Jüngling kniet mit einem Dolch in der Brust. Mit einem anderen Dolch ist am Tor ein Papier angeheftet: die Bekanntmachung des Fememordes am Tyrannen.

Den Entschluß zum Attentat hat Sand nach seiner Aussage vor Gericht konkret gefaßt, als Stourdzas Denkschrift und Kotzebues vehemente Verteidigung dieser Schrift bekannt wurden. In seinem Tagebuch hatte Sand notiert: *»Wenn ich sinne, so denke ich oft, es sollte doch einer mutig über sich nehmen, dem Kotzebue oder sonst einem solchen Landesverräter das Schwert ins Gekröse zu stoßen.«*[15]

Sein Fußmarsch von Jena nach Mannheim, der ungewöhnlich lange dauert, führt ihn über Erfurt, Frankfurt und Darmstadt. Was in ihm vorging, wissen wir nicht, aber wir wissen auf jeden Fall, wie zögernd er sich seinem Opfer näherte.

Am 23. März 1819 um halb zehn morgens erreicht Sand Mannheim. Er bittet um eine Audienz bei Kotzebue, aber Kotzebue läßt ihn abweisen. Nachmittags um 17 Uhr wiederholt Sand seinen Besuch, er wird bei Kotzebue vorgelassen, nachdem er sich als Student aus Mitau ausgegeben hat. Mit dem Satz: *»Ich rühme mich Ihrer gar nicht – hier, Du Verräter des Vaterlandes«* stößt Sand mit dem langen Messer mehrmals zu. Einer dieser Stiche trifft die Lungenarterie, und Kotzebue stirbt auf der Stelle an innerer Blutung. Schon im Zimmer seines Opfers macht Sand einen Selbstmordversuch. Dann flieht er blutend die Treppe hinunter, während Frau und Tochter Kotzebues aus dem Fenster rufen: *»Haltet den Mörder.«*

Schon vor dem Hause Kotzebues sieht sich Sand einer Menschenmenge gegenüber. Er kniet nieder, so wie er es aufgezeichnet hatte, und rammt sich den Dolch in die linke Brustseite. Die herbeigeeilte Wache bringt ihn auf einer Tragbahre ins Mannheimer Hospital. Die Verletzungen erweisen sich nicht als tödlich. Seine Wunden heilen. Am 8. April 1819 wird er operiert. Geronnenes Blut und Eiter werden aus der Brusthöhle entfernt. Bei den langen Vernehmungen bekennt Sand, er habe den Mord an August von Kotzebue als seine Pflicht gegenüber dem deutschen Vaterlande angesehen. Er betrachte seine Tat als tugendhaft und gottgefällig.

Am 5. Mai 1820, also weit über ein Jahr nach dem Mordanschlag, fällt das Mannheimer Oberhofgericht das Urteil, nämlich daß *»der Angeklagte Karl Ludwig Sand, aus Wunsiedel, des an dem kaiserlich-russischen Staatsrats von Kotzebue verübten Meuchelmordes für schuldig und geständig zu erklären, daher derselbe – ihm zur gerechten Strafe, andern aber zum abschreckenden Beispiel – mit dem Schwerte vom Leben zum Tode zu bringen sei.«*[16]

Am 19. Mai betritt der Scharfrichter Widmann aus Heidelberg das Krankenzimmer Sands. Sand hatte um diese Begegnung ausdrücklich gebeten. Es ist ein merkwürdiges Zusammentreffen, denn der Scharfrichter ist ein überzeugter Demokrat. Sand sagt unter anderem zu ihm: *»Bleiben Sie nur standhaft, an mir soll es nicht fehlen, ich werde nicht zucken... nehmen Sie sich nur Zeit.«* Der Scharfrichter kann seine tiefe Bewegung nicht verbergen. Am 20. Mai 1820 morgens um fünf Uhr (die Hinrichtung ist überraschend um sechs Stunden vorverlegt worden, da eine riesige Menschenmenge im Anmarsch ist und Unruhen befürchtet werden) betritt Sand das Blutgerüst auf dem Platz vor dem Heidelberger Tor, den das Volk noch an demselben Tage *»Sands Himmelfahrtswiese«* nennen wird. Umringt von 1550 Soldaten und von Artillerie bewacht, stirbt Karl Ludwig Sand. Er ist ruhig und gefaßt bis zur letzten Sekunde seines Lebens, *und er bereut nichts.*

In den Augen des Volkes stirbt Sand als Märtyrer. Nach seiner Hinrichtung spielen sich unglaubliche Szenen ab. Taschentücher werden in sein Blut getaucht, und viele Menschen versuchen, Splitter vom Schafott als Andenken abzuschneiden. Der Scharfrichter nimmt das Blutgerüst, auf dem Sand hingerichtet worden war, mit nach Heidelberg und baut aus ihm in seinem Weinberg eine Hütte. In dieser Hütte kamen in den folgenden Jahren heimlich Heidelberger Studenten, Burschenschaftler zusammen, und der Scharfrichter Karl Ludwig Sands bewirtete sie. Auch dieses eine deutsche Idylle.

Auch das Volkslied nahm sich seines Andenkens an:[17]

»Du stehst in unserer Mitte
O Sand, wer ist dir gleich.
Erfülle unsere Bitte:
Schick ihn ins Totenreich.«

...

Oder:

»Ich bin dazu geboren,

Man nennt mich Ludwig Sand,
Vom Schicksal auserkoren
Zum Tod fürs Vaterland. . .«
Oder:
»So ist er denn gefallen, der dicke Kotzebue.
Da haben wir nun alle, wie auch der Staat hat Ruh. . .«

Der russische Nationaldichter Alexander Puschkin widmet 1821 Karl Ludwig Sand in seinem berühmten Gedicht *»Der Dolch«* folgende Verse:

»O edler Jüngling Sand, den das Geschick erkor!
Dem Richtbeil ward dein Haupt zum Raube;
Doch deiner heil'gen Tugend Spur verlor
Sich nicht mit deinem Leib im Staube.«[18]

Eine Erhebung des Volkes findet nicht statt. Aber viele Stimmen erheben sich, wie Huber ganz richtig betont, die Sands aus reiner Überzeugung begangenes politisches Delikt sittlich gerechtfertigt anerkennen, so Karl Follen selbst, so Joseph Görres,[19] der Sands Motive, aber seine Handlung selbst nicht billigt, so der Berliner Theologe Wilhelm de Wette, der in einem Brief an die Mutter Sands folgendes schreibt:

». . . der Irrtum wird aufgewogen durch die Lauterkeit der Überzeugung, die Leidenschaft wird geheiligt durch die gute Quelle, aus der sie fließt. Er hielt es für recht, und so hat er es recht getan; ein jeder handle nur nach seiner besten Überzeugung, und so wird er das Beste tun. So wie die Tat geschehen ist durch diesen reinen frommen Jüngling, mit diesem Glauben, mit dieser Zuversicht, ist sie ein schönes Zeichen der Zeit. Ein Jüngling setzt sein Leben daran, einen Menschen auszurotten, den so viele als einen Götzen verehren; sollte dieses ohne alle Wirkung sein?«[20]

Als Metternich die Nachricht von der Ermordung Kotzebues erhält, triumphiert er über den Anlaß, den *»der vortreffliche Sand auf Kosten des armen Kotzebue lieferte«*. Und dann schreibt Metternich: *»Meine Sorge geht dahin, dieser Sache die besten Folgen zu geben, die möglichste Partie aus ihr zu ziehen.«*[21]

Selten hat ein Staatsmann so offen und so zynisch ausgesprochen, was für ein willkommener Anlaß ein politisches Attentat für ihn war. Die längst beabsichtigten und schon eingeleiteten Unterdrückungsmaßnahmen konnten nun in die Tat umgesetzt werden. Die Taten und Bemühungen Metternichs schlagen sich voll nieder in den *Beschlüssen der Karlsbader Konferenz* des Deutschen Bundes, die zwischen dem 6. und 31. August 1819 tagt, also zu einem Zeitpunkt, wo Karl Ludwig Sand noch lebt. Die *Universitäten* werden *unter Polizeiaufsicht* gestellt, die *Burschenschaften* werden *verboten,* die Mainzer »Zentraluntersuchungskommission« beginnt ihr Werk, sie beginnt, die Fahne des *Berufsverbotes* zu schwenken, und des Schwenkens ist bis heute kein Ende in vielen Staaten. Die Professoren Arndt und Jahn werden zunächst eingesperrt und dann ihrer Posten enthoben. Alle preußischen Reformer werden des Jakobinismus verdächtigt.

Preußen und Österreich erzwingen die Karlsbader Beschlüsse in einem geradezu staatsstreichähnlichen Verfahren. Zu Ehren Bayerns, Württembergs, Sachsens und einiger kleineren Staaten muß allerdings gesagt werden, daß sie entschieden den Karlsbader Beschlüssen oder Teilen dieser Beschlüsse widersprechen. Auch Wilhelm von Humboldt widerspricht entschieden und wird gestürzt.

Die bürgerlich-intellektuelle Bewegung, ob liberal, ob demokratisch-republikanisch, stand vor einem Scherbenhaufen. Die Burschenschaften gehen in die Illegalität. Sehr treffend bemerkt Hans Mayer in seiner verdienstvollen Studie »Georg Büchner und seine Zeit«:

»Bald scheint es, als habe hinter der Bewegung nichts anderes jemals gesteckt, als was Heines bösartige Darstellung darin sah: ›Die Alliierten und die schlechten Befreiungsgedichte, Hermann und Thusnelda, Hurra und der Frauenverein und die Vaterlandseicheln, und das ewige Prahlen mit der Schlacht bei Leipzig und wieder die Schlacht bei Leipzig, und kein Aufhören davon‹.«[22]

Nach der Ermordung Kotzebues besucht dessen greise Mutter die Wartburg. Sie läßt sich das Fremdenbuch geben, das auch eine Eintragung Sands enthält. Frau Kotzebue, die ihrem Sohn immer ein schlimmes Ende prophezeit hatte, betrachtet die Handschrift Sands lange und sagt dann: »*Das ist nicht die Handschrift eines Bösewichts.*«

Auf der Wartburg ist es still geworden. Sand und Kotzebue ruhen auf demselben Friedhof in Mannheim, nur durch eine Mauer getrennt.

Der intellektuelle Rausch und der Höhenflug der Ideen sind vorläufig vorbei, das Bürgertum versucht einen anderen Weg, um an der Macht teilzuhaben. Während *Nicolaus Lehnau* dichtet:

»Das edle Wild der Freiheit scharf zu hetzen,
Durchstöbert eine finstere Jägerbande

Mit Blutgewehren, stillen Meuchelnetzen,
der Wälder Heiligtum. . .«[23]

setzen sich fünf Wochen nach Sands Attentat am 14. April 1819 in Frankfurt am Main 70 deutsche Kaufleute und Fabrikanten zusammen und verfassen eine Denkschrift an den Deutschen Bund, die Prof. *Friedrich List* überreicht. In dieser Denkschrift heißt es: »38 Zoll- und Mautlinien in Deutschland lähmen den Verkehr im Innern und bringen ungefähr dieselbe Wirkung hervor, wie wenn jedes Glied des menschlichen Körpers unterbunden wird, damit das Blut ja nicht in ein anderes überfließe. Um von Hamburg nach Österreich, von Berlin in die Schweiz zu handeln, hat man 10 Staaten zu durchschneiden, 10 Zoll- und Mautordnungen zu studieren, 10mal Durchgangszoll zu bezahlen. . . die alle untertänigst Unterzeichneten erkennen hierin einen bedeutsamen Wink, welcher sie aufmerksam macht auf das, was ihnen not tut, und sie wagen es demnach, einer hohen Bundesversammlung die alleruntertänigste Bitte vorzutragen: 1. daß die *Zölle und Mauten im inneren Deutschland aufgehoben. . .«*[24]

Die Herren verharren in tiefster Ehrfurcht, alle untertänigst und gehorsamst vor einer hohen Bundesversammlung. Nun ja, meinten die Fürsten, wenn die Leute beginnen, so vernünftig zu reden, nachdem uns Karl Ludwig Sands Dolch die herrliche Gelegenheit gab, die Freiheit von Millionen zu unterdrücken, dann wird man mit ihnen mit der Zeit auch handelseinig werden können.

Und so ist es dann in den folgenden Jahrzehnten auch gekommen. . .

Friedrich Wilhelm IV.
Schallendes Gelächter über ein Attentat
(1844)

Ja, aus meinem Berlinern kann noch was werden, wenn man sie nur zu regieren versteht.
Friedrich Wilhelm IV.

Ich habe ein Faible für diesen König.
Ich glaube, wir sind uns ähnlich ein wenig.
Ein vornehmer Geist, hat viel Talent.
Auch ich, ich wäre ein schlechter Regent.
Heinrich Heine über Friedrich Wilhelm IV.

Die Komödie des Despotismus, die mit uns aufgeführt wird, ist für ihn ebenso gefährlich, als es einst den Stuarts und Bourbonen die Tragödie war. . . Der Staat ist ein zu ernstes Ding, um zu einer Harlekinade gemacht zu werden. Man könnte vielleicht ein Schiff voller Narren eine gute Weile von dem Winde treiben lassen; aber seinem Schicksal trieb es entgegen eben darum, weil die Narren dies nicht glaubten. Dieses Schicksal ist die Revolution, die uns bevorsteht.
Karl Marx, März 1843 über den preußischen König

Mensch, du willst ma haun, wenn ick dabei bin?
Berliner Volksmund 1848

Als 1844 das erste Attentat auf König Friedrich Wilhelm IV. von Preußen verübt wurde, der gerade erst vier Jahre im Amt war, da wußten die Berliner schon, daß dieser König vieles konnte. Aber er verstand nicht zu regieren. Dieser dickliche Monarch, der erst verhältnismäßig spät (nämlich mit 45 Jahren) König wird, mußte in dieser Zeit des Vormärz und der Revolution von 1848 entweder ein eisenfressender Reaktionär sein oder ein liberaler Monarch, der, die Zeichen der Zeit erkennend, dem Bürgertum mit einer Verfassung, die Hand und Fuß haben mußte, entgegentrat, um aus deren Händen eine funkelnagelneue deutsche Kaiserkrone zu bekommen. Denn danach stand der Mehrheit der deutschen Bürger der Sinn, und nicht nach einer Republik, und dafür sind sie 1848 auf die Barrikaden gegangen.

Friedrich Wilhelm aber war *weder ein Eisenfresser noch ein Verfassungsfreund.* Was Friedrich Wilhelm zu allererst war – er wäre auch ein ganz brauchbarer Architekt oder ein durchschnittlich guter Maler geworden –, er war ein tief religiöser Despot und Schwärmer, der der pietistischen Erweckungsbewegung verhaftet war: Verwandlung der Welt im Geiste des Christentums, Ausbreitung des Gottesreiches in allen Herzen, ein christlicher Staat, dem die Bürger im Glauben und Fühlen anhängen, eine urchristliche Gemeinschaft, die den König und Gott zugleich in ihrem Herzen trägt – danach stand diesem König der Sinn. Er mußte grausam scheitern.

Es hat in der preußischen Geschichte drei Monarchen gegeben, an denen sich der spitzzüngige Witz der Berliner immer wieder rieb:

Friedrich Wilhelm II. (1744–1797), der »Dicke Lüderjahn«, Neffe Friedrich des Großen, bekannt weniger durch seine Frömmelei und seine Drohungen Kant gegenüber, sondern vielmehr berüchtigt durch seine Weiberwirtschaft (zwei angetraute Ehefrauen, gleichzeitig mehrere Mätressen).

Dann ist der letzte Hohenzoller, Wilhelm II. (1859–1941), zu nennen, der Kleider-, Rede- und Reisekaiser, und

Friedrich Wilhelm IV. (1795–1861).

Über das mißlungene Attentat auf den König wollten sich die Berliner halb totlachen – ein ganz seltenes Ereignis in der Geschichte. Und wie das kam, das wollen wir jetzt erzählen.

Der Vater des Königs, *Friedrich Wilhelm III.,* der am 7. Juni 1840 nach 43 Regierungsjahren als 70jähriger stirbt, hatte es trotz immer neuer Beteuerungen verstanden, die Umwandlung des absoluten Preußen in einen modernen Verfassungsstaat des 19. Jahrhunderts zu verhindern. *Der Bürger war in Preußen immer noch Untertan, nicht Staatsbürger,* der bekanntlich an den Staatsgeschäften einen gesetzlich verankerten Anteil hat.

Deutschland steht schon ganz im Zeichen der Industrialisierung, der Eisenbahnen, der Hüttenwerke, der endlich beseitigten Zollschranken. Ein selbstbewußtes und in Berlin und an Rhein und Ruhr

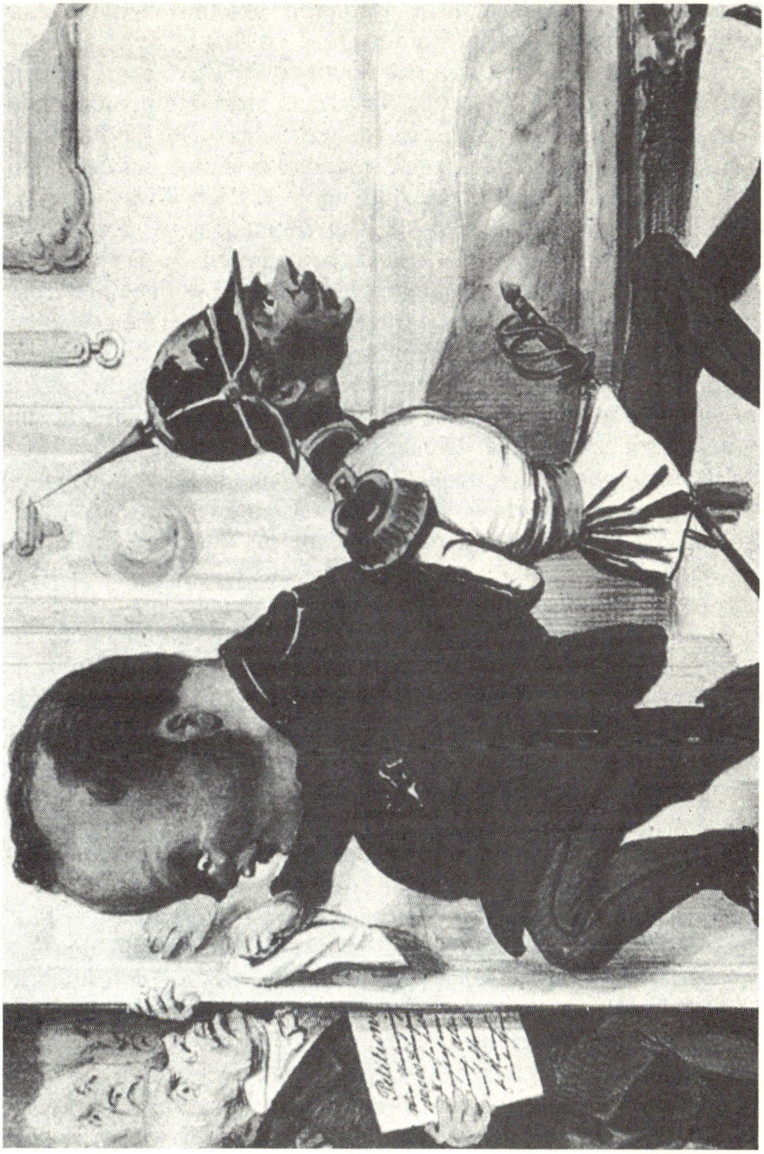

König Friedrich Wilhelm IV. von Preußen zwischen den Liberalen und dem Militär. Zeitgenössische Karikatur.
Archiv des Verfassers

schon zu Reichtum gekommenes Bürgertum verlangt energisch, daß die Beziehungen zwischen Monarch und Volk nicht mehr »gemütlich«, sondern endlich durch eine Verfassung »gesetzlich« werden sollen. Wer über eine Million Taler und über nicht wenige arbeitende Hände verfügt, will etwas zu sagen haben im Staat: bei der Beratung über das Staatsbudget, bei der Steuergesetzgebung, bei der Wirtschaftspolitik und auch in der Außenpolitik. Einheitliche Gesetze, Gleichheit aller Staatsbürger vor dem Gesetz, Presse-, Rede- und Versammlungsfreiheit – das sind die wichtigsten *Forderungen des Bürgertums,* nicht nur in Preußen. Und natürlich wollen die Bürger eine Volksvertretung, die aus allgemeinen und gleichen Wahlen hervorgeht. Gleichzeitig mit dem raschen Wachstum der Industrie melden die arbeitenden Menschen bereits unüberhörbar ihre *ersten sozialen Forderungen* an. Aus der Bauernschaft kommend, in die neuen Betriebe geströmt: der vierte Stand, das Proletariat. Mit dem Werk *»Garantie der Harmonie und Freiheit«* (1842) von Wilhelm Weitling und dem *»Kommunistischen Manifest«* von Marx und Engels, das im Februar 1848 noch vor dem Ausbruch der Revolution erscheint, hat die sich bildende Arbeiterbewegung schon ihre eigenen Forderungen eindrucksvoll vor der Öffentlichkeit formuliert.

Als nun 1840 Friedrich Wilhelm III. stirbt, befindet sich die nationale und antifeudale Bewegung des deutschen Bürgertums in einem neuen Aufschwung, nachdem es den »Drei schwarzen Adlern« der Heiligen Allianz (Preußen, Rußland und Österreich) noch einmal gelungen war, die erste Welle der deutschen nationalen Bewegung zwischen 1832 und 1834 (mit dem Hambacher Fest vom 27. Mai 1832 als dem absoluten Höhepunkt, mit Georg Büchners Aufruf »Friede den Hütten, Krieg den Palästen«) zu unterdrücken. Wie diese Unterdrückung aussah, dafür gleich ein Beispiel: Das Preußische Kammergericht verurteilte am 4. August 1836 204 Studenten wegen angeblichen Hochverrats (sie hatten die Farben Schwarz-Rot-Gold getragen und sich zu einem einheitlichen Deutschland bekannt) und verhängte gegen 39 von ihnen die Todesstrafe, wobei in den meisten Fällen die Todesstrafe in lebenslängliche Festungshaft »gnadenweise« umgewandelt wird. Unter den zum Tode Verurteilten befindet sich auch der mecklenburgische Student *Fritz Reuter,* der spätere bekannte Schriftsteller, der seine Haftjahre in dem Meisterwerk der niederdeutschen Sprache *»Ut mine Festungstid«* schildert.

Als nun Friedrich Wilhelm IV. am 7. Juni 1840 seine Regierung antritt, schaut ganz Deutschland auf Preußen und den König. Und alle fragen sich: Ist dieser König der liberale Geist, der das neue Deutschland formen wird? Aber diese *Hoffnungen vieler Deutschen erweisen sich als ganz unbegründet*. Zwar erläßt der König am 10. August 1840 eine allgemeine Amnestie für die wegen »politischer Verbrechen« in Preußen Verurteilten. Er setzt den schon 71jährigen Ernst Moritz Arndt wieder als Professor in Bonn ein, er hebt die Polizeiaufsicht über den 62jährigen ehemaligen »Turnvater« Jahn auf und beruft die Gebrüder Grimm, 1837 in Göttingen amtsenthoben, an die Berliner Akademie. Aber gleichzeitig schart der König Persönlichkeiten um sich, die allesamt den Stempel des frömmelnden Reaktionärs an der Stirn tragen.

Die Berliner werden aus diesem König nicht klug, obwohl er, was eine unerhörte Sensation war, *öffentlich zu reden* anfängt. Kein König vor ihm hatte sich in freier Rede an »sein Volk« gewandt, weder sein Vater, Friedrich Wilhelm III., den Scharnhorst 1813 fast zwingen mußte, sich wenigstens schriftlich »an das Volk« zu wenden, von den weiteren Vorfahren des Königs ganz abgesehen. Und was sagt der König zum Beispiel? Am 15. Oktober 1840 huldigen die Stände dem neuen König. Dieses war eines der wenigen Überbleibsel aus der Zeit des preußischen Ständestaates. Fürsten, Ritter, Geistliche, Honoratioren, Handwerker und Bauern haben sich vor dem Schloß versammelt. Und der König spricht:

»Ich frage Sie: wollen Sie mit Herz und Geist, mit Tat und Wort und ganzem Streben in der heiligen Treue der Deutschen und der heiligeren Liebe des Christen mir helfen und beistehen, die Eigenschaften immer herrlicher zu entfalten, durch welche Preußen mit seinen nur 14 Millionen zu den Großmächten der Erde gesellt ist? Nämlich Ehre, Treue, Streben nach Licht und Wahrheit, Vorwärtsschreiten in Altersweisheit zugleich und heldenmütiger Jugendkraft? Wollen Sie in diesem Streben mich nicht lassen noch versäumen, sondern treu mit mir ausharren durch gute und böse Tage? Oh, dann antworten Sie mir mit dem klaren, schönen Laut der Muttersprache, antworten Sie mir ein ehrenfestes Ja!«

Und als alle Versammelten *»ja«* rufen, meint der König:

»Dies Ja war für mich! Das ist mein Eigen! Das lasse ich nicht! Das verbindet uns unauflöslich in gegenseitiger Liebe und Treu! Das gibt Mut, Kraft, Getrostheit! Das werde ich in meiner Sterbestunde nicht vergessen. . .«[1]

Wenn man solche und andere Sätze des Königs nüchtern analysiert, wenn man all dieses Wortgeklingel beiseite schiebt, was bleibt dann als rationaler Kern einer solchen Ansprache? Es bleibt nichts. Dieser König tritt auf wie der Hauptdarsteller eines kitschigen Dramas, wie ein Schauspieler beschwört er den »mystischen Leib«, den Fürst und Volk seiner Ansicht nach darstellen sollen. In einem solch wirren Kopf können die vielfältigen Probleme der Zeit, in der er lebt, keinen Widerhall finden. Einer der prominenten Zuhörer bei der Huldigungsfeier, Heinrich von Gagern, sagt deshalb, nachdem der König geendet hat, zu seinem Nachbarn trocken: *»Solche Pfarrerspredigten bezeichnen nicht den Mann der Tat.«*

Aber es waren gerade Taten, die die Preußen von ihrem König erwarteten, und da die Taten nicht kamen, begann ein immer lauteres Grollen. *Die Revolution von 1848 »brach« nicht plötzlich aus.* Sie hatte sich lange angekündigt. Und da der König nicht hören wollte, mußte er fühlen, und er wurde gedemütigt wie kein preußischer König vor ihm und keiner nach ihm.

Zunächst ergreift ein hoher Adliger aus Ostpreußen das Wort: Oberpräsident *Theodor von Schön,* ein Freund des Königs und ein Mann, der schon während des Befreiungskrieges 1813 gezeigt hatte, daß man auch ohne die Erlaubnis des Monarchen das Volk zum Widerstand (in diesem Fall zum Widerstand gegen Napoleon) aufrufen kann. Im Dezember 1840 veröffentlicht von Schön eine kleine Denkschrift mit dem harmlos klingenden Titel *»Woher und Wohin?«*. Wohin die »Reise« gehen soll, sagt von Schön im Namen der ostpreußischen Stände ganz klar und deutlich:

»Die Zeit der sogenannten väterlichen oder Patrimonial-Regierung, für welche das Volk aus einer Masse Unmündiger bestehen und sich beliebig leiten und führen lassen soll, läßt sich nicht zurückführen. Wenn man die Zeit nicht nimmt, wie sie ist, das Gute daraus ergreift und es in seiner Entwicklung fördert, dann straft die Zeit.«[2]

Der König nimmt die Denkschrift von Schöns noch ganz wohlwollend auf, ernennt den Freund sogar zum Staatsminister, entläßt ihn aber eineinhalb Jahre später, am 3. 6. 1842, als bekannt wird, daß Schöns Denkschrift durch deutsche Demokraten in Straßburg in Flugblattform gedruckt und verbreitet worden war.

Nachdem es, so schien es, nur von ferne gegrollt hatte, schlägt nun der erste Blitz ein. Ende Februar 1841 veröffentlicht der Königsberger Arzt *Johann Jacoby* zunächst anonym seine Schrift *»Vier Fragen, beantwortet von einem Ostpreußen«*. Die vier Fragen lauten:

- *Was wünschen die Stände?*
- *Was berechtigt sie?*
- *Welcher Bescheid ward ihnen?*
- *Was bleibt ihnen zu tun übrig?*

Jacoby wiederholt keineswegs die Gedanken und Wünsche von Schöns nach einer Verfassung so allgemein, sondern er präzisiert und entwickelt diese Gedanken. Schön und schon vor ihm die Denkschrift des Huldigungslandtages der Ostpreußischen Stände und jetzt auch Jacoby berufen sich bei ihren Forderungen mit vollem Recht auf das Verfassungsversprechen Friedrich Wilhelms III. Auf Initiative Hardenbergs hatte der König am 22. Mai 1815 eine »Verordnung über die zu bildende Repräsentation des Volkes« erlassen, in deren Paragraph 1 es heißt: *»Es soll eine Repräsentation des Volkes gebildet werden.«* Paragraph 4 der Verordnung umreißt die Kompetenz der preußischen Landesrepräsentation: *»Die Wirksamkeit der Landes-Repräsentation erstreckt sich auf die Beratung über alle Gegenstände der Gesetzgebung, welche die persönlichen und Eigentumsrechte des Staatsbürgers, mit Einschluß der Besteuerung, betreffen.«* Und in Paragraph 7 der Verordnung wird festgelegt, daß die Repräsentation des Volkes am 1. September 1815 zusammentreten soll. Aber seitdem waren volle 25 Jahre vergangen, und Preußen hatte im Gegensatz zu vielen anderen deutschen Staaten immer noch keine Verfassung. Darüber war Friedrich Wilhelm III. gestorben, und nun trat man an seinen Nachfolger heran. Während die Verfassungsverordnung von 1815 deklarierte, die gesamte preußische Repräsentation solle durch die Provinzialstände gewählt werden, verwirft Jacoby ganz eindeutig die Forderung der Feudalen, die zusammen mit dem König in Staatsangelegenheiten wenigstens mitreden wollen. *Jacobys Forderung ist die Hauptforderung des liberalen Bürgertums: die Repräsentation Preußens soll aus allgemeinen Wahlen hervorgehen,* sie tagt öffentlich und hat das Recht der bindenden Beschlußfassung in allen das Volk betreffenden Angelegenheiten. Das heißt, Jacoby fordert den *uneingeschränkten Verfassungsstaat, in dem die Volksrechte durch eine repräsentative Verfassung voll abgesichert sind.* Und Jacoby sagt dem König den Kampf an, wenn er die Frage, was denn die Ständeversammlung tun müsse, wenn ihr weiter eine Verfassung vorenthalten wird, so beantwortet: *»Das, was sie bisher als Gunst erbaten, das wollen die Preußen nun als ein erwiesenes Recht in Anspruch nehmen.«*

Jacoby hatte seine Schrift zunächst anonym herausgegeben, aber wenige Tage später, nachdem Tausende Exemplare im Handumdrehen in ganz Deutschland verkauft worden waren, schreibt Jacoby dem wutschäumenden König einen Brief und bekennt sich als Verfasser der Denkschrift. Die charakteristische Antwort Friedrich Wilhelms IV., der mit Jacoby auch den Juden Jacoby treffen will: *»Der Beschnittene gehört an den Galgen.«* Nichts konnte die Illusionen weiter Kreise des liberalen Adels, des Bürgertums und der Intellektuellen nachhaltiger zerstören als ein solcher Satz. Alles, was der König bis dahin in seinen immer neuen Reden zum Fenster hinaus gedröhnt hatte, fiel in sich zusammen. Aus der Hülle des sich gemütlich und romantisch gebenden Landesvaters tritt der fürstliche Tyrann und Alleinherrscher hervor.

Wer war Jacoby? Johann Jacoby, Jude, Arzt, war 1805 in Königsberg geboren. Als Friedrich Wilhelm IV. König wird, ist er der anerkannte Wortführer der Liberalen in Königsberg. Seine Schrift macht ihn mit einem Schlag in ganz Deutschland bekannt und berühmt. Bernt Engelmann hat 1977 sein Buch »Trotz alledem – Deutsche Radikale 1777–1977« mit Recht dem Andenken Johann Jacobys gewidmet, dessen Todestag sich 1977 zum hundertsten Mal jährte, ohne daß der Verfassungsstaat Bundesrepublik Deutschland auch nur mit einem Wort des großen Vorkämpfers des deutschen Verfassungsgedankens gedacht hatte!

Nun waren die Zustände in Preußen 1841 natürlich nicht mehr so, daß man einen politischen Gegner einfach an den Galgen oder aufs Schafott bringen konnte, wie es noch der »Große Kurfürst« mit seinen politischen Gegnern gemacht hatte. So kann der König nichts anderes tun, als auf ein schnelles Gerichtsverfahren wegen »Aufreizung zur Unzufriedenheit und unerbietigen Tadel der Regierung, Majestätsbeleidigung und versuchten Hochverrat« zu dringen. Da das Gericht der ersten Instanz bereits – es war das Königsberger Oberlandesgericht – die Anschuldigung des Hochverrats fallenlassen mußte, wird Jacoby in einem Prozeß, der sich zwei Jahre lang hinzieht, zu zweieinhalb Jahren Festung und zu Ausbürgerung verurteilt. Das war schon eine erste Ohrfeige für den König, der »den Juden« schon für ewige Zeiten hinter Zuchthausmauern verschwinden sah. Aber die zweite, viel schlimmere Ohrfeige kommt erst noch, *als in zweiter Instanz der Vereinigte Senat des Kammergerichts unter Chefpräsident von Grohlman Jacoby in allen Punkten freispricht. Der König tobt, und das liberale Deutschland jubelt,* der unbestechliche von Grohlman allerdings muß seinen Hut nehmen.

Im selben Jahr 1842, und zwar am 1. Januar, erscheint für die folgenden 15 Monate die *»Rheinische Zeitung«,* mit der das rheinische Bürgertum seinen politischen Bestrebungen nach liberalem Fortschritt Ausdruck geben will. Mitarbeiter der Zeitung wird auch der 25jährige Doktor phil. *Karl Marx, der ab Oktober 1842 die Chefredaktion der Zeitung übernimmt.* Seine große Artikelserie über die Pressefreiheit, aber vor allem seine langen Abhandlungen über die im Rheinischen Landtag geführte Debatte über den Holzdiebstahl, weisen Marx bereits als zukünftigen politischen Kopf der sozialistischen Bewegung aus. Die *soziale Frage,* die Untersuchung und Darstellung der schlimmen Lage der arbeitenden Klasse und die Diskussion über die Möglichkeit der Überwindung des Elends der Arbeitenden gelangen gleichzeitig mit dem Aufschwung der liberalen Bewegung in den Mittelpunkt der politischen Diskussion in Deutschland.

Das zeigt auch das 1843 erschienene Buch *Bettina von Arnims »Dies Buch gehört dem König«* – ein merkwürdiger Titel. Bettina von Arnim, damals 58jährig, greift als Frau – völlig ungewöhnlich für die damalige Zeit – mit ihrem Buch direkt in die Politik ein, in dem sie einen leidenschaftlichen Appell an Friedrich Wilhelm IV. richtet, die Zeichen der Zeit endlich zu erkennen und die Erwartungen des Volkes zu erfüllen, die an seine Thronbesteigung geknüpft worden waren. *Besonderes Aufsehen erregten jene Teile des Buches, die sich mit der Situation der Industriearbeiterschaft in Preußen beschäftigten.* Es war eine schlimme Analyse, die Bettina von Arnim hier erarbeitet hatte. Und die preußische Reaktion sagte damals genau das, was man immer sagt, wenn die Lage der Arbeiter realistisch geschildert wird: »Kommunistische Propaganda«. Der König dankte Bettina von Arnim mit ein paar Floskeln. Die Zeichen der Zeit versteht er nicht, und weil er nichts versteht, kommt das verhängnisvolle Jahr 1844, und *der König läßt auf die Arbeiter schießen, bevor dann auch auf ihn geschossen wird.*

Das, was wir ein wenig oberflächlich die »soziale Frage« nennen, ist ja keineswegs, wie man manchmal liest, in den Köpfen einiger radikaler Demagogen entstanden. Die Lage der arbeitenden Menschen in Deutschland war, bevor Gewerkschaften erkämpft waren und es eine Partei gab, die allein die Interessen der Arbeiterschaft vertrat, schlimmer als schlimm. Von irgendeiner Art sozialer Gesetzgebung konnte überhaupt keine Rede sein. Die *Arbeitszeit betrug bis zu 16 Stunden bei elendster Entlöhnung,* die bei den schlesischen Webern, von denen jetzt zu sprechen ist, zum Beispiel um zwei Drittel unter dem Existenzminimum lag. In Preußen war zwar *Kinderarbeit für Kinder unter neun Jahren (!) verboten,* aber wer kümmerte sich schon darum? Und auch zu dieser Gesetzgebung sah sich die preußische Regierung nur deshalb gezwungen, weil die jungen Leute bei den Rekrutierungen sich oft in einem körperlichen Zustand befanden, der sie untauglich machte, Soldat zu sein.

Der schlesische Weberaufstand von 1844, die erste deutsche proletarische Aufstandsbewegung gegen das Bürgertum, ist im Grunde genommen nichts anderes als *eine verzweifelte Hungerrevolte.* Nachdem die Fabrikanten die flehentlichen Bitten und Beschwörungen der hungernden Weber noch mit Spott und Hohn abgewiesen hatten, versammeln sich am 4. Juli 1844 einige hundert Weber in dem schlesischen Ort Peterswaldau vor der Villa und dem Bürogebäude des Fabrikanten Zwanziger, der die Weber besonders schlimm behandelt und ihnen den Lohn immer weiter gekürzt hatte. Die Weber heften einen Zettel an das Haus mit einem selbstverfertigten Lied, das 25 Strophen hat. Dieses Lied heißt *»Das Blutgericht in Peterswaldau im Jahre 1844«.* In dem Lied werden einige Fabrikanten wie Zwanziger, Fellmann, Hofrichter und andere mit Namen genannt. Und da stehen nun die Weber vor dem Haus des Fabrikanten, und sie singen:

»Ihr Schurken all, ihr Satansbrut!
Ihr höllischen Kujone!
Ihr freßt der Armen Hab und Gut,
und Fluch wird euch zum Lohne!

Ihr seid die Quelle aller Not,
die hier den Armen drücket;
ihr seid's, die ihr das trockene Brot
noch von dem Munde rücket.

Was kümmert's euch, ob arme Leut
Kartoffeln kauen müssen,
wenn ihr nur könnt zu jeder Zeit
den besten Braten essen?. . .«

Zwanziger hört sich das Lied an, und dann läßt er einen der Weber verhaften. Und da kommt es zu einem elementaren Wutausbruch: Die Weber stürmen die Gebäude und schlagen alles kurz und klein.

Auch die Häuser anderer Fabrikanten in Peterswaldau werden zerstört. Als dann die Weber am nächsten Tag in Langenbielau dem ebenfalls als hartherzig und skrupellos bekannten Fabrikanten Dierig ihre Forderungen stellen, marschiert schon Militär auf, und der kommandierende Offizier läßt sofort mit dem Gewehr »argumentieren«. Elf Leichen liegen da, darunter Frauen und Kinder. 24 Einwohner sind schwer verwundet. In der folgenden Nacht rücken weitere vier Kompanien Soldaten an mit Geschützen, dazu Kavallerie und Gendarmen. An einen weiteren Widerstand ist nicht zu denken. Etwa 150 Weber werden verhaftet und in Breslau vor einem Sondergericht abgeurteilt. 87 von ihnen erhalten Zuchthausstrafen bis zu neun Jahren sowie 20 bis 30 Peitschenhiebe, denn die Prügelstrafe gibt es in Preußen noch.

Wir können uns 140 Jahre später nicht so richtig vorstellen, was für ein Echo diese blutig niedergeschlagene Hungerrevolte der schlesischen Weber in Deutschland und darüber hinaus in Europa hervorrief. Da hatte nun das liberale deutsche Bürgertum schon 30 Jahre lang um eine Verfassung gerungen. Der Gegensatz zwischen dem Absolutismus und dem Bürgertum – alle Gedanken kreisen nur um diesen einen Gegensatz und wie man ihn beseitigen kann. *Und nun ein ganz neuer Gegensatz,* der mit dem Weberaufstand deutlich wird: der Gegensatz der Arbeiter mit ihrem Hunger, mit ihrer Verzweiflung und jetzt auch mit ihrem Blut und ihren Toten zu den Fabrikanten! Ein ganz anderer Abgrund tut sich hier auf: der Gegensatz zwischen den Industriellen und der Arbeiterschaft.

Die Schüsse von Langenbielau am 5. Juni 1844 sind die schauerliche Begleitmusik zur *Geburtsstunde der politischen Arbeiterbewegung in Deutschland.*

Gleichzeitig erscheint natürlich der Gegensatz zwischen dem liberalen Bürgertum und dem Feudalismus in einem anderen Licht. *Die Fabrikanten haben das Militär zur Hilfe gerufen. Und der König hat nicht eine Minute gezögert:* Die Soldaten schießen in die »richtige Richtung«. Und das Besitzbürgertum begreift blitzschnell: der feudale Staat ist nicht nur Feind, er kann auch der Beschützer gegenüber einem neuen anderen und unheimlichen Feind sein, Beschützer der Unternehmer gegenüber dem Industrieproletariat. Das ist eine ganz neue Perspektive für das deutsche Bürgertum.

Und auch viele deutsche Arbeiter, nicht nur die Weber in diesen elenden schlesischen Weberdörfern, begreifen blitzschnell zwei Dinge zugleich, nämlich einmal – und das macht auch die politische

Hauptbedeutung des Weberliedes aus –, daß der schamlose Reichtum der Fabrikanten etwas zu tun hat mit dem Elend der Arbeiter, daß es hier einen Gegensatz gibt, der nicht wegzudiskutieren war, und zum anderen, daß der König, *daß der feudale Staat nicht unparteiisch ist oder gar angerufen werden könnte als Schiedsrichter zwischen Arbeitern und Bürgertum. Der König ist Partei: ein König der reichen Leute.* Diese blutige Dialektik, das Erkennen der wirklichen Lage der arbeitenden Klasse, das ist, wie Friedrich Engels damals betonte, der tatsächliche Boden und der Ausgangspunkt aller sozialen Bewegungen der Gegenwart, *»weil sie die höchste, unverhüllte Spitze unserer bestehenden sozialen Misere ist«.* Aber nicht nur Friedrich Engels, der Sozialist, beurteilt die Bedeutung des Weberaufstandes so. Ricarda Huch, die große bürgerliche Schriftstellerin, schreibt:

»Der Weberaufstand war ›ein Ereignis von unermeßlicher Bedeutung, weil es wie ein Beben der Erde plötzlich offenbarte, daß Kräfte in der Tiefe wühlten, deren Ausmaß niemand kannte, und daß der Grund, auf dem man baute, nicht fest war. Die gebildete Gesellschaft, die an einer Revolution der Besitzenden arbeitete, sah die Revolution der Notleidenden, die sich auf die Straße stürzt und mit der Faust zerstört, der Blut nachfließt, wie dem Schiffe der Schaumstreifen. Waren das Genossen? Wer war verantwortlich für dies Elend? Man erfuhr durch einen Regierungsassessor, der die Lage der Weber untersuchte, daß im Durchschnitt eine Familie von 6 Personen 9–15 Pfennige am Tage verdiente«[3]

Das *»Weberlied« Heinrich Heines* erlangte im damaligen Deutschland eine unerhörte Popularität. Die letzte Strophe des Liedes heißt:

»Ein Fluch dem Deutschen Vaterlande,
Wo unser Erbteil ist Elend und Schande,
In dem nichts herrscht als Lug und Trug;
Altdeutschland, wir weben dein Leichentuch –
wir weben, wir weben, wir weben.«

Mit der Feststellung: *»Ein Fluch dem Gotte. Ein Fluch dem König. Ein Fluch dem Deutschen Vaterlande«,* setzt Heine eine wirkungsvolle Antithese gegen das seit 1813 populäre *»Für Gott, König und Vaterland«.* Aber nicht nur Heinrich Heine dichtet. Da gibt es auch *»Das Hungerlied«* des Dichters *Georg Weerth* von 1845. Die Drohung mit der Revolution ist in diesem Lied unüberhörbar:

»Verehrter Herr und König,
Weißt du die schlimme Geschicht?
Am Montag aßen wir wenig,
Und am Dienstag aßen wir nicht.

Und am Mittwoch mußten wir darben,
Und am Donnerstag litten wir Not;
Und ach, am Freitag starben
Wir fast den Hungertod!

Drum laßt am Samstag backen
Das Brot, fein säuberlich;
Sonst werden wir Sonntags packen
Und fressen, o König, dich!«

Auch die bildende Kunst nimmt sich sofort des Themas der Weber an. Der Düsseldorfer Maler *Carl-Wilhelm Hübner* stellt noch 1844 sein Ölgemälde »Die schlesischen Weber« in mehreren deutschen Städten aus.

Diese Ereignisse der ersten vier Regierungsjahre Friedrich Wilhelms IV. müssen wir vor Augen haben, die immer neuen Blitze und Donnerschläge, diesen Lernprozeß, den alle Schichten und Klassen der Bevölkerung in dieser Zeit durchmachen – und das war vor allem ein Prozeß der Desillusionierung und der Klärung der Fronten. Wenn wir an alles das denken, dann begreifen wir, warum die Berliner in ein dröhnendes Gelächter ausbrechen, als Friedrich Wilhelm IV. am 26. Juli 1844, sechs Wochen nach dem Weberaufstand, am Schloßportal die Kutsche besteigen will, um zu einer Inspektion nach Schlesien abzureisen, und plötzlich *aus nächster Nähe zwei Pistolenschüsse auf ihn abgefeuert werden.* Auch wenn wir die äußerst gereizte Stimmung der Berliner beiseite lassen, *so hat das Attentat doch tragikomische Züge.*

Der Attentäter heißt Heinrich Ludwig Tschech, geboren 1789 in der Nähe von Liegnitz. Der 55jährige stammt aus der Familie eines Geistlichen, und er war Bürgermeister des Städtchens Storkow gewesen. Wegen seines Starrsinns und seiner Rechthaberei hatte Tschech sein Amt verloren. Vergeblich hatte er nun gehofft, im Staatsdienst verwendet zu werden. Niemand wollte ihn haben. Und so war aus dem Staatsdiener ein Staatsfeind geworden, der sich vornahm, *Rache* am Oberhaupt des Staates zu nehmen.

Mit den politischen Strömungen der Zeit und ihrem Widereinander hat die Tat Tschechs unmittelbar überhaupt nichts zu tun. Die Bewertung des Historikers Treitschke, aus Tschech spräche jene freche, menschenverachtende subjektive Überhebung, die seit der Zeit der Jakobiner den modernen Radikalismus ausmache und mit Tschech hätte sich schon die Revolution ans Licht gewagt, diese Anmerkungen sind völlig aus der Luft gegriffen. *Was die Revolution ankündigte, war das Echo auf die Schüsse* von Tschech, die übrigens danebengingen. Das unendliche Gelächter und das Gespött waren es, die die revolutionäre Situation ankündigten.

Tschech selbst hatte es tödlich ernst gemeint, aber er hatte sich eine Pistole besorgt, die offensichtlich um die Ecke schoß: *Der dicke König hatte direkt vor ihm gestanden – und Tschech hatte ihn nicht getroffen.* Es war vor allem ein Gedicht, von unbekannter Hand geschrieben, das als Lied seine Runde in Deutschland machte. Varnhagen von Ense hat dieses Lied in seinem Tagebuch aufgezeichnet:

»War wohl je ein Mensch so frech,
als der Bürgermeister Tschech?
Denn er traf auf ein Haar
unser theures Königspaar.
Ja, er traf die Landesmutter
Durch den Rock ins Unterfutter.
Kaum die Uhr war nach halbachte,
als noch niemand Böses dachte,
Ist ein Mann im grauen Mantel
Durch das Schloßportal gewandelt.
Dies war Tschech der Hochverräter,
Königsmörder, Attentäter.
Ach, es hat der Bösewicht,
Unsern Gott im Herzen nicht;
Pocken hat er im Gesicht,
Sonsten sah man Böses nicht.
Friedrich Wilhelm kam heraus,
Sah noch ganz verschlafen aus.
Tschech zieht ein Pistol hervor,
Trifft den König fast am Ohr.
Doch es packt ihn ein Gendarme
An dem frevelhaften Arme,
Und man keilt den Wütherich
Auf der Stelle fürchterlich.

Als der König ihn erblicket
Von Gendarmen ringsumstricket,
Zeigt er plötzlich viel Courage
Und spricht schnell zur Equipage:
Auf dem Schloßplatz halt' man still,
Weil das Volk mich sehen will!
Drauf dreht er sich um und spricht:
Kinder, ich hab' nischt gekriegt,
Dick und fett, ihm fehlte wenig,
Alles brüllt: es leb der König!
Hier die Moral zu dem Gedicht:
Traut keinem Bürgermeister nicht!«[4]

Das Gedicht wurde nach der populären Melodie eines Festmarsches »Kriegerslust« gesungen. Es gibt nicht wenige Variationen. Die Berliner dichteten immer weiter:

»Der abscheuliche Verräter!
Der verruchte Attentäter!
Der da schoß mit frechem Mut
Unserer Königin durch den Hut.«[4]

Aber am fürchterlichsten brachte diese freche Frage die Herrschenden in Rage:

»Hatte je ein Menschsohn Pech
wie der Bürgermeister Tschech,
daß er diesen dicken Mann
auf zwei Schritt nicht treffen kann?«[4]

Der Bürgermeister Tschech, der übrigens am 14. Dezember 1844 hingerichtet wurde, und das Spottlied sind auch in die schöngeistige Literatur eingegangen. *Theodor Fontane* läßt Jenny Treibel in dem gleichnamigen Roman von 1892 folgendes sagen:

»Ich habe, Herr Leutnant, von Ihren beabsichtigten Reisen in unsere liebe Mark Brandenburg gehört; Sie wollen bis an die Gestade der wendischen Spree vordringen, ja, noch darüber hinaus. Eine höchst interessante Gegend, wie mir Treibel sagt, mit allerlei Wendengöttern, die sich, bis diesen Tag, in dem finsteren Geiste der Bevölkerung aussprechen sollen.«

»Nicht daß ich wüßte, meine Gnädigste.«

»So zum Beispiel in dem Städtchen Storkow, dessen Bürgermeister, wenn ich recht unterrichtet bin, der Bürgermeister Tschech war, jener politische Rechtsfanatiker, der auf König Friedrich Wilhelm IV. schoß, ohne Rücksicht auf die nebenstehende Königin. Es ist eine lange Zeit,

aber ich entsinne mich der Einzelheiten, als ob es gestern gewesen wäre, und entsinne mich auch noch des eigentümlichen Liedes, das damals auf diesen Vorfall gedichtet wurde.«

»Ja«, sagte Vogelsang, »ein erbärmlicher Gassenhauer, darin ganz der frivole Geist spukte, der die Lyrik jener Tage beherrschte. Was sich anders in dieser Lyrik gibt, ganz besonders auch in dem in Rede stehenden Gedicht, ist nur Schein, Lug und Trug. ›Er erschoß uns auf ein Haar unser teures Königspaar.‹ Da haben Sie die ganze Perfidie. Das sollte loyal klingen und unter Umständen vielleicht auch den Rückzug decken, ist aber schnöder und schändlicher als alles, was jene verlogene Zeit sonst noch hervorgebracht hat, den großen Hauptsünder auf diesem Gebiete nicht ausgenommen. Ich meine natürlich Herwegh, George Herwegh.«

Natürlich war das Tschech-Lied streng verboten. Wer es sang, ja sogar wer nur die Melodie summte, wurde von der Polizei gepackt. Die Staatsmacht war schon 1844 sehr nervös. 1886 wird das Lied, nachdem es in der mündlichen Tradition der deutschen Arbeiterbewegung lebendig geblieben war, in ein sozialdemokratisches Liederbuch aufgenommen.

Auch im Reichstag ist das Tschech-Lied erörtert worden, und zwar im Jahre 1882. In der Reichstagssitzung am 13. Dezember 1882 warf der Minister von Puttkamer der Sozialdemokratie vor, sie habe ein Parteifest in Wyden benützt, um zwei absonderliche »Weihelieder« zum Vortrag zu bringen, eins vom »Petroleum«, das andere »vom Bürgermeister Tschech«. Den Hohenzollern war also der Spott von 1844 noch 1882 unerträglich. Nun muß man allerdings bemerken, daß *diese* Opposition des Berliner Kleinbürgertums, der Arbeiter und der Intellektuellen im 19. Jahrhundert schon Tradition hatte, und zwar sowohl in Liedern, in Gassenhauern, in Gedichten, in kleineren Versen und in Parodien.

So schlendert der Berliner durch die Straßen, und wenn er die preußische Nationalhymne hört »Heil dir im Siegerkranz. . .« dann singt er: *»Heil dir im Siegerkranz, Pellkartoffeln und Heringsschwanz, au det schmeckt fein!«* Alles Feierliche fällt da hinten runter. Der Berliner war schon vor 150 Jahren keß, und der König bekam diese Keßheit zu spüren, bis er für einige Tage fast ganz besiegt war.

1848 wird es blutiger Ernst. Vier Jahre nach dem Attentat des Bürgermeisters Tschech nach furchtbaren Barrikadenkämpfen erzwingen die Berliner den Abzug des Militärs. Als die Armee verschwunden ist, wird der König mit dem Volk konfrontiert. 150 Tote der Barrikadenkämpfe mit einer deutlichen Mehrheit von Arbeitern und Handwerksgesellen, darunter auch fünf Lehrlinge, werden im Schloßhof aufgebahrt, und das Volk ruft immer lauter und wütender, *bis der angstschlotternde König erscheint und sich vor den toten Barrikadenkämpfern verbeugen muß.* Die preußische Reaktion hat diesen Tag der tiefsten Erniedrigung der Hohenzollern niemals vergessen. Am Abend des 19. März schreibt der württembergische Gesandte aus Berlin an seinen Monarchen: *»Der König, der gestern noch ehrgeizige Pläne hegte als Führer Deutschlands, ist jetzt erniedrigt und gedemütigt, wie kein Deutscher Fürst. . .«*[5]

Und dem Prinzen von Preußen, *dem späteren Kaiser Wilhelm I.*, der während der Revolutionstage aus Berlin nach England fliehen muß, rufen die zornigen Berliner hinterher:

»Schlächter-Meister, Prinz von Preußen,
Komme doch, komme doch nach Berlin!
Wir wolln dir mit Steine schmeißen
Und auf die Barrikaden ziehn!«[6]

Aber es sollte ganz anders kommen. Das deutsche Bürgertum, erschreckt durch die Gewalttätigkeit der Revolution und durch das selbstbewußte Auftreten der arbeitenden Bevölkerung, schwört der Republik ab und *macht seinen Frieden mit dem Feudalismus.* Preußisches Militär ist es, das dann vor und in der Festung Rastatt in Baden 1849 die Hoffnungen der deutschen Demokraten zusammenschießt. In dem badischen Wiegenlied von *Ludwig Pfau* (1849) heißt es:

Schlaf, mein Kind, schlaf leis,
Dort draußen geht der Preuß!
Zu Rastatt auf der Schanz,
Da spielt er auf zum Tanz,
Da spielt er auf mit Pulver und Blei,
So macht er alle Badener frei,
Schlaf, mein Kind, schlaf leis,
Dort draußen geht der Preuß!«[7]

Und »der Preuß« ging so lange, bis 22 Jahre später Deutschland in Preußen aufgegangen war – im Spiegelsaal von Versailles.

Zar Alexander II.
Die hundertjährige Jagd auf den Selbstherrscher (1881)

»Die Zeit ist reif, etwas Gewaltiges kommt auf uns alle zu, ein gesunder, starker Sturm zieht herauf, er wird bald über uns hinwegbrausen und alle Trägheit und Gleichgültigkeit unserer Gesellschaft, ihr Vorurteil gegenüber der Arbeit und diese ganze modrige Langeweile hinwegfegen.«
Anton Tschechow: *»Drei Schwestern«*

Die Nacht vom 25. auf den 26. Oktober war bitterkalt. Hungrige, frierende Matrosen und Soldaten drängen sich um die in den Straßen lodernden Feuer. Plötzlich gibt ein Schiffsgeschütz einen Schuß ab: das Zeichen zum Sturm auf das Winterpalais.

Ein Augenzeuge, N. I. Podwoiski, berichtet:

». . . ein herrlicher und unvergeßlicher Augenblick. Im Dunkel der Nacht, erhellt vom zuckenden Feuerschein der Schüsse, ergoß sich aus allen anliegenden Straßen und Häuserzügen die mächtige dunkle Welle der angreifenden Rotgardisten, Matrosen und Soldaten. Sie stolperten, fielen, erhoben sich wieder, unterbrachen jedoch für keinen Augenblick ihren wie ein Orkan ungestümen Strom.« [1]

Es gab kaum Widerstand. Zur Verteidigung der alten Ordnung waren im Palast nur Offiziersschüler übriggeblieben. Um 1.50 Uhr des 26. Oktober 1917 (alte Zeitrechnung) wird die Provisorische Regierung Rußlands im Winterpalais zu Petrograd verhaftet. Ministerpräsident Kerenski war schon am Morgen des 25. Oktober in einem Auto mit amerikanischer Flagge geflüchtet. Am 26. Oktober, um 5.00 Uhr früh, beschließen die Delegierten des Zweiten Gesamtrussischen Sowjetkongresses, die Staatsmacht in dem riesigen Reich zu übernehmen. Die Oktoberrevolution, eine der unblutigsten Revolutionen der Weltgeschichte, hatte überraschend schnell gesiegt. Der

Die Attentäter gegen Zar Alexander II. auf der Anklagebank.
Von links: Rysichow, Michailow, Helfmann, Kitaltschisch, Petrowskaja, Scheljabow.
Archiv des Verfassers

fast hundertjährige Kampf gegen das alte Regime und die kurze Auseinandersetzung mit der bürgerlichen russischen Regierung waren beendet.

Wera Figner, die zum engsten Kreis der Attentäter auf Zar Alexander II. gehört, schreibt in ihren Memoiren erstaunt:

»Wie viele Jahre hatten wir doch auf diese Revolution gewartet, aber wie seltsam – eine ungetrübte Freude spürte ich doch nicht; ein gemischtes Gefühl hatte sich meiner bemächtigt: Freude, Trauer (wegen des Vergangenen) und Aufregung. Alles war zu leicht, zu schnell gegangen.«[2]

Diese Stimmung, diese Reaktion der Revolutionärin auf die Revolution ist ganz charakteristisch. Mit allen Fasern ihres Herzens, mit einem eisernen Willen, zu dem diese zarte Frau – aus russischem Adel stammend – fähig war, hatten Wera Figner und ihre Kampfgefährten mit Buch und Bombe das Selbstherrschertum, das wie ein furchtbarer Alpdruck auf Rußland lag, bekämpft. Alle Anstrengungen schienen umsonst gewesen zu sein. Mit Galgen und Verbannung hatten die Zaren geantwortet. Wera Figner selbst wurde für zwanzig Jahre in einem der schauderhaftesten Gefängnisse der Welt eingekerkert, in der Festung Schlüsselburg. Sie überlebte. Und nun sieht sie zu ihrem großen Erstaunen, wie der Zarismus 1917 unter wenigen kräftigen Schlägen zusammenbricht. Wera Figner fragt sich immer wieder: Warum war uns das dreißig Jahre vorher nicht gelungen? Wir *wollten* doch mindestens so leidenschaftlich, vielleicht leidenschaftlicher als die Revolutionäre von 1917, den Umsturz. Warum gelang uns nicht, was diesen hungrigen Matrosen und Soldaten, die da durch die Nacht des 25. Oktober auf das Winterpalais zustolperten, so relativ einfach gelang?

Die Geschichte beantwortet diese Frage so: Eine Revolution wollen, das ergibt noch keineswegs eine Revolution. Eine Revolution ist dann möglich, wenn das herrschende politische Regime wirklich abgewirtschaftet, wenn es alle Mittel wirtschaftlicher, politischer und militärischer Art durchprobiert hat und die Regierungsgewalt durch nichts mehr, durch kein Mittel, weder durch Zureden noch durch Brutalität, zu erhalten oder zu festigen ist. Und: Eine Revolution ist dann möglich, wenn die Masse des Volkes zu der Überzeugung gelangt ist, daß es unmöglich ist, nur einen Tag noch länger auf die alte Art weiterleben zu können.

Wie unbeirrbar nun aber die russischen Revolutionäre des 19. Jahrhunderts auch immer ihr Leben einsetzten, sie begriffen diese einfach erscheinende Wahrheit, was eine revolutionäre Situation ausmacht, nicht im entferntesten. Einer begriff es früh, ein junger Jurist aus dem russischen Kleinadel, gebürtig aus der Stadt Simbirsk, Sohn des Direktors aller Volksschulen des Gouvernements. Sein Name war Wladimir Iljitsch Uljanow, der sich später »Lenin« nannte und unter diesem Namen weltbekannt wurde.

Zunächst aber müssen wir in unserer Erzählung vom Jahre 1917 fast einhundert Jahre zurückgehen: in das Jahr 1825. Der Schauplatz ist derselbe wie 1917: das Zentrum von St. Petersburg, das 1917 Petrograd und heute Leningrad heißt. Der Morgen des 14. Dezember 1825 ist kalt. Eine bleiche Sonne kommt über dem Senatsplatz herauf. Aus dem Gebäude des Senats treten elegant gekleidete Herren mit Federbüschen am Dreispitz und angetan mit Biberpelzmänteln hervor. Sie haben soeben dem neuen Zaren Nikolaus I. den Treueid geschworen. Der Senatsplatz, eben noch menschenleer, füllt sich plötzlich mit Soldaten: Das Moskauer Regiment zieht auf. Diese und einige andere Truppen, insgesamt etwa 3000 Offiziere und Soldaten, harren den ganzen Tag auf dem riesigen Platz aus, Auge in Auge mit dem Denkmal Peters des Großen, einem Meisterwerk Falconets. Das Denkmal steht noch heute an derselben Stelle in der Nähe der Newa, die an diesem historischen Tag ganz mit Eis bedeckt ist.

Der Militärputsch, dessen Zeugen wir hier sind, bekannt geworden unter dem Namen *Dekabristenaufstand* (russ. dekabr = Dezember), ist ein ganz merkwürdiger Aufstand, dessen hervorstechendes Merkmal seine völlige Unbeweglichkeit ist. Die Augenzeugen berichten, den ganzen Tag über hätten diese 3000 frierenden Soldaten mit ihren Offizieren und einer immer wachsenden Menschenmenge auf demselben Fleck gestanden und sich nicht einen Zentimeter weggerührt. Gegen Abend werden sie von dreifach überlegenen zarentreuen Truppen umzingelt, und Zar Nikolaus I. läßt mit Kanonen auf die Aufständischen schießen. Es ist sein erster Regierungstag, und dieser Tag ist blutig.

Die ganze Nacht über sind dann Gendarmen damit beschäftigt, die Leichen der Aufständischen und auch Verwundete unter das Eis der Newa zu drücken. Frischer Schnee wird herangefahren, aber auch am nächsten Morgen ist noch Blut auf dem Senatsplatz zu sehen. Wenn man den Chronisten glauben soll, dann haben die Aufständischen den ganzen Tag über auf dem Senatsplatz auf ihren Anführer, den Fürsten Sergej Trubetzkoj, gewartet, unter dessen

Leitung das Winterpalais gestürmt und der Zar gefangengenommen werden sollte. Trubetzkoj aber hatte sich schon am Morgen zu seinem Schwager, dem österreichischen Botschafter, geflüchtet, nachdem er dem Zaren den Treueid geleistet hatte. Offensichtlich hatte der »Held« des Aufstandes die Hosen gestrichen voll...

Der Dekabristenaufstand in seiner merkwürdigen Bewegungslosigkeit erinnert uns fatal an den Aufstand der Offiziere vom 20. Juli 1944, wo auch Heroismus, Untätigkeit und eisige Isolierung vom Volk die hervorstechendsten Merkmale sind. Dem immer noch gut geölten Unterdrückungsapparat der Herrscher gelingt es in beiden Fällen fast mühelos, die Aufstände zu unterdrücken und blutige Rache zu nehmen.

Was war 1825 in Rußland geschehen?

Der spätere Zar Alexander II., der 1855 zur Regierung gelangt, ist 1823 fünf Jahre alt. Ein ehemaliger Offizier und Schöffe am Petersburger Kriminalgericht, Kondrat Fjodorowitsch Rylejew, 28 Jahre alt, schreibt eine Ode zu Ehren »Seiner Kaiserlichen Hoheit, des Großfürsten Alexander Nikolajewitsch«, der am 30. April 1823 seinen Namenstag feiert. In dieser Ode mit dem Namen *»Die Vision«* läßt der Dichter den Geist Katharinas auf die Petersburger Erde herniederschweben. Wie eine gütige Fee gibt die Kaiserin dem Knaben nützliche Ratschläge für seine zukünftige Regierungszeit: der Wahrheit und der Freiheit soll er zum Siege verhelfen, Aufklärung und Humanität unter dem Volk verbreiten, ein heiliger Antonius auf dem Thron soll er werden und das russische Volk mit Weisheit leiten. Es ist eine höchst mittelmäßige Ode und – 34 Jahre nach der Französischen Revolution von 1789 – auch ein bißchen verstaubt und anachronistisch nach westeuropäischen Begriffen. Auch werden Katharina in dieser Ode Ideale und Einsichten in den Mund gelegt, denen die Herrscherin zu Lebzeiten nun wirklich nicht huldigte. Allerhöchstens in den vertraulichen Korrespondenzen mit Voltaire mochte dergleichen ohne irgendwelche Konsequenzen eine Rolle gespielt haben.

Und doch ist diese Ode für die geistige Situation Rußlands acht Jahre nach dem Sieg über Napoleon höchst charakteristisch: Diese jungen russischen Offiziere, die ihre Pferde in Rhein und Seine tränkten, erkannten auf ihrem Siegesritt durch Europa, was für ein hoffnungslos zurückgebliebenes und halbbarbarisches Land ihr Mütterchen Rußland war. Sie kehren sehr nachdenklich an die Newa und an die Moskwa zurück mit höchst gefährlicher Konterbande im Kopf: den Vorstellungen von einer konstitutionellen Monarchie oder sogar einer bürgerlichen Demokratie. Sie wissen sehr genau, daß ihr Vaterland auf der Grundlage einer einzigen Gesetzesbestimmung regiert wird:

»Dem Herrscher über alle Reußen gehört die einzige und uneingeschränkte Macht. Sowohl Furcht wie auch Verantwortung – von Gott selbst aufgelegt – sind die Basis für den Gehorsam dieser Macht gegenüber.«

Kein Wunder, daß der junge Offizier und Dichter Rylejew nicht sehr lange Oden dichtet, in denen er hofft, der Zar, Selbstherrscher über alle Völker Rußlands, würde aus innerer Einsicht den in ihm verkörperten Despotismus ablegen und das Land nach dem Vorbild Englands und Frankreichs in einen modernen Staat des 19. Jahrhunderts verwandeln mit einer Verfassung und einer Volksvertretung, die an der Gesetzgebung und an den Regierungsgeschäften zumindest Anteil haben könnte. Kein Zar ist bis zum blutigen Ende der Romanow-Dynastie 1917/1918 jemals aus eigenem Antrieb auf einen solchen Gedanken gekommen. Im Gegenteil: Die zaristische Despotie wird im 19. Jahrhundert immer drückender, blutiger und stumpfsinniger...

Schon ein Jahr, nachdem Rylejew seine Ode dichtete, wo es in der neunten Strophe heißt:

»Zu deinem eignen Nutz und Frommen
beschränke nicht der Wahrheit Wort.
Den Knechtssinn, der uns überkommen
– erpreßt durch Willkür –, fege fort.
Tritt ein für deine Untertanen,
wo das Gesetz gefährdet scheint.
Aufklärung schreib auf deine Fahnen.
Sie ist des Herrschers treuester Freund.«[3]

vernehmen wir in den *»Agitationsliedern«* desselben Rylejew ganz andere Töne:

»Da kommt der Schmied aus der Schmiede jetzt.
Bravo!
Drei lange Messer hat er gewetzt.
Bravo!
Mit dem ersten ersticht er den Herrn Gouverneur!
Bravo!
Mit dem zweiten den Popen, den Schwadroneur!
Bravo!

Und das dritte – geb's Gott – kriegt der Zar in den Bauch!
Bravo!
Sooft er es rauszieht, sooft trifft er auch!
Bravo!
Jeder, den's trifft, tut den letzten Hauch!
Bravo!«[4]

Zwei Jahre später, am 25. Juli 1826, wird Rylejew zusammen mit vier anderen Revolutionären in der Peter-Pauls-Festung durch den Strang hingerichtet. Vor seinem Tode verfaßt er das unvollendete Gedicht *»Naliwaiko«,*[5] in dem es heißt:

»Klar ist mir, wie es dem ergeht,
der in der ersten Reihe steht
beim Aufruhr gegen unsere Herren.
Ermorden wird man mich – ich weiß –,
nicht lange erst ins Zuchthaus sperren.
Doch Freiheit fordert ihren Preis.
Mein Vaterland darf nicht verderben.
Ich, Pater, kämpfe für sein Glück!
Mag ich als Sünder dafür sterben,
ich selber segne mein Geschick.«[6]

Warum wurde Rylejew gehängt? Er hatte nicht nur gedichtet. Ein zweimaliger Aufenthalt in Westeuropa und tiefe Einblicke in die unmenschliche »Ordnung« der Leibeigenschaft der russischen und ukrainischen Bauern hatten in dem jungen Offizier den Wunsch entfacht, für das zukünftige Glück Rußlands zu wirken.

Und nicht nur er allein hatte diesen Wunsch. Es sind wie Rylejew idealistisch gesinnte adlige Offiziere, die in der ersten Phase der fast ein Jahrhundert dauernden russischen Revolution eine Hauptrolle spielen: in der bereits geschilderten Verschwörung vom Dezember 1825, dem Dekabristenaufstand, dessen Ziel die Beseitigung des Absolutismus in Rußland war, obwohl sich die Verschwörer nicht ganz einig wurden, was darauf folgen sollte: – eine konstitutionelle Monarchie oder eine Republik. Der führende Kopf der Verschwörung, Oberst Pawel Iwanowitsch Pestel, tritt entschieden für eine russische Republik ein.

Die Verschwörung unter den Offizieren des Zaren hatte sich entwickelt, nachdem sich alle Hoffnungen, Alexander I. würde nach dem Sieg über Napoleon Rußland eine Verfassung geben und die Leibeigenschaft aufheben, als grausamer Irrtum herausgestellt hatten. Unter dem leitenden Minister des Zaren, Graf Araktschejew, wird die Unterdrückung der Bauern und freiheitlich denkenden Intellektuellen immer massiver und grausamer. 350 000 Bauern werden in Militärsiedlungen gepreßt. Alexander Puschkin, mit dessen Schaffen die russische Nationalliteratur schon am Anfang des 19. Jahrhunderts ihren ersten Gipfelpunkt erreicht, wird 1820, als 21jähriger, wegen seiner Gedichte gegen Araktschejew, vor allem aber gegen Alexander aus Petersburg verbannt. Religiöser Obskurantismus, vom Zaren direkt gefördert (»Heilige Allianz«), breitet sich aus.

Der Dekabristenaufstand, schlecht vorbereitet und durch die Unschlüssigkeit seiner führenden Köpfe und deren Isolierung vom Volk von vornherein zum Scheitern verurteilt, hat deshalb für die russische Geschichte eine so überragende Bedeutung, weil er nach Palastverschwörungen und Bauernaufständen die erste wirklich politische Bewegung ist, die sich direkt gegen den russischen Despotismus richtet. Mit dieser Erhebung wird in Rußland die Ära der politischen Proteste mit konkreten demokratischen, liberalen und republikanischen Zielen eingeleitet, die nach dem Dekabristenaufstand noch weitere Höhepunkte im Verlaufe der folgenden hundert Jahre haben sollte: die Empörung der Petraschewzen im Zusammenhang mit der bürgerlichen Revolution von 1848 in Westeuropa, die Bewegung der Sozialrevolutionäre, die mit dem geglückten Attentat auf Alexander II. 1881 den Gipfelpunkt ihrer Entwicklung schon überschritten hat, und die Revolutionen von 1905 und 1917, die von der revolutionären Arbeiterschaft und ihrer sozialdemokratischen Partei entscheidend beeinflußt werden.

In diesem furchtbaren und zugleich zukunftsträchtigen 19. Jahrhundert werden in Rußland Meisterwerke geschrieben, die in ihrer Wahrhaftigkeit und in ihrer Vielfalt in der Weltliteratur einen einzigartigen Platz einnehmen. Wer die Hauptwerke der russischen Klassik kennt, der kennt Rußland bis in all seine Abgründe, bis in die verborgensten Falten seines Herzens. Literarische und revolutionäre Bewegung bilden, wie in kaum einem anderen Lande, eine untrennbare Einheit. In seinem Essay *»Ein Zeitalter wird besichtigt«* schreibt Heinrich Mann über das Rußland des 19. Jahrhunderts:

»Hundert Jahre großer Literatur sind die russische Revolution, vor der Revolution. . . Die russische Literatur des 19. Jahrhunderts ist als Vorgang ungeheuer, und von einer Erbaulichkeit, daß wir, gewöhnt an Niedergang und Abbruch, kaum glauben wollen, wir wären dabeigewesen. Manches begreifen wir nachträglich – oder legen es angesichts des

Nachher, hinein... Wie aber ist Dostojewski, wie Tolstoi gelesen worden? Sie sind mit Beben gelesen worden. Sie sind gelesen worden von Augen, die weit wurden, um so viel Gestalt, um all das Wissen zu empfangen, und als Gegengabe tropften Tränen. Von Puschkin bis Gorki haben diese Romane, Glied an Glied in lückenloser Reihe, eine tiefe Kenntnis des Menschen, seiner Schwäche, seiner Furchtbarkeit, seiner unerfüllten Berufung, gelehrt – und sind aufgenommen worden als Lehre... Die Oktoberrevolution ist, wie jede echte, tiefe Revolution, die Verwirklichung dieser hundertjährigen Literatur.«[7]

Wie kritisch wir auch immer die Zeit nach 1917 bis zur Gegenwart betrachten mögen, die Revolution selbst war die gerechteste aller Antworten auf die ungeheuerliche Geschichte des russischen Selbstherrschertums des 19. Jahrhunderts. Kein Geschichtsbuch kann uns so tiefe Eindrücke vom Leben und Leiden der russischen Gesellschaft vermitteln wie die in dieser Zeit entstandene Literatur.

Da gibt es, ausgewählt aus hundert anderen Beispielen, das schmale Bändchen *»Vorabend«* von Iwan Turgenjew, ein Taschenbuch nur. Der kleine Roman führt uns aufs Land in die Nähe von Moskau. Eine Gutsbesitzerfamilie genießt ihre Sommerfrische. Drei Bekannte der Tochter Jelena sind ebenfalls dort. Jelena verliebt sich in einen davon, einen bulgarischen Studenten, und verläßt mit ihm gegen den Willen ihrer Eltern Rußland. Der Student stirbt in Venedig an Lungentuberkulose, die Spur Jelenas verliert sich. So, mit dürren Worten geschildert, eine fast banal erscheinende Handlung. Aber in Wirklichkeit ist der Roman eine kleine Enzyklopädie russischen Lebens, ein Jahr vor Beginn des Krimkrieges 1854/1855, der das verrottete und unfähige Zarenregime vor aller Welt bloßstellen sollte. Turgenjew veröffentlicht das Buch 1860. Er selbst ist durchdrungen von der Erwartung auf eine neue Zeit, auf »neue« Menschen, die Rußland aus dem riesigen Völkergefängnis befreien werden. Jelena Stachowa, die große Frauengestalt des Romans, drückt ihre Gedanken und Gefühle so aus:

»Ich komme mir manchmal wie im Gefängnis vor und als würden gleich die Wände über mir zusammenstürzen. Warum fühlen die anderen nichts dergleichen...? Ich weiß nicht was noch wie, aber jemand tut mir ein Leid an, und ich schreie innerlich und empöre mich dagegen; ich weine, und ich kann nicht mehr schweigen...«[8]

Mit großem Einfühlungsvermögen hat Turgenjew in wenigen Sätzen das ausgedrückt, was Hunderttausende im Rußland des 19. Jahrhunderts empfanden. Aber nicht nur das. Der revolutionäre bulgarische Student Insanow, der in Moskau studiert, aber in die Heimat zurückkehren will, um die türkische Fremdherrschaft stürzen zu helfen, ist der »neue Mensch«, wenn Turgenjew auch nicht wagt, ihn als Russen darzustellen. In der Gestalt des Insanow schildert er die neue Generation, die Rußland braucht, um die Ketten des Despotismus zu zerbrechen, die Menschen, die sich durch Mut, Willensstärke und nüchternen Wirklichkeitssinn auszeichnen und die auf diese Weise nicht nur die Schwierigkeiten des Alltagslebens meistern, sondern zugleich an der Verwirklichung ihrer patriotischen Aufgabe arbeiten. Jelena ist es – für eine Frau des 19. Jahrhunderts ein unerhörter Vorgang –, die Insanow erklärt, daß sie ihn heiraten wolle, und sie heiratet ihn heimlich gegen den Willen ihrer Eltern. Als Insanow, der in Venedig auf ein Schiff wartet, das ihn an der bulgarischen Küste absetzen soll, an der Krankheit der russischen Intellektuellen des 19. Jahrhunderts, an Tuberkulose stirbt, fährt Jelena in das Heimatland ihres Mannes. Sie bringt den Sarg mit dem Leichnam nach Hause. Als der Russisch-Türkische Krieg ausbricht, soll Jelena Krankenschwester gewesen sein. Dann hört man nichts mehr von ihr. . .

Die russischen Intellektuellen erfaßten den tiefen gesellschaftspolitischen Sinn des Romans sofort. Der Lyriker und Literaturkritiker Nikolai Alexandrowitsch Dobroljubow (1836–1861) beispielsweise, der viel zu früh an der Schwindsucht starb, schrieb nach Erscheinen des *»Vorabends«* in der Zeitschrift »Sowremennik«, daß die zukünftigen Insanows Rußland von den »inneren Türken« befreien würden.

Und damit sind wir beim zentralen Thema Rußlands des 19. Jahrhunderts. Die Hauptfrage der dünnen Schicht intellektueller Russen, der Offiziere, Adelstöchter, Schriftsteller, Redakteure und der Beamten, die unter dem Alpdruck der Selbstherrschaft unerträglich leiden, heißt: Wo ist der große Held, mit dem wir das alte, erstarrte Rußland aus den Angeln heben können?

Riesig und unübersehbar war die Masse der Bauern. 90 Prozent der russischen Bevölkerung lebte auf dem Lande, in der Hauptsache leibeigene Bauern. Es ist deshalb nicht verwunderlich, daß bis 1870 alle Hoffnungen fortschrittlicher Menschen in Rußland auf Beseitigung der Selbstherrschaft mit der *Erwartung einer allgemeinen Revolution der Bauern* verknüpft werden.

In Puschkins Märchen vom *»Pfaffen und seinem Knecht Lümmel«* bedingt sich der Knecht als einzigen Lohn aus, dem Pfaffen am Ende seiner Dienstzeit ein paar auf die Nase geben zu können! Das war es, was sich die russischen Intellektuellen erhofften: der Bauer, der bärenstarke Iwan, sollte allen Vertretern der absoluten Macht solche Schläge versetzen, daß die Selbstherrschaft daran zugrunde gehen mußte. Puschkin sagt es in seinem Märchen so:

»Der Pfaffe erblickt ihn. Mit einem Schrei
Versteckt er sich hinter seiner Frau
Wird vor Angst grün und blau.
Doch der Lümmel findet ihn schon,
Gibt an den Tribut und verlangt seinen Lohn.
Der arme Tor
Trat hervor;
Beim ersten Nasenstüber
Sprang er bis zur Decke und drüber,
Beim zweiten Nasenstüber
War's mit der Sprache vorüber,
Beim dritten Nasenstüber
Verlor den Verstand er kopfüber,
Und der Lümmel belehrt ihn bedächtig:
›Sei, Pfaffe, nicht geizig und niederträchtig.‹ «[9]

Die russische Leibeigenschaft, deren Aufhebung erst 1861 dekretiert wird und deren Relikte erst die Revolution von 1917 hinwegfegt, unterscheidet sich von der Sklaverei des Altertums nur dadurch, daß der Gutsbesitzer den Leibeigenen nicht einfach totschlagen darf. Er kann ihn kaufen und verkaufen, er kann ihn – was an der Tagesordnung war – blutig prügeln, ihn verheiraten oder ihm die Ehe verweigern. Er kann Familien auseinanderreißen, wie es ihm gefällt, er kann Leibeigene verschenken oder verpachten. Der Gutsherr darf alles...

Die Annahme der russischen demokratischen Intelligenz, die geplagte Bauernschaft sei der Hebel zum Sturz der Autokratie, hat historische Gründe: Rußland erlebte 250 Jahre nach dem deutschen Bauernkrieg ebenfalls einen großen Bauernkrieg, der in die Geschichte als *»Pugatschow-Aufstand«* einging, in Wirklichkeit aber ein regulär geführter Krieg war, der weite Gebiete Rußlands zwischen dem Kaspischen Meer, Nishni Nowgorod (dem heutigen Gorki) und Jekaterinburg (dem heutigen Swerdlowsk) erschütterte.

Unter der Führung des Donkosaken Jemelan Iwanowitsch Pugatschow erhoben sich 1773 leibeigene Bauern, Arbeiter in den Hüttenwerken des Ural und östliche Völkerschaften wie Tataren und

Baschkiren, die vom Zarismus besonders stark unterdrückt wurden. Im November und Dezember 1773 hatte der Aufstand das ganze Gouvernement Orenburg und Teile der Gouvernements von Perm und Simbirsk erfaßt und drohte ganz Sibirien in Brand zu stecken. Pugatschow kommandiert gut organisierte Truppenteile und besitzt auch Geschütze. Zur Organisation und Versorgung seines Heeres hatte er ein Kriegskollegium gegründet. Schon drei Monate nach Beginn des Aufstandes zählt er über 15 000 Bewaffnete in seinen Reihen – und etwa 80 Kanonen. Die Manifeste Pugatschows, die die Bauern zum Kampf aufrufen, richten sich gegen den Adel und gegen die zaristische Bürokratie. In einer dieser Schriften vom 31. Juli 1774 (Pugatschow gibt sich in diesem und in anderen Manifesten als Zar Peter III. aus) heißt es:

»Wir übergeben ihnen zu Eigentum Länder, Wälder, Wiesen, Fischereirechte und Salzseen ohne Kauf- und Leibzins. Wir befreien sie von allen Abgaben und Lasten, die ihnen früher von den verbrecherischen Adligen und den bestechlichen Richtern auferlegt wurden, und Wir wünschen ihnen die Rettung ihrer Seele und ein geruhsames weltliches Leben, wofür Wir von den genannten adligen Bösewichten manche Irrfahrt und nicht geringe Leiden haben erfahren und durchmachen müssen. Jetzt aber... befehlen Wir, die Gegner unserer Herrschaft und die Aufrührer des Reichs und die Plünderer der Bauern zu fangen, zu strafen und zu hängen und mit ihnen ebenso zu verfahren, wie sie, jeden Christentums bar, mit ihren Bauern verfuhren. Und nach Ausrottung dieser Feinde, dieser verbrecherischen Adligen, wird jedermann die Stille und ein ruhiges Leben genießen, das dauern wird, solange die Welt steht...«[10]

Die Ziele sind klar: vollständige Befreiung der Bauern. Die Verflechtung der nationalen Bewegung unterdrückter Völker mit dem Aufstand der Bauern und dem Aufbegehren der Hüttenwerker im Ural ist für den russischen Absolutismus lebensbedrohlich. Katharina II. ist aufs äußerste beunruhigt. Erst im Herbst 1774, nach massivem Einsatz von Regierungstruppen, wird der Aufstand blutig niedergeschlagen. An Voltaire schreibt Katharina am 13. August 1774: *»Der Marquis Pugatschow hat über sechs Wochen meine ununterbrochene Aufmerksamkeit gefordert...«*[11] Am 10. Januar 1775 wird Pugatschow auf dem Roten Platz in Moskau hingerichtet.

Die zweite historische Erinnerung war der *Krieg von 1812.* Die leibeigenen Bauern hatten nicht nur bei Smolensk, Borodino und an der Beresina als reguläre Soldaten tapfer gekämpft und Napoleon *die* geschichtliche Niederlage seines Lebens beigebracht; sie hatten sich auch in ihren Dörfern zwischen Moskau und der Westgrenze Rußlands spontan erhoben und zu zahlreichen Partisanenabteilungen zusammengeschlossen. Der Partisanenkampf der russischen Bauern und Bäuerinnen ist ein untrennbarer Bestandteil des Großen Vaterländischen Krieges von 1812. Viele kleinere Truppenteile der zurückflutenden Armee Napoleons werden von den Partisanentrupps gefangengenommen oder vernichtet. Leo Tolstoi schreibt in *»Krieg und Frieden«: »Die Keule des Volkskriegs erhob sich mit all ihrer fürchterlichen und majestätischen Kraft.«*

Die russische Bauernschaft hatte innerhalb von vierzig Jahren zweimal bewiesen, welch ungeheure Kräfte sie unter einer energischen Führung entfalten konnte. Das ist der Grund, weshalb die russischen Demokraten noch bis in die zweite Hälfte des 19. Jahrhunderts auf die Bauernschaft setzten. Dies erwies sich als tragischer Irrtum.

Das historisch längst überholte Leibeigenschaftssystem zersetzte sich, wenn auch quälend langsam, als die kapitalistischen Produktionsverhältnisse begannen, sich ebenfalls zögernd zu entwickeln. 1804 gibt es in Rußland etwa 1200 kapitalistische Betriebe, die ungefähr 225000 Arbeiter beschäftigten. Fünfzig Jahre später, vor der offiziellen Aufhebung der Leibeigenschaft, gibt es 2800 Betriebe mit 860000 Arbeitern, die zum geringeren Teil Lohnarbeiter und zum größeren Teil in die Betriebe gepreßte Leibeigene sind. Auch auf dem Lande selbst beginnt die kapitalistische Entwicklung mit Beginn des 19. Jahrhunderts. 1803 verliert der Adel sein Bodenmonopolrecht. Der Kauf und Verkauf von Grund und Boden wird gestattet. Gutsbesitzer dürfen jetzt auch Leibeigene freilassen, wodurch die Zahl der freien Ackerbauern langsam wächst. Wenn auch zwischen 1801 und 1861 innerhalb der Bauernschaft das Streben nach Freiheit wächst, was daran zu erkennen ist, daß in diesen sechzig Jahren über 2000 kleinere oder größere Bauernaufstände gezählt werden, so zeigt sich die Bauernschaft doch insgesamt zu geschlossenen und zielgerichteten Aktionen unfähig.

Die Zersplitterung der leibeigenen Bauernschaft in der unendlichen Weite Rußlands, die Tatsache, daß die meisten Bauern des Lesens und des Schreibens unkundig sind, lassen jeden Versuch zu größerer Organisierung und einer Orientierung auf einen gemeinsamen Willen nicht zu. So entlädt sich die Verbitterung der Bauern gegen ihre Blutsauger und Peiniger in immer neuen spontanen

Aktionen und Rebellionen. Hier wird die Fronarbeit verweigert, dort die Zahlung des Grundzinses, hier werden gutsherrliche Wälder abgeschlagen, dort die Herrenhäuser in Brand gesteckt oder die Gutsherren ermordet. In Puschkins Erzählung *»Dubrowski«* werden korrupte Beamte in einem Herrenhaus, das sie beschlagnahmt haben, lebendigen Leibes verbrannt.

Natürlich gibt es auch Millionen Bauern, die nach wie vor nicht an Rebellion denken, sondern die auf die Befreiung durch den Zaren hoffen. Andere sind in ihrem fanatischen Glauben und Aberglauben versunken. Riesige Scharen von »Gottessuchern« durchwandern das »heilige« Rußland von Kloster zu Kloster, von Ikonostase zu Ikonostase – hoffend, aus der Hölle ihres Lebens in die ewige Seligkeit einzugehen oder wenigstens irgendwo Arbeit zu finden. In Maxim Gorkis *»Wanderung durch Rußland«* stoßen wir immer wieder auf diese bäuerlichen Pilger. Eine Änderung der gesellschaftlichen Verhältnisse von *dieser* Bauernschaft zu erwarten, war von vornherein ein tragischer Irrtum, der schwerwiegende Folgen für die revolutionären Gruppen der adligen Intellektuellen haben sollte...

In der Nacht nach dem Dekabristenaufstand leitet Zar Nikolaus I. persönlich die Vernehmung der Rebellen. Außer den fünfen, die hingerichtet werden, darunter Rylejew und auch Oberst Pestel, schickt der Zar, dessen Schreckensregiment bis zu seinem Tode 1855 den absoluten Höhepunkt der Selbstherrschaft bedeutet und der sich gleichzeitig als Gendarm ganz Europas gebärdet, Hunderte Dekabristen in die sibirische Verbannung. Der Kampf, der nun beginnt, dauert 92 Jahre, aber er ist nicht mehr zu unterdrücken, denn die Geschütze auf dem Senatsplatz, die die Aufständischen niederkartätschen, wecken mit ihrem Donner eine ganze russische Generation aus dem Schlaf.

»Heute, am 22. Dezember, hat man uns auf den Semjonow-Platz geführt. Dort wurde uns allen das Todesurteil verlesen. Man ließ die Gewehre anlegen, brach die Stäbe über unseren Häuptern und legte uns die Totenkleider (weiße Hemden) an. Danach wurden drei von uns zur Vollstreckung des Urteils an den Pfahl gestellt. Man rief jeweils drei Mann auf, demzufolge war ich in der zweiten Gruppe und hatte höchstens noch eine Minute zu leben. Ich dachte an Dich, Bruder, an alle die Deinen; aber in der letzten Minute warst nur Du, Du ganz allein bei mir, erst da wußte ich, wie sehr ich Dich liebe, mein teurer Bruder! Ich hatte noch Zeit, Plestschejew und Durow zu umarmen, die neben

mir standen, um Abschied von ihnen zu nehmen. Plötzlich wurde zur Einstellung des Schießbefehls getrommelt, man führte die an den Pfahl Gebundenen zurück, und uns wurde verlesen, daß Seine Kaiserliche Hoheit geruht, uns das Leben zu schenken. Danach folgte dann die Verlesung der tatsächlichen Urteile.« [12]

Diese Zeilen wurden am 22. Dezember 1849 (alte Zeitrechnung) geschrieben. Zar Nikolaus I. selbst hatte sich in seinem sadistischen Gehirn alle Einzelheiten dieser entsetzlichen Zeremonie einer Scheinhinrichtung ausgedacht. Die Verurteilten, einer von ihnen wurde tatsächlich wahnsinnig nach dieser schrecklichen Farce, sollten, indem sie alle Qualen bis zur Sekunde der Erschießung durchlitten, seelisch zerbrochen werden. Der Schreiber dieser Zeilen heißt Fjodor Michailowitsch Dostojewski. Er war 28 Jahre alt, als er nach der Tortur der Scheinhinrichtung zu vier Jahren Zwangsarbeit und anschließendem Dienst als einfacher Soldat »begnadigt« wurde. Bei 40 Grad Kälte wird der Dichter, in Ketten geschmiedet, nach Sibirien transportiert. Erst nach zehn Jahren kommt er vom Soldatendienst frei. 22 Jahre später stirbt er. Als Lenin 1918 ein Gesetz unterzeichnet, welchen Künstlern ein Denkmal errichtet werden sollte, steht Dostojewskis Name nach Tolstois an zweiter Stelle.

Was war der Grund für das Terrorurteil der zaristischen Justiz gegen den Dichter?

Dostojewski lebte in St. Petersburg, und als er um 1844 anfängt zu schreiben, beginnt er, sich mit der Wirklichkeit seiner Umgebung (wie konnte es anders sein angesichts einer solchen Wirklichkeit?) kritisch auseinanderzusetzen. Besonders interessiert ihn dabei der Einfluß des Großstadtmilieus auf die Herausbildung bestimmter Charaktertypen.

Seit 1847 gehört Dostojewski einem lockeren Kreis von Petersburger Intellektuellen an, die sich jeden Freitag bei dem Titularrat Michail Wassilewitsch Butaschewitsch-Petraschewski versammeln. Unter dem Namen *»Petraschewzen«* ist diese intellektuelle Diskussionsrunde in die Geschichte eingegangen, die sich jedoch niemals mit Programm und Statut zu einer Organisation konstituierte. Und doch war dieser Zirkel von ein paar Dutzend Intellektuellen die Keimzelle der demokratischen und sozialistischen Bewegung Rußlands. Ein Teilnehmer berichtet:

»Gesprächsgegenstände waren in den Versammlungen Petraschewskis: Philosophie, Religion, Politik, Diskussionen über Regierung und Sozialismus, am meisten über den Sozialismus. Die Meinungen

der Anwesenden waren so unterschiedlich, glichen einander so wenig, daß... man ohne jeden Zweifel und mit voller Überzeugung sagen kann: sie waren überhaupt keine formierte Gesellschaft mit irgendeinem bestimmten Ziel, schon gar nicht mit einem politischen oder revolutionären Ziel.« [13]

Das Hauptthema des Zirkels ist die Bauernbefreiung, ist die Frage, mit welchen Mitteln und zu welchem Zeitpunkt die Leibeigenschaft beseitigt werden kann. Dostojewski, dessen Vater sich ein Gut mit Leibeigenen gekauft hatte, war an diesen Diskussionen brennend interessiert, da der Vater seine Bauern so grausam mißhandelte, daß sie ihn schließlich umbrachten, weil sie nicht wußten, wie sie sonst von ihm loskommen konnten. Dostojewski verzichtete auf alle Rechte, die ihm als Gutsbesitzer zugestanden hätten.

Die meisten Zirkelteilnehmer glauben nicht an einen neuen Pugatschow-Aufstand, sondern hoffen auf einen baldigen Erlaß des Zaren. Dostojewski teilt grundsätzlich die Auffassung einer »friedlichen Lösung« des Leibeigenschaftsproblems, aber es gibt auch Augenblicke erregter Debatten, wo er sich zum Aufstand als »letztes Mittel« zur Befreiung der Bauern bekennt.

Die Barrikaden von Paris, Wien und Berlin (1848) stellten die Petraschewzen vor die Frage, welche theoretische und praktische Bedeutung diese Revolutionen für Rußland haben könnte. Sosehr die Mehrheit der Petraschewzen von der Notwendigkeit einer Revolution im Westen überzeugt war als einem Übergangszustand, *»der letzten Endes eine bessere Zeit herbeiführen wird«* (Dostojewski), sowenig war sie davon überzeugt, daß Rußland den gleichen Weg gehen wollte oder müßte. Es gab Petraschewzen, die eine genaue Kenntnis der sozialistischen Lehren Fouriers hatten, einige kannten auch schon den Namen Karl Marx, sein Buch *»Das Elend der Philosophie«* und das *»Kommunistische Manifest«*. Aber die Basis, von der die westeuropäischen Sozialisten ausgingen, lag in den großen Industriezentren Englands, Frankreichs und der Ruhr, nicht in den in der Weite des Landes versunkenen Dörfern. Es ist deshalb angesichts des völlig anderen Entwicklungsstadiums in Rußland nicht verwunderlich, daß die Petraschewzen einerseits eifrig die sozialistischen Lehren studieren und diskutieren, aber andererseits mehrheitlich der Auffassung zuneigen, daß das historische Schicksal Rußlands ganz anders gesehen werden müsse und der Keim der Erneuerung nicht in der Fabrik, nicht im Proletariat, sondern im Dorf, in der bäuerlichen Gemeinschaft zu suchen sei.

Einige Petraschewzen bilden in der Folgezeit einen vertrauten Zirkel, in dem Möglichkeiten eines Aufstandes und die Einrichtung einer Druckerei für Agitationszwecke diskutiert werden. Weiter taten die Petraschewzen nichts; weiter geschah auch nichts.

Am 23. April 1849 wird Dostojewski verhaftet. Vor dem Gericht verteidigt er sich mit großem Mut bei den endlosen Vernehmungen. Immer wieder betont er, daß er die Abschaffung der barbarischen Leibeigenschaft und der Zensur, »unter der kein Puschkin leben könnte«, für die gerechtesten Forderungen der Welt hält. Aber die furchtbare Tortur der Scheinhinrichtung zerbricht doch etwas in ihm. Schon ein Jahr später hat er die ersten epileptischen Anfälle.

Als Dostojewski um 1860 nach Petersburg zurückkehrt in eine von politischen Spannungen elektrisierte Atmosphäre, die sich unmittelbar entladen konnte, tritt uns ein gewandelter Dostojewski entgegen, dessen Mitgefühl mit den Erniedrigten und Beleidigten noch genauso stark und innig wie ehedem ist, der sich aber gleichzeitig gegen jegliche Art der Auflehnung wendet. Wenn er 1877 kurz vor seinem eigenen Tod am Grabe des Schriftstellers Nekrassow von einem verwundeten Herzen spricht, *»verwundet fürs ganze Leben«,* dann spricht er zwar über den toten Dichterfreund, aber sicher auch von seinem eigenen Herzen.

Im Kampf gegen das Selbstherrschertum ist der Kreis der Petraschewzen mit seiner Mischung von sozialistischen, demokratischen und liberalen Ideen das wichtigste Bindeglied zwischen den Dekabristen des Jahres 1825 und den revolutionären Demokraten der sechziger Jahre.

Im Jahre 1850 scheint Zar Nikolaus I. auf der Höhe seiner Macht zu stehen. Daß er aber in Wirklichkeit völlig gescheitert war, das offenbart sich allerdings im vollen Umfange erst nach seinem plötzlichen Tod. Die Zäsur ist der Krimkrieg von 1853–1856 gegen die Türkei, die mit Frankreich, Großbritannien und Sardinien verbündet ist. Der äußere Kriegsvorwand war der gleiche, den schon Katharina II. gegenüber Polen benutzt hatte, um es aufteilen zu können: Schutz der orthodoxen Gläubigen. Der Grund, weshalb England und Frankreich sich zum Krieg gegen den Zaren entschließen – und später wird sich auch noch Österreich anschließen –, war darin zu suchen, daß die russische Politik mit ihren immer neuen Expansionen dreißig Jahre lang Europa immer aufs neue beunruhigt hatte. Nachdem bereits der gesamte Balkan zur russischen Einflußsphäre geworden war, schickte Rußland sich jetzt an, der Türkei, dem »kranken Mann am Bosporus«, den Todesstoß zu versetzen, um diese wichtigste Einflußsphäre des Vorderen Orients nach Belieben zu okkupieren oder aufzuteilen, wodurch das politische und militärische Gleichgewicht in diesem Teil der Welt sich vollständig verschoben hätte. Um es vorwegzunehmen: Der Krieg endet mit einer furchtbaren Niederlage Rußlands, das im Pariser Frieden vom 30. März 1856 die Neutralisierung des Schwarzen Meeres hinnehmen muß und seinen Einfluß auf die Türkei verliert. Das wichtigste außenpolitische Ergebnis des Krimkrieges aber ist die Tatsache, daß Rußland seine Stellung als bis dahin stärkste Militärmacht der Welt einbüßt.

Noch gravierender sind die innenpolitischen Auswirkungen. Der Krimkrieg hat nicht nur aller Welt, sondern vor allem der eigenen Bevölkerung die hoffnungslose Rückständigkeit des russischen Absolutismus offenbart. Als Nikolaus I. überraschend am 2. März 1855 stirbt, nachdem er fast bis zum letzten Tag den fernen Krieg, über den er höchst ungenau informiert war, selbst bis in alle Einzelheiten hin zu leiten glaubte, hatte er nichts erreicht – außer daß die Selbstherrschaft ihrem Grabe um genau dreißig Jahre näher gerückt war. Keine wirkliche Reform auf irgendeinem Gebiet war verwirklicht worden. Vor allem nicht die allerdringlichste: die Befreiung der Bauern.

Englische Nationalökonomen hatten schon hundert Jahre früher bewiesen, wie unproduktiv die Leibeigenschaft war und wie sie jede Art von Entwicklung einfach erstickt. Das muß erklärt werden. Der Reichtum der großen Güter in Westeuropa beruhte und beruht auf einer hochentwickelten und hochproduktiven Landwirtschaft mit freien Lohnarbeitern. Die Gutsbesitzer machten und machen hohe Gewinne und führen so der Volkswirtschaft Kapital zu. Ein ganz anderes Bild bietet die Leibeigenschaft. Es gab in Rußland damals riesige Besitzungen mit beispielsweise 200000 Leibeigenen. Der weitaus größte Teil des Einkommens eines solchen Gutsbesitzers besteht aus den Abgaben der Leibeigenen, sagen wir drei Rubel pro Person im Jahr, was 600000 bis 700000 Rubel brachte. Aus dem Verkauf von landwirtschaftlichen Produkten aber werden noch nicht einmal 20000 Rubel erzielt. Nun lebt ein so großer Herr nicht nur in einem Gutshaus, sondern abwechselnd auf vielen Schlössern mit eigener Oper und eigenem Theater, mit Leibeigenen als Architekten, Möbeltischler, Maler, Tänzer, Sänger und Schauspieler. Da werden unbeschreiblich pompöse Feste gegeben, zu denen bis zu 30000 Personen geladen werden. Und dann wachsen die Schulden auf Teufel komm raus. Diese Gutsbesitzer mit ihren Leibeigenen (1860 sind immerhin von 74 Millionen Einwohnern etwa 42 Millionen leibeigen) sind vorwiegend Konsumenten, keine Produzenten.

Kein Wunder, daß Rußland an einem ewigen Kapitalmangel litt, und ohne Kapital kann man bekanntlich keine Fabriken bauen. Und wie konnten die russischen Fabriken gegenüber dem Westen in irgendeiner Weise konkurrenzfähig sein, wenn sie in Wirklichkeit Fabrikkasernen und keine Stätten freier Produktion waren? Die riesigen Bergwerksbetriebe im Ural hatten beispielsweise in der Mitte des vorigen Jahrhunderts weniger als 3 Prozent reguläre freie Arbeiter als Lohnempfänger. 97 Prozent waren Leibeigene oder Sträflinge. Aber Sträflinge und Leibeigene, die nicht lesen und nicht schreiben können und die materiell an der Produktion überhaupt nicht interessiert sind, konnte man nicht an komplizierte Maschinen stellen.

Ein weiterer hemmender Faktor war auch die Tatsache, daß es keinerlei öffentliche Meinung gab. Die Zensur wird unter Nikolaus I. immer strenger und willkürlicher. Jede Kritik – aber auch jedes Lob – an der Regierung ist verboten. Nikolaus ist davon überzeugt, daß alles, was er tut, als göttliche Inspiration unfehlbar ist. Ein Lob »von unten« stellt genauso eine Majestätsbeleidigung dar wie eine Kritik. Kein Wunder, daß die Zensur groteske Blüten treibt. Ab 1851 wird jede Musikpartitur zensiert. Hinter den tanzenden Punkten könnten sich chiffrierte aufrührerische Botschaften verbergen. Als ein paar Jahre später aber *»Das Kapital«* von Karl Marx ins Russische übersetzt und von einem Verlag herausgegeben wird, passiert es die Zensur, die diesen wissenschaftlichen Sprengstoff als unpolitisches nationalökonomisches Werk ansieht, gänzlich unangefochten.

Es ist von dem englischen Historiker Edward Crankshaw die interessante These aufgestellt worden, daß die Geschichte Rußlands im 19. Jahrhundert in ihrer tiefsten Bedeutung das Ergebnis des Gegensatzes zwischen der Intelligenzschicht und dem Selbstherrschertum ist. Und wirklich liegt auch hier ein wesentlicher Schlüssel zum Verständnis dieser Epoche. Die klassische russische Literatur mit Puschkin und Gogol und Dostojewski und Turgenjew und Tolstoi und Tschechow und dem jungen Gorki und mit den philosophischen Aufsätzen, Literaturkritiken und Essays von Belinski,

Tschernyschewski, Herzen und Dobroljubow – um hier nur die Wichtigsten zu nennen –, das ist weit oberhalb der immer neuen Aufstände der Bauern und der sich langsam entwickelnden Streikbewegung der Arbeiter das Ferment, das Rußland so zum Gären und immer wieder zum Gären bringt, bis die Explosionen von 1905 und 1917 erfolgen.

In dem Prozeß gegen Dostojewski hatte ein Brief Belinskis an Gogol eine bedeutende Rolle gespielt. Diesen Brief hatte Dostojewski im Kreis der Petraschewzen vorgelesen. Und dieser Brief ist für den Gang der Erkenntnis der russischen Intelligenz ein sehr wichtiges und auch charakteristisches Dokument.

Mit dem *»Revisor«* und auch mit dem Roman *»Tote Seelen«* hatte Gogol, der sich dann als eine bemerkenswert konservative und unpolitische Natur erwies, anscheinend völlig unbewußt die Zustände seiner Zeit mit einer solchen Schärfe entlarvt, daß jeder heute in dem Autor einen Revolutionär und Demokraten vermuten würde. Es dauerte eine Weile, bis die herrschende Schicht in Rußland dahinterkam, daß diejenigen, die auf den hochstaplerischen Revisor hereinfielen und vor ihm auf dem Bauch krochen, nicht nur diese lächerliche Ansammlung von Obrigkeit in einem fernen Provinzstädtchen war, sondern daß diese verrottete Obrigkeit überall in Rußland existierte. Und mit der Reise Tschitschikows zu den russischen Gutsbesitzern, um »tote Seelen« aufzukaufen, und der anschließenden gerichtlichen Regelung des »Seelenkaufs« wird ein riesiges Panorama entrollt: Nach der Lektüre des Romans, den Gogol ein Poem nennt, kennen wir den Adel, die russische Bürokratie und die Leibeigenschaft; es war eine versteinerte, schreckliche Welt. 1842 hatte Gogol die *»Toten Seelen«* veröffentlicht und im selben Jahr seine wichtige Erzählung *»Der Mantel«*, dessen Thema der »kleine Mann« ist, den die Verhältnisse zerreiben. Fünf Jahre später veröffentlicht Gogol, der schon seit 1836 in Westeuropa, vor allem in Italien, lebt, unter dem Eindruck der sozialen Verhältnisse der westeuropäischen Arbeiterschaft und der schon allen sichtbaren Vorzeichen der Revolution von 1848 seine *»Ausgewählten Stellen aus dem Briefwechsel mit Freunden«*.

Aus den in Westeuropa vorgefundenen gesellschaftlichen Verhältnissen zieht Gogol hier die Schlußfolgerung, Rußland dürfe nicht den Weg des Kapitalismus gehen, es müsse eine Aussöhnung zwischen Gutsbesitzern und Leibeigenen stattfinden. Der Einfluß religiös-mystischer Ideen auf Gogol ist unverkennbar. Diese Schrift empört die intellektuellen Gegner der Leibeigenschaft und des Selbstherrschertums auf das äußerste. Im gleichen Jahr 1847 verfaßt Wissarion Grigorjewitsch Belinski den berühmten *»Brief an Gogol«*, in dem er den realistischen Schriftsteller Gogol gegenüber dem konservativen Verfasser der *»Ausgewählten Stellen«* verteidigt. Belinski formuliert in diesem Brief an Gogol die nationale Hauptaufgabe der antifeudalen Bewegung: die Befreiung der Bauern aus der Leibeigenschaft. Der Brief ist für diese Zeit das wichtigste politische Minimalprogramm aller oppositionellen Kräfte, und er hat bis zur Revolution von 1917 nichts an Bedeutung eingebüßt.

Belinski, der 38jährig 1848 an Tuberkulose stirbt, ist der große Anreger und Kritiker der klassischen russischen Literatur. Sein einmaliger Beitrag als Literaturkritiker – denn unter russischen Umständen konnte eine ganze Generation von Literaten, Essayisten und Philosophen nicht den Beruf eines Politikers ergreifen, was ihr eigentlicher Beruf war – besteht darin, daß er die klassische russische Literatur des 19. Jahrhunderts maßgeblich beeinflußt hat. Die Rolle dieser Literatur, die unter den spezifischen historischen Umständen dieses Riesenreiches im Osten entstehen konnte als politisches und soziales Gewissen der Nation, ist ohne das Wirken Belinskis undenkbar. Für die russische Intelligenz blieben solche Sätze Belinskis wie diese immer unvergessen:

»Ich bin den Tränen nahe, wenn ich einem alten Soldaten eine Kopeke schenke; ich laufe vor einem Bettler, dem ich eine Kopeke gegeben habe, davon, als hätte ich eine böse Tat begangen, und versuche das Geräusch meiner eigenen Tritte zu dämpfen. Das ist das Leben: in Lumpen gehüllt am Randstein sitzen, mit einem idiotischen Ausdruck auf dem Gesicht am Tag Kopeken einsammeln und sie in der Nacht versaufen. Die Menschen sehen es. Aber niemand kümmert sich darum. . . Was schert mich die Existenz des Alls, wenn der einzelne Mensch leidet? Was schert es mich, daß das Genie auf Erden im Himmel lebt, wenn die Massen im Dreck versinken?« [14]

Kein Wunder, daß diese immer neuen Aufschreie Belinskis in Rußland auf einen fruchtbaren Boden fielen. Wir hatten erfahren, daß die Revolution von 1848 an Rußland fast spurlos vorübergegangen war. Aber als der Krimkrieg die Fäulnis, die Unfähigkeit und die Hohlheit des Regimes vor aller Welt bloßlegt, da beginnen Belinskis Gedanken erst richtig zu wirken. Sie werden von einer neuen Generation revolutionärer Demokraten leidenschaftlich aufgegriffen.

Am 13. März 1881 fährt Zar Alexander II. auf dem Rückweg von der sonntäglichen Wachtparade zum Winterpalais am Katharinenkanal entlang. Gerade an der Stelle, wo man zwischen den entlaubten Bäumen den Palast des Zaren Paul sehen kann, der dort fast genau achtzig Jahre vorher am 12. März 1801 ermordet worden war, lehnt am Kanalgitter ein junger Mann mit langen blonden Haaren, im Mantel, mit einer Pelzmütze auf dem Kopf. Der junge Mann hat plötzlich einen Gegenstand in der Hand, der fast so aussieht wie ein Schneeball, und so wirft er ihn auch gegen die Kutsche des Zaren. Aber es ist eine Bombe – und die Bombe explodiert dröhnend. Der Zar ist unverletzt und die Kutsche nur beschädigt. Schwer getroffen hat es dagegen zwei Kosaken, die hinter der Kutsche ritten, und den Lehrling Maximow, der am Rande der Straße gestanden hatte. Alle drei liegen blutüberströmt am Boden. Der neunzehnjährige Attentäter Ryssakow wird auf der Stelle von Soldaten gepackt.

Und jetzt macht die Wachmannschaft des Zaren einen verhängnisvollen Fehler. Anstatt mit dem unverwundeten Monarchen in der beschädigten, aber noch fahrtüchtigen Kutsche den Ort des Attentates sofort unter zusätzlichen Sicherheitsmaßnahmen zu verlassen, steigt der Zar aus, um den Attentäter zu betrachten und um ihm die höchst überflüssige Frage zu stellen, was er denn von ihm wolle. Als wenn Ryssakow mit seiner Bombe diese Frage nicht bereits unmißverständlich beantwortet hätte! Am Gitter des Katharinenkanals lehnt aber ein zweiter, etwa dreißigjähriger Mann. Und er wirft, nur wenige Schritte vom Zaren entfernt, jetzt seine Bombe, und beide, der Zar und der Attentäter Grinewitzki, werden tödlich verwundet.

Wera Figner, Mitorganisatorin des Attentats vom 13. März 1881, schreibt in ihren Memoiren:

»Ich weinte, ebenso die anderen; der Alp, der jahrelang auf dem jungen Rußland gelastet hatte, war beseitigt. Dieser Moment, das Blut des Zaren, rächte die Greuel der Gefängnisse und der Verbannung, die Grausamkeiten und Gewalttaten, die an Hunderten und Tausenden unserer Gesinnungsgenossen verübt worden waren; eine schwere Last fiel von unseren Schultern, die Reaktion (so schien es uns) mußte nun endlich der Arbeit zur Erneuerung Rußlands weichen. In diesem feierlichen Moment waren alle unsere Gedanken dem künftigen Wohl unseres Vaterlandes gewidmet.« [15]

Wie grausam sollten sich Wera Figner und ihre Freunde täuschen! Sie ahnten nicht, daß die Jagd auf den Zarismus noch 36 Jahre dauern würde und erst ganz Europa in Blut getaucht werden mußte, ehe die Monarchien von Rußland, Österreich und Deutschland von der Bühne der Weltgeschichte endgültig und für immer verschwanden.

Die unmittelbaren Folgen des Attentats waren:

1. Die vollständige Zerschlagung der terroristischen Organisation *»Narodnaja wolja«* (Volkswillen), der die Attentäter angehörten.

2. Die Verstärkung des despotischen Regimes unter Alexander III., der selbst schwache Zuckungen liberalen Denkens mit Festung, Verbannung und Galgen beantwortet.

Wenige Tage nach der Tötung des Zaren veröffentlichen die noch nicht verhafteten Mitglieder der Führungsgruppe der Attentäter einen offenen Brief an Alexander III. Das Exekutivkomitee erklärt, daß es den terroristischen Kampf gegen die Selbstherrschaft sofort einstellen würde unter zwei Bedingungen:

Generalamnestie für alle politischen Häftlinge,

Wahl eines Parlamentes zur Umgestaltung des staatlichen und gesellschaftlichen Lebens in Rußland entsprechend den Wünschen des Volkes bei völlig freier Wahlagitation.

»Die blutige Tragödie, welche sich am Katharinen-Kanal abspielte, war weder eine Fügung des Ohngefähr, noch konnte sie jemanden überraschen; sie erschien vielmehr nach allen Vorgängen der letzten Jahre als unvermeidliche Notwendigkeit, und derjenige, den das Schicksal an die Spitze des Staates gestellt hat, muß sich dieser ihrer tiefen Bedeutung bewußt sein. Dergleichen Ereignisse als das Verbrechen einzelner Persönlichkeiten oder gar einer ›Bande‹ hinzustellen, vermag nur derjenige, der gänzlich unfähig ist, das Leben der Völker zu analysieren. . .

Wohl kann die Regierung nach Belieben fortfahren, zu verhaften und zu henken; und vermag sie es, einzelne der revolutionären Organisationen zu vernichten. Wir geben zu, daß sie sogar die wesentlichsten derselben vernichten wird. Aber. . . die Idee der Revolution wird sich immer weiter ausdehnen. Eine schreckliche Eruption, ein blutiger Kampf, eine krampfhafte revolutionäre Erschütterung ganz Rußlands wird die Zerstörung der alten Ordnung vollenden.

Wo finden wir die Erklärung der fürchterlichen Perspective, die sich hiermit eröffnet? Jawohl, Sire, es ist eine fürchterliche und traurige Perspective. Glauben Sie nicht, daß dies Alles nur eine Phrase sei. Wir empfinden stärker als irgend jemand den betrübenden Verlust von so vielem Talent und so vieler Energie. . . Aber warum diese Notwendigkeit eines blutigen Kampfes?

Darum, Sire, weil eine wahre Regierung im eigentlichen Sinne des Wortes bei uns gegenwärtig gar nicht existiert. Eine Regierung muß, nach dem Princip ihres Wesens, Ausdruck dessen sein, was das Volk will... Bei uns jedoch – entschuldigen Sie den Ausdruck – ist die Regierung zu einer vollständigen Kamarilla ausgeartet und verdient den Namen einer Usurpatorenbande viel mehr als wir... Aus einer derartigen Situation gibt es nur zwei Auswege: entweder eine Revolution oder aber – eine freiwillige Berufung der höchsten Gewalt auf das Volk. Im Interesse des Vaterlandes... wendet sich das Exekutiv-Comité an Eure Majestät mit dem Rate, den zweiten Weg einzuschlagen.«[16]

Es ist ein maßvolles Schreiben, und es findet Anerkennung in weiten Kreisen Rußlands. Noch größer ist das Echo im westeuropäischen Ausland. Europa erkennt die Forderungen grundsätzlich als gerecht und vernünftig an, so gegensätzlich auch zu dem Attentat selbst Stellung genommen wird.

Aber in Rußland wagen die Liberalen nicht einmal, die beiden im offenen Brief genannten Forderungen zu unterstützen. Von allem, was sich die Revolutionäre erhofft hatten, tritt das Gegenteil ein. Wie kam das? Über ein Vierteljahrhundert lang hatte Alexander II. über Rußland geherrscht. Wir hatten berichtet, wie mit der furchtbaren russischen Niederlage im Krimkrieg der Anachronismus des absolutistischen Regimes vollständig enthüllt wird. Ganz richtig hatte Alexander II. 1856 in einer Rede vor dem Moskauer Adel betont, *es sei doch wohl im Interesse des Adels besser, die Leibeigenschaft »von oben« abzuschaffen, als darauf zu warten, bis die Bauern die Kraft gefunden hätten, sich »von unten« selbst zu befreien.* Innerhalb von fünf Jahren gelingt es dem Zaren, seine Vorstellungen von der Abschaffung der Leibeigenschaft durchzusetzen, wobei er von einem Teil des Adels, vor allem aus den nördlichen Industriebezirken, deshalb unterstützt wird, weil für die Adligen hier die Zinsleistungen der Bauern eine größere Bedeutung haben als die Fronarbeit. Der Zusammenhang zwischen liberalen Ideen und der kapitalistischen Durchdringung der Landwirtschaft (mit freien Landarbeitern und Pächtern) ist hier ganz offensichtlich.

Welches waren nun die Vorstellungen des Zaren und der liberalen Großgrundbesitzer von der Aufhebung der Leibeigenschaft? Auch hierzu hatte sich der Zar geäußert, und zwar Anfang 1861 im Staatsrat: *»Alles, was für die Wahrung des Vorteils der Gutsbesitzer getan werden konnte, wurde getan.«*[17]

Und so war es auch in Wirklichkeit. Der Gutsbesitzer verliert durch die Aufhebung der Leibeigenschaft nur ein einziges »Recht«: die Bauern zu verkaufen, zu verschenken, sich in ihre Familienangelegenheiten einzumischen und sie in »seinen« Dörfern praktisch festzunageln.

Die Bauern erhalten durch die *Aufhebung der Leibeigenschaft* als Hauptrecht die Freizügigkeit. Außerdem bekommen sie das Recht, Grund und Boden zu kaufen, und sie können uneingeschränkt im Handel und in der Industrie tätig sein, sei es als Unternehmer, sei es als Arbeiter. Die Frage der möglichen Existenz der Bauern als Bauern wird eindeutig zugunsten der Gutsbesitzer geregelt. Das heißt, die Reform geht von dem Grundsatz aus, daß alles Land, das die Leibeigenen nutzen, dem Gutsbesitzer gehört. Die Gutsbesitzer werden zwar verpflichtet, den Bauern einen bestimmten Teil des Bodens zur Verfügung zu stellen, aber ausschließlich gegen Arbeits- oder Geldleistungen. Das bedeutet in der Praxis, daß noch in den achtziger Jahren, also zwanzig Jahre nach Aufhebung der Leibeigenschaft, ein Siebentel der ehemaligen Leibeigenen Zwangsarbeit leisten muß, um das Eigentum am zugeteilten Boden behalten zu können. Eine noch schwerere Bedrückung für die ehemaligen Leibeigenen war die Zahlung der Ablösungsgelder, für die die Regierung gegenüber den Gutsbesitzern weitgehend in Vorleistung trat. Die Regierung legte eine Laufzeit von 49 Jahren für Ablösungsgelder und Zinsen fest. Bis zur Revolution von 1905 hatten die Bauern auf diese Weise ca. zwei Milliarden Rubel an Ablösungsgeldern gezahlt für eine Bodenfläche, die 1861 bei Aufhebung der Leibeigenschaft eine halbe Milliarde Rubel wert war. So erweist sich die Aufhebung der Leibeigenschaft als ein gigantisches Geschäft für die herrschenden Schichten. Die Mehrheit der Bauern bleibt bettelarm, unterdrückt, unwissend und abhängig von den Gutsbesitzern.

Oberflächlich betrachtet könnte man zu der Schlußfolgerung kommen, daß die Aufhebung der Leibeigenschaft für die Masse der Bauern keinerlei Vorteile brachte. Aber bei einer solchen Analyse darf man nicht nur das augenblickliche Schicksal einer Gesellschaftsklasse im Auge haben, sondern man muß die neuen Möglichkeiten der gesamten gesellschaftlichen Entwicklung beachten. Eine Industrialisierung Rußlands ohne die Aufhebung der Leibeigenschaft war völlig unmöglich. Wenn wir aber bedenken, daß in England bereits im 14. Jahrhundert die Fronarbeit fast ganz aufhört, im übrigen Westeuropa die Leibeigenschaft zwischen 1789 und 1820 aufgehoben wird, in Rußland aber die zahlreichen Überbleibsel der Leibeigenschaft noch mit ins 20. Jahrhundert geschleppt werden, dann wird uns bewußt, daß das Jahr 1861 einerseits die große Wende in der russischen Geschichte bedeutet, denn hier erst beginnt die Entwicklung eines modernen bürgerlichen Staatswesens in Rußland, daß aber andererseits der Weg in die neue Zeit viel langsamer und qualvoller verläuft als beispielsweise in Frankreich, wo die Revolution von 1789 die feudalen Verhältnisse auf dem Lande wie mit einem eisernen Besen hinwegfegt. Ganz anders auch als in England, wo im Zuge der ersten industriellen Revolution schon im Anfang des 19. Jahrhunderts die englische Arbeiterschaft einen Grad des Bewußtseins und der Organisation erreicht, wovon die russischen Arbeiter noch am Ende des Jahrhunderts nicht zu träumen wagen. So versammeln sich am 16. April 1819 nach machtvollen Streiks in Manchester 80000 Menschen, um die Einführung des allgemeinen Wahlrechts zu erzwingen. 1824 muß das englische Parlament das Gesetz über das Verbot von Arbeitervereinigungen aufheben – ein Jahr vor dem Dekabristenaufstand in Rußland! Diese Entwicklung muß man im Auge behalten, um zu begreifen, warum sich Rußland – die heutige Sowjetunion – auch noch 65 Jahre nach der Oktoberrevolution mit den Überresten des schrecklichen 19. Jahrhunderts herumschleppen muß.

Dieser größten und bedeutendsten bürgerlichen Reform, der Aufhebung der Leibeigenschaft, folgen bis 1874 drei weitere Reformen, nämlich:

1864 die *Reform des Gerichtswesens* (Öffentlichkeit der Gerichtsverfahren, Gründung von Rechtsanwaltschaften, Geschworenengerichte bei Kriminaldelikten).

1870 die *Reform der Städteordnung* (Semstwoverfassung) mit Ständeversammlungen und Verwaltungen auf Gouvernementsebene und in den Landkreisen, Abgeordnetenversammlungen und Städteverwaltungen in den Städten.

1874 die *Reform des Militärwesens*. Anstelle der Rekrutenaushebungen wird die allgemeine Militärdienstpflicht eingeführt und die 25jährige (!) Dienstzeit je nach Truppengattung auf sechs bis sieben Jahre gesenkt. Das Spießrutenlaufen und andere grausame körperliche Züchtigungen von Soldaten werden abgeschafft.

Aber alle diese Reformen sind nur minimale Zugeständnisse des Selbstherrschertums an die bürgerlich-kapitalistische Entwicklung[18]. Diese Zugeständnisse tangieren die Interessen der herrschenden Schicht der Gutsbesitzer praktisch nicht, und anstatt durch weitgehende Reformen die politische Situation in Rußland zu befrieden, lösen diese wenigen Maßnahmen nur neue Empörung und neue politische Bewegungen aus, die nun allerdings über die liberalen Bewegungen zwischen 1825 und 1848 weit hinausgehen.

Das auslösende Moment sind wieder Rebellionen der Bauern, und diese Rebellionen erreichen unmittelbar nach Aufhebung der Leibeigenschaft 1861 einen neuen Höhepunkt. Es werden in diesem Jahr etwa 1800 Bauernaufstände gezählt, wobei die zaristische Regierung gegen Bauern, die die Pflichtzahlungen verweigern bzw. den gesamten Grund und Boden für sich fordern, mit Militär vorgeht. Es wird ausschließlich mit dem Gewehr »argumentiert«, und Hunderte Bauern werden erschossen, Tausende nach Sibirien verbannt. Schon 1864 scheitern diese Bauernrebellionen. Die Bewegung nimmt an Zahl rapide ab. Es ist die alte »Krankheit« aller Bauernbewegungen: Isolierung, mangelnde Organisation, kein einheitliches Programm und krasse Unwissenheit über die einfachsten politischen Zusammenhänge.

Das Echo, das die Aufhebung der Leibeigenschaft (bei Wahrung der Interessen der Gutsbesitzer) und die Bauernrevolten unter den Intellektuellen, insbesondere unter den Studenten, auslöst, setzt jene politische Bewegung für die folgenden zwanzig Jahre in Gang, die mit Demonstrationen und Vorlesungsboykotten an den Universitäten von St. Petersburg, Moskau und Kasan beginnt, mit der massenhaften Agitation der Intellektuellen unter den Bauern fortgesetzt wird und, als alles das scheitert, mit einer Folge atemberaubender Attentate ihren Höhepunkt und Ausklang findet.

Außerdem löst im westlichen Teil des Zarenreiches diese Bewegung einen neuen nationalen Aufstand der Polen aus: den Januaraufstand in Kongreßpolen vom Januar 1863 bis zum April 1864.

Die oppositionelle Bewegung der Studenten ist auch darauf zurückzuführen, daß die Regierung die errungenen akademischen Freiheiten der Professoren und Studenten liquidieren und die Lehranstalten auf das Niveau obskurer Lernkasernen des Mystizismus und des Gottesgnadentums zurückzwingen wollte. Die wütenden Proteste von Professoren und Studenten ertrotzen zwar 1863 neue Universitätsstatuten, die den Universitäten größere Autonomie als je zuvor einräumen, aber der permanenten Rebellion der Intellektuellen gegen die absolutistische Zwangsmaschinerie wird damit keineswegs der Boden entzogen.

Zentren dieser Bewegung finden wir sowohl im Ausland als auch in Rußland selbst.

Zu diesem Zeitpunkt befinden sich Tausende russischer Intellektueller bereits in der Emigration. In London gibt Alexander Herzen die liberale Zeitschrift *»Kolokol«* (Die Glocke) von 1857 bis 1867 heraus. Diese Zeitschrift, die die Bauernfrage und die Überwindung der Selbstherrschaft mit Hilfe der Bauern zum Mittelpunkt ihrer Argumentation gemacht hatte, findet bis 1864 große (illegale) Verbreitung in Rußland. Ein zweites geistiges Zentrum im Lande selbst ist die legal in Petersburg erscheinende Zeitschrift *»Sowremennik«* (Zeitgenosse), die unter der Redaktion von N. G. Tschernyschewski, N. A. Dobroljubow und M. S. Saltykow-Schtschedrin zum wichtigsten Sprachrohr der demokratischen Opposition vor und nach 1861 wird. Diese Zeitschrift, 1836 von Alexander S. Puschkin mitgegründet, wird 1868 verboten.

Tschernyschewski selbst ist auch der unmittelbare Inspirator der revolutionären Geheimgesellschaft *»Semlja i Wolja«* (Land und Freiheit), die ab 1861 mit Zentren in verschiedenen Städten versucht, den revolutionären Sturz des Zarenregimes vorzubereiten, und die den nationalen Aufstand der Polen mit Begeisterung unterstützt, denn die Mitglieder der Bewegung erkennen, daß es dieselben Ketten sind, die die polnische Nation und das bürgerlich-demokratische Rußland fesseln.

Aber es zeigt sich, daß die Kräfte des Despotismus immer noch wesentlich stärker sind als die Kräfte des Fortschritts: Schon 1862 wird eine ganze Führungsschicht der demokratischen Intellektuellen, darunter auch Tschernyschewski, verhaftet und nach Sibirien verbannt. Der nationale Aufstand der Polen wird mit unerhörter Grausamkeit niedergeschlagen. (Die Massenhinrichtungen polnischer Patrioten sind der unmittelbare Anlaß zur Gründung der I. Internationalen Arbeiterassoziation.)

Die wichtigste Schrift, die in dieser Zeit in Rußland erscheint und die eine heute kaum vorstellbare erzieherische Wirkung auf die intellektuelle Jugend Rußlands hat (und diese Wirkung dauerte an bis in unser Jahrhundert), ist Tschernyschewskis Roman *»Was tun?«*, geschrieben 1862/1863 in fünf Monaten unter schlimmsten Bedingungen in der Peter-Pauls-Festung in Petersburg. Durch ein Versehen der Zensur wird der Roman 1863 freigegeben und in drei Fortsetzungen im *»Zeitgenossen«* gedruckt. 1883 erscheint der Roman in deutscher Sprache, 1885 veröffentlicht August Bebel eine größere Rezension, und 1890 wird der Roman in Fortsetzung in der deutschen sozialistischen Presse nachgedruckt. Der Roman *»Was tun?«* beantwortet aus der Zeit heraus die Frage: »Wie kann man als Mensch sein Leben so einrichten, daß man sich des Lebens nicht zu schämen braucht?«

Die Fabel des Romans ist aufs engste mit dem Problem der Gleichberechtigung der Frau verbunden. Die Protagonistin des Romans, Wera Pawlowna, flieht aus dem Elternhaus und heiratet heimlich den Studenten Lopulow, denn ihre Mutter will sie mit einem verkommenen Adligen verkuppeln. Der Student opfert der geliebten Frau seine wissenschaftliche Laufbahn und verhilft Wera zu Selbständigkeit und Bildung. Wera wird eine freie und selbstbewußte Frau. Nach dem Vorbild der utopischen Sozialisten Owen und Fourier gründet sie zusammen mit jungen Mädchen eine Schneiderwerkstatt als Arbeitskooperative. Die Erträge der Werkstatt werden unter alle dort Arbeitenden gerecht aufgeteilt. Als Lopulow merkt, daß Wera sich in seinen Freund, den Mediziner Kirsanow, verliebt, täuscht er einen Selbstmord vor, um den Liebenden die Heirat zu ermöglichen. Später taucht Lopulow wieder auf, schließt ebenfalls eine Ehe, und die beiden Ehepaare bleiben in herzlicher Freundschaft verbunden. Die Liebe und Zuneigung der Helden des Romans gehören dem beleidigten und unterdrückten Volk. Scheinbar als Randfigur, aber in Wirklichkeit als ideellen Mittelpunkt des Romans zeichnet Tschernyschewski die Gestalt des Berufsrevolutionärs Rachmetow, der aus dem Adel stammt und sich durch physische Kraft, eisernen Willen und große Güte auszeichnet. In den vier Träumen Wera Pawlownas gestaltet Tschernyschewski die Umrisse einer freien Gesellschaft mit sozialistischen Zügen.

Über die Wirkung des Romans schreibt der eher konservative Professor P. Zitowitsch aus Odessa 1879: *»Während meiner sechzehnjährigen Universitätstätigkeit ist mir kein einziger Student begegnet, der den berühmten Roman nicht bereits vom Gymnasium her kannte; eine Gymnasiastin der fünften bis sechsten Klasse, die sich nicht mit den Abenteuern der Wera Pawlowna bekannt gemacht hätte, wäre als dumme Gans bezeichnet worden.«* [19]

Natürlich ist es unsinnig, wenn Historiker wie Edward Crankshaw Tschernyschewski als »Vater des Bolschewismus« bezeichnen. Die Bolschewisten waren keine Utopisten. Aber der unauslöschliche Eindruck, den der Roman auf Marx, Plechanow und Lenin ausübte, kann nicht geleugnet werden.

Marx lernt Russisch, um gerade die Werke Tschernyschewskis in russischer Sprache lesen zu können.

Plechanow, Mitbegründer der russischen Sozialdemokratie (und wir werden über ihn noch zu berichten haben), schreibt über die Wirkung des Romans: *»Wer hätte nach der Lektüre des Romans nicht über sein eigenes Leben nachgedacht und seine eigenen Bestrebungen und Neigungen der strengsten Prüfung unterzogen? Wir alle schöpften aus ihm moralische Kraft und den Glauben an eine bessere Zukunft.«*[20]

Lenins Bruder Alexander Uljanow wurde wegen der Vorbereitung eines Attentats auf Alexander III. 1887 hingerichtet. Der Roman »Was tun?« gehörte zu seinen Lieblingsbüchern. 1904 schreibt Lenin aus der Genfer Emigration: *»Ich begann, den Roman zu lesen, und saß daran nicht nur einige Tage, sondern Wochen. Da erst verstand ich, wie tief er ist. Dieses Werk gibt Kraft fürs ganze Leben.«*[21]

Im Februar 1902 veröffentlichte Lenin selbst ein Buch unter dem Titel »Was tun?«, in dem er die weltanschaulichen und organisatorischen Grundsätze einer russischen marxistisch orientierten Arbeiterpartei beschreibt.

Und noch 72 Jahre nach dem Erscheinen des Romans von Tschernyschewski schreibt der bulgarische Revolutionär Georgi Dimitroff, der sich in Leipzig so aufsehenerregend mutig im Reichstagsbrandprozeß gegen Göring verteidigt hatte: *»Ich muß sagen, es hat weder vorher noch später auch nur ein einziges Werk gegeben, das so stark meine revolutionäre Erziehung gefördert hätte wie Tschernyschewskis Roman. Mein Lieblingsheld war vor allem Rachmetow. Ich setzte mir das Ziel, ebenso fest, beherrscht, unerschrocken und selbstlos zu werden wie er. . .«*[22]

Seine unmittelbare geschichtliche Tragweite beweist Tschernyschewskis Roman aber in den siebziger und achtziger Jahren in Rußland.

Die deutsche Sozialistin Klara Zetkin meint, der Roman sei zum Leitstern einer ganzen Generation geworden, die zu den *»idealistischsten und großherzigsten Geschlechtern aller Zeiten zählt.«*[23] »Idealistisch und großherzig« – in diesem Urteil sind sowohl positive als auch negative Elemente verborgen. Was diese Generation von jungen Intellektuellen vor allem auszeichnet, sind Uneigennützigkeit und die ständige Bereitschaft, selbst das Leben hinzugeben für den Kampf gegen das Selbstherrschertum. Dabei muß man bedenken, daß 55 Prozent dieser jungen Leute Adlige sind und teilweise aus russischem Uradel stammen. Sie sind in einer Welt aufgewachsen, die in allem die Antithese darstellt zu den Idealen der jungen Menschen. Aber wir würden zu verhängnisvollen Fehleinschätzungen kommen, wenn wir dem romantischen Nymbus, der die Agitatoren und Attentäter umweht, nicht eine sehr nüchterne politische Einschätzung entgegensetzen würden. Vergessen wir nicht: Die Schilderung des fast hundertjährigen Kampfes gegen das russische Selbstherrschertum ist fast bis zuletzt die Schilderung von immer neuen heroischen Anfangserfolgen, denen – die Geschichte ist unerbittlich – furchtbare Niederlagen folgen.

Erst die Revolution von 1905–1907 zeigt den Weg, der Erfolg zu versprechen scheint, erst das Jahr 1917 bringt die geschichtliche Wende. Nicht zufällig hatten wir deshalb eingangs erklärt, was wir unter einer revolutionären Situation verstehen. Die jungen Intellektuellen Rußlands, die zwischen 1867 und dem Ende des 19. Jahrhunderts mit einer ganzen Serie von erfolgreichen und erfolglosen Attentaten Rußland und Europa in Atem halten, stellten sich niemals die Frage: *Handeln wir in einer revolutionären Situation?* Ihr Handeln wird vielmehr durch keinerlei tiefergehende politische Analyse bestimmt, sondern vielmehr durch ihr *Wollen,* ihren glühenden *Wunsch, jetzt, in diesem Augenblick zu handeln.* Eine solche geistige Haltung ist der Kern dessen, was man allgemein als *»Anarchismus«* bezeichnet, *Wunschdenken aus Ungeduld.*

Der Anarchismus wird als Theorie vorzugsweise dem revolutionierenden Gedankengebäude von Karl Marx gegenübergestellt. Aber ein solches Unterfangen ist völlig hoffnungslos, ganz davon abgesehen, daß es gar keine allgemeine Theorie des Anarchismus gibt. Es gibt die individuell geprägte Praxis einzelner Anarchisten, und es gibt Schriften dieser Anarchisten über sich selbst. Aber sobald Proudhon, Bakunin oder Kropotkin »theoretisch« werden, liest man nicht selten plattesten Unsinn. So ist auch der Einfluß Michail Bakunins (1814–1876) auf die revolutionäre Entwicklung Rußlands in der 2. Hälfte des 19. Jahrhunderts immer weit überschätzt worden.

Wie gering sein Einfluß auf die Attentäter der siebziger und achtziger Jahre in Rußland war, das zeigt sich spätestens bei der Analyse des schon zitierten offenen Briefes an Alexander III. Erstaunlicherweise fordern die Attentäter nicht einmal die Abdankung des Zaren, sie fordern lediglich die Konstituierung einer wirklichen Volksvertretung und entpuppen sich im Grunde als konstitutionelle Monarchisten. Sie sind weder bürgerliche Republikaner noch gar Sozialisten; ihre politische Position deutet weit mehr auf den Liberalismus von Alexander Herzen als auf den utopischen Sozialismus Tschernyschewskis hin. Beide hatten übrigens – wie Bakunin – den jungen Intellektuellen geraten, ihre relative Isolierung in den Universitätszentren zu durchbrechen, um »ins Volk« zu gehen. Und hier erleiden nun die Intellektuellen, nachdem sie auf dem Gebiet der Bildung gewisse Fortschritte erzwingen können, eine wahrhaft geschichtliche Niederlage.

Die da zu den Bauern wandern – und 1874 sind es über 10000 junge Leute –, nennen sich *»Narodniki«* (Narod, das Volk). Dieses russische Wort ist mit dem deutschen Wort »Volkstümler« sehr schlecht übersetzt. In einem Aufsatz Lenins werden sie »Volksfreunde« genannt. Ins Volk gehen, das mußte um 1870 immer noch heißen, sich den 50 Millionen Bauern zuwenden. Ein kleines Heer von Intellektuellen, darunter nicht wenige adlige Mädchen, verkleidet sich und geht als Handwerker, Krämer, Krankenschwester oder Lehrer in die Dörfer, um die Bauern zum Widerstand gegen das Zarentum aufzustacheln, wobei die Forderung nach kostenloser Übergabe von Grund und Boden an die Bauern die Hauptforderung ist. Die Narodniki meinten, es sei sehr leicht, die Bauern zu revolutionieren, denn wie sollte man eine so riesige Menschenmasse, die in so unbeschreiblichem Elend lebte, nicht empören können? Hatte Michail Bakunin doch wieder und wieder betont: *»Es ist ein leichtes, jedes beliebige Dorf zum Aufstand zu bringen. Das Volk ist stets zur Revolution bereit. . .«*[24]

Aber die Mehrheit der Bauern, die mit den Narodniki in Berührung kommt, mißtraut den Fremden, die so gar nicht wie Bauern sprechen. Viele Bauern sind übrigens felsenfest davon überzeugt, daß die Anordnungen des Zaren hinsichtlich der Bauernbefreiung von den Gutsbesitzern verfälscht worden seien. Aber, so meinen diese Bauern, der Zar würde schon ein Machtwort sprechen. Viele Bauern können die Broschüren der Volksfreunde nicht lesen. Sie tragen sie zum Popen, der dann meistens die Polizei verständigt. Die Kluft zwischen Intellektuellen und Bauern scheint unüberbrückbar.

Es gibt auch Narodniki, denen die Agitation des Aufruhrs buchstäblich in der Kehle steckenbleibt angesichts des unbeschreiblichen Elends, mit dem sie konfrontiert werden, als sie die Dörfer betreten. Wera Figner, die wir schon mehrfach zitierten, weil sie uns eine der lebendigsten Schilderungen über die Terrorszene im zaristischen Rußland hinterlassen hat, geht 1877 als ausgebildete Krankenschwester aufs Dorf, nachdem sie in Zürich studiert hatte und dort von den sozialistischen Ideen Westeuropas begeistert worden war:

»Achtzehn Tage im Monat war ich auf Reisen in Dörfern und Flecken... Ich stieg gewöhnlich in der sogenannten ›Ortsunterkunft‹ ab. Sofort strömten Kranke, vom Dorfschulzen zusammengeklingelt, herbei. Im Nu füllten 30 bis 40 Patienten das Zimmer. Alte und Junge, viele Frauen, noch mehr Kinder jeden Alters, die das Zimmer mit Schreien und Wimmern erfüllten. Es war unmöglich, angesichts dieser Kranken gleichgültig zu bleiben. Schmutziges, ausgemergeltes Volk, die Krankheiten alle verschleppt, bei den Erwachsenen meist Rheumatismus, Kopfschmerzen oft seit 15 Jahren, fast alle Hautkrankheiten, unheilbare Magen- und Darmkatarrhe, Bruströcheln, mehrere Schritte weit vernehmbar, Syphilis bei Leuten jeglichen Alters, Geschwüre und Eiterbeulen ohne Ende. Und all das in unglaublichem Schmutz von Wohnung und Kleidung, bei schlechter und karger Nahrung. Man faßte sich an den Kopf: Ist das das Leben von Tieren oder Menschen? Oft vermischten sich meine Tränen mit den Mixturen und Tropfen, die ich für diese Unglücklichen bereitete.«[25]

Und dann ihr erschütterndes Bekenntnis: *»Ich habe nie den Mund geöffnet, um Propaganda zu machen.«* Und so ist es nicht nur Wera Figner ergangen.

Die Volksfreundebewegung endet mit einem vollständigen Mißerfolg. Fast 4000 von ihnen werden in ein riesiges Gerichtsverfahren verwickelt. Im Oktober 1877 wird 193 Volksfreunden in Petersburg der Prozeß gemacht, der mit einem Eklat für das Selbstherrschertum endet, denn den Angeklagten schlägt eine Welle der Sympathie entgegen. Der öffentliche Druck ist so groß, daß 94 Angeklagte freigesprochen werden müssen. Die übrigen Angeklagten werden allerdings nach Sibirien verbannt oder zu mehreren Jahren Zwangsarbeit verurteilt.

Der »Prozeß der 193« ist das Signal zu einer ganzen Serie von Attentaten. Am 24. Januar 1878, einen Tag nach der Urteilsverkündung, hält General Trepow, der Polizeipräsident von Petersburg, seine wöchentliche Audienz ab. Wie immer haben sich zahlreiche Bittsteller eingefunden, darunter eine 28jährige,[26] elegant gekleidete Dame. Als der General ihr schriftliches Gesuch zu lesen beginnt, öffnet die junge Dame ruhig ihre Handtasche, entnimmt ihr einen Revolver und schießt. Der General wird schwer verwundet. Am Tatort verhaftet, erklärt die Dame: »Das ist die Rache für die Mißhandlung des Studenten Bogoljubow.« Der General war in

Petersburg berüchtigt für seine Brutalität. Mehrere Gefangene hatte er zu Tode prügeln lassen. Der Student Bogoljubow war auf seinen Befehl hin ausgepeitscht worden, was in der Öffentlichkeit bekannt wurde und große Empörung hervorrief.

Der Prozeß gegen Wera Sassulitsch, so hieß die junge Dame, wird am 1. April 1878 eröffnet.

Und die Sensation ist perfekt, als der Staatsanwalt das Attentat als »lobenswerten Protest der verletzten Menschenwürde« bezeichnet und die Angeklagte vom Schwurgericht freigesprochen wird. Der Skandal ist so groß, daß der Justizminister zurücktreten muß, denn das alles war unerhört in einem Lande, wo unter der Knute der Geheimpolizei, der berüchtigten »Dritten Sektion der Kaiserlichen Kanzlei«, schon jedes öffentlich ausgesprochene Wort der Kritik am Selbstherrschertum mit Zuchthaus oder Verbannung geahndet wurde.

Das erste (erfolglose) Attentat auf Alexander II. hatte der 35jährige D. Karakosow am 4. April 1868 verübt. Ausgerechnet ein Bauer stürzte sich auf ihn, und so gingen vier Revolverschüsse fehl. Jetzt, nach dem Attentat von Wera Sassulitsch, wird am 1. Februar 1878 in Rostow ein Polizeispion erschossen, am 22. Februar ein Staatsanwalt in Kiew, der ebenfalls politische Gefangene mißhandelt hatte. Am 25. Februar wird, ebenfalls in Kiew, der Polizeioberst Baron Heyking auf offener Straße erdolcht. Am 4. August desselben Jahres wird der Chef der russischen Geheimpolizei, General Mesenzew, in Petersburg auf der Straße erschossen, am 9. Februar 1879 der Gouverneur von Charkow, Fürst Kropotkin, in seinem Wagen erschossen und am 12. März der Nachfolger Mesenzews, General Drenteln, in St. Petersburg getötet. Aus dieser Serie von Attentaten waren dies nur die wichtigsten Fälle.

Das nächste Attentat auf den Zaren führt am 2. April 1879 Alexander Solowjew vor dem Winterpalais aus. Fünf Schüsse gibt er ab, aber er trifft den Zaren nicht. Die unmittelbare Folge dieses Attentats ist die Verhängung des Ausnahmezustandes im größeren Teil des europäischen Rußland. An der Petersburger Universität werden alle akademischen Freiheiten aufgehoben. Etwa 20 000 Menschen werden nach Sibirien deportiert.

Die Attentate sind aber nicht nur die logische Folge der empfindlichen Niederlage, die die Volksfreunde mit ihrer Agitation unter den Bauern erlitten hatten, es war auch in der Zwischenzeit eine straffe Organisation entstanden, die sich schwerpunktmäßig mit Attentaten beschäftigt. Nachdem die erste Organisation »Land und Freiheit« schon 1864 zerfallen war, hatte sich 1876 eine Geheimgesellschaft gleichen Namens gebildet, die sich zunächst das Ziel stellt, die Übergabe des gesamten Grund und Bodens an die Bauern zu erreichen. Drei Jahre später, im Sommer 1879, in einer neuen explosiven Situation, die durch den Russisch-Türkischen Krieg (1877/1878) ausgelöst wird, spaltet sich die Geheimgesellschaft. Zwischen den Verfechtern des politischen Terrors und jener Volksfreunderichtung, die an der Bauernagitation festhalten will, gibt es keine Gemeinsamkeiten mehr. Zu der Richtung der Bauernagitatoren gehört auch G. W. Plechanow, der sich 1879 von den Terroristen trennt und zusammen mit P. B. Axelrod und Wera Sassulitsch die Gesellschaft *»Tschorny peredel«* (Schwarze Umverteilung) gründet. Diese Spaltung ist deshalb zum Verständnis der Situation besonders wichtig, weil Plechanow kurze Zeit später emigriert, mit dem Marxismus und der starken westeuropäischen Arbeiterbewegung in Berührung kommt, 1883 mit der Theorie der Volksfreunde vollständig bricht und einer der »Väter« der russischen Sozialdemokratie wird.

Am 15. August 1879 konstituiert sich in Petersburg das Exekutivkomitee der Narodnaja Wolja. Das Komitee tritt am 25. August zu einer förmlichen Gerichtssitzung zusammen. Gegen Alexander II. wird das Todesurteil ausgesprochen, das am nächsten Tag durch Maueranschläge und Flugblätter publiziert wird.

In den folgenden anderthalb Jahren bis zum Ende Alexanders am 13. März 1881 sind die Aktivitäten des Komitees, dem auch Wera Figner angehört, fast ausschließlich auf die Tötung des Zaren gerichtet. Dazu wird jetzt ausschließlich Dynamit angewendet. Am 19. November 1879 wird auf der Eisenbahnstrecke zwischen Kursk und Moskau einer der beiden Eisenbahnzüge in die Luft gesprengt, in dem der Zar von der Krim zurückkehren sollte. Der Zar entkommt, denn es ist der Gepäckzug, der getroffen wird. Am 5. Februar 1880 explodieren im Winterpalais 50 Kilogramm Dynamit. Zehn Soldaten der Zarenwache werden getötet, der Zar selbst, der im Speisesaal getötet werden sollte, verspätet sich zufällig. Ausgeführt wird das Attentat von dem Tischler und Lackierer Stepan Chalturin, der als Mitglied des »Volkswillen« im Winterpalais beschäftigt ist und in wochenlanger Arbeit den Sprengstoff zusammentrug und dann zündete.

Für das Attentat am 13. März 1881 hat das Exekutivkomitee in monatelanger Arbeit zwei Straßen unterminiert, die der Zar auf dem

Wege zur Wachparade und zurück zum Winterpalais zu benutzen pflegte. Außerdem stehen sechs Bombenwerfer bereit, die mehrfach in abgelegenen Wäldern geübt hatten, mit den schweren Bomben umzugehen. Die Mitglieder und Helfer des Komitees sind über ganz Petersburg verteilt, und wieder ist es eine elegante junge Dame, Sophia Perowskaja, die den Bombenwerfern am Katharinenkanal hilft, indem sie ihnen mit ihrem Spitzentaschentuch Zeichen gibt. Die explodierenden Handgranaten dröhnen wie Kanonenschüsse durch St. Petersburg.

Am 3. April 1881 werden fünf der Attentäter, darunter Sophia Perowskaja – sie ist, aus russischem Uradel stammend, die Tochter des früheren Generalgouverneurs von Petersburg – gehängt.

Wera Figner wird erst am 10. Februar 1883 verhaftet. In ihrem Schlußwort bei der Gerichtsverhandlung sagt sie:

»In dem Programm, an das ich mich bei meinem Wirken hielt, war die wesentlichste Seite die Vernichtung des absolutistischen Regimes. Ob unser Programm eine Republik oder eine konstitutionelle Monarchie vorsieht – dem messe ich eigentlich keine praktische Bedeutung bei. Ich meine, auch wenn man eine Republik anstrebt – im Leben durchsetzen wird sich nur jene Form der Staatsbildung, zu der die Gesellschaft sich als vorbereitet erweisen wird, so daß diese Frage für mich keine besondere Bedeutung hat. Für die Hauptsache, für das Allerwesentlichste halte ich, daß bei uns solche Verhältnisse geschaffen werden, in denen die Persönlichkeit die Möglichkeit hat, ihre Kräfte allseitig zu entwickeln, um sie ganz und gar in den Dienst der Gesellschaft zu stellen!«[27]

Auch diese Erklärung zeigt noch einmal mit aller Deutlichkeit, daß die Attentäter sehr genau wissen, was sie nicht wollen, aber daß es ihnen fast gleichgültig ist, wie die Zukunft nach dem Sturz der Selbstherrschaft aussehen soll.

Wera Figner wird zum Tode verurteilt und dann zu lebenslanger Zwangsarbeit »begnadigt«. Zwanzig Jahre wird sie lebendig begraben in den Kasematten der Petersburger Festung Schlüsselburg, die sie 1904 verlassen kann, schon eine alte Frau mit erloschenem Blick. Sie stirbt neunzigjährig 1942, nachdem sie viele Jahre nach der Oktoberrevolution auf dem Gebiet der Volksbildung tätig war.

Wera Figners mutiges Schlußwort vor dem Gericht gehört zu den bedeutendsten Zeugnissen der Volksfreunde, deren Weg in Terror und Tod deshalb als tragisch bezeichnet werden muß, weil die objektiven historischen Bedingungen der siebziger Jahre des 19.

Jahrhunderts im zaristischen Rußland es ihnen noch nicht ermöglichen, eine gesellschaftliche Kraft zu erkennen, die in der Perspektive fähig gewesen wäre, ein »anderes Rußland« jenseits von Despotismus und Großkapital zu verkörpern. Alle Versuche, die Volksfreunde moralisch als »blutgierig« zu verurteilen, scheiterten. Diese jungen Leute aus gutem Hause waren nicht »von Natur aus« grausam, sie feierten keine sexuellen Orgien, wie man es ihnen nachsagte, sie strebten nicht nach materiellem Reichtum. In ihrer menschlichen Grundhaltung haben die Volksfreunde viele asketische Züge, und die Motive ihres Handelns sind Rache, Verzweiflung und das Gefühl der Ausweglosigkeit. Sie tun im Grunde nichts anderes, als eines der grausamsten und blutigsten Terrorregime der Weltgeschichte mit Mitteln zu bekämpfen, die ihnen zur Verfügung standen. Andere Mittel sahen sie nicht. Wera Figner drückt das so aus:

»Wenn der begeisterungsfähige Teil der Gesellschaft kein Betätigungsfeld findet, wo er seine frische Kraft, seinen Enthusiasmus zum Wohle des Volkes betätigen kann, dann wird die Lage unerträglich, und aller Zorn entlädt sich auf den Träger, Inhaber und Repräsentanten dieser von der Öffentlichkeit isolierten Staatsmacht, auf den Monarchen, der sich selbst als verantwortlich für das Leben, das Wohlergehen, das Glück der Nation erklärt und seinen Verstand, seine Kräfte höher stellt als Verstand und Kräfte der Millionen. Haben alle Mittel der Überzeugung sich als fruchtlos erwiesen, dann bleibt nur die nackte Gewalt: Dolch, Revolver und Dynamit. . .«[28]

Das schreibt eine Frau, die als Arzthelferin bespitzelt, als Verwaltungsangestellte (der Semstwo-Verwaltung) hinausgeekelt und deren Schwester Lydia, die als einfache Arbeiterin angefangen hatte, ins Gefängnis gesteckt worden war, weil sie die Arbeiter bewegen wollte, um menschlichere Lebensbedingungen zu kämpfen.

Sowenig also die Verurteilung der Volksfreunde eine moralische sein konnte, so sehr mußten ihre Aktionen einer politischen Beurteilung unterworfen werden. Die Geschichte spricht immer ihr Urteil, und sie ist erbarmungslos gegenüber den Erfolglosen, unerbittlich gegenüber den Gescheiterten. Die politische Verurteilung der Volksfreunde hat Wera Sassulitsch später als Sozialdemokratin ganz deutlich selbst ausgesprochen, wenn sie sagte:

»Wir sind gerade deshalb gegen den Terrorismus, weil er nicht revolutionär ist. . . Die Tatsache, daß der Kampf um die Befreiung einem Häuflein von Helden anvertraut wird, schadet nicht der Selbstherrschaft. . .«[29]

Und Lenin schreibt fast zur gleichen Zeit: *»Ohne das Arbeitsvolk sind alle Bomben machtlos, offenkundig machtlos... Der Terror kann niemals eine alltägliche Kampfhandlung werden...«*[30]

Hier wird offenbar, daß es keine prinzipiellen Gemeinsamkeiten zwischen den Volksfreunden und den russischen Sozialdemokraten geben konnte, denn für die Narodowolzen war grundsätzlich der Begriff des politischen Kampfes identisch mit dem Begriff der politischen Verschwörung, für die Sozialdemokraten dagegen war die Form des politischen Kampfes immer die Arbeiterbewegung, die von einer sozialistischen Partei geführt wird.

Natürlich ist das alles aus der Geschichte selbst ablesbar, man muß sich nur Mühe geben, die soziologischen Wurzeln zu finden, die die Attentäter so handeln lassen, wie sie handelten. Wera Sassulitsch hat in diesem Zusammenhang eine sehr kluge Bemerkung gemacht, wenn sie schreibt, der Terrorismus sei letzthin selbst nur eine Folge der Begriffe und Gefühle, die von der zaristischen Selbstherrschaft vererbt worden seien.[31]

Die weitere Entwicklung des Kampfes gegen das Selbstherrschertum ist deshalb nicht einfach zu verstehen, weil die Volksfreundebewegung einerseits weiterbesteht und sich aus ihren Resten 1901 die *Partei der Sozialrevolutionäre* entwickelt, die mit ihrer »Kampforganisation« das Konzept des individuellen Terrors nicht aufgibt. Gleichzeitig aber entwickelt sich mit der industriellen Revolution in Rußland, die zehn Jahre nach der Aufhebung der Leibeigenschaft beginnt, die *russische Arbeiterbewegung*. Die erste russische Revolution von 1905–1907 beweist bereits eindeutig, daß die Initiative des Kampfes gegen das Selbstherrschertum auf die russische Arbeiterbewegung übergegangen ist, obwohl die Arbeiterschaft 1905 vorwiegend für bürgerlich-demokratische Zustände als nächsten Schritt kämpfen muß, da das Bürgertum immer noch schwach ist, auch schwach bleiben wird.

Die kapitalistische Entwicklung Rußlands »hinkte«, wir wiesen darauf hin, hinter der westeuropäischen Entwicklung circa achtzig bis einhundert Jahre her. Sie hatte von Anfang an einige Besonderheiten, die in der Revolution von 1917 und danach eine nicht unbedeutende Rolle spielen sollten. Drei Besonderheiten stehen im Vordergrund unserer Betrachtung:

1. Das *Einströmen riesiger ausländischer Kapitalien* vor allem aus Frankreich, aber auch aus Belgien, England und Deutschland als

direkte Folge der permanenten Kapitalschwäche des russischen Bürgertums.

2. Das Ergebnis dieses Prozesses waren *modern ausgestattete Großbetriebe,* die in einer relativ kurzen Zeit entstehen und die als große Produktionsstätten *Massen von Arbeitern* konzentrieren, was deren Organisation und revolutionäre Beeinflussung wesentlich erleichterte. Bestimmte Produktionszweige wie Roheisenproduktion, Kohle- und Erdölförderung werden zu 50 und mehr Prozent von ausländischen Kapitalgesellschaften betrieben, was bekanntlich nach 1917 zu den unerhörten, aber vergeblichen Anstrengungen Englands und Frankreichs führte, durch militärische Intervention dem sozialistischen Rußland die Gurgel abzudrücken, denn alle ausländischen Kapitalien waren zugunsten des Staates enteignet worden.

3. Eine dritte Besonderheit ist der *Bau der Transsibirischen Eisenbahn,* die nicht nur China für Rußland erschließt, sondern vor allem auch Europa auf dem Landwege als Haupttransportstrecke mit Asien verbindet. Diese Eisenbahnstrecke wird nicht nur eine bedeutende Deviseneinnahmequelle, sondern gleichzeitig können endlich die ungeheuer reichen Bodenschätze, wie die Kohle des Donez-Beckens und die Eisenerzlager von Kriwoj Rog, der gesamtrussischen Wirtschaft erschlossen werden. 1904 beträgt die Eisenbahnstrecke Rußlands ca. 60 000 Kilometer. Zu diesem Zeitpunkt ist die Kohlenförderung im Donez-Becken von 3 auf 11 Millionen Tonnen, die Roheisenproduktion von Kriwoj Rog von 600 000 auf 4 Millionen Tonnen Roheisen gestiegen.

Die industriellen Zuwachsraten Rußlands zwischen 1890 und 1914 sind die höchsten in Europa. Rußland überholt in dieser Zeit alle führenden westlichen Länder hinsichtlich des Grades der Konzentration der Produktion. Aber Rußland ist zu diesem Zeitpunkt, gemessen an der Pro-Kopf-Produktion Westeuropas, immer noch ein zurückgebliebenes Land (und nicht nur in bezug auf die Industrialisierung, sondern besonders auch in bezug auf die Landwirtschaft) und sollte es noch lange bleiben.

Und mit der industriellen Revolution entsteht innerhalb einer relativ kurzen Zeit ein Industrieproletariat, das um die Jahrhundertwende immerhin 18 Prozent der Bevölkerung ausmacht und einschließlich der Familienangehörigen ca. 22 Millionen Menschen umfaßt. Das heißt, innerhalb von vierzig Jahren entsteht jener »Hebel«, mit dem es gelingen sollte, unter den konkreten geschichtlichen

Umständen des Jahres 1917 das alte Rußland aus den Angeln zu heben.

Zwischen 1825 und 1880 sind es fast ausschließlich adlige intellektuelle Verschwörer, die meinen, das despotische Rußland durch eine Kombination von Attentaten und der Schürung von Bauernrevolten zerstören zu können. Sie alle lehnen übrigens, seitdem sie das Erscheinungsbild des westeuropäischen Kapitalismus vor Augen haben, also spätestens seit der Revolution von 1848, in der das Industrieproletariat schon seinen eigenen Part spielt, die »Einführung« des Kapitalismus für Rußland strikt ab. Zu dem Elend der Bauern soll sich nicht auch noch das Elend des Proletariats gesellen. Sie träumen vom Sozialismus auf der Grundlage bäuerlicher Gemeinschaften. Aber das sind natürlich Träume, die durch das internationale Kapital, das fieberhaft nach neuen Profitmöglichkeiten den ganzen Erdball absucht, schnell und für immer zerschmettert werden.

Indem mit der industriellen Revolution Rußlands ein mächtiges und in riesigen Fabriken konzentriertes Industrieproletariat entsteht, beginnen die russischen Sozialisten, gestützt auf die Theorie von Marx und die so bedeutenden praktischen Erfahrungen der westeuropäischen Arbeiterbewegung, eine *sozialdemokratische Arbeiterpartei* aufzubauen.

Die Etappen dieses Aufbaues, die wir hier nur skizzieren, sind folgende:

1875 wird in Odessa die erste illegale Arbeiterorganisation mit nur 200 Mitgliedern gegründet; nach nur neun Monaten wird sie von der Geheimpolizei zerschlagen.

1878 gründen Petersburger Arbeiter den »Nordbund russischer Arbeiter« – mit ebenfalls etwa 200 Mitgliedern. Dieser Bund propagiert bereits nicht nur den Sturz des Selbstherrschertums, sondern den »Sturz der bestehenden politischen und ökonomischen Staatsordnung als einer äußerst ungerechten Ordnung«. Auch dieser Bund besteht nur kurze Zeit.

1883 gründet G. W. Plechanow in Genf zusammen mit anderen Emigranten die erste marxistische Gruppierung: »Befreiung der Arbeit«.

1885 gibt es erste Massenstreiks. In der Textilfabrik Morosow bei Moskau streiken unter Leitung eines früheren Mitglieds des »Nordbundes« 8000 Arbeiter.

Schon am Ende der achtziger Jahre gibt es in verschiedenen Städten Arbeiterzirkel, die sich auch mit der Theorie von Marx beschäftigen. Mehrere solcher Zirkel in Petersburg vereinigt der junge Jurist Uljanow, der sich dann Lenin nennt, 1895 zum »Kampfbund zur Befreiung der Arbeiterklasse«, nachdem er bereits ein Jahr vorher Anschauung und Taktik der Volksfreunde vom Standpunkt des Marxismus aus einer fundierten Kritik unterzogen hat.

Eine Broschüre trägt den Titel: *»Wer sind die Volksfreunde und wie kämpfen sie gegen die Sozialdemokratie?«* Mit ihr beginnt Lenin sein theoretisches Werk, das nicht nur darin besteht, daß er betont, daß die Lehre von Marx auf Rußland anwendbar ist, sondern vor allem darin, daß er die Möglichkeit einer sozialistischen Revolution in der Epoche des Imperialismus und der imperialistischen Kriege um die Neuaufteilung der Welt nachweist.

Schon sehr früh kommt Lenin zu der Erkenntnis, daß die Kette der großen kapitalistischen Staaten wie alle Ketten nicht an ihrer stärksten, sondern an ihrer schwächsten Stelle »reißen« würde. Daß Rußland 1917 diese schwächste Stelle sein würde, das ahnte Lenin 1895 natürlich nicht, aber seine Grunderkenntnis sollte sich realisieren.

In der Broschüre *»Wer sind die Volksfreunde. . .«* tritt Lenin den Beweis an, daß die Entwicklung des Kapitalismus in Rußland historisch bedingt ist und keineswegs durch die Wünsche der Volksfreunde aufgehalten werden kann. Lenin beweist auch, daß die Wirklichkeit des russischen Dorfes mit Gutsbesitzern, Großbauern, Kleinbauern und Landproletariern nichts mit dem schönen Bild zu tun hat, das den Volksfreunden vorschwebt. Bündnismöglichkeiten für das russische Industrieproletariat sieht Lenin von Anfang an in den armen Bauern und den Landarbeitern. Und auch hier sollte er recht behalten, denn die Bodenfrage wird zu einer der entscheidenden Fragen des Gelingens oder des Scheiterns der Revolution.

Im März 1898 versammeln sich in Minsk heimlich neun Delegierte örtlicher Arbeiterzirkel und gründen die *Sozialdemokratische Arbeiter-Partei Rußlands* (SDAPR). Zu diesem Zeitpunkt ist Lenin bereits in sibirischer Verbannung. Nach deren Ende geht er in die Emigration (1900) und gründet zusammen mit anderen russischen Sozialdemokraten die Zeitung *»Iskra«* (Der Funke), die illegal nach Rußland transportiert und verbreitet wird. Mit ihrer Hilfe gelingt es den Sozialdemokraten, in Rußland eine sozialistische Partei aufzubauen. Eine wichtige Etappe ist dabei der II. Parteitag der SDAPR, der 1903 in Brüssel und dann in London tagt und der eigentliche Gründungsparteitag mit Delegierten aus allen Teilen des russischen Reiches ist.

Dieser Parteitag offenbart, daß es innerhalb der russischen Sozialdemokratie von Anfang an zwei politische Strömungen gibt, nämlich einmal jene, die in ihrer politischen Zielsetzung niemals (wie alle Sozialdemokraten des 19. und des 20. Jahrhunderts in der ganzen Welt) über den Rahmen der bürgerlichen Republik hinausstreben will und die man seit 1903 in der russischen Sozialdemokratie *»Menschewiki«* nennt, und jene andere, radikalere Richtung, die über die bürgerliche Republik hinaus von Anfang an auf die sozialistische Revolution zuarbeitet und die seit 1903 unter der Führung Lenins *»Bolschewiki«* genannt wird. Die Bolschewiki konstituieren sich auf der Parteikonferenz in Prag 1912 als selbständige Partei.

»Die Mutter blickte sich vorsichtig nach allen Seiten um und rief: ›Kohlsuppe! Heiße Nudeln!‹

Dabei zog sie unmerklich die Blätter Packen für Packen heraus und schob sie den Brüdern zu. Jedesmal, wenn ein Packen aus ihrer Hand verschwand, tauchte vor ihr wie der gelbe Fleck einer Streichholzflamme in einem dunklen Zimmer das Gesicht des Gendarmerieoffiziers auf, und sie sagte in Gedanken mit einem Gefühl der Schadenfreude zu ihm:

›Da hast du eins, Väterchen!‹

Und als sie das folgende Paket übergab, fügte sie befriedigt hinzu: ›Da hast du!‹

Arbeiter kamen mit Schüsseln in der Hand; wenn sie in der Nähe waren, begann Iwan Gussew laut zu lachen. Die Wlassowa stellte ruhig die Schriftenverteilung ein, teilte dafür Kohlsuppe und Nudeln aus, und die Gussews meinten scherzend:

›Wie geschickt sie das macht, die Nilowna!‹. . .

Die Wlassowa rief aus:

›Warmes Essen – Kohlsuppe, Nudeln, Brühe. . .‹

Sie dachte daran, wie sie ihrem Sohn von ihrem ersten Versuche erzählen würde, aber da stand wieder fragend und bösartig das gelbe Gesicht des Offiziers vor ihr. Der schwarze Schnurrbart bewegte sich, und unter der vor Erregung hochgeschobenen Oberlippe glänzte der weiße Schmelz fest zusammengepreßter Zähne. In ihrer Brust sang die Freude wie ein Vogel, ihre Brauen zuckten verschmitzt, und indem sie geschickt ihre Arbeit verrichtete, sprach sie mit sich selbst:

›Wir wollen doch noch sehen!‹«

Das ist ein kleiner Ausschnitt aus einem Roman, der vollständig erst nach 1917 in Rußland erscheinen konnte, der aber 1907 schon in Millionen Exemplaren als Beilage der Arbeiterzeitungen Westeuropas erschien. Insbesondere die deutschen Arbeiter lernten Maxim Gorkis Roman *»Die Mutter«* schon ein Jahr nach seinem Erscheinen kennen.

Das ist nun eine andere russische Schriftstellergeneration und auch ein anderes Sujet. Nicht mehr der Adlige oder die Tochter »aus gutem Hause«, der hohe Offizier oder das Schicksal eines Beamten stehen im Brennpunkt der Betrachtungen und Überlegungen, sondern das Fabrikproletariat, der arme Bauer, der zum Bettler wurde, der Kleinbürger...

In dem Roman verarbeitet Gorki persönliche Erlebnisse aus den Jahren 1901–1902. Im April 1901 wird der 33jährige Gorki, schon ein berühmter Schriftsteller, in Nishni Nowgorod (der heutigen Stadt Gorki) von der Polizei verhaftet. Man beschuldigt ihn, ein Flugblatt für die sozialdemokratische Parteiorganisation von Sormowo, einer kleinen Stadt in der Nähe von Nishni Nowgorod, verfaßt zu haben. Am 1. Mai 1902 findet in Sormowo eine bedeutende Maidemonstration statt, deren dramatischer Verlauf den Höhepunkt des Romans ausmacht.

Die große Bedeutung von Gorkis Roman aus der Zeit der ersten russischen Revolution von 1905–1907 besteht darin, daß hier mit den Mitteln der Kunst die Anfänge der russischen Arbeiterbewegung festgehalten worden sind. In der Mutter I. Wlassowa, deren lebendes Vorbild Gorki ebenfalls in Sormowo kennengelernt hatte, findet sich eine ganze Generation von Arbeitern und Arbeiterinnen wieder: Eine riesige Masse meist analphabetischer Menschen (auch die »Mutter« lernt im Roman erst Schreiben und Lesen), in fast unbeschreiblich elenden Verhältnissen lebend, beginnt langsam, sich aufzurichten, und ihr düsterer Blick fällt nicht nur auf die Gendarmen und Kosaken des Zaren, der für sie nie etwas anderes bereit hatte als Prügel, Verbannung und Galgen; ihr Blick fällt auch auf den Unternehmer, den Kapitalisten, der die Forderungen der Arbeiter nach etwas besseren Lebensbedingungen unerbittlich mit dem Ruf nach den Gendarmen beantwortet.

In der Erzählung *»Die alte Isergil«* des gleichen Autors stehen die Sätze:

»Das bloße Denken hat noch keinen Stein aus dem Wege geräumt.

Wer nichts tut, der bringt es auch zu nichts. Warum vergeuden wir unsere Kräfte mit Denken und Klagen? Auf, laßt uns durch den Wald gehen, bis wir an sein Ende kommen. Denn ein Ende muß er haben, wie alles in der Welt! Vorwärts! Holla!«[32]

Der Weg »durch den Wald«, an dessen Ende 1917 der Zar zur Abdankung gezwungen wird und zuletzt nur noch ein paar ängstliche Kadetten und ein (weniger ängstliches) Frauenbataillon die bürgerliche Regierung im Winterpalais verteidigen, ist vor allem dadurch gekennzeichnet, daß die ungeheuren gesellschaftlichen Widersprüche, die vom Krimkrieg an bis 1917 durch immer neue Kriege vervielfacht, zu Zerreißproben führen, denen das alte Regime am Ende nicht mehr gewachsen ist. Als der Zar abdankt, hat das Bürgertum eine Denkmöglichkeit von sechs Monaten. Da ihm nicht viel Besseres einfällt als dem letzten und schwächsten der Romanows, reißt er sie mit in den Abgrund.

Die erste russische *Revolution von 1905–1907*, ausgelöst durch die Niederlage und Demütigung Rußlands im Russisch-Japanischen Krieg und durch das Blutbad, das Nikolaus II. unter friedlichen, mit Kirchenfahnen und Zarenbildern vor dem Winterpalais versammelten Bittstellern aus dem Volk anrichten läßt, ist schon ganz beherrscht von den Aktionen der Arbeiterschaft und der armen Bauern. Der politische Generalstreik am Ende des Jahres 1905 (einer der größten, den die Welt bis dahin gesehen hatte), die Bauernrevolten, die Barrikadenkämpfe in den Moskauer Arbeitervierteln und in Lodz, die Bildung erster Machtzentren der Arbeiterschaft in Form von Räten *(Sowjets)* und vor allem die Revolten in der russischen Flotte (von denen bei uns nur der Übergang des Panzerkreuzers »Potjomkin« in die Macht der Matrosen durch den Film Eisensteins bekannt geworden ist) geschehen im wesentlichen unter dem Einfluß der Bolschewiki. Die Arbeiterschaft und die armen Bauern sind es, die mit gewerkschaftlichen, politischen und militärischen Aktionen und nicht mehr durch Einzeltäter mit Pistole oder Bombe die Jagd auf das Selbstherrschertum beenden werden.

Diese Ereignisse, zehn bis zwölf Jahre vor der Oktoberrevolution, müssen deshalb hervorgehoben werden, weil wir immer wieder in der Geschichtsschreibung dem Argument begegnen, die Bolschewiki hätten »plötzlich« 1917 ihre Maske fallen gelassen, um sich an die Macht zu schleichen.[33]

Die schwächlichen Aktionen der russischen Liberalen zwischen 1905 und 1917 erweisen sich jedenfalls als völlig wirkungslos, um die aus der Tiefe der verzweifelten und zornigen Arbeiterschaft und des verhungernden Landproletariats hervorquellende Revolution mit bürgerlich-parlamentarischen Mitteln aufzuhalten. Als die 1905 errungenen kleinen bürgerlichen Freiheiten durch den Selbstherrscher zwei Jahre später wieder fast völlig zurückgenommen werden und die russischen Liberalen nicht zum energischen Widerstand aufrufen, haben sie schon ihr eigenes Schicksal besiegelt.

Der Erste Weltkrieg, an dem das russische Zarentum und das russische Großbürgertum sich beteiligen, um Machtpositionen vor allem auf dem Balkan und im Vorderen Orient mit militärischen Mitteln zu verteidigen und auszuweiten, vervielfacht die gesellschaftlichen Gegensätze mit all ihren Leiden für die Masse der Bevölkerung bis zur Explosion.

Es gibt viele eindrucksvolle Fotografien über das Schlachtgeschehen des Ersten Weltkrieges. Das für mich beeindruckendste Foto ist jenes, wo 1917 russische und deutsche Arbeiter und Bauernsöhne, als Soldaten von ihren Herren verkleidet, die Gewehre wegwerfen, die Schützengräben verlassen und im »Niemandsland« zwischen den Fronten sich umarmen und nach den Klängen einer Ziehharmonika miteinander Walzer tanzen – ein Anblick, der jedem General Schauer des Schreckens über den Rücken jagen muß!

Die bürgerliche Welt hat die sozialistische Revolution von 1917 in Rußland und ihre einschneidenden Folgen, durch die die gesamte Kräftekonstellation in der Welt völlig verändert wurde, bis heute nicht verwinden können. *Der Schock dauert immer noch an*. Während unsere Regenbogenpresse immer noch die rührseligsten Geschichten über den Massenmörder Nikolaus II. und seine Familie und deren Ende auf Lager hat, rätseln unsere Historiker bis heute darüber, wie die hundertjährige Jagd auf das Selbstherrschertum auf eine so »unglaubliche« Art und Weise zu Ende gehen konnte.

Dabei gibt die Oktoberrevolution wirklich keine Rätsel auf.

Gewiß, das neue Rußland, in keiner Weise geprägt durch bürgerlich-demokratische Traditionen, trägt wie eine schwere Last das ganze Rußland des 19. Jahrhunderts mit seiner unglaublichen Rückständigkeit, seiner Menschenverachtung, seinen brutalsten Formen der politischen Unterdrückung mit sich herum. Es gibt keine Nation auf dieser Erde, die in der Lage wäre, die Last der Geschichte, die guten und bösen Traditionen von heute auf morgen mit einem Ruck abzuwerfen. Erleben wir das nicht in den letzten dreißig Jahren an uns selbst genauso?

Aber *warum siegten die Bolschewiki* in der Oktoberrevolution?

Siegten sie durch List, durch Betrug? War ihre »hemmungslose Machtgier« ausschlaggebend? Das letztere Argument ist das dümmste und lächerlichste. Eine revolutionäre politische Massenbewegung, die die Macht nicht ergreift, wenn sie in einer geschichtlichen Stunde so einfach zu ergreifen war wie im Oktober 1917, dürfte sich nicht revolutionäre Bewegung nennen, sondern wäre vielmehr eine Bande von Feiglingen, Verrätern oder Narren.

Aber Lenin und seine Leute waren das alles nicht.

Das arbeitende Rußland konnte sich, verzweifelt nach einem Ausweg aus den furchtbaren Leiden des Krieges zwischen April und Oktober 1917 suchend, davon überzeugen, daß es nur eine einzige Kraft im Lande gab, die *glaubhaft* versicherte, sie werde sofort Frieden machen, den Arbeitern Brot und den Bauern Land geben. Alle anderen politischen Kräfte in Rußland wollten den Krieg fortsetzen. Nur die Bolschewiki wollten das nicht.

Das ist das »tiefste Geheimnis«, warum die Bolschewiki siegen und so den endgültigen Schlußstrich ziehen unter das erregende Schauspiel der hundertjährigen Jagd auf das Selbstherrschertum.

Auch wenn man kein Anhänger von Revolutionen ist, man liest die Berichte über das Ende der »Jagd« nicht ohne Erschütterung.

N. N. Suchanow, ein Gegner der Bolschewiki, hat in seinem Tagebuch jenen historischen Moment festgehalten, wo auf dem II. Allrussischen Sowjetkongreß am Abend des 26. Oktober 1917 die Friedensproklamation Lenins vorgelesen und angenommen wird:

»Die ›Friedensproklamation‹ wurde ohne irgendwelche Änderungen zur Abstimmung gestellt und einstimmig angenommen. Jetzt zeigten sich Anzeichen für eine unmißverständliche Steigerung der Stimmung unter den Delegierten. Lang anhaltende Ovationen wechselten ab mit dem Absingen der ›Internationale‹. Dann jubelte man wieder Lenin zu, es ertönten Hurrarufe, und Mützen wurden in die Luft geworfen. Danach wurde ein Trauermarsch zu Ehren der Gefallenen des Krieges gesungen... Unter Führung von Lenin erhob sich das gesamte Präsidium und stimmte in den Gesang ein... Interessanter noch war die Reaktion der Delegierten; sie schienen wie neu belebt. Der Umsturz hatte sich glatter vollzogen, als es die meisten von ihnen erwartet hatten... Langsam setzte sich in ihnen die Überzeugung fest, daß die Erfüllung ihrer Wünsche unmittelbar bevorstände: Frieden, Land und Brot; und sie empfanden sogar eine gewisse Bereitschaft, für diese neu erworbenen Güter und Rechte auch aktiv einzutreten...«[34]

Die ergreifende Szene, die Suchanow hier schildert, erinnert uns an eine andere, die in einer ganz anderen geschichtlichen Situation wie die Eruption eines Vulkans die Gedanken, Gefühle und Sehnsüchte dieses Volkes zum Ausdruck bringt: Als Dostojewski am 9. Februar 1881 stirbt, folgen bei eisiger Kälte 60000 Menschen seinem Sarge. Nicht wenige Studenten gehen mit selbst angeschmiedeten Katorga-Ketten mit im Zuge. Und es ist das Echo auf das Klirren dieser Ketten, das die Welt im Oktober 1917 hochschreckt.

Wir sehen sie noch einmal vor uns, die Offiziere und Soldaten, wie sie im Dezember 1825 bei klirrender Kälte die Jagd auf das Selbstherrschertum eröffnen. Am Ende unserer Schilderung, wieder bei klirrender Kälte, steht ein Soldat an einer Straßenecke in Petrograd in seinem groben Tuchmantel, das Gewehr mit dem langen Bajonett im Arm. Zusammen mit einem zweiten Soldaten steht er hier auf Wache:

»... umringt von hundert hitzig auf sie einredenden Geschäftsleuten, Regierungsbeamten und Studenten. Die Soldaten waren unzugänglich und in ihren Gefühlen verletzt, wie zu Unrecht gescholtene Kinder.

Ein großer junger Mann mit anmaßenden Manieren, in der Uniform eines Studenten, führt das Wort.

›Ihr werdet doch wohl begreifen, daß ihr euch zu Werkzeugen von Mördern und Verrätern macht, wenn ihr die Waffen gegen eure Brüder erhebt‹, sagt er in unverschämtem Ton.

›Ach Bruder‹, antwortet der Soldat ernsthaft, ›du verstehst nicht. Es gibt zwei Klassen. Kannst du das nicht sehen? Das Proletariat und die Bourgeoisie. Wir...‹

›Oh, ich kenne dieses dumme Gerede‹, unterbricht ihn der Student grob. ›Ihr dummen Bauern hört ein paar Schlagworte brüllen. Was sie bedeuten, versteht ihr nicht. Ihr plappert sie nach, als wäret ihr Papageien... Du bist ein Narr, mein Freund. Ich habe zwei Jahre lang in der Schlüsselburg gesessen, als du noch Revolutionäre niederschossest und ›Gott erhalte den Zaren‹ gesungen hast. Mein Name ist Wassili Georgijewitsch Panin. Hast du nie etwas von mir gehört?‹

›Nein, bedaure‹, antwortet der Soldat bescheiden. ›Aber ich bin auch kein gebildeter Mann und du vielleicht ein großer Held.‹

›Das bin ich‹, versetzt der Student mit Überzeugung. ›Und ich bin ein Gegner der Bolschewiki, die unser Rußland und die Revolution zugrunde richten. Wie erklärst du dir das?‹

Der Soldat kratzt sich den Kopf. ›Das kann ich mir nicht erklären.

Mir erscheint die Sache ganz einfach; aber ich bin ja kein gebildeter Mann. Es gibt nur zwei Klassen, die Bourgeoisie und das Proletariat. . .‹

›Da kommst du schon wieder mit deinen dummen Phrasen‹, schrie der Student.

›Nur zwei Klassen‹, fuhr der Soldat hartnäckig fort, ›und wer nicht auf der einen Seite ist, der ist auf der anderen.‹ «[35]

Hier an dieser Straßenecke in einer eisigen Nacht in Petrograd ist die hundertjährige Jagd auf das Selbstherrschertum zu Ende, ein langer Weg durch die Geschichte Rußlands, von der Tschernyschewski gesagt hatte:

»Der Weg der Geschichte ist nicht der glatte Gehsteig des Newskij-Prospekts. Bald überquert er ein Feld, bald führt er über Abgründe, hier ist er voller Staub, dort voller Dreck. Wer sich davor fürchtet, daß ihn Staub bedecken, daß seine Stiefel dreckig werden könnten, der nehme an der gesellschaftlichen Tätigkeit nicht teil. Dies ist eine dankbare Arbeit, wenn ihr wirklich an das Wohl der Menschen denkt, aber es ist keine ganz reinliche Beschäftigung.«[36]

Jean Jaurès
Der erste Tote des Ersten Weltkrieges
(1914)

»Wird mobil gemacht,
so muß ich wohl sterben.«
Jean Jaurès (Juli 1914)

Wenn man nicht aus den Akten wüßte, wer der Ermordete war, und wenn sein Name nicht immer wieder genannt worden wäre, so hätte man als Beobachter der Schwurgerichtsverhandlung gegen den 33jährigen Mörder Raoul Villain im März 1919 annehmen können, der Ermordete sei entweder ein hoher Offizier oder ein Mitglied der französischen Regierung von 1914 gewesen, denn als Zeugen für den Ermordeten treten nacheinander drei frühere Ministerpräsidenten, ein Minister, ein Generalissimus, zwei Generäle und zwei Stabsoffiziere auf. Und alle preisen Jaurès als großen französischen Patrioten. Sagten diese illustren Zeugen die Wahrheit, irrten sie, haben sie gelogen?

Die Geschworenen, drei Hausbesitzer, vier Kaufleute, vier Industrielle und ein Tierarzt, Herren zwischen 53 und 68 Jahren, überführen die Ministerpräsidenten, die Minister und hohen Militärs der Lüge und der Heuchelei. *Im Namen des großbürgerlichen Frankreich erklären die Herren den Mörder für unschuldig*. Der Ermordete, der Wissenschaftler, Sozialist, Pazifist und Internationalist, einer der großen Figuren der europäischen Arbeiterbewegung vor dem Ersten Weltkrieg, der französische Sozialdemokrat August Marie Joseph Jean Jaurès, war in den Augen des großbürgerlichen Frankreich der »Schuldige«, er wurde am 31. Juli 1914 »zu Recht« von dem »Patrioten Villain« durch zwei Revolverschüsse getötet.

Villain hatte, am Tatort verhaftet, erklärt: »*Ich habe Jaurès bestraft* ...« Fünf Jahre später bestätigte ein Pariser Schwurgericht

Jean Jaurès bei der Zeremonie zur Eröffnung des französischen Parlaments, dessen Präsident er war.
Archiv des Verfassers

diese furchtbaren Worte, fast zur gleichen Zeit, als in Deutschland die Mörder Rosa Luxemburgs freigesprochen werden.

Leben und Tod Jean Jaurès' werfen eine ganze Reihe von politischen Problemen auf, die bis heute an Aktualität nichts eingebüßt haben. An erster Stelle aber steht die Frage: *Kann eine zum unbeding ten Frieden entschlossene Bevölkerung den Ausbruch eines (Welt-) Krieges verhindern?*

Aus der Rückschau nach zwei beispiellos blutigen Weltkriegen, denen neue Kriege folgten, *»als ob die alten nicht gelanget hätten«* (Bertolt Brecht), wissen wir: Ein »Mittel« gegen den Krieg ist bis jetzt nicht gefunden worden. Aber diese Feststellung macht Jaurès' theoretische Überlegungen und seinen 20jährigen Kampf gegen den Krieg nicht weniger wichtig, nicht weniger aktuell. Im Gegenteil: Nach einer langen friedlichen Periode in Mitteleuropa von über 35 Jahren erschrecken wir heute angesichts der drohenden Kriegswolken, die sich über der Welt zusammenziehen: Sollte es wirklich keine Möglichkeit geben, das Amoklaufen unserer Erde zu verhindern? Jaurès konnte die Atomraketen noch nicht kennen, aber seine Vision vom Massenkrieg ist nicht weniger realistisch, wenn er sagte:

»Heutzutage werden in jedem Land die Armeen sich erheben – Millionen von Deutschen, Millionen von Russen, Millionen von Italienern, Millionen von Franzosen – und sie werden die gesamten Nationen, wie in den Tagen der Barbarei, umfassen. Doch der Unterschied zu früher besteht darin, daß alle Instrumente der Zerstörung, die durch die modernen Wissenschaften geschaffen worden sind, in den Dienst von kolossalen, organisierten Staaten gestellt werden... Möge sich niemand einbilden, daß es ein kurzer Krieg sein wird. Es wird ein Krieg furchtbarer, sich lang hinziehender Schlachten sein mit Massen von Menschen, die in schrecklicher Weise durch Krankheit, Verzweiflung und Elend und durch Verwüstung endloser Bombardements zugrunde gehen. Epidemien werden die Kranken dahinraffen, die Industrie wird stocken, der Handel wird gelähmt sein...«[1]

Wohl sah Jaurès, und hier finden wir Gedankengänge Lenins wieder, die Möglichkeit der Umwandlung des Krieges der herrschenden Klassen in einen Bürgerkrieg, in die Revolution. Aber Jaurès sieht auch ganz realistisch andere Möglichkeiten:

»Ein europäischer Krieg könnte wohl eine Revolution gebären – und die herrschenden Klassen werden gut daran tun, dies zu bedenken. Aber er kann ebensogut eine lange Periode von Krisen der Konterrevo-

lution, einer wütenden Reaktion des erbitterten Nationalismus, der erstickenden Diktatur, des ungeheuerlichen Militarismus und eine endlose Kette rückschrittlicher Gewalt, niedrigen Hasses, der Repressalien und der Knechtschaft hervorrufen.«[2]

Der Nationalsozialismus in Deutschland und der Faschismus in Italien sollten nur zu bald nach dem Ersten Weltkrieg Jaurès' Befürchtungen bestätigen.

Alle diese Überlegungen konnten Jaurès nur in seinem unbedingten Willen bestärken, nach dem großen Hebel zu suchen, mit dem Kriegsgefahr und Kriegsausbruch von vornherein aus den Angeln gehoben werden konnten. Tragisch ist nicht nur, daß ein unbedeutender, durch chauvinistische Zeitungsblätter aufgestachelter Narr Jean Jaurès wegen seines Kampfes um den Frieden in Europa niederschoß, viel tragischer ist, daß Jaurès' Friedensplan bis heute immer aufs neue scheiterte.

Wer war Jean Jaurès? Nur wenigen ist er bekannt, und als unser erster Bundespräsident, Theodor Heuss, beim Neuaufbau der Bundeswehr im Büro Blank nachfragte, ob Jean Jaurès' Buch *»Das neue Heer«* dort bekannt sei, das zu den Standardwerken der »Inneren Führung« gehören sollte, da konnte Heuss nur Kopfschütteln und Achselzucken beobachten. Keiner kannte dieses Buch. . .

Selten hatte das College Castres im französischen Südwesten des Languedoc einen so brillanten und hochbegabten Schüler wie den 1859 im gleichen Ort geborenen Jean Jaurès. In nahezu allen Fächern wurden dem aus bescheidenen Verhältnissen stammenden Schüler zwischen 1869 und 1876 jährlich die ersten Preise zugesprochen. Kein Wunder, daß er eines Tages dem Generalinspekteur für das Mittelschulwesen Frankreichs auffällt. Der überzeugt die Eltern schnell, daß der Sohn für die wissenschaftliche Laufbahn geschaffen sei. Bis 1878 bereitet sich Jaurès am Lyzeum Louis-le-Grand in Paris für die Aufnahmeprüfung an der berühmten Ecole Normale Superieure vor, eine Ausbildungsstätte ersten Ranges für Lehrer an höheren Schulen.

Als 19jähriger besteht Jaurès die Aufnahmeprüfung als Erster an einer Lehranstalt, die solche berühmten Schüler wie R. Rolland, J. P. Sartre, L. Pasteur, A. François-Poncet und G. Pompidou hervorbringen sollte. Und eben auch Jean Jaurès. Seine Kommilitonen finden ihn südländisch und bäuerisch. Aber seine Fähigkeiten sind überragend, sein Gedächtnis erstaunlich. Er ist beliebt unter den Studenten; für seine Professoren ist er eine Leuchte ganz nach ihrem Herzen. Lange bevor Jaurès selbst an eine Laufbahn als Politiker denkt, sind seine Kommilitonen davon überzeugt, daß er bald als Deputierter in der Kammer, in die er wie ein junger Löwe eindringen würde, berühmt werden würde.

1881 besteht Jaurès die Zulassungsprüfung als Gymnasiallehrer für die Fächer Geschichte und Philosophie. Er hätte die Möglichkeit gehabt, sich frei eins der berühmten Gymnasien Frankreichs auswählen zu können. Aber er wählt das nicht berühmte Lyzeum von Albi, um in der Nähe seiner Heimatstadt Castres zu sein. Nur fünf Schüler hat er zu unterrichten, und jedes Wochenende kann er zu Hause bei seiner geliebten Mutter verbringen. Der jetzt 22jährige hat schon eine gefestigte politische Anschauung, wenn er auch noch keineswegs Sozialist ist. Was Jaurès zu diesem Zeitpunkt kennt, ist die Notlage der Bauern seiner Heimat. Was ihn im Ameisenhaufen von Paris am meisten erschüttert, ist die Einsamkeit der Menschen, die zu Millionen täglich aneinander vorübergehen, ohne einander anzusehen, geschweige denn einander zu grüßen. Wovon Jaurès überzeugt ist, nachdem Kant und Hegel seine Lehrmeister waren, ist die Möglichkeit der Veränderbarkeit der Welt. Er ist bereits überzeugt, daß die Menschen sich ihre Lebensumstände selbst schaffen, daß, wie Brecht sagt, *das Schicksal des Menschen der Mensch ist*.

Jaurès sieht die Zusammenhänge zwischen einem sozialen System und der Haltung der Menschen dem Leben gegenüber. Er sieht auch die Abgründe, die die ungleiche Verteilung der Güter zwischen den Menschen aufreißt, und er wundert sich, wie die Armen alle Leiden so widerspruchslos auf sich nehmen können. Aber die »Geheimnisse« der Politik hat der junge Gelehrte noch lange nicht ergründet. Er hat mehr Fragen an die Welt, als er Antworten bekommen hat. Verstohlen beobachtet er die Parlamentsdeputierten seiner Heimat, und schon fühlt er sich diesen hohlen und seichten Schwätzern, denen er schon bald empfindliche Wahlniederlagen beibringen sollte, haushoch überlegen.

Fast magnetisch fühlt er sich von der Politik angezogen; er strebt zu ihr, wie ein Verwandter zu seiner Mutter schon früh gesagt hatte, wie die Ente zum Wasser...

Ausschlaggebend für Jaurès' Weg in die Politik sind die sozialen Zustände, die er in seiner Heimat vorfindet, und zugleich die Erkenntnis, daß der Liberalismus die sozialen Übel nicht heilen, sondern allenfalls ihre Symptome kurieren kann.

Welche Entwicklung hatte dieser Staat bis zu Anfang der achtziger Jahre des vorigen Jahrhunderts genommen?

Das 19. Jahrhundert ist für Frankreich das Jahrhundert des Kampfes um den *Bestand der Republik.* Dieses Ringen beginnt am 25. September 1792 mit der Ausrufung der 1. Republik, und es endet am 30. Januar 1875 mit der gesetzlichen Bestätigung der 3. Republik. Danach ist kein ernsthafter Versuch mehr gemacht worden, die Republik zu stürzen, um aus irgendeiner Ecke Europas einen Nachfahren Napoleons oder ein Mitglied der Familie der Bourbonen auf den Thron zu befördern.

Zwischen 1804 und 1870 allerdings ist Frankreich nacheinander *Kaiserreich, Königreich, Republik und noch einmal Kaiserreich.* Nach den geschichtlichen Erfahrungen von 1848 und 1871 mit revolutionären Erhebungen der Arbeiterschaft, die schon unüberhörbar nicht nur ihre spezifischen sozialen Forderungen als Arbeiterklasse, sondern auch schon deren politische Forderungen anmelden und 1871 für acht Wochen (vom 28. März bis Ende Mai) in Paris die politische Macht in Händen halten in Gestalt der *Pariser Kommune* und beginnen, die bürgerliche Staatsmaschine zu zerbrechen, kommt dem französischen Bürgertum die Erkenntnis, daß die bürgerliche Republik für sie jene Staatsform zu sein scheint, die ihrer Herrschaft noch am wenigsten gefährlich werden könnte. Das französische Bürgertum hatte seine Lektion im wesentlichen gelernt.

1885 mit den Wahlen im Herbst betritt Jean Jaurès zum erstenmal als Abgeordneter das Parlamentsgebäude. Wie war es dazu gekommen?

Nach zweijähriger Tätigkeit in Albi geht Jaurès als außerordentlicher Professor an die Universität von Toulouse. Es ist zwar eine Provinz-Universität, aber Toulouse ist die kulturelle Hauptstadt des Südwestens, und sie hat mit der »Dépêche de Toulouse« eine fortschrittlich-republikanische Zeitung. Jaurès schreibt für diese Zeitung, und er tritt hier zum erstenmal als überzeugter Republikaner für die Idee der französischen Republik als Hüterin der politischen Freiheit ein. Aber die Wirklichkeit des Departements Tarn belehrt Jaurès schnell, daß die politische Freiheit allein die drückende Lage breiter Bevölkerungskreise nicht überwinden kann.

Die Landwirte und Weinbauern, geplagt von der Reblaus und dem Niedergang des Handels, haben ihre Besitztümer teilweise gegen hohe Zinsen an Bankiers verpfänden müssen. Und das sind nun nicht Bankiers am Ort. Das sind schon die großen Bankhäuser, deren Zentralen in Paris liegen und deren Kapital sich mit dem Industriekapital zu verschmelzen beginnt. Diese Bankhäuser beginnen das Transportwesen zu beherrschen, sie wollen die Eisenbahn durch entsprechende Investitionen kontrollieren, den Getreidehandel in den Griff bekommen, die Frachtsätze hinaufsetzen und die kleinen Äcker der Bauern zu großen rentablen Landgütern zusammenschlagen. Das Departement ist relativ schwach industrialisiert, die meisten Unternehmer sind mehr Handwerker als Kapitalisten. Aber da gibt es schon so etwas wie einen Konzern: Kohlen- und Eisengruben, die Flaschenfabrik und ein Metallwerk. Alles wird beherrscht von der aristokratischen Familie der de Solages. Diese Familie beschäftigt 5000 Arbeiter, die in großer Armut leben, und sie »stellt« natürlich die Abgeordneten des Departements.

Jaurès beschließt, gegen die Unternehmer zu kandidieren. Das Departement hat drei Deputierte nach Paris zu entsenden. Auf Anhieb erhält Jaurès die meisten Stimmen. Die anderen Sitze erringen ein Marquis und ein Baron. Voller Idealismus, aber auch mit Furcht und Zagen, macht sich Jaurès auf den Weg nach Paris. Als er 1885 zum erstenmal das Abgeordnetenhaus im Palais Bourbon betritt, ist die 3. Republik 15 Jahre alt.

Aus dem Zusammenbruch des Kaiserreiches geboren und noch immer befleckt mit dem Blut von 30 000 hingemordeten Kommunarden, hatte das Bürgertum die Republik nach schweren inneren Kämpfen gegen den Monarchismus festigen können. Was Jaurès im Mikrokosmos seines Heimatdepartements beobachtet hat, hatte sich auch im Großen vollzogen: Das Großbürgertum hatte seine Machtposition im Finanzwesen und in der Industrie außerordentlich verstärkt. Daneben hatte sich jene Gesellschaftsschicht, aus der auch Jaurès stammte, eine Notablenschicht aus kleinbürgerlichen und mittelständischen Familien mit zahlreichen freiberuflich tätigen Intellektuellen an die Schalthebel der politischen und administrativen Maschinerie der 3. Republik herangearbeitet. Bei gleichzeitiger scharfer Bekämpfung der sozialistischen Arbeiterbewegung waren bürgerlich-demokratische Reformen eingeleitet worden, wie zum Beispiel der obligatorische kostenlose und weltliche Volksschulunterricht und Arbeiterpensionskassen. Gleichzeitig, und dies ist ein besonderes Anzeichen der Reife und der Konzentration des Kapitals, betreibt die Republik eine expansive Kolonialpolitik. In Äquatorial-Afrika, Tunesien, Madagaskar und Indonesien sind Protektorate bzw. Kolonien errichtet worden. Die Aufteilung der Welt ist voll im Gange, und das Geschrei nach Revanche gegenüber dem Deutschen Reich, das mit dem Krieg von 1870/1871 Elsaß-Lothringen okkupiert hatte, ertönt immer wieder durch die Kammer. Jaurès hört es vom ersten Tage an, an dem er das Palais Bourbon betritt, und er muß es hören bis zu seinem Tode.

Die ersten vier Jahre im Parlament sind Lehrjahre für Jaurès. Er gehört zwar zur Fraktion der Republikaner, aber in seinem Innern schließt er sich niemandem an. Er fühlt sich zwar zu den Sozialisten hingezogen, aber er weiß noch nicht, was er selbst unter Sozialismus verstehen sollte. Erst nach einem Jahr beteiligt er sich zum erstenmal an einer Parlamentsdebatte und spricht ohne Erfolg über die Erziehungsreform. Er selbst sagt später, seine ersten Erfahrungen mit der Parlamentsarbeit waren demütigend und niederdrückend. Und er ist erleichtert, als er 1889 nicht wiedergewählt wird. Jaurès kehrt ins Privatleben zurück, tritt sein Amt an der Universität Toulouse wieder an und beginnt seine Dissertation zu schreiben.

Der Weg Jean Jaurès' zum Sozialismus beginnt *theoretisch* mit seiner Dissertation über »Die Ursprünge des deutschen Sozialismus bei Luther, Kant, Fichte und Hegel«, *praktisch* mit den Lektionen, die ihm die Streiks der Arbeiter und das brutale Verhalten der Unternehmer in seinem Heimatdepartement erteilen. Die sozialistischen Anschauungen Jean Jaurès' tragen sehr persönliche Züge. Er ist nicht einfach einzuordnen in eines der gängigen Schubfächer: »Marxist« (wobei wir große Zweifel haben, ob Marx und Engels »Marxisten« waren), »Anti-Marxist«, »Reformist«, »Idealist«. Die Welt, für die Jaurès arbeiten möchte, ist eine Welt, in der die Arbeiter die Betriebe selbst verwalten, eine Welt geistiger Freiheit, Vereinigung aller Herzen in einer lebendigen Brüderlichkeit. So seine eigenen Worte. Jaurès, und das zeigen sein ganzes Wirken, Verhalten und Handeln, ist kein Mann der Theorie. Seine überragende Bildung und sein Temperament machen ihn zu einem Mann der Praxis, zu einem Mann des täglichen politischen Kampfes. Vielleicht sind solche Worte von ihm aus dem Jahre 1893 charakteristisch:

»Vorwärts! Keine Subtilitäten! Keine unnützen finsteren Gedanken! Gehen wir auf Ziel zu, auf die Gerechtigkeit. Bringen wir Licht in die Köpfe, befreien wir die Arbeiter; wenn sie dereinst emanzipiert sind, wird jeder seinen Weg selbst suchen. Sprechen wir, bei Gelegenheit, mit dem Volk über die großen Fragen des Gewissens und der Welt der Gedanken, nicht um es von der unmittelbaren Aufgabe, der sozialen

Aufgabe, abzulenken, sondern um es im Gegenteil durch das Aufzeigen der großen fernen Horizonte zu dieser Anstrengung anzuregen. Wenn das Volk in einer sozial-gestalteten Welt wahrhaft frei sein wird, so wird es selbst seinen Weg ins geheimnisvolle Universum wählen. Also, Taten und nochmals Taten! Dies ist das passende Losungswort der gegenwärtigen Stunde.«[3]

1892 verteidigt Jean Jaurès mit ausgezeichnetem Erfolg seine Dissertation an der Sorbonne. Der Doktor der Philosophie kehrt noch einmal nach Toulouse zurück. Hier sucht er Kontakt zu den Sozialisten zu bekommen.

Aber zu welchen Sozialisten? Die französische sozialistische Bewegung der zweiten Hälfte des 19. Jahrhunderts zeigt fast keine Parallelen zur deutschen Sozialdemokratie, die, am Anfang der neunziger Jahre schon 30 Jahre alt, eine in sich gefestigte Partei ist, theoretisch wesentlich auf dem Sozialismus von Marx aufbauend, in der Praxis eine immer mehr auf Reform als auf Revolution setzende Partei. Dagegen gibt es in Frankreich vor der Jahrhundertwende keine einheitliche sozialistische Partei. Nach der furchtbaren Niederlage der französischen Arbeiterbewegung mit der Niedermetzelung der Pariser Kommune und dem darauffolgenden jahrelangen Verbot jeder sozialistischen Betätigung findet Jaurès am Anfang der neunziger Jahre eine *Vielzahl von sozialistischen Gruppierungen* vor. Die stärkste unter ihnen ist die Französische Arbeiterpartei (POF) von Jules Guesde, einem Freunde von Karl Marx, mit einem wesentlich von Marx inspirierten Programm ausgestattet. Diese Partei ist vor allem in dem am stärksten industrialisierten Teil Frankreichs, im Norden, vertreten. Daneben finden wir die Gruppe der »Possibilisten«, die für eine schrittweise Durchsetzung sozialistischer Ziele mit legalen Mitteln eintreten. Außerdem gibt es Gruppierungen, die sich auf Proudhon und Blanquies berufen. Und es gibt die Sektion der »Unabhängigen Sozialisten«, die für politische und wirtschaftliche Reformen eintreten mit dem Ziel der Umwandlung der Klasse der Lohnabhängigen. Dieser Gruppe gehört Jaurès in der zweiten Hälfte der neunziger Jahre an, während er zunächst nach einem langen Gespräch mit Guesde eher der POF zuneigt. Aber was Jaurès wieder in die Politik zurückbringt, sind keineswegs theoretische Überlegungen.

Im Februar 1892 beginnen die Arbeiter der Fabriken und Bergwerke von Carmaux mit hartnäckigen Streiks. Die Forderungen sind: 8-Stunden-Tag, höherer Lohn und Anerkennung des Rechts auf die Bildung von Gewerkschaften. Inhaber der bestreikten Betriebe sind Jaurès' Widersacher in den Wahlkämpfen von 1885 und 1889: Graf de Solange und sein Verwandter Baron Reille. Die ökonomischen Streiks weiten sich zu politischen Streiks aus, als die Arbeiter für den Posten des Bürgermeisters von Carmaux einen Gewerkschaftssekretär und Angestellten der Bergwerke wählen. Als die Grubenverwaltung dem neugewählten Bürgermeister kündigt, weil dieser die für die Erfüllung seiner Pflichten als Bürgermeister notwendige freie Zeit fordert, betrachten dies die Arbeiter mit Recht als eine Mißachtung ihres Wählerwillens und beginnen mit einem langandauernden Streik. Die Regierung setzt 1500 Soldaten ein. Aber der Wille der Bergleute ist nicht zu brechen. Diese politische Streikbewegung erregt die Aufmerksamkeit ganz Frankreichs. Solange und Reille werden im Parlament heftig attackiert. Jaurès schreibt in der Toulouser Zeitung einen flammenden Artikel. Er erkennt: Es geht um die Würde der Bergarbeiter als Menschen und als Staatsbürger. In den Augen der adligen Unternehmer seien diese Bergarbeiter aber nur »Geldmünzen« und bloße von der Kohle geschwärzte »Hampelmänner«, schreibt Jaurès.

Schließlich können die Bergleute ihre Forderungen durchsetzen. Graf de Solange legt sein Mandat im Parlament nieder, so daß Nachwahlen notwendig werden. Jaurès ist es, der von den Bergarbeitern als Kandidat aufgestellt und gewählt wird. So zieht er 1892 zum zweitenmal in das französische Parlament ein.

Ein Jahr später, 1893, sind die regulären Neuwahlen für das Parlament fällig. Diese Wahlen stehen ganz im Zeichen des Panama-Skandals. Mit diesem Bauvorhaben war 1881 unter Leitung de Lesseps' – des Erbauers des Suez-Kanals – begonnen worden. Immer neue Anleihen waren mit Hilfe des Parlaments aufgenommen worden. Viele Tausende kleiner Sparer hatten ihr Geld in Aktien angelegt, da ihnen große Gewinne versprochen worden waren. Aber die Panama-Gesellschaft geht bankrott, und jetzt kommt es heraus: Obwohl der Panama-Gesellschaft schon lange das Wasser bis zum Halse stand, waren mit Hilfe riesiger Bestechungssummen von Ministern und Abgeordneten immer neue Anleihen aufgenommen worden. 510 Parlamentarier werden in den Panama-Skandal verwickelt. Allein die Sozialisten haben sich nicht kompromittiert. Gegen den Panama-Skandal entwickelt sich eine nationale Protestbewegung, die sich in den Parlamentswahlen in 600000 sozialistischen Wählerstimmen (1889 waren es nur 90000) niederschlagen. Anstatt zwölf ziehen jetzt 41 sozialistische Abgeordnete in das Parlament ein und mit ihnen wieder Jean Jaurès.

Am 21. November 1893 hält Jaurès seine erste große Rede im Parlament. Dutzende solcher Reden sollten folgen. Zeitgenossen sind der Meinung, daß Frankreich und darüber hinaus die internationale Arbeiterbewegung in dieser Zeit bis zum Ausbruch des Ersten Weltkrieges keinen größeren Redner hatte, vielleicht mit Ausnahme Lenins. Der Ministerpräsident Charles Dupuy hatte in seiner Rede den Sozialisten im Parlament den Krieg erklärt. Jaurès antwortete ihm:

»Wenn die sozialistische Bewegung nicht mehr ist als ein vorübergehendes Aufbrausen, nur das momentane Fieber eines sonst gesunden und widerstandsfähigen Körpers, braucht es zur Beruhigung nicht mehr als ein wenig Hygiene von der Regierungsseite her. . . Wenn aber die sozialistische Bewegung sowohl durch die Produktionsweise in der Welt von heute, die durch den Zustand der politischen Gesellschaft bedingt wurde; wenn sie sich aus der wahren Natur der Dinge und aus dem Innersten des Proletariats erhebt; wenn Sie dann ihre Regierungsmehrheit zu einem Kampf gegen diese Bewegung veranlassen, dann, Herr Präsident, werden Sie sie in den bittersten, schmerzlichsten und gewagtesten Kampf hineinführen. Jawohl, Sie haben durch das allgemeine Wahlrecht, durch die Herrschaft des Volkes aus allen Bürgern, einschließlich der Lohnarbeiter, eine Versammlung von Königen geschaffen. Deshalb gehen aus ihnen, aus ihrem souveränen Willen, Gesetze und Regierungen hervor. Das Volk ruft seine Vertreter zurück und wechselt die Gesetzgeber und Minister. Doch derselbe Lohnarbeiter, der in der politischen Ordnung ein Herrscher ist, ist in der wirtschaftlichen Ordnung zu einer Art Leibeigenschaft erniedrigt. In demselben Augenblick, wo er, der Lohnempfänger, Minister von ihren Machtposten vertreiben kann, wird er schutzlos und ohne Zukunftshoffnung aus seiner Arbeitsstätte herausgeworfen. Seine Arbeitskraft ist nicht mehr als eine Ware, die die Kapitalbesitzer nach Belieben gebrauchen oder aufgeben können. . . Er ist jedem Wechsel und jeder Demütigung unterworfen. . . Wenn Sie den Sozialismus bekämpfen, dann werden Sie sich selber in jedem Wirkungskreis, sei er politisch, fiskalisch oder arbeitsrechtlich, zu einer Politik der Reaktion verurteilen. Nun gut, beginnen Sie damit! Versuchen Sie es! Was Ihnen an Kraft und Prestige bleibt, werden Sie erschöpfen in ihrem Kampf gegen das Volk in Bewegung, während wir in den Pausen, die uns ihre ohnmächtigen Verfolgungen lassen werden, dieses Haus zu den Refor-

men bringen werden, die Sie einzuführen sich weigern. Da Sie die republikanische Politik verraten haben, liegt es an uns, den Sozialisten, sie hier auszuführen. . .«[4]

Diese mitreißenden Sätze, und wir haben hier nur wenige Ausschnitte zitiert, wurden von Jaurès mit volltönender Stimme und mit südlichem Temperament vorgetragen. Jaurès war aus dem Stegreif in der Lage, Sentenzen zu prägen, die sich seinen Zeitgenossen für immer einprägten. Als wenige Tage nach der eben zitierten Rede, am 9. Dezember 1893, der Anarchist Auguste Vaillant eine Bombe in das Halbrund des Parlamentes wirft, ist es Jaurès, der den politischen Stellenwert des sich fortschrittlich gebärdenden Anarchismus für immer festhält, indem er sagt:

»An dem Tage, wo der bestechliche Politiker und der mörderische Anarchist in demselben Boot nach dem verpesteten Land des Exils fahren müssen, werden sie finden, wieviel Gemeinsames sie miteinander haben: sie werden einander die sich ergänzenden Aspekte des gleichen sozialen Systems erkennen.«[5]

Aber es ist nicht allein die außergewöhnliche Rednergabe gewesen, die Jean Jaurès die tiefe Achtung seiner Freunde und die Anerkennung seiner Gegner einbrachte, es waren darüber hinaus seine Lebensführung und seine Charaktereigenschaften, die ihm eine so große Achtung einbrachten und die ihn aus der Masse der Politiker seiner (und nicht nur seiner) Zeit so glänzend heraushoben.

Jaurès, und das zeigen alle Fotografien aus verschiedenen Lebensaltern, war eine bäuerliche Erscheinung, und er wäre auch wirklich gern Landwirt geworden. Er war mittelgroß, breit, kräftig, ein gerötetes bärtiges Gesicht. Seine Kleidung war schlicht, oft nachlässig bis zur Groteske. Seine Wohnung war einfach, sein Arbeitszimmer glich einer Studentenbude. Er war glücklich verheiratet mit einer pummeligen Frau aus seiner Heimatprovinz, die ihm zwei Kinder gebar.

In die Innenstadt von Paris fährt er mit der Straßenbahn. Die Schaffner kennen ihn. Geld hat er nie, oft hat er nicht einmal das Fahrgeld bei sich. Jaurès ist unbestechlich, was einige erfahren sollten, die ihn so fürchteten, daß sie ihn kaufen wollten. Kurz: Wie heftig seine zahlreichen politischen Gegner in seinem politischen und in seinem Privatleben herumwühlten, nicht einen Schatten irgendeines Skandals konnten sie ans Licht ziehen.

Wie gesagt, seine Rednergabe war überwältigend. Sie faszinierte auch im Ausland, zumal auch auf internationalen Kongressen in

Deutschland und England selbst solche Zuhörer, die der französischen Sprache keineswegs mächtig waren. Merkwürdig ist eigentlich, daß Jean Jaurès niemals mit Lenin oder Karl Liebknecht verglichen worden ist, obwohl alle drei als Intellektuelle und Akademiker nicht wenige gemeinsame Charakterzüge hatten und sich scharf unterschieden vom gängigen Typ der sehr kleinbürgerlichen Erscheinungen der meisten Arbeiterführer der 2. Internationale. Man könnte einwenden, diese drei Sozialisten könnte man deshalb schon nicht miteinander vergleichen, da Lenin und Liebknecht wesentlich radikaler gewesen seien als Jean Jaurès, der nicht den politischen Umsturz, die Revolution befürwortete, sondern die Reform. Das Argument ist so nicht richtig. Ganz davon abgesehen, daß Jaurès zur Verhinderung eines europäischen Krieges sehr radikale Mittel befürwortete, wie wir noch sehen werden, sein Wirkungsfeld war eine demokratische bürgerliche Republik, in der die Arbeiterschaft zwar nicht eine wirtschaftliche, aber in politischer Hinsicht eine volle Gleichberechtigung hatte und das Parlament das Zentrum der politischen Willensbildung war. Eine solche Stellung hatte der deutsche Reichstag bis 1918 niemals, von den politischen Zuständen in Rußland ganz zu schweigen.

Merkwürdig aktuell für uns Heutige sind die innerpolitischen Themen, mit denen sich Jean Jaurès im Parlament herumschlägt. Von der Altersversorgung der Arbeiter einmal abgesehen, vom Streikrecht, das die Unternehmer schon damals mit brutalen Aussperrungen beantworteten, waren es Probleme der Intellektuellen, denen sich Jaurès vorzugsweise widmete und die auch für unsere Parlamentarier immer noch oder schon wieder auf der Tagesordnung stehen. Jaurès kämpft zum Beispiel für die politische Betätigung der Pädagogen und Hochschullehrer, die schon damals mit Berufsverbot bedroht werden. Ganz besonders liegt ihm die Lage der Bauern am Herzen. Schon damals geschieht jenes »Wunder«, das wir heute noch staunend beobachten können, daß die Bauern relativ billig an die Herren des Großhandels verkaufen müssen, in deren Händen sich billig eingekaufte landwirtschaftliche Produkte in teure Produkte für den Markt in der Stadt verwandeln, um nur eines der vielen Probleme herauszugreifen. Politik wurde von Jaurès als Beschäftigung mit dem Allgemeinwohl betrachtet. Weltpolitik und Alltagsprobleme waren dabei nur zwei Seiten einer Medaille.

Aber sein eigentliches Wirkungsfeld wird sehr schnell die internationale Politik und deren Hauptfrage für Europa: *Wie kann ein Weltkrieg verhindert werden?* Denn der »*große Krieg der weißen Männer*« (Arnold Zweig) beginnt sich immer deutlicher abzuzeichnen – schon vor der Jahrhundertwende. Dieser Krieg – ebenso wie der Zweite Weltkrieg – bricht nicht über die Welt herein wie ein Blitzschlag aus heiterem Himmel. Ganz verschiedenartige Kräfte stochern so lange in dem »Vulkan«, bis er Tod und Verderben über Europa speit. Die Schüsse von Sarajewo – man liest das oft noch anders in manchen Geschichtsbüchern – waren nur die Funken am Pulverfaß.

Eine Konstante in den Gegensätzen zwischen dem sich seit 1871 mächtig über Europa hinlagernden Deutschen Reich und der 3. Französischen Republik war die *Annexion von Elsaß-Lothringen* im Krieg von 1870/1871. Die *Revanche* für diesen Raub trieb Frankreich schon bald an die Seite Rußlands; und die riesigen französischen Anleihen für das brüchige Zarenreich waren es unter anderem, durch die mit goldenen Fäden das widernatürliche Bündnis zwischen Despotie und Republik befestigt wurde. Aber die Frage von Elsaß-Lothringen allein war nicht dazu angetan, den Krieg auszulösen, zumal es auf der französischen Linken bedeutende Kräfte gab, und hier muß Jean Jaurès an erster Stelle genannt werden, die der Revanche eine strikte Absage erteilen und statt dessen als Lösung des Konflikts die Autonomie für Elsaß-Lothringen vorschlagen.

Stärker als der Gedanke der Revanche für 1870/1871 wirkte sich die sich verändernde internationale Situation Frankreichs kriegsgefährdend aus. Neben dem riesigen Kapitalexport war es vor allem, wie wir bereits kurz erwähnten, die immer aktivere Beteiligung Frankreichs an der Ausplünderung und Aufteilung der Welt. Zwischen 1880 und 1900 waren die überseeischen Besitzungen Frankreichs von knapp 2 Millionen auf 9 Millionen Quadratkilometer angewachsen; die Zahl der dort lebenden »Eingeborenen« von 7 Millionen auf 56 Millionen. Schon 1874 war Kotschinchina mit Kambodscha gewaltsam vereinigt worden. Nach der Eroberung Ammans 1883 werden nach dem Krieg mit China Tonking, Kambodscha, Kotschinchina und Amman unter dem Namen Französisch-Indochina zusammengefaßt. Madagaskar wird 1885 unter französische »Schutzherrschaft« gestellt. 1896 wird es Kolonie. Ebenfalls 1885 erweitert Frankreich seinen Einfluß am Kongo. 1898/1899 kommt es zu einem schweren Konflikt zwischen Frankreich und England um den Besitz des Sudans (Faschoda-Krise), der mit einer diplomatischen Niederlage Frankreichs endet. Im März 1899 verzichtet Frankreich auf seine »Ansprüche«. 1904 kommt es dann zum Abschluß der »Entente cordiale« zwischen Frankreich und England. Dieses Bündnis hat den Zweck, das drohende Übergewicht des Deutschen Reiches auf dem Kontinent besser kontrollieren zu können. In diesem Zusammenhang läßt Frankreich England in Ägypten freie Hand, Frankreich dagegen erhält die Zusicherung Englands, freie Hand in Marokko zu haben. Frankreich, in Marokko durch große Phosphor- und Eisenvorkommen sowie durch Getreidefelder und Olivenplantagen angelockt, steuert hier auf ein Protektorat nach tunesischem Muster zu. Hier kommt es nun zu einer ersten schweren Konfrontation mit dem deutschen Imperialismus, der infolge der späten Entwicklung des Kapitalismus in Deutschland und der noch späteren Errichtung eines einheitlichen Reiches (1871) bei der Aufteilung der Kolonien und Einflußgebiete der Welt »zu kurz« gekommen war. Am 31. März 1905 landet Kaiser Wilhelm II. während einer Mittelmeerreise überraschend in Tanger. Er richtet an den Sultan von Marokko (aber in Wirklichkeit an Frankreich und England) eine Botschaft des Inhalts, er sei entschlossen, alles zu unternehmen, damit die Interessen Deutschlands in Marokko bewahrt würden. Hier, am 31. März 1905, beginnt wie beim Start einer Rakete schon jene »heiße Phase« der steigenden Spannungen unter den europäischen Mächten, die mit der Explosion des Ersten Weltkrieges endet.

Jean Jaurès hat – ebenso wie Lenin – schon früh erkannt, daß das Zusteuern auf die große Katastrophe keineswegs den führenden Kräften *einer* Nation allein angelastet werden könnte:

»Der wirtschaftliche Wettbewerb der einen Nation gegenüber einer anderen, die Gier nach Gewinnen, die Notwendigkeit, neue Märkte um jeden Preis zu erschließen, sogar um den eines Krieges, wodurch die kapitalistische Produktion aus der ihr innewohnenden Unordnung befreit werden sollte – all dies hält die Menschheit gegenwärtig in einer ständigen kriegerischen Spannung.«[6]

Von dieser Überzeugung ist Jaurès niemals abgewichen, und deshalb und wegen seiner Haltung in der Frage Elsaß-Lothringen, wurde er schon früh von den französischen Chauvinisten als »deutschfreundlicher Vaterlandsverräter« bezeichnet.

Hinzu kam, daß Jaurès zu jenen gehörte, die im Zusammenhang mit der *Dreyfus-Affäre* der französischen Rechten eine neue empfindliche Niederlage beibrachte, nachdem 1889 der Versuch der Monarchisten, mit Hilfe des Generals Boulanger – die Personifizierung der Revanche gegen Deutschland – einen *Staatsstreich* zu wagen, das Parlament aufzulösen und eine Militärdiktatur zu errichten, kläglich gescheitert war.

Die französische Öffentlichkeit glaubte lange, bei der Verhaftung und Verurteilung des jüdischen Artilleriehauptmanns Alfred Dreyfus, Generalstabsoffizier, abkommandiert zum Großen Generalstab, handele es sich um einen gewöhnlichen und zum Glück aufgedeckten Fall von Spionage zugunsten der Deutschen. Dreyfus wurde am 15. Oktober 1894 verhaftet und am 22. Dezember desselben Jahres zu lebenslänglicher Verbannung verurteilt.

Am 13. April 1895 landet er auf der berüchtigten Teufelsinsel bei Cayenne. Sein Leben und sein Schicksal scheinen besiegelt. Aber elf Jahre später, am 12. Juli 1906, annulliert der Kassationshof das Urteil. Dreyfus wird voll rehabilitiert und am 20. Juli 1906 zum Ritter der Ehrenlegion ernannt. In diesen elf Jahren zwischen 1895 und 1906 spielt sich in der französischen Republik ein beispielloser Kampf um Leben und Ehre des Hauptmanns Dreyfus ab. Jean Jaurès und Emile Zola – der berühmte Schriftsteller – erkennen früher als die meisten ihrer Zeitgenossen, daß hinter der angeblichen Aufdeckung dieses Spionagefalls zugunsten der Deutschen eine weitverzweigte Militärverschwörung steckt, die den konstruierten und mit einer Serie von Fälschungen inszenierten Fall Dreyfus benutzen will, um die Masse der Franzosen durch chauvinistische Einpeitschungen für eine neue Militärdiktatur reif zu machen.

Am 13. Januar 1898 veröffentlicht Emile Zola in der Zeitung *»L'Aurore«* einen offenen Brief an den Präsidenten der Republik unter der Überschrift *»Ich klage an. . .!«*. Dieser Brief Zolas enthält schärfste Anklagen gegen die höchsten militärischen Stellen. Sein Brief spaltet die französische Nation in zwei Lager. Während die Sozialisten sich uneinig sind, wie und ob man Partei ergreifen sollte (die einen betrachten die Dreyfus-Affäre als Streit unter reichen Leuten, der die Arbeiter nichts angeht, die anderen wollen auf die anstehenden Parlamentswahlen Rücksicht nehmen), ergreift Jaurès in der Parlamentsdebatte, die der Veröffentlichung von Zolas Brief folgt, unerschrocken Partei für Dreyfus und Zola. Jaurès sieht sich einer ihm feindlich gesinnten Parlamentsmehrheit gegenüber, die ihn am Reden hindern will. Die Parlamentssitzung endet mit einem

Tumult, als ein monarchistischer Abgeordneter Jean Jaurès physisch angreift. Als Zola im Februar 1898 wegen »Beleidigung der Militärbehörden« zu einem Jahr Gefängnis und zu einer hohen Geldstrafe verurteilt wird, gehört Jaurès wieder zu seinen vehementesten Verteidigern. Über die Dreyfus-Affäre stürzen Kabinette und müssen hohe Militärs ihren Abschied einreichen. Einer von ihnen, der Oberst Henry, macht im Gefängnis Selbstmord (nach einer anderen Version wurde er sogar als gefährlicher Mitwisser im Gefängnis ermordet). Andere hohe Persönlichkeiten fliehen ins Ausland. Diese furchtbare Niederlage der Rechten wurde Jean Jaurès niemals vergessen.

Auch die immer bedeutendere Tätigkeit Jaurès auf *internationaler* Ebene wurde seit Beginn des Jahrhunderts von zunehmend heftigeren Angriffen der Rechten begleitet. Die 2. Internationale der Arbeiterparteien und Gewerkschaften war 1889 gegründet worden. Je drohender sich am Anfang unseres Jahrhunderts der Weltkrieg abzeichnete, desto intensiver werden in der internationalen Arbeiterbewegung die Debatten über die Möglichkeit der Verhinderung des Krieges. Das zeigte sich bereits auf dem Kongreß der 2. Internationale in Amsterdam 1904, an der 476 Delegierte aus 24 Ländern teilnehmen. Die einstimmig angenommene Resolution zur Kolonialpolitik als einer Quelle kriegerischer Auseinandersetzung verpflichtet alle sozialistischen Parteien und auch ihre Parlamentsfraktionen, sich »*rücksichtslos jedem imperialistischen und protektionistischen Antrage, jedem kolonialen Eroberungszug und jeder militärischen Ausgabe für die Kolonien zu widersetzen*«.

Keine Einigkeit dagegen konnte bei der Beantwortung der Frage erzielt werden, ob und unter welchen Bedingungen sich *Sozialisten an einer bürgerlichen Regierung beteiligen sollten*. Die Beantwortung dieser Frage war seit 1899 von aktueller Bedeutung, da in Frankreich Etienne-Alexandre Millerand, der sich zu dieser Zeit noch zu den sozialistischen Abgeordneten des französischen Parlaments zählte, bis 1902 Handelsminister gewesen war und einträchtig mit einem Kriegsminister auf der Ministerbank gesessen hatte, der 1871 als Offizier an der Abschlachtung der Pariser Kommune beteiligt gewesen war.

Die *deutsche Sozialdemokratie* hatte auf ihrem Dresdner Parteitag von 1903 unter anderem den »Millerandismus« grundsätzlich verurteilt als Kapitulation vor dem bürgerlichen Staat. Diese Position des Dresdner Parteitages wurde auf dem Amsterdamer Kongreß von

August Bebel konsequent verteidigt. Sein großer Gegenspieler wird hier Jean Jaurès, der zwar eingesehen hatte, daß seine Untersützung Millerands ein großer Fehler gewesen war, denn Millerand hatte in der Regierung keineswegs sozialistische Positionen vertreten, sondern er hatte sich bald zu einem üblen Chauvinisten entwickelt. Aber Jaurès wollte die Frage: Beteiligung an einer bürgerlichen Regierung als Sozialist oder Verweigerung jeder Mitarbeit in einer bürgerlichen Regierung, prinzipiell behandelt wissen. Dabei kommt er zu Erkenntnissen, die sicher bis heute ihre Gültigkeit nicht verloren haben, nämlich, daß die Frage: Beteiligung von Sozialisten an einer bürgerlichen Regierung oder nicht, niemals mit einem klaren Nein oder einem klaren Ja beantwortet werden kann, sondern immer nur im Zusammenhang mit der jeweiligen Staatsform und dem jeweiligen Kräfteverhältnis zwischen Bürgertum und Arbeiterschaft. Jaurès sieht eindeutig, daß eine Beteiligung an einer Regierung sich im deutschen Kaiserreich, einem vom Parlament nur schwach beeinflußten Fürstenbündnis, anders stellt als in einer bürgerlichen Demokratie mit dem Parlament als oberstem Machtorgan. Deutlich erkennt er jene Schwäche der deutschen Sozialdemokratie, die sich 1914 so verhängnisvoll auswirken sollte:

»Es ist ein verhängnisvoller Irrtum der Deutschen, daß sie durch die Dresdner Resolution ihre Taktik allen Ländern auferlegen wollen. . . Was im gegenwärtigen Moment auf Europa und der Welt, auf der Verbürgung des Friedens, der Sicherung der politischen Freiheit, dem Fortschritt des Sozialismus und der Arbeiterklasse lastet, das sind nicht die angeblichen Kompromisse, die waghalsigen Versuche der französischen Sozialisten, die sich mit der Demokratie verbündet haben, um Freiheit und Fortschritt zu retten, sondern das ist die politische Ohnmacht der deutschen Sozialdemokratie. . . Zwischen eurer anscheinenden politischen Macht, wie sie sich von Jahr zu Jahr an der wachsenden Zahl eurer Stimmen und Mandate ausdrückt, und der wirklichen Macht von Einfluß und Tat besteht ein Gegensatz, der um so größer zu werden scheint, je mehr eure Wahlmacht zunimmt. . . Warum? Weil ihr weder die revolutionäre Tradition noch die Kraft zur parlamentarischen Aktion habt. . . Es hat im deutschen Proletariat Beispiele bewundernswürdiger Hingabe gegeben, aber es hat keine revolutionäre Vergangenheit. Es hat sich das allgemeine Wahlrecht nicht auf den Barrikaden erobert. Es hat es von oben bekommen. . . Nun wohl, weil ihr diese revolutionäre Tradition nicht habt, seht ihr sie bei Völkern, die auf sie zurückgreifen, mit Mißvergnügen, und ihr habt nur Angriffe,

eure Theoretiker haben nur Geringschätzung gehabt für unsere belgischen Genossen, die zur Eroberung des allgemeinen Wahlrechts unter Lebensgefahr auf die Straße gegangen sind... Ihr habt in euren Blättern ausgerufen UNSER DAS REICH! UNSER DIE WELT! Nein, das Reich ist noch nicht euer, denn ihr seid nicht einmal so sicher, daß ihr in eurer Hauptstadt dem internationalen Sozialismus Gastrecht gewähren könntet. Ihr wißt also nicht, welchen Weg ihr wählen sollt...«[7]

Bebel antwortet Jaurès sofort. Er hatte in seinen Ausführungen recht, wenn er sagte, die sozialistische Bewegung sei durch Millerand kompromittiert worden, er irrte, als er noch einmal Kaiserreich und bürgerliche Demokratie in einem Atemzug ablehnte. Er sah einfach nicht, welche ganz anderen Möglichkeiten den Arbeitern im Ringen um den Sozialismus die demokratische Republik gegenüber dem Kaiserreich gewährte.

Das betraf natürlich auch die Frage der *Verhinderung von Kriegen.* Es ist das bleibende Verdienst Jean Jaurès, hier Grundsätze formuliert zu haben, die für die demokratische Republik bis heute Gültigkeit haben. Jaurès formuliert diese Grundsätze zur Verhinderung eines Krieges während einer stürmischen Parlamentsdebatte des Jahres 1905:

»Die sozialistische Friedenspolitik kann in drei Ideen zusammengefaßt werden, die sich ergänzen und untrennbar sind. Erstens müssen wir die Verteidigungskraft der Nation auf ihren höchsten Grad heben... indem wir unsere militärischen Einrichtungen in Einklang mit den Lebensbedingungen der republikanischen Demokratie bringen... Zweitens müssen wir täglich die Einheit und die wirkliche Aktion der Arbeiter in jedem Lande verstärken, damit das europäische Proletariat durch gemeinsame und gleichgeordnete Aktionen allen Regierungen gegenüber den Ausbruch von Kriegen verhindert... Sollten aber trotzdem Kriege ausbrechen, so soll das Proletariat von einem Ende Europas zum anderen die verbrecherischen Regierungen, die den Sturm entfesselten, in Ohnmacht versetzen... Endlich wünschen wir, daß die französische Regierung einer jeden anderen Nation die systematische und universelle Praxis eines allgemeinen schiedsrichterlichen Verfahrens für die Konflikte vorschlägt, die zwischen ihnen entstehen könnten.«[8]

Diese drei Grundsätze hat Jaurès bis zu seinem letzten Atemzug verteidigt und immer wieder neu zur Diskussion gestellt.

Schauen wir uns die drei Grundsätze einmal näher an:

1. Indem die militärischen Einrichtungen mit den Lebensbedingungen der republikanischen Demokratie in Einklang gebracht werden, wird die Verteidigungskraft der Nation auf ihre höchste Höhe gehoben. Diesem Grundsatz hat Jean Jaurès in einem 500 Seiten starken Buch, das er 1911 herausgab, umfassend beschrieben. Dieses Buch heißt »Das neue Heer«. Es wurde 1913 in Jena auch in deutscher Sprache herausgegeben und ist bis heute in seinen Grundzügen das aktuelle Handbuch für den Aufbau einer *Verteidigungsarmee einer demokratischen Republik* geblieben. Der wichtigste Grundgedanke dieses Buches heißt:

»Die Lösung liegt in der Bildung einer streng demokratischen Miliz und in der Beschränkung der Kasernen auf die Funktion von Ausbildungsschulen. Das ganze Volk muß in eine ungeheure und kraftvolle Nation in Waffen umgewandelt werden, die im Dienst der nationalen Demokratie und des Friedens steht.«[9]

Jaurès' Vorbild ist das Wehrsystem der Schweiz, und er erkennt, daß eines der wichtigsten Probleme beim Aufbau einer neuen Armee die *Ausbildung der Offiziere* ist. Er schlägt die Auflösung aller Militärakademien in Frankreich vor, die überall in der Welt sich als abgesonderte Enklaven konservativen Denkens und Handelns gezeigt haben, immer noch zeigen und oft Brutstätten antidemokratischer Putsche waren und sind. Jaurès' Offiziere sollen zu einem Drittel an regulären französischen Universitäten studieren, wobei insbesondere die Gewerkschaften und andere Organisationen der Arbeiterschaft Vorschlagsrecht haben. Zwei Drittel der zukünftigen Offiziere sollen aus dem Unteroffizierskorps aufsteigen, wobei eine demokratische Kontrolle über die Beförderung vom Unteroffizier zum Offizier eingeführt werden soll durch demokratisch gewählte Komitees in jedem Regimentsgebiet.

2. Die Organisation der nationalen Verteidigung und die Organisation des internationalen Friedens ergänzen sich gegenseitig. Hier setzt Jaurès die größte Hoffnung auf die 2. Internationale, wenn er schreibt:

»Internationale Solidarität läßt sich nicht durch die Auslöschung der nationalen Unabhängigkeit oder der Vaterlandsliebe erreichen. Die Arbeiter-Internationale ist keine antinationale Körperschaft... Die Internationale hat die stärksten und vornehmsten Mitglieder in den unabhängigsten Nationen. Man könnte auch sagen: Ein wenig Internationalismus entfremdet dem Vaterland, viel Internationalismus aber führt zu ihm zurück.«[10]

Wie sehr sollte sich Jaurès täuschen. Spätestens 1914 erwies sich die Ohnmacht der internationalen Arbeiterbewegung, als es ihr nicht gelang, den Ausbruch des Ersten Weltkrieges zu verhindern.

3. Der dritte Grundsatz Jean Jaurès' zur Verhinderung eines Krieges ist in den Gesetzentwurf eingegangen, den Jean Jaurès 1911 dem Parlament zur Frage der nationalen Verteidigung vergeblich vorlegte. Die Artikel 16 und 17 seines Entwurfes lauten:

Artikel 16: ... *Jeder Krieg ist verbrecherisch, der nicht unzweifelhaft ein Verteidigungskrieg ist; und das ist er, unzweideutig und gewiß, nur dann, wenn die Staatsregierung der fremden Regierung, mit welcher sie in Konflikt gerät, zunächst die Beilegung des Konfliktes durch Schiedsspruch vorschlägt.*

Artikel 17: ... *Jede Regierung, die einen Krieg unternimmt, ohne vorher öffentlich und loyal die schiedsgerichtliche Lösung des Konfliktes vorgeschlagen zu haben, ist als Verräter an Frankreich und den Menschen, als öffentlicher Feind des Vaterlandes und der Menschheit zu betrachten. Jedes Parlament, welches seine Zustimmung gibt, ist des Hochverrats schuldig und von Rechts wegen aufgelöst. Es ist die verfassungsmäßige und nationale Pflicht der Bürger, jene Regierung zu stürzen und durch eine gut gesinnte Regierung zu ersetzen, welche... dem Gegner das Anerbieten macht, durch einen Schiedsspruch die Feindseligkeiten zu verhüten oder einzustellen.«*[11]

Jaurès hat hier sehr früh Gedankengänge formuliert, die sowohl 1919 als auch 1945 zur Gründung von internationalen Organisationen führten, die den Krieg verhindern sollten. Aber die Erfahrungen mit dem Völkerbund und mit der UNO sind eher negativ als positiv. Keines der so früh von Jaurès immer wieder leidenschaftlich beschworenen Mittel zur Verhinderung von Kriegen hat sich auch nur entfernt als wirksam erwiesen.

»Einmal werden die Handbücher der Geschichte die hochherzigen Reden und die großen Gedanken berichten, die auf dem Kongreß von Basel laut wurden ... Ich kann nicht lachen über diese riesige in Basel versammelte Volksmenge, über diese große Hoffnung, die betrogen werden sollte. Es gibt unter diesen Leuten dort nicht nur Verräter. Es gibt dort Männer, die schon vom Finger des Todes gezeichnet sind ... Ich sehe dort Tausende und aber Tausende lebendiger junger Männer. In ihrem warmen Fleisch pulst das Blut.

Jaurès spricht von den Glocken von Basel: ›... die Glocken, deren Klang das Weltgewissen wachrief...‹, und die Glocken von Basel beginnen in seiner Stimme mitzuklingen... Die Hoffnung der Revolu-

tion steigt aus dieser immer leidenschaftlicher werdenden Rede auf. Wortball, Klangbälle. Die Gedanken tönen wie Lieder in diesem Basler Dom. Die Inschrift, die Friedrich Schiller, dieser große deutsche Dichter, in die symbolische Glocke seines berühmten Gedichts eingegraben hat, Jaurès gibt ihr ein neues theatralisches Leben: ›Vivos voco, mortuos plango, fulgures frango.‹[12]

Ein Schritt nur trennt uns vom Abgrund, und er, der als erster fallen soll, ruft diesen magischen Satz aus. Die Lebenden und die Toten hören ihn, dicht gedrängt in der Apsis und in den Kapellen. . . ›Vivos voco, mortuos plango, fulgures frango.‹

An dem ganzen Himmel Europas und dort hinten im fernen Amerika ballen sich dunkle, mit Kriegsstrom geladene Wolken. Die Völker sehen, wie sie sich zusammenziehen, aber ihr Schatten verdeckt zugleich auch ihren Ursprung. Die Wisner, die Rockefeller, die de Wendel, die Finlay, die Krupp, die Putilow, die Morgan, die Joseph Quesnel agieren in einer höheren, den Massen verschlossenen Welt, in der sich das Geschick der Massen entscheidet. Hände schreiben Zahlen auf schwarze Bretter. Kleine perforierte Bänder laufen in automatischen Apparaten ab. Der Krieg. Der Krieg wird vorbereitet. Er ist da. ›Vivos voco, mortuos plango, fulgures frango!‹

Wehe, die Beschwörung ist fruchtlos. Die Blitze werden nicht gebrochen. Die Lebenden. . . Aber wer hat in dieser Stunde noch ein Recht auf diesen herrlichen Namen? Wo alles wankt und man im Handumdrehen aus einem Lebenden einen Toten macht. ›Wenn die Regierenden den Krieg heraufbeschwören, sollten sie daran denken‹, sagte Jaurès, ›wie leicht die Völker sich ausrechnen könnten, daß ihre Revolution sie weniger Opfer kosten würde als der Krieg der anderen.‹

Er hat geendet. Wird der Dom einstürzen unter den Beifallsstürmen und Hurrarufen? Jaurès' Triumph ist ein blutiger Triumph. Die Herren über Krieg und Frieden werden ihn ihm nie verzeihen.«[13]

Diese Zeilen stehen auf der vorletzten Seite des Romans »*Die Glocken von Basel*« von Louis Aragon. Der Roman endet mit der eindrucksvollen Schilderung des Baseler Kongresses der 2. Internationale am 24./25. November 1912, nur knapp zwei Jahre vor Ausbruch des Ersten Weltkrieges.

An dem Kongreß nehmen 555 Delegierte aus 23 europäischen Ländern teil. Im Münster von Basel findet eine feierliche Friedenskundgebung statt, und auf dem Platz vor der Kirche haben sich 15 000 Menschen versammelt. Am 25. November nimmt der Kongreß einstimmig ein »*Manifest der Internationale zur gegenwärtigen*

Lage« an. Noch einmal wird der bereits in Stuttgart und Kopenhagen formulierte Grundsatz bekräftigt, daß die Arbeiter aller Länder und ihre parlamentarischen Vertreter beim drohenden Ausbruch eines Krieges mit den ihnen am wirksamsten erscheinenden Mitteln alles tun sollen, um den Krieg zu verhindern. Wenn das nicht gelingt – und auch dieser Grundsatz wird noch einmal bekräftigt –, sollen die Arbeiterparteien alles tun, um den Krieg so schnell wie möglich zu beenden. Der Kongreß hebt außerdem die *besondere Verantwortung der deutschen, französischen und der englischen Arbeiterschaft* hervor. Die Arbeiter dieser Länder sollen gegenüber ihren Regierungen auf unbedingte Neutralität bei kriegerischen Konflikten in Europa drängen. Die Resolution nennt die »neuralgische« Stelle: den Balkan. Weder Rußland noch Österreich-Ungarn sollen unterstützt werden, weder England noch Frankreich oder Deutschland sollen sich auf dem Balkan einmischen.

Das Baseler Manifest ist in vieler Hinsicht bemerkenswert, in positiver und auch in negativer Hinsicht. Es ist die letzte große Willensäußerung der europäischen Arbeiterschaft vor dem Ersten Weltkrieg gegen das Völkergemetzel. Der letzte Aufruf, oder besser gesagt »Aufschrei«, des Internationalen Sozialistischen Büros in Brüssel vom 29. Juli 1914 geht ja schon unter im Begeisterungstaumel der Mehrheit der verblendeten Europäer für den großen Krieg. In richtiger Vorausschau hatte die 2. Internationale die immer neuen kriegerischen Auseinandersetzungen auf dem Balkan als eine mögliche Ursache für den großen europäischen Kreig angesehen. Das nicht nur deshalb, weil mit dem Zerfall des Osmanischen Reiches der Nationalismus der Serben, der Bulgaren, der Rumänen und der Griechen immer wieder in blutige Greuel überging. Das *allein* hätte nie zu einem Weltkrieg führen können. Die Situation des Balkans war deshalb für den Weltfrieden so gefährlich (vielleicht heute mit der Palästinafrage vergleichbar), weil sich die Interessen aller Großmächte (Rußland, Deutschland, Österreich, Frankreich und England) auf dem Balkan und vor allem auch an den Dardanellen kreuzten und sich teilweise unversöhnlich gegenüberstanden.

Trotzdem: Der Balkan war nicht, wie es immer wieder in der Geschichtsschreibung betont wird, allein *das* Pulverfaß, das der Attentäter Gavrilo Princip am 28. Juni 1914 mit seinen gezielten Schüssen auf den österreichischen Thronfolger und seine Gattin zur Explosion brachte. Der Kampf um die Aufteilung bzw. Neuaufteilung der Welt zwischen den imperialistischen Großmächten hatte ein System von Bündnissen und Gegenbündnissen erzeugt, die an allen Ecken und Enden der Welt den Mechanismus des Weltkrieges hätten auslösen können: so wie in Sarajewo genauso im Elsaß oder in Marokko oder im Innern Afrikas, bei den Dardanellen oder in Persien, um hier nur einige der neuralgischen Punkte der Weltpolitik zu nennen. Europa ist auch nicht, um hier eine andere populäre Formulierung der gängigen Geschichtsschreibung hervorzuheben, in den Ersten Weltkrieg »*hineingeschlittert*«. Alle Großmächte waren auf diesen furchtbaren Krieg vorbereitet, *alle wollten ihn* – aus sehr unterschiedlichen Gründen.

Daß die im Deutschen Reich Herrschenden nach einer kriegerischen Auseinandersetzung ganz besonders stürmisch lechzten, hängt überhaupt nicht mit besonders miesen Charaktereigenschaften einiger Persönlichkeiten zusammen, sondern vielmehr mit der eigentümlichen verspäteten Entwicklung des deutschen Nationalstaates, der erst zu seiner vollen imperialistischen Blüte gelangt, als die Welt unter den anderen Großmächten schon vollständig in Kolonien und Einflußsphären aufgeteilt ist. Wenn diese riesige wirtschaftliche Kraft, die sich nach 1870 bis zum Anfang unseres Jahrhunderts in der Mitte Europas zusammenballt, zu neuen Absatzmärkten und Rohstoffquellen, zu dem sattsam bekannten »*Platz an der Sonne*«, gelangen wollte, mußte sie in einem Kampf auf Leben und Tod – übrigens ohne einen wirklich starken Verbündeten – den »*Griff nach der Weltmacht*« wagen. Fritz Fischer hat in dem gleichnamigen aufsehenerregenden Geschichtswerk 1961 (!) endlich die bis dahin gültige deutsche Geschichtsschreibung wirkungsvoll zurechtgerückt.[14]

Wer konnte den Krieg verhindern? Es gab außer der in der europäischen Arbeiterbewegung organisierten Kraft keine andere, die den Weltkrieg hätte verhindern können. Wir wissen heute: *Es gelang nicht einmal im Ansatz.* Wie die Ereignisse leider deutlich zeigen, kommt die europäische Arbeiterbewegung im Juli/August 1914 mit Ausnahme der russischen Arbeiterbewegung in der Abwehr des Krieges über relativ wenige Friedensversammlungen und -demonstrationen in England, Frankreich und Deutschland nicht hinaus.

In Frankreich selbst konnte sich Jean Jaurès in den neun Jahren vor dem Krieg zwischen 1905 und 1914 innerhalb der französischen Arbeiterschaft auf eine sozialistische Partei stützen, die – und das war ganz wesentlich Jaurès' Werk – mit dem Einigungsparteitag von 1905 revolutionäre *und* reformistische Kräfte vereinigte. Am 25. April 1905 wird die neue Partei geboren, die sich »*Sozialistische Partei, Französische Sektion der Arbeiter-Internationale*« (SFIO) nennt. Schon ein Jahr vorher wird die Zeitung »*Humanité*« gegründet, was im Französischen sowohl »Menschheit« als auch »Menschlichkeit« heißt. Sie wird Jaurès' wichtigstes Sprachrohr. Er schreibt für die Humanité zwischen 1904 und 1914 etwa 2000 Artikel. Wie alle Führer der 2. Internationale verkörpert auch Jean Jaurès in sich und seinem Wirken den fundamentalen Widerspruch, der durch alle diese Parteien mit ihren Millionen Wählern geht, nämlich: die Hoffnung auf den Sozialismus nicht aufzugeben, aber *gleichzeitig* das Schwergewicht der politischen Arbeit der Partei in der Parlamentsarbeit zu sehen. Auch die Sozialistische Partei Frankreichs ist vor dem Ersten Weltkrieg weit davon entfernt, Kurs auf die sozialistische Revolution zu nehmen.

Im Jahre 1912 wird der Lothringer Jurist Raymond Poincaré Ministerpräsident, später Präsident der Republik. Poincaré (seine politischen Gegner sagen: »*Poincaré – das ist der Krieg!*«) verkörpert vollständig die Kriegspartei des französischen Großbürgertums. Poincaré ist es, der systematisch die Allianz mit Rußland zum kriegsvorbereitenden Bündnis ausbaut. Gleichzeitig forciert er die Verstärkung der französischen Streitkräfte. Das Jahr 1913 steht in Frankreich im Zeichen des Kampfes um die Ausdehnung der Militärdienstzeit von zwei auf drei Jahre. Die Situation der französischen Sozialisten wird 1913 deutlich schwieriger, denn der Kampf der Revanchepartei um die dreijährige Dienstpflicht läuft parallel zu der parlamentarischen Auseinandersetzung im Deutschen Reich um die von der deutschen Kriegspartei eingebrachte Militärvorlage, die eine enorme Vergrößerung des kaiserlichen Heeres von 660000 auf 900000 Mann bis Ende 1915 vorsieht.

Als Jaurès sich leidenschaftlich gegen die Verlängerung der Dienstpflicht ausspricht und gleichzeitig immer wieder auf den Friedenswillen der Internationale und vor allem auf den Friedenswillen ihrer stärksten Sektion mit 4 Millionen Wählern im Deutschen Reich hinweist, wird schon *öffentlich sein Tod gefordert.* Einer seiner Gegner schreibt im April 1913, Jaurès gehöre auf den Hinrichtungskarren, denn er sei ein Agent Deutschlands. Jaurès läßt sich durch die sich steigernde Mordhetze nicht einen Augenblick beirren, obwohl schon 1913 ihn diejenigen im Stich lassen, denen er in Deutschland so sehr vertraut. Bei der Abstimmung im Deutschen Reichstag am 30. Juni 1913 *stimmt die sozialdemokratische Fraktion für die Finanzgesetze der Wehrvorlage.* Der über 20 Jahre lang herrschende sozialdemokratische Grundsatz: »Diesem System keinen Mann und keinen Groschen« wird 13 Monate vor Ausbruch des Weltkrieges von der deutschen Sozialdemokratie aufgegeben. Fast zur gleichen Zeit wird im französischen Parlament über die dreijährige Militärdienstzeit abgestimmt. Die Kriegspartei siegt, die Linke einschließlich der Sozialisten erleidet eine Niederlage. So verliert Jean Jaurès seine deutschen Verbündeten, auf die er so große Hoffnungen gesetzt hatte. Seine wenigen wirklichen Verbündeten jenseits der Grenze, wie Karl Liebknecht und Rosa Luxemburg, entschiedene Gegner der Wehrvorlage und jedes anderen Zugeständnisses an den deutschen Militarismus, verkörpern als linker Flügel der SPD nur eine Minderheit. Als Rosa Luxemburg im September 1913 auf einer Versammlung gegen den Militarismus beteuert, die deutschen Arbeiter würden nicht auf ihre französischen Brüder schießen, wird sie vor Gericht gestellt und Anfang 1914 zu einem Jahr Zuchthaus wegen »Anstiftung zur Meuterei« verurteilt.

Jaurès' Grundirrtum bezüglich der Haltung der deutschen Arbeiterbewegung bei einem Kriegsausbruch wäre vermeidbar gewesen, wenn er mehr die Taten der Führer der deutschen Sozialdemokratie beachtet hätte als ihre Schwüre, Appelle und Resolutionen. Die Mehrheit der Führung der Sozialdemokratie geht eben nicht, wie man immer wieder lesen kann, erst am 1. August 1914 auf die Seite der Kriegspartei über, sondern das Hinübergehen auf die Position des deutschen Großbürgertums ist ein Prozeß, den man über ein Vierteljahrhundert hinweg Schritt für Schritt beobachten kann. Indem August Bebel mit allen ihm zur Verfügung stehenden Mitteln die Einheit der Sozialdemokratie zu wahren sucht, anstatt sich konsequent von der Rechten zu trennen, zerstört er (unbewußt) sein Lebenswerk.

Das Frühjahr 1914 schien hoffnungsvoll für die französischen Sozialisten zu sein. Die Parlamentswahl endet mit einem deutlichen Linksruck. Die SFIO gewinnt 300 000 Stimmen hinzu. Insgesamt erhält sie 1,4 Millionen Stimmen. Sie kann mit 103 Abgeordneten (+ 27) ins Palais Bourbon einziehen. Die französische Arbeiterschaft hatte so sehr deutlich zum Ausdruck gebracht, daß sie nicht bereit war, den chauvinistischen Parolen des Großbürgertums zu folgen. Die Kriegspartei verfügt allerdings im Parlament immer noch über eine solche Mehrheit, daß sie unangefochten ein Kabinett bilden kann, die Regierung Viviani, welche den Kurs auf den Krieg fortsetzt.

Am 28. Juni 1914 bringen die *Schüsse von Sarajewo die Kriegshysterie in Europa auf den Siedepunkt*. Präsident Poincaré fährt nach St. Petersburg, um der russischen Kriegspartei den Rücken zu stärken. Gleichzeitig bekommt Österreich vom deutschen Kaiser eine Blankovollmacht für seine Erpressungen gegenüber Serbien. Österreich ist zum Krieg gegen Serbien entschlossen, und Rußland ist bereit, Serbien mit allen Mitteln zu helfen.

Einige Äußerungen Jean Jaurès' aus diesen Tagen beweisen, daß er zwar die furchtbare Katastrophe ahnt, die allein 1,4 Millionen Franzosen das Leben kosten sollte. Was aber weder er noch ein anderer europäischer Sozialist ahnt, war, daß der »begrenzte kleine Krieg auf dem Balkan« durch die Bündnissysteme des Dreibundes der Mittelmächte und der Tripelentente Frankreichs, Englands und Rußlands den von allen gewollten großen Krieg auslöste.

Die Reihenfolge der Kriegserklärungen:

- Österreich–Serbien (28. Juli)
- Deutschland–Rußland (1. August)
- Deutschland–Frankreich (3. August)
- England–Deutschland (4. August)
- Österreich–Rußland (6. August)

war dabei keineswegs von so primärer Bedeutung, wie es oft dargestellt wird. Der deutsche Imperialismus wollte so oder so die Neuaufteilung der Welt, Großbritannien wollte so oder so Deutschland als Hauptkonkurrenten auf dem Weltmarkt ausschalten, das deutsche Kolonialreich annektieren und in der Türkei mehr Einfluß gewinnen. Letzteres hoffte auch Rußland neben der Erweiterung seiner Einflußsphäre auf dem Balkan. »Bosporus und Dardanellen«, das war der Kampfruf des russischen Großbürgertums. Österreich-Ungarn strebt nach der Herrschaft über den Balkan und will außerdem russisches Territorium rauben. Das französische Großbürgertum will nicht nur Elsaß-Lothringen wiedergewinnen, sondern auch linksrheinische Gebiete an sich reißen.

Zwar ahnte Jaurès natürlich, daß die Geheimdiplomatie allein dazu diente, die wirklichen Ziele der Herrschenden zu verbergen. Aber wie sehr er im dunklen tappte, zeigen seine Äußerungen im Juli

1914, als er in einer Rede der französischen Regierung bescheinigt, sie habe in der gegenwärtigen Krise eine Politik des Friedens verfolgt. Zum gleichen Zeitpunkt erklärt übrigens der deutsche Sozialdemokrat Hugo Haase, der deutsche Kaiser wolle keinen Krieg. Jaurès ahnte nicht, daß die französische Kriegspartei, die seinen Tod wünschte, unmittelbar nach seiner Ermordung die französische Arbeiterbewegung mit Jaurès' Worten, die Regierung habe eine Politik des Friedens verfolgt, auf den Krieg einschwören würde.

Am 14. Juli 1914 auf dem außerordentlichen Parteitag, den Jaurès mit aller Kraft vorbereitet hatte, wird mit knapper Mehrheit eine Beschlußvorlage angenommen, mit der die französischen Sozialisten zum erstenmal die Antikriegsbeschlüsse der 2. Internationale konkretisierten. Mit dem Beschluß: »*Dieser Kongreß betrachtet als besonders wirksames Mittel den Generalstreik, besonders in den Industrien, die Werkzeuge für den Krieg – Waffen, Munition und Transportmittel – erzeugen*« gehen die französischen Sozialisten über die allgemeinen Antikriegsparolen der Kongresse der 2. Internationale hinaus. Nicht nur die internationale Arbeitervereinigung insgesamt, sondern auch besonders die deutschen Sozialdemokraten hatten die Sabotage der Rüstungsindustrie durch Generalstreik immer mit Mehrheit abgelehnt. Aber auch dieser bemerkenswerte Beschluß, dem keine Taten folgen, kann den Kriegsausbruch nicht aufhalten.

Nach dem Ende des außerordentlichen Parteitages der französischen Sozialisten in Paris bleiben Jean Jaurès noch 14 Tage.

Wir müssen jetzt fragen: wer ist Jaurès' Mörder? »*Raoul Villain, der Mörder von Jaurès, war ein Narr. Er war nicht wahnsinnig, aber schwachsinnig.*« So charakterisiert einer der berühmtesten deutschen Pazifisten, Hellmut von Gerlach, den Mörder. Zur Tatzeit ist Villain 33 Jahre alt. Er ist ohne Beschäftigung, sein Vater, ein Gerichtsschreiber in Reims, schickt ihm monatlich 150 Francs. Der Diplomingenieur einer landwirtschaftlichen Hochschule hatte seinen Beruf nie ausgeübt. In Paris treibt er ziemlich planlos Studien: Literatur, Kolonialfragen, Archäologie, Rethorik ... Während des Prozesses bescheinigt der Gerichtsarzt Villain schwere erbliche Belastungen. Mutter und Großmutter des Mörders waren nervenkrank. Der Tick Villains bestand schon lange darin, daß er sich einbildete, er müsse Frankreich mit einem politischen Mord helfen. Zunächst denkt er wegen Elsaß-Lothringen an einen Mord an Wilhelm II. Bald verwirft er diesen Plan mit der bizarren Begründung, Wilhelm sei der einzige Monarch, der etwas von Kunst und Archäologie verstände. Als eifriger Leser rechtsradikaler Zeitungen stößt Villain immer wieder auf den Namen Jean Jaurès, der ein deutscher Agent sein soll. Am 17. Juli 1914 kann er in einer Pariser Tageszeitung lesen:

»Wenn am Vorabend eines Krieges ein General ein halbes Dutzend Soldaten und einen Korporal auswählen würde, um den Bürger Jaurès an die Wand zu stellen und die für ihn benötigte Ladung Blei auf Kernschußweite in sein Hirn zu jagen – würdet Ihr nicht denken, daß der General nichts anderes als seine elementarste Pflicht täte? Ja, und ich würde ihm dabei helfen!«[15]

Villain ist auch Bezieher der rechtsradikalen Zeitung »Action Française«. Hier liest er am 18. Juli 1914:

»Wenn M. Jaurès in der Kammer als Patriot auftritt, ist keiner an diesem Ort, der auf diesen Elenden die faulen Eier wirft, die er verdient hat – kein Abgeordneter, kein Journalist, nicht einmal ein Besucher. Und wenn M. Jaurès in die Armeekommission oder die gemischte Untersuchungskommission für den Generalstab und das Kriegsamt berufen wird, sind nicht genug Menschen französischen Blutes da, die ihn hinauswerfen, wie er es verdient. . .«[16]

Und an einer Straßenecke sieht er ein Plakat: Jaurès mit einer deutschen Pickelhaube auf dem Kopf. Darunter der Satz: *»Herr Jaurès, c'est Allemagne!«*

»Da faßte ich den Entschluß, ihn zu töten. In seiner Wohnung war er nicht, in seiner ›Humanité‹ wartete ich, bis er kam, verlor aber den Mut, als ich ihn sah. Als am 31. Juli die Mobilmachung angeschlagen wurde, dachte ich daran, daß er mit einem Kriegsstreik gedroht hatte. Ich sah ihn beim Abendessen im Café du Croisant, zog den Fenstervorhang beiseite und schoß auf ihn unter unwiderstehlichem Zwange. Mein letzter Gedanke war, daß er als Feind Frankreichs schnell beseitigt werden mußte.«[17]

Ein Freund Jaurès', der Parteisekretär Dubreuilh, sagt vor Gericht folgendes aus:

»Wir saßen mit einigen Genossen und Jaurès beim Abendessen, als zwei Schüsse fielen. Er war binnen weniger Sekunden, hinten in den Kopf getroffen, tot. Der sofort anwesende Arzt konnte nur noch sein Ableben konstatieren. Jaurès ahnte sein Los, denn wenige Tage vorher hatte er uns gesagt: ›Wird mobilgemacht, so muß ich wohl sterben!‹ Wir schützten ihn und warnten ihn, sich nicht zu exponieren, er antwortete: ›Ich gehöre in die vorderste Reihe und dort bleibe ich.‹ Nach den Schüssen betrat ein feldmarschmäßig ausgerüsteter Hauptmann das

Lokal und legte wortlos sein eigenes Kreuz der Ehrenlegion Jaurès auf die Brust, ein unvergeßlicher Anblick für uns, die den getöteten Führer und edlen Menschenfreund weinend umstanden. Auch seine Büste ist mit vielen Dutzenden »Croix militaires« (unserem EK II vergleichbar) von unbekannten Kriegsteilnehmern geschmückt worden, die ihn ehren wollten.«[18]

Die letzten 14 Tage im Leben Jean Jaurès' wiegen so schwer wie sein ganzes 55jähriges Leben. Diese 14 Tage sind ein ununterbrochener verzweifelter und völlig hoffnungsloser Versuch, die anrollende Kriegsmaschine aufzuhalten. Kein anderer Führer der 2. Internationale hat bis zum letzten Atemzug so um den Frieden gerungen wie Jaurès. Am 29. und 30. Juli 1914 ist er noch einmal in Brüssel auf einer außerordentlichen Sitzung des Internationalen Büros. Wieder wird ein Aufruf verfaßt, wieder eine Beschwörung – wieder keine Handlung gegen den Krieg. Zweimal interveniert Jaurès mit einer Delegation seiner Partei im französischen Außenministerium. Er besteht darauf, daß Poincaré in St. Petersburg die energischsten Vorstellungen erheben solle, um die Mobilisierung der russischen Armee zu verhindern. War Jaurès wirklich so naiv, daß er an den Erfolg solcher Interventionen glaubte? Wußte er wirklich nicht, wieviel französisches Kapital (weit über 100 Milliarden nach unserem heutigen Geldwert) in Rußland investiert worden war und wie weit die in Rußland Herrschenden aufgrund dieser Abhängigkeit alles das taten, was die französische Kriegspartei wollte?

Auch in seinem letzten Leitartikel spricht Jaurès in allgemeinen Formulierungen vom Heroismus der Geduld und vom Heroismus der Aktion. Aber es gibt keine Aktionen. Die Befürworter des Krieges sind stärker. Paris ist vollständig von Kriegshysterie aufgewühlt, genauso wie Berlin, St. Petersburg und Wien. Die Massen beginnen nach Waffen zu schreien, die in Frankreich aus Furcht vor dem »Teutonischen Ungeheuer«, die in Berlin aus Furcht vor dem »Russischen Bären« usw., usw., usw.. . .

Die Idee, der Internationale des Großkapitals, der Börsenjobber, der Rüstungsfabrikanten, der wahnsinnigen Militärs die Internationale der arbeitenden Menschen gegenüberzustellen, war eine der großartigsten Ideen des 19. Jahrhunderts. Aber diese großartige Idee zerplatzte im heißen Juli 1914 wie eine Seifenblase.

Am Tage des Kriegsausbruches war die 2. Internationale tot. Seitdem ist es bis jetzt zu keinem ähnlichgearteten Zusammenschluß der internationalen Arbeiterbewegung gekommen. Gerade auch die

Schrecken des Zweiten Weltkrieges ließen manchen in Deutschland ahnen, wie richtig die Losung der Linken vor dem Ersten Weltkrieg war, den Krieg dazu zu benutzen, der eigenen Regierung (in diesem Falle der Hitler-Regierung) eine entscheidende Niederlage zu bereiten. Wir hätten uns vieles erspart, wenn es möglich gewesen wäre, das zu erreichen.

Unter den Führern der 2. Internationale scheint es allein Lenin gewesen zu sein,[19] der, die Kräfte realistisch einschätzend, daran zweifelte, daß die Internationale Arbeiterbewegung in dem Zustand, in dem sie sich vor dem Ersten Weltkrieg befand, in der Lage sein könnte, den Krieg zu verhindern. Das hervorzuheben ist deshalb notwendig, weil in der sozialistischen Literatur immer wieder die These aufgestellt worden ist: ein Weltkrieg hätte nicht stattgefunden, wenn die Führer der 2. Internationale nicht Verrat geübt hätten. In Wirklichkeit, und das beweisen auch die frühen Bemerkungen Lenins zum Ausbruch des Krieges, war die Situation viel komplizierter.

Und sie ist heute noch komplizierter, denn die Masse der organisierten europäischen Arbeiterschaft hat sich bisher keineswegs bewußt in die Friedensbewegung einbezogen ... Das Problem, daß nur eine *umfassende internationale Friedensbewegung einen Krieg verhindern kann* – dieses Problem ist geblieben und bis heute aktueller als je zuvor. Angesichts der Zerstörungsmittel – und hier unterscheidet sich unsere heutige Situation von der vor dem Ersten Weltkrieg – würde *ein dritter Weltkrieg ein schnelles Ende der Menschheit bedeuten.*

Denken wir an Jaurès' Worte, die er im Januar 1914 in der »Humanité« schrieb:

»Heute sagt man euch jeden Tag: Handelt! Aber was heißt handeln, ohne zu denken? Es ist die Brutalität der Ausweglosigkeit. Man sagt euch: fegt die pazifistische Partei weg, die den Mut untergräbt. Aber wir, wir sagen euch, daß heute das Eintreten für den Frieden der größte aller Kämpfe ist ... Mißtraut denen, die euch warnen vor dem, was sie die ›Systeme‹ nennen, und die euch – unter dem Deckmantel einer Philosophie des Instinkts oder der Intuition – zur Abdankung der Intelligenz raten...«[20]

Walther Rathenau
Ein frühes Opfer
des Geistes von Auschwitz
(1922)

»Du tapferer Held,
Du schoßst den Gareis[1] nieder,
Du brachtest allen uns Befreiung wieder,
Von einem ›saubern‹ Sozihund.
Welch Licht in unserer Trauerstund!
Auch Rathenau, der Walther,
Erreicht kein hohes Alter.
Die Rache, die ist nah.
Hurra! Hurra! Hurra!

Laßt uns froh und munter sein,
Schlagt dem Wirth[2] den Schädel ein!
Lustig, lustig, trallalalala,
Bald ist Wilhelm wieder da.

Wenn einst der Kaiser kommen wird,
Schlagen wir zum Krüppel den Wirth,
Knallen die Gewehre, tack, tack, tack,
Aufs schwarze und aufs rote Pack.

Haut immer feste auf den Wirth!
Haut seinen Schädel, daß es klirrt!
Knallt ab den Walther Rathenau,
Die gottverfluchte Judensau!«

Eines der Lieder, die die Brigade Ehrhardt ab Juni 1921 gesungen hat.

»Wenn ich mich dort auf den Mittelweg der Linden aufstelle und rufe: ›Hoch die große alte Zeit, hoch Bismarck, hoch Kaiser und Reich, Hoch das alte glorreiche Preußen, hoch die alte Armee!‹ So werde ich vielleicht verhaftet, Aber die Männer, von einigen Strolchen abgesehen, blicken mit Rührung auf mich, und die Frauen werfen mir Kußhändchen zu. Wenn ich aber schreie: ›Hoch die Republik!‹, so lacht alles. Die Republik hat bei uns in Deutschland etwas Spießbürgerliches, etwas fast Ridiküles.«
Walther Rathenau, 1922[3]

Das Hotelzimmer, im pompös verstaubten Stil des ausgehenden 19. Jahrhunderts eingerichtet, ist groß und geräumig, so daß der hochgewachsene Herr im Pyjama ungehindert auf und ab gehen kann. Sein mächtiger, merkwürdig geformter Schädel ist kahl, seine braunen, immer verschleiert wirkenden Augen blicken ausdruckslos.

Es ist nachts halb zwei Uhr. Walther Rathenau, seit zweieinhalb Monaten Außenminister der Weimarer Republik, lassen schlimme Befürchtungen nicht schlafen. Da klopft es. Ago von Maltzan, mit einem schwarzen Kimono bekleidet, tritt ins Zimmer. Rathenau hält inne, schaut Maltzan düster an und sagt dann denselben Satz wie schon bei seiner Berufung zum Außenminister: *»Ich nehme an, Sie bringen mir mein Todesurteil?«*

Aber der Angesprochene bringt in dieser Nacht auf Ostersonntag, den 16. April 1922, genau das Gegenteil eines Todesurteils: er bringt das telefonische Angebot der sowjetischen Delegation, unverzüglich einen Friedensvertrag zwischen Sowjetrußland und dem Deutschen Reich abzuschließen. 16 Stunden später unterzeichnen Rathenau und sein sowjetischer Kollege Georgi Wassiljewitsch Tschitscherin den berühmten *Vertrag von Rapallo.* Die Nachricht darüber schlägt am nächsten Tag wie eine Bombe ein. Genua und die Welt haben ihre Sensation.

In dieser Osternacht schläft Walther Rathenau nicht mehr. Nach der berühmten Pyjama-Konferenz der deutschen Delegation in seinem Zimmer geht er weiter ruhelos auf und ab...

»Unsere Lage ist verzweifelt. Haß, Mißtrauen und Rachegefühle hier, Haß, Mißtrauen und wachsende Verzweiflung zu Hause. Wer wird verstehen, daß wir die Verantwortung nur übernehmen konnten, nicht für irgendein Deutschland, sondern für das Deutschland, das uns Ludendorff und der Kaiser so zurückgelassen haben, bevor sie ins

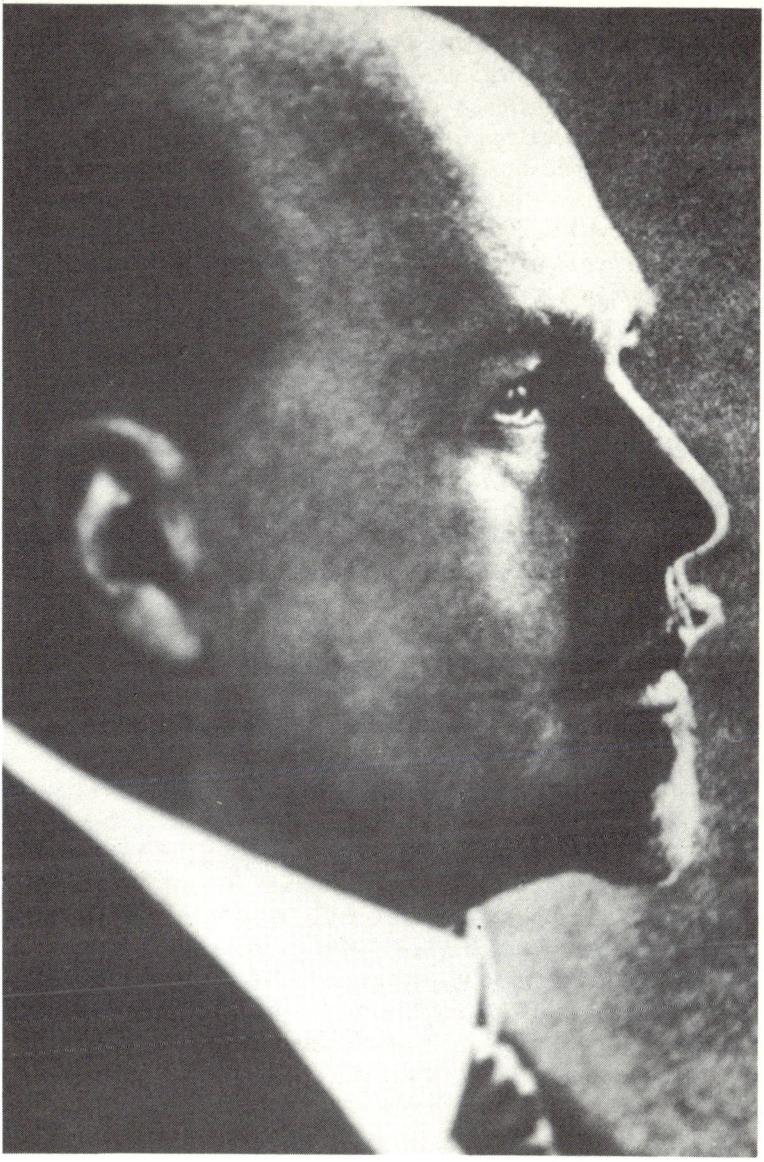

Walter Rathenau.
Archiv des Verfassers

Ausland flohen, der eine nach Schweden, der andere nach Holland...? Ein Sonderfriedensvertrag mit Rußland? Als Konferenzstörer werden wir dastehen, als Saboteure. Und zu Hause? Unsere größenwahnsinnigen Generäle haben ihre Ziele zwar nicht erreicht, sich aus Rußlands Flanke riesige Stücke herauszureißen, aber die Hoffnung der Militärs, sich doch noch im Osten gesundzustoßen – mit diesem Vertrag werden wir alle ihre Hoffnungen zerstören. Wie werden wir dastehen? Als Komplizen der Bolschewisten. Ein neues Argument für die schlanken blonden Männer, die mir schon so lange ein gewaltsames Ende prophezeien...

Dieser Vertrag ist reine Notwehr. Bolschewismus? Ist denn der Bolschewismus schuld an Rußlands Elend? War es nicht der Krieg, der Rußland alle Pulsadern durchgeschnitten hat? Die Bolschewisten haben den Krieg doch nicht begonnen. Sie haben ihn beendet, nach außen und nach innen. Es geht ihnen so wie uns: wir haben übernommen, was Wilhelm uns hinterließ. Lenin hat übernommen, was Nikolaus und Kerenski hinterließen. Wer immer in Rußland herrscht, für Deutschland kann es nur eine russische Politik geben: gegenseitige Achtung, Selbstbestimmung, Versöhnung. Diese Politik ergibt sich mit Naturnotwendigkeit aus der internationalen Situation, aus unserer geographischen Lage... Mit Barthou und Poincaré kann man darüber nicht sprechen. Mit Lloyd George? Wie dringend habe ich in den letzten Tagen immer wieder um eine Unterredung mit ihm gebeten. Aber Lloyd George hat keine Zeit für den deutschen Außenminister...

Ich höre sie schon toben, weil wir gerade jetzt inmitten dieser schwierigen Konferenz diese Bombe zünden. Aber wir haben keine Wahl. Gleichzeitig im selben Augenblick einen Ausgleich mit Frankreich, Sowjetrußland und England erreichen, das ist offensichtlich unmöglich. Also tun wir den ersten Schritt: Friede mit Sowjetrußland. Und dann werden wir weiter sehen. Vielleicht, wenn sie vernünftig sind, werden die Westmächte dann einlenken.«

Als Rathenau am 16. April nachmittags in den Wagen steigt, um zur Vertragsunterzeichnung nach Rapallo zu fahren, sind seine Mitarbeiter immer noch unsicher, ob er auch wirklich unterschreiben wird. Rathenau hatte sich vorher noch einmal Bedenkzeit erbeten, und eine Weile ist er mit sich allein am Strand. Dann kommt er zurück, und mit unbewegtem Gesicht sagt er zu seinen Mitarbeitern: *»Das Faß ist angestochen. Wir müssen das Gebräu trinken.«* Eine Stunde später ist der Vertrag von Rapallo unterzeichnet.

Was war in der Osternacht passiert? Eine halbe Stunde, bevor er Rathenau aufsuchte, war Maltzan von einem Hotelkellner aus dem Bett geholt worden. Damals waren Telefone in den meisten Hotelzimmern noch ein unbekannter Luxus. Der Hotelkellner sagt: »Ein Herr mit einem komischen Namen will Sie sprechen!« Von Maltzan eilt in die Hotelhalle. Tschitscherin ist am Apparat, und Maltzan weiß: Das ist der historische Augenblick![4] Doch im letzten Moment droht Rathenau alles zu verderben: Er will sich sofort mit Lloyd George in Verbindung setzen. Aber die berühmte Pyjama-Konferenz der deutschen Delegation in Rathenaus Zimmer überzeugt ihn, daß man so illoyal gegenüber den Russen nicht handeln dürfe.

Der Rapallovertrag bringt Frieden für Deutschland und Sowjetrußland. Intensive wirtschaftliche Beziehungen werden ins Auge gefaßt. Deutschland braucht keinerlei Reparationen zu zahlen und hat freie Hand, am Wiederaufbau Sowjetrußlands teilzunehmen. Die Isolierung beider Mächte ist mit dem Vertrag zum erstenmal seit dem Ende des Krieges durchbrochen. Deutschland und Sowjetrußland wurden durch dieses Abkommen »über Nacht« wieder Faktoren der Weltpolitik.

Barthou und Poincaré toben, Lloyd George ist beleidigt, als die sensationelle Nachricht des Vertragsabschlusses in Konferenzkreisen bekannt wird. Es kommt zu heftigen Zerwürfnissen zwischen Frankreich und England. England wirft Frankreich vor, es habe Deutschland falsch behandelt und auf die Seite der Russen getrieben. Die Hoffnungen der Entente, die sich mit der Konferenz verknüpft hatten, sind alle ins Wasser gefallen. »Sieger« der Konferenz sind Deutschland und Sowjetrußland. Am 12. Mai 1922, auf der letzten Vollsitzung der Genuaer Konferenz, hält Walther Rathenau seine große Friedensrede: Er sagt unter anderem folgendes:

»Die Geschichte Italiens ist älter als die der meisten europäischen Nationen. Auf diesem Boden sind mehr als einmal große Weltbewegungen entstanden. Abermals und hoffentlich nicht vergebens haben die Völker der Erde ihre Augen und Herzen zu Italien erhoben in der tiefen Empfindung, der Petrarca den unsterblichen Ausdruck verliehen hat. ›Ich gehe durch die Welt und rufe Friede, Friede, Friede!‹ «[5]

Die Konferenzteilnehmer erheben sich nach diesen Worten Rathenaus und spenden ihm brausenden Beifall.

Das deutsche Volk – soweit es mehr oder weniger politisch aufgeklärt am politischen Geschehen der Zeit teilnimmt – antwortet keineswegs einhellig auf die Nachricht vom sensationellen Abschluß des Vertrages von Rapallo. *Die politische Rechte, aber auch die SPD-Führung, nehmen den Vertragsabschluß mit Mißtrauen und Ablehnung auf.* Von dem Gedanken einer friedlichen Koexistenz unterschiedlicher gesellschaftlicher Systeme sind sie weit entfernt. Die Bedeutung des Vertrages als Durchbruch der Isolierung Deutschlands begreifen sie nicht, ebensowenig seine wirtschaftliche Bedeutung.

Große Teile der Arbeiterschaft dagegen begrüßen den Abschluß des Rapallovertrages mit Massendemonstrationen. Aber auch ein Teil des Bürgertums begreift durchaus die Perspektiven der wirtschaftlichen Zusammenarbeit mit Sowjetrußland, die damit einhergehende Festigung der deutschen Wirtschaft und mögliche Verringerung der Zahl der Arbeitslosen – ein Problem, das durch das Erdgas-Röhren-Abkommen wieder aktuell geworden ist.

Als Reichskanzler Wirth den Rapallovertrag am 29. Mai 1922 vor dem Reichstag würdigt und ihn als Vorbild für einen wirklichen Friedensvertrag unter den Völkern hervorhebt, ist seine Rede eine einzige Anklage gegen den Versailler Vertrag, dem er den Vertrag von Rapallo als hervorragendes Beispiel der guten Nachbarschaft und des Verzichts auf Rache gegenüberstellt:

»Wer den Rapallovertrag sorgfältig und ohne Voreingenommenheit durchliest, muß gestehen, daß der Vertrag ein ehrliches, aufrichtiges Friedenswerk ist... Es gibt weder Besiegte, noch gibt es Sieger. Es ist die vollkommene Liquidierung der aus dem Kriegszustand herrührenden gegenseitigen Forderungen. Unverständlich ist deshalb die Aufregung, die sich gerade an diesen Vertrag geknüpft hat, und noch unverständlicher ist die Deutung dieses Vertrages als eines kriegerischen Faktors in Europa.

In seiner ersten großen Unterhausrede hat der englische Erste Minister den Rapallovertrag einen großen Irrtum und einen schweren Fehler genannt... Lloyd George hat in der Begründung dieses Satzes im einzelnen dann ausgeführt, daß gerade die Stimmung, in welche Deutschland und Rußland versetzt worden sind, zu einem derartigen Schritt gegenseitiger Verständigung und gegenseitigen Verstehens habe führen müssen. Man müßte diesen Satz zweimal lesen! Hat die Stimmung zu dem Vertrage führen müssen, dann liegt der Irrtum nicht auf unserer Seite, dann liegt er in dem taktischen Vorgehen der Alliierten selbst... Lloyd George hat aber in seiner Rede auch die Welt gewarnt, diese Völker, das deutsche und das russische, nicht weiter zur

Verzweiflung zu treiben, da sonst ungeahnte Konsequenzen aus einer derartigen Verständigung entstehen könnten. Ich kann nur wiederholen, was ich in Genua... schon gesagt habe, daß der Rapallovertrag keinerlei diesbezügliche Absichten enthält... Er bedeutet nicht nur einen Frieden zwischen zwei Völkern, denen es immer gutgegangen ist, solange sie sich verstanden haben, er bedeutet auch einen Ausgleich, eine Brücke zwischen Ost und West in wirtschaftlicher und sozialer Hinsicht zum Wohle beider Völker.«[6]

Am 21. Juni 1922 hält Rathenau seine letzte Rede im Reichstag. Mit bewegten Worten schildert er die Situation im Rheinland und im Saargebiet und die großen Opfer, die die Bevölkerung bringen muß. Noch einmal und nun zum letztenmal macht Rathenau deutlich, daß nur durch weiteres zähes Verhandeln, durch Vernunft, durch Geduld und der Bekundung des guten Willens gegenüber den Siegern allmählich eine Korrektur der furchtbaren Bedingungen des Vertrages von Versailles erreicht werden kann.

Am 31. Januar des gleichen Jahres, vier Monate vor der Rede des Reichskanzlers, hatten sich eine Dame und ein Herr beim Mittagessen gegenübergesessen. Es ist ein vornehmes Haus, eine gediegene Einrichtung. Lautlos wird vom Hauspersonal serviert. Hier spricht man nicht vom Geld: Man hat es seit langer Zeit. Die Dame ist 77 Jahre alt. Ihre Augen und ihre längliche, fein gebogene Nase deuten ihre Herkunft an: eine hochgebildete Jüdin, spätere Nachfahrin des berühmten Rabbi Mose Ben Nachmann (1194–1270, Arzt und Philosoph).

Die Stimmung zwischen Rathenau und seiner Mutter ist ernst, gedrückt. Nach einem langen Schweigen sagt die Mutter: »Warum hast du mir das angetan, Walther?« Und er, der sonst so fließend in vier Sprachen und immer druckreif spricht, antwortet etwas verlegen: *»Ich mußte es ja, Mama, weil sie keinen anderen gefunden haben.«*

Walther Rathenau, seit einigen Stunden Außenminister der Weimarer Republik, hat noch vier Monate und 24 Tage zu leben. Wie jeden Mittag, wenn er in Berlin ist, nimmt der Junggeselle seine Mahlzeit bei der Mutter ein. Mathilde Rathenau hat aus der Zeitung erfahren, daß ihr Sohn zum Außenminister ernannt worden ist. Und sie hatte wahrhaftig viele Gründe, sich mit allen zu Gebote stehenden Mitteln gegen diese Ernennung, deren Folgen sie ahnte, zu wehren.

Das schreckliche Schicksal *Matthias Erzbergers* vor Augen, der am 26. August 1921 von Angehörigen der rechtsextremen »Organisation Consul« im Schwarzwald ermordet worden war, ahnt die Mutter, wie sehr das Leben des über alles geliebten Sohnes gefährdet ist, wenn er in dieser Situation ein Ministeramt und damit Verantwortung für die Politik der Weimarer Republik im Jahre 1922 übernimmt. Nur zu bald sollten sich ihre schlimmsten Befürchtungen erfüllen.

Werfen wir aber zunächst einen Blick auf die politische Situation drei Jahre nach dem Zusammenbruch des Kaiserreiches und der Novemberrevolution von 1918:

Der Kaiser war als oberster Kriegsherr ins neutrale Holland geflohen und hatte dort als erstes um eine Tasse englischen Tee gebeten: für seine Fahnenflucht hätte er eigentlich erschossen werden müssen. Die deutschen Generäle und die Industriekapitäne, die ab 1914 dutzendweise Denkschriften mit immer neuen Annexionsprogrammen des deutschen Imperialismus vorgelegt hatten, sie alle waren geblieben, und sie alle hatten sich behauptet. In diesen drei Jahren seit 1918 hatten viele Sozialisten den Versuch, eine soziale Revolution durchzuführen, um die Krupp und Hindenburg, Thyssen und Kirdorf, Erzberger und Röchling, Rathenau und Stumm zu entmachten, mit dem Leben bezahlen müssen. Die Staatsform wechselte; die Machtverhältnisse waren, wie sich schon sehr bald zeigen sollte, die gleichen geblieben.

Mit dem Versailler Vertrag hatte auch eine *zweite Phase des Kampfes* auf Leben und Tod zwischen dem deutschen Imperialismus auf der einen Seite und dem englischen, französischen und amerikanischen Imperialismus auf der anderen Seite *um den Machtanteil am Weltmarkt* begonnen. Der Versailler Friedensvertrag, der am 10. Januar 1920 in Kraft tritt, sollte aus der Sicht der Sieger den deutschen Imperialismus als Konkurrenten auf dem Weltmarkt für längere Zeit ausschalten. Wenn es in der Folgezeit dann doch zu Kompromissen zwischen Siegern und Besiegten kommt (siehe die Locarno-Konferenz vom Oktober 1925), dann vor allem deshalb, weil Sieger und Besiegte gemeinsame Interessen begreifen, nämlich die Sowjetunion mit allen zur Verfügung stehenden Mitteln zu bekämpfen und die sozialistischen Kräfte in den eigenen Ländern niederzuhalten.

1921/1922 aber ist man noch weit entfernt von solchen Erkenntnissen: Am 27. April 1921 setzt die Alliierte Reparationskommission die Gesamtsumme der *Reparationen* Deutschlands auf 132 Milliarden Goldmark fest; die Zahlung soll bis 1958 (!) erfolgen. Die darüber mit äußerster Heftigkeit geführte innenpolitische Auseinandersetzung in der Weimarer Republik in den folgenden zwölf Jahren, dessen prominentestes Opfer zunächst Matthias Erzberger wird, ist durch drei politische Strömungen gekennzeichnet, nämlich:

1. Die Erfüllungspolitiker. Das sind jene Kräfte im deutschen Großbürgertum, die die furchtbaren Forderungen der Sieger erfüllen wollen oder wenigstens teilweise erfüllen möchten, um in der Perspektive zu Kompromissen mit den Westmächten gelangen zu können. Eine solche Politik soll neue kriegerische Verwicklungen ausschließen. Dem deutschen Volk werden soziale und demokratische Rechte in einem gewissen Umfang zugestanden, denn das Volk soll ja auch alle Lasten der Reparationen tragen. Getragen wird diese Politik von den Liberalen, den Sozialdemokraten und dem Zentrum.

2. Die Katastrophenpolitiker, die dann zwischen 1931 und 1933 siegen. Ihre frühen Exponenten sind – neben anderen – der Großkapitalist Hugo Stinnes, General Ludendorff und Dr. Karl Helfferich, der Fraktionsführer der Deutschnationalen im Reichstag, der bald zu Recht als der intellektuelle Mörder Rathenaus bezeichnet werden wird. Das Ziel der Katastrophenpolitiker besteht darin, die soziale Notlage der Bevölkerung drastisch zu verschärfen und die Reparationen zu verweigern. Sie hoffen auf Hungerrevolten und den Einmarsch der französischen Truppen. Durch eine generelle Verschärfung der innen- und außenpolitischen Situation streben die Katastrophenpolitiker die Beseitigung aller demokratischen Rechte, die Errichtung einer Militärdiktatur und neue kriegerische Auseinandersetzungen an. Ihre Massenbasis sind neben der Kamarilla der Monarchisten große Teile des ehemaligen Offizierskorps der kaiserlichen Armee und auch ein Teil der Mannschaften des ehemaligen Heeres – wie der Gelegenheitsarbeiter Adolf Hitler, ein Protegé Ludendorffs. Die verzweifelte soziale Lage der Masse des Volkes und der blitzartige Zusammenbruch aller ihrer Vorstellungen von der Größe und Unbesiegbarkeit des Reiches schaffen den schlimmen Nährboden, auf dem jenes Bündel von ideologischem Unkraut wuchern kann, das mit der Dolchstoßlegende (»im Felde unbesiegt«) mit blindwütigem Antidemokratismus und Antirepublikanismus, mit tollwütigem Antisemitismus und Chauvinismus üppig wuchert.

Hans Fallada hat in seinem Roman *»Wolf unter Wölfen«* den Ungeist der Zeit, jene verquaste Mischung von Verzweiflung, Judenhaß, Kasernenmief und ungewaschenen Füßen plastisch eingefangen. Die durchaus legitime Frage, wer denn nun an Deutschlands tiefster Erniedrigung schuld sei, wird von den Katastrophenpolitikern und ihren Zeitungen mit

- die 300 Juden, die die Welt beherrschen,
- die vernegerten Franzosen,
- die Kommunisten, andere Flaumacher und Kriegsgewinnler,
- die deutschen Erfüllungspolitiker

beantwortet. Also werden jene mit Dolch, Handgranate und Pistole gnadenlos gejagt, deren man am schnellsten habhaft werden konnte: die Kommunisten, die Erfüllungspolitiker.

3. Die Sozialisten. Die sich bereits im Kriege von der alten Sozialdemokratie abgespalteten Sozialisten, mit Karl Liebknecht, Rosa Luxemburg, Franz Mehring und Wilhelm Pieck, hatten zunächst gehofft, daß die als Soldaten verkleideten französischen, deutschen, österreichischen, ungarischen, tschechischen und russischen Arbeiter und Bauern, des Schlachtens müde, die Gewehre gegen ihre eigenen Herren richten würden, um die Monarchien Europas in sozialistische Republiken zu verwandeln bei gleichzeitiger Enteignung des großen Kapitals, der Militärs und der Großgrundbesitzer. Das war eine böse Fehleinschätzung gewesen, denn bis auf Rußland, wo die herrschende Schicht am meisten demoralisiert und das allgemeine Elend am größten war, erfüllten sich diese Träume nicht. In Deutschland selbst gelingt lediglich die Umwandlung der *halbparlamentarisch kontrollierten Monarchie* in eine *parlamentarische Republik* unter voller Beibehaltung des reduzierten Offizierskorps und des kaiserlichen Beamten- und Staatsapparates. Die für die Wirtschaft und die Politik ausschlaggebenden Machtpositionen des Großkapitals und des Großgrundbesitzes werden nicht beschränkt, nicht angetastet. Einige Historiker haben das etwas verschämt eine »nicht vollendete bürgerliche Revolution« genannt. Andere nannten es einen »Zusammenbruch«. Auch Rathenau hat die Novemberrevolution von 1918 so charakterisiert:

»Es war keine Revolution. Bloß ein Zusammenbruch. Die Türen sprangen auf, die Aufseher liefen davon, das gefangene Volk stand im Hof, geblendet, seiner Glieder nicht mächtig. Wäre es eine Revolution gewesen, dann hätten die Kräfte und Ideen, die sie erzeugte, fortgewirkt. Das Volk wollte nichts als Ruhe. . .«[7]

Zwar gelingt es 1920 unter vollem Einsatz der gesamten, zum Generalstreik entschlossenen Arbeiterschaft die Errichtung einer Militärdiktatur (Kapp-Putsch) zu verhindern. Aber alle Versuche, im Ruhrgebiet, in Bayern, in Thüringen und in Hamburg wenigstens in Ansätzen den Status quo in Richtung sozialistischer Veränderungen zu überwinden, scheitern blutig.

Nachdem am 5. Mai 1921 die Allierten ultimativ die Anerkennung der Reparationssumme durch die Regierung Fehrenbach verlangt haben (eine Koalitionsregierung von Zentrum und DVP), tritt dieses Kabinett zurück. Mit der Neubildung der Regierung wird Joseph Wirth (Zentrum) beauftragt. Die neue Koalitionsregierung von Zentrum, SPD, Deutsche Demokratische Partei und Parteilosen wird am 10. Mai 1921 gebildet. Am 11. Mai nimmt sie das Londoner Ultimatum der Allierten an und beschreitet damit den Weg der sogenannten *»Erfüllungspolitik«*, was ihr immer schärfere Angriffe von rechts einbringt.

Die erste Regierung Wirth tritt am 22. Oktober 1921 zurück, nachdem die Alliierten die Entscheidung über die Teilung Oberschlesiens zwischen Polen und dem Deutschen Reich bekanntgegeben haben. Am 26. Oktober 1921 bildet Wirth seine zweite Regierung aus Zentrum, SPD und Parteilosen. Er übernimmt zunächst selbst das Außenministerium und beauftragt Ende Januar 1922 Walther Rathenau mit der Leitung der auswärtigen Geschäfte. Und damit betritt diese Persönlichkeit zum letztenmal die Bühne der deutschen Politik.

Rathenau war eine *merkwürdige* Erscheinung. Das muß näher erklärt werden. Rathenau ist schwer einzuordnen, weil dieser hochbegabte Mann eine vielschichtige Persönlichkeit war, die die Zeitgenossen immer aufs neue verblüffte. Seiner gesellschaftlichen Stellung nach ist er einer der mächtigsten Konzernherren Deutschlands gewesen, Präsident der AEG und mit Aufsichtsratsposten in nicht weniger als 86 (!) deutschen Aufsichtsräten mit den Schwerpunkten Elektrizität, Metallindustrie, Bergbau, Eisenbahn und Chemie sowie mit Sitz und Stimme in Aufsichtsräten von 21 ausländischen Unternehmen in Europa, Afrika und Südamerika. Rathenau, Sohn des Begründers der AEG, Emil Rathenau, wußte, wovon er sprach, wenn er lange vor dem Ersten Weltkrieg im Jahre 1909 schrieb: *»Dreihundert Männer, von denen jeder jeden kennt, leiten die wirt-*

schaftlichen Geschicke des Kontinents und suchen sich Nachfolger aus ihrer Umgebung.«[8] Er selbst beherrscht bzw. kontrolliert etwa tausend Betriebe auf diesem Erdball, und er hat niemals einen Augenblick den Mechanismus von wirtschaftlicher und politischer Macht geleugnet.

Schon vor dem Ersten Weltkrieg betätigt sich Rathenau politisch. 1907 und erneut 1908 begleitet er einen Staatssekretär der kaiserlichen Regierung auf Reisen durch Deutsch-Ostafrika und Deutsch-Südwestafrika. Die Ergebnisse dieser Reisen hat Rathenau in Denkschriften niedergelegt, die in drei Punkten bemerkenswert sind:

1. Rathenau weist rechnerisch exakt nach, daß die deutschen Kolonien bis dato ein Verlustgeschäft gewesen sind.

2. Rathenau erweist sich als Rassist. In einer der Denkschriften hat er geistig noch nicht einmal das Niveau der deutschen Aufklärer des 18. Jahrhunderts erreicht. Für Kant, Forster, Herder und Goethe sind die Neger »Menschen wie wir«, gleichartig, gleich geistig entwicklungsfähig. Für Rathenau dagegen sind Neger Menschen zweiter Klasse. Er befürwortet nach dem Vorbild der englischen Kolonialherren ausdrücklich die Beibehaltung der Prügelstrafe in den Kolonien.

3. Rathenau hat während seiner Afrikareisen auch englisches Territorium betreten und mit englischen Kolonialbeamten ausführlich gesprochen. Er schildert deren Stimmung und warnt eindringlich vor einer Weiterführung des Wettrüstens im Flottenbau mit England.

Bemerkenswert sind noch zwei Briefe aus dem Jahre 1911, wo Rathenau dem Finanzminister die *Verstaatlichung der gesamten Grundstoffindustrie* vorschlägt (Elektrizität, Kohle, Petroleum, Kali), um die Einnahmen des Reiches von Steuern und Abgaben unabhängig zu machen. Aber das sind nur Präludien seiner politisch-administrativen Tätigkeit. Seine große Stunde schlägt – paradox für einen Menschen, der immer aufs neue vor der Kriegsgefahr warnte –, als der Erste Weltkrieg unter dem Jubel der Mehrheit der von allen guten Geistern verlassenen deutschen und französischen Bevölkerung, ausbricht: Rathenau wird Leiter der Kriegsrohstoff-Versorgung. Seine Tätigkeit dauert nur bis April 1915. Mit dem Tode des Vaters übernimmt er dann die Führung des AEG-Konzerns.

Aber in diesen wenigen Monaten hat Rathenau durch eine energische, vorausblickende organisatorische Tätigkeit den Krieg über Jahre »gerettet«. Rathenau weiß nur zu gut: die deutsche Rohstofflage ist so prekär, daß das Heer nur wenige Monate durchhalten kann, wenn nichts Entscheidendes geschieht. Das betrifft nicht nur den Stickstoff, ohne den kein Schuß mehr abgegeben werden kann. (Aus diesem Grund fördert Rathenau mit allen Mitteln das von Haber-Bosch entwickelte Verfahren zur Gewinnung von Stickstoff aus der Luft.) Er läßt auch rücksichtslos alles beschlagnahmen, was der Krieg an Rohstoff braucht: Metall, Chemikalien, Jute, Wolle, Baumwolle, Leder, Häute, Flachs, Leinen, Roßhaar usw. Und jeden eroberten Fetzen Landes in Belgien und Nordfrankreich läßt Rathenau nach Rohstoffen durchkämmen. Die Experten haben wohl recht, wenn sie betonen, daß *ohne Rathenaus Tätigkeit,* der die deutsche Wirtschaft wie seine Westentasche kennt, *in wenigen Monaten der deutsche Krieg wie unter einer Glasglocke erstickt wäre.*

Als Rathenau 1915 seine so überaus erfolgreiche Tätigkeit an der Spitze der Kriegsrohstoff-Versorgung beendet, feiert er die *»sittliche Genialität Preußens«,* und die Tätigkeit seiner Kommission nennt er paradoxerweise *»einen entscheidenden Schritt zum Staatssozialismus hin«.* Schon früher, Anfang August 1914, hatte Rathenau in einer Denkschrift die zukünftige wirtschaftliche Knebelung Frankreichs und Belgiens empfohlen. Einen mitteleuropäischen Zollverein, der alles den deutschen Monopolen wirtschaftlich unterwirft, rühmt Rathenau als »größte zivilisatorische Errungenschaft, die der Krieg unserer Geschichte« beschert habe.

Alles das paßt ins Bild eines Großkapitalisten, der so und nicht anders handelt und denkt. Aber was dann die Zeitgenossen verwirrt, war »der andere Rathenau«, der sich in seiner politischen Publizistik und vor allem im privaten Gespräch und in seinen Briefen offenbart. Charakteristisch für die Einschätzung der Persönlichkeit Rathenaus ist beispielsweise eine Äußerung von Stefan Zweig:

»Er hatte alle denkbare Macht geerbt von seinem Vater und wollte doch nicht sein Erbe sein. Er war Kaufmann und wollte sich als Künstler fühlen, er besaß Millionen und spielte mit sozialistischen Ideen. Er empfand sich als Jude und kokettierte mit Christus. Er dachte international und vergötterte das Preußentum. Er träumte von einer Volksdemokratie und war jedes Mal hoch geehrt, von Kaiser Wilhelm empfangen und befragt zu werden. . .«[9]

Was sollte man in der Tat mit einem Mann anfangen, der durch seine organisatorische Genialität den Krieg für Jahre verlängern half, diese schauderhafte Tätigkeit auch noch philosophisch und ästhetisch verbrämte und dann plötzlich im Gespräch sagt: *»Wissen*

Sie, weshalb wir diesen Krieg führen? Ich weiß es nicht. Sagen Sie es mir. Was soll dabei herauskommen?« [10]

Was sollte man von dem begeisterten Preußen-Deutschen halten, der riesige Pläne schmiedet, wie Deutschland seinen »Platz an der Sonne« so hartnäckig behaupten könne, daß ganz Europa immer im Schatten stehen würde, und der gleichzeitig schreibt: *»Wie soll ein Siegespreis aussehen, der soviel Blut und Tränen rechtfertigt?«* [11] und der sich selbst die Antwort auf diese bange Frage gibt, ob es denn überhaupt einen Sinn ergäbe, wenn das Deutsche Reich der Krupp und der Hohenzollern siegreich triumphieren würde: *»Nie wird der Augenblick kommen, wo der Kaiser, als Sieger der Welt, mit seinen Paladinen auf weißen Rossen durchs Brandenburger Tor zieht. An diesem Tage hätte die Weltgeschichte ihren Sinn verloren. Nein! Nicht einer der Großen, die in diesen Krieg ziehen, wird diesen Krieg überdauern. . .«* [12]

Die Biographen Walther Rathenaus haben sehr scharf diese harte Widersprüchlichkeit in der großen Persönlichkeit ihres Protagonisten herausgearbeitet, aber sie haben offensichtlich nicht erkannt, daß wir es hier nicht mit zwei verschiedenen »Rathenaus« zu tun haben, sondern mit *einer* hochintelligenten Persönlichkeit, die wie ein Seismograph die Umbruchsituation ihrer Zeit registriert und ein feines Gespür hat, welche neuen Wege der bürgerliche Staat mit seiner Innen-, Außen-, Wirtschafts- und Sozialpolitik einschlagen muß, wenn er nicht den radikalen Umbruch der Russischen Revolution auch in anderen Teilen Europas erleiden will.

So wird Rathenau »der große Anreger« für die Verwirklichung von Ideen unserer Zeit, die da heißen: europäische Wirtschaftsgemeinschaft, soziale Marktwirtschaft, Rationalisierung der Wirtschaft durch Anwendung der modernsten Technik, ein festes Bündnis mit den anderen Mächten Europas auf der Basis der Gleichberechtigung. . .

Rathenau war es durchaus ernst mit seiner Befürwortung der Sozialisierung, als diese Forderung in der Novemberrevolution von der Linken erhoben wird. Natürlich war er niemals ein Linker, schon gar nicht ein Marxist. Er wünschte die Sozialisierung der Grundstoffindustrie, weil er angesichts der brutalen Knebelung Deutschlands durch den Versailler Vertrag glaubte, eine verstaatlichte Grundstoffindustrie, die jedes private Gewinnstreben ausschließt, könne am zügigsten mit den Reparationslieferungen beginnen. Rathenau wollte auch eine deutliche Verbesserung des Status der

Arbeiterschaft durch generelle Einführung des 8-Stunden-Tages und durch Gewinnbeteiligung.

Es ist eine Tragikomödie der Geschichte, daß Rathenau seine Tätigkeit in der ersten Sozialisierungskommission nicht aufnehmen kann, da man einen »Monopolkapitalisten« dort nicht haben wollte, und daß seine Tätigkeit in der zweiten Sozialisierungskommission fruchtlos war, da er seine Pläne zur Sozialisierung der Grundstoffindustrie nicht durchsetzen kann. Rathenau, der niemals Demagoge war, mußte erkennen, daß die *Propaganda der Sozialdemokratie, »die Sozialisierung marschiere«, ein großangelegtes Betrugsmanöver* am Volk war, das eine gerechtere Wirtschaftsordnung dringend wünschte.

Rathenaus Stunde als Politiker schlägt auf der Konferenz von Spa im Juli 1920, nachdem der telegrafische Vorschlag an die Nationalversammlung in Weimar vom 7. Februar 1919, *Rathenau zum Reichspräsidenten zu wählen, im Gelächter der Abgeordneten untergegangen war*. Der Gedanke, ein jüdischer Großkapitalist könne Präsident der ersten deutschen Republik werden, schien bei den Abgeordneten alle Lachmuskeln zu reizen. Ein makabrer Vorgang.

Am 10. Mai 1919 hatten die deutschen Vertreter im Spiegelsaal von Versailles den Diktatfrieden entgegennehmen müssen. Rathenau erkennt sofort, daß die Bestimmungen des Friedensvertrages den Keim eines neuen Krieges in sich bergen. Zunächst setzt er selbst auf »Katastrophenpolitik« und empfiehlt, den Vertrag nicht zu unterschreiben. Aber spätestens in Spa erkennt er, wie verhängnisvoll es gewesen wäre, den alliierten Siegern die ganze Regierungsgewalt im Reich zu überlassen, und er tritt mit aller Entschiedenheit seinem Intimfeind (und Antisemiten) Hugo Stinnes entgegen, der es ganz im Sinne der Katastrophenpolitik auf eine Besetzung ganz Westdeutschlands und auf eine »Bolschewisierung« ankommen lassen will. Stinnes will den Siegern angst machen mit dem Kommunismus. Rathenau will nicht nur die eben gegründete bürgerliche Republik erhalten, sondern er will durch Beweise des guten Willens die Sieger zu einer vernünftigen, auf Ausgleich und Frieden bedachten Politik hinlenken. Hier werden nun die Qualitäten des Staatsmannes Walther Rathenau deutlich, der völlig zu Unrecht von der Geschichtsschreibung in den Schatten Stresemanns gestellt wird, denn *Rathenau sucht den Ausgleich nicht nur mit dem Westen, sondern auch mit dem Osten*. Stresemann dagegen hat letzthin nie den Ausgleich mit dem Osten gesucht, vor allem nicht mit Polen.

Rathenau haben immer Zweifel geplagt, ob es richtig war, ein Ministeramt anzunehmen. Im ersten Kabinett Wirth ist Rathenau Wiederaufbauminister. Im Oktober 1921 schließt er mit Frankreich das »Wiesbadener Abkommen« ab, was ihm den wütenden Haß deutscher, aber auch französischer Industrieller einbringt, denn die deutschen Sachlieferungen für französische Kriegsgeschädigte sollten nach dem Willen Rathenaus für die Unternehmer kein großes profitables Geschäft werden.[13] Nach dem Rücktritt der Regierung Wirth in Zusammenhang mit der Teilung Oberschlesiens beschwört Mathilde Rathenau ihren Sohn, kein neues Ministeramt anzunehmen. Aber es zeigt sich, daß das zweite Kabinett Wirth über keine Persönlichkeit verfügt, die die schwierigen und diffizilen ersten Schritte einer neuen deutschen Außenpolitik des Friedens und der Vernunft mit Erfolg tun könnte.

Nicht nur bei seinen Feinden, auch bei seinen Freunden, vor allen bei seinen jüdischen Freunden, erweckt seine Ernennung starke Mißstimmungen. Kurt Blumenfeld und Albert Einstein sagen Rathenau im Gespräch, er habe als Jude kein Recht, als Minister des Äußeren die Angelegenheiten des deutschen Volkes zu leiten. Dabei spielen bei Blumenfeld und Einstein nicht nur deren zionistische Position eine entscheidende Rolle, sondern auch die Überzeugung, daß ein Jude in den Augen einer latent antisemitisch eingestellten Bevölkerung in einem solchen Amt immer als Verräter angesehen würde – was sich bewahrheitete.

Einstein und Blumenfeld wußten natürlich andererseits um die großen Fähigkeiten Rathenaus, ein solch schwieriges Amt in schwierigster Zeit wirklich ausfüllen zu können. Nach der Unterredung mit Rathenau sagte Einstein mit seinem trockenen Humor: *»Wenn man Rathenau den Posten des Papstes angeboten hätte, hätte er die Wahl angenommen... Technisch hätte er es wahrscheinlich gar nicht schlecht gemacht.«* [14]

Rathenau war übrigens, wie sein Vater, ein Gegner des Zionismus. Er fühlte sich vollständig als Deutscher. Was Rathenaus Vater schon vor dem Ersten Weltkrieg über den zukünftigen Staat Israel gesagt hatte, und Rathenau zitierte gern diese Ausführungen seines Vaters, klingt 70 Jahre später sehr richtig und sehr prophetisch. Emil Rathenau hatte über den Staat Israel gesagt:

»Die Zionisten sprechen gern von Selbsthilfe und Autoemanzipation, aber das zionistische Palästina wird immer auf das Wohlwollen

der nicht-zionistischen Juden angewiesen sein. Eine Sache, die nicht ›self-supporting‹ werden kann, ist auch als Idee nicht interessant. Die Idealisten in Palästina, auch wenn sie bereit sind, für ihre Sache zu sterben, bleiben für die anderen Juden doch nur eine durch Wohltätigkeit erhaltene Gruppe.«[15]

Poincaré und Lloyd George, aber auch Tschitscherin tritt mit Rathenau eine Persönlichkeit gegenüber, die ihnen ebenbürtig ist.

»Rathenaus Eintritt in die Regierung«, sagt Graf Keßler, *»hat grundlegend die Lage für Deutschland anders gestaltet. Was sich änderte, war, daß ein Wille und Ideen hinter die Verständigungspolitik traten, die seit Spa ohne festen Willen und ohne fruchtbare Ideen geführt worden war. Zum ersten Mal fühlte man auf der Gegenseite, daß ein Mann von Format, ein zäher und gedankenreicher Mann, diese Politik in die Hand nahm. . .«*[16]

Es ist von der Geschichtsschreibung bisher nicht erkannt worden, daß die Bedeutung des Rapallovertrages und die Bedeutung der Grundsätze der dahinterstehenden Außenpolitik vor allem auch darin liegen, daß Rathenau eigentlich der legitime Nachfolger Bismarcks in einem neuen Jahrhundert und unter veränderten internationalen Konstellationen ist. Erst in der *Friedenspolitik Rathenaus findet Bismarck einen wirklichen Nachfolger und Erben* – nicht in Stresemann.

Die Bedeutung des Rapallovertrages liegt nicht nur darin, daß zwei Besiegte und von der politischen Weltbühne Hinweggefegte diese Bühne wieder gemeinsam betreten und so wieder ein Faktor in der internationalen Politik werden, sondern sie liegt vor allem auch darin, daß – ganz im Sinne Bismarcks – einerseits eine tragfähige neue Grundlage der *Zusammenarbeit zwischen Deutschland und Rußland* gefunden, *Frankreich* in einem gewissen Grade *isoliert* und gleichzeitig *England zu einem zukünftigen Partner Deutschlands* wird und wegen seiner scharfen Gegensätze zu Frankreich aus seiner Reserve gegenüber Deutschland herauszutreten beginnt.

Knapp sechs Wochen nach Rathenaus Ernennung zum Außenminister, am 10. April 1922, wird in Genua unter dem Vorsitz des italienischen Ministerpräsidenten die *Weltwirtschaftskonferenz* eröffnet. Beteiligt sind alle Staaten Europas einschließlich Sowjetrußland. Außerdem nehmen Japan und die britischen Dominien an der Konferenz teil. Die Vertreter von 34 Staaten sind allerdings mit sehr unterschiedlichen Zielsetzungen gekommen.

Das Hauptziel Frankreichs und Englands besteht darin, den Ring der wirtschaftlichen Ausplünderung Deutschlands durch die Gewinnung Sowjetrußlands gemäß Artikel 116 des Versailler Vertrages zu schließen: *»Die alliierten und assoziierten Mächte behalten ausdrücklich die Rechte Rußlands vor, von Deutschland jede Wiederherstellung und Wiedergutmachung zu erhalten, die den Grundsätzen des gegenwärtigen Vertrages entspricht.«*

Sowjetrußland soll also an den Reparationslieferungen Deutschlands partizipieren. Gleichzeitig aber soll es die von der Zarenregierung gemachten Vorkriegsschulden in Höhe von 30 Milliarden Goldfranc anerkennen und den Westmächten die russische Wirtschaft für deren Kapitalanlagepolitik preisgeben. Doch sollten sich die westlichen Verhandlungspartner schwer täuschen. Sie glaubten, mit dem »bolschewistischen Bären« leichtes Spiel zu haben, und hatten erwartet, daß ein paar unrasierte Gestalten in ausgebeulten Anzügen mit Schlägermützen auf dem Kopf und der Wodkaflasche in der Hand in Genua auftauchen würden. Und mit diesen Gestalten brauche man nur ein paar energische Worte wechseln, und schon wären sie bereit, mit den Westmächten gemeinsame Sache gegen Deutschland zu machen. Aber zur Begrüßung beim italienischen König Viktor Emanuel III. zu Beginn der Konferenz erscheint zum Erstaunen aller eine Gruppe eleganter, nach neuester Mode gekleideter Herren unter der Führung des ehemaligen russischen Adligen Georgi Wassiljewitsch Tschitscherin, des Volkskommissars für Auswärtige Angelegenheiten. Die russischen Herren bewegen sich mit Leichtigkeit auf dem glatten Konferenzparkett, und insbesondere Barthou und Lloyd George sollten bald merken, daß ihnen in Tschitscherin ein Kontrahent in diesem Forum gegenüberstand, der ihnen in geschliffener Rede zu begegnen wußte. Das Debüt der sowjetischen Diplomatie auf dem internationalen Parkett konnte nicht glänzender sein...

Worauf hoffte Rußland in Genua? Das von Krieg und Revolution erschütterte und zerrüttete Rußland braucht *Geld, Rohstoffe und Maschinen* zum Aufbau der Wirtschaft. Es braucht eine *Atempause und Ruhe* an den Grenzen. Es hofft auf Durchbrechung der diplomatischen Isolierung, es hofft auf moralische Anerkennung, es hofft, wenigstens einen ehrlichen Verbündeten zu finden, und es hofft diesen Verbündeten im Deutschen Reich zu finden.

Die deutsche Delegation unter Leitung Rathenaus reist mit sehr unguten Gefühlen an das sonnige Mittelmeer. Nur wenig hat sich geändert seit dem Londoner Ultimatum vom 5. Mai 1921. Kleinste Schritte nur vermochte Rathenau vorwärtszukommen. Im Januar 1922 nimmt er als Gast an den Reparationsverhandlungen in Cannes teil, und es gelingt ihm, bei Lloyd George ein gewisses Verständnis für die verzweifelte deutsche Lage und für die Grundzüge der Erfüllungspolitik zu wecken. Im Februar 1922 erreicht er einen Aufschub der fälligen Reparationszahlungen. Er schlägt eine kleine Bresche in die Mauer von Haß und Mißtrauen, die Deutschland umgibt. Auch werden die ersten Risse im Zusammenwirken zwischen Frankreich und England deutlich. Aber die deutsche Delegation weiß genau, daß Frankreich in Genua alles aufbieten wird, um Sowjetrußland auf seine Seite zu ziehen. Der Preis: Nicht Rußland selbst, sondern Deutschland soll die 30 Milliarden der Zarenschulden begleichen. *Und die Deutschen wissen natürlich nicht, wie sich Sowjetrußland letztlich entscheiden würde.* Aber Sowjetrußland hatte sich schon vor der Konferenz für Deutschland entschieden. Von Anfang an war es ein Gegner des Versailler Vertragssystems, dessen Mechanismus als friedensgefährdend, als Quelle neuer kriegerischer Konflikte richtig erkannt wurde. Und der durchsichtige Plan zur Errichtung eines internationalen Kartells zum »Aufbau der russischen Wirtschaft« mit allen Möglichkeiten der Einmischung in die inneren Angelegenheiten des Landes war für Sowjetrußland völlig unannehmbar. Die Westmächte begreifen auch in Genua nicht, daß Sowjetrußland weder käuflich noch erpreßbar war. (Viele haben das bekanntlich bis heute nicht begriffen!)

Es ist ganz falsch, wenn das Zustandekommen des Vertrages von Rapallo während der Konferenz von Genua (der allerdings wie eine Bombe einschlug) in der Geschichtsschreibung wie ein Blitz aus heiterem Himmel dargestellt wird. Der Prozeß der *vorsichtigen Annäherung hatte längst begonnen.* Der furchtbare Raubfrieden von Brest-Litowsk, ausgebrütet von größenwahnsinnigen deutschen Militärs und von den Sowjets am 3. März 1918 zähneknirschend unterzeichnet, war längst von der Wirklichkeit überholt und zu den Akten gelegt worden. Die Initiative zu einer Versachlichung der Beziehungen zwischen Deutschland und Sowjetrußland geht schon 1920 von Deutschland aus. Hier spielt nicht nur der innenpolitische Druck von links eine Rolle, sondern auch die wachsende Erkenntnis, man könne den maßlosen Ansprüchen der Entente auf Dauer nur durch ein Bündnis mit Sowjetrußland begegnen.

Ende 1920 beginnen die Verhandlungen über den Austausch

deutscher und russischer Kriegsgefangener. Das Abkommen wird am 23. April 1921 unterzeichnet, das zweite Abkommen am 6. Mai 1921, einen Tag nach dem Londoner Ultimatum. Beide vertragschließenden Staaten vereinbaren die Einrichtung von diplomatischen Vertretungen mit konsularischen Befugnissen und Exterritorialrechten. Wenige Tage später erklärt Sowjetrußland den europäischen Mächten, daß es den Versailler Vertrag für Sowjetrußland als bedeutungslos ansehe und die vorgenommenen Grenzziehungen im Westen[17] nicht als bindend betrachte. Gleichzeitig verkündet Lenin die »Neue Ökonomische Politik« mit der Zulassung von Privatfabriken, des privaten Handels sowie der Möglichkeit der Heranziehung ausländischer Kapitalgeber zum Wiederaufbau der russischen Volkswirtschaft. Nichts liegt näher, als daß sofort in Deutschland der Gedanke einer intensiven Zusammenarbeit auf wirtschaftlichem Gebiet auftaucht.

Die eigentlichen Träger der Rapallo-Politik – bis heute ein Reizwort für viele in bestimmten rechten politischen Kreisen – sind Reichskanzler Joseph Wirth, Ulrich Graf von Brockdorff-Rantzau, Staatssekretär Ago Freiherr von Maltzan und auf dem militärischen Sektor (von dem nicht so gern gesprochen wird) General Hans von Seeckt. Ausgesprochene Gegner des Ausgleiches mit Sowjetrußland sind der sozialdemokratische Reichspräsident Ebert und der Vorgänger Rathenaus als Außenminister, Dr. Friedrich Rosen, große Teile der Sozialdemokratie und des Zentrums, von der gesamten politischen Rechten einmal abgesehen.

Rathenau entschließt sich erst unter dem Eindruck des Beginns der Genuaer Konferenz, die ganz im Zeichen der Isolierung Deutschlands steht, zu einem uneingeschränkten Ja zu dem deutsch-russischen Vertrag. Diese Ereignisse selbst sind es, die Deutsche und Russen zueinander zwingen.

Zunächst muß bemerkt werden, daß die sowjetische Delegation auf dem Wege nach Genua schon in Berlin Station machte. Zu diesem Zeitpunkt übt Rathenau noch größte Zurückhaltung gegenüber den Sowjets und hält am Plan einer deutschen Beteiligung an dem berüchtigten internationalen Kartell »zum Wiederaufbau Rußlands« fest, was die sowjetische Delegation ablehnt. Aber neben den offiziellen Verhandlungen gibt es geheime Besprechungen in Berlin zwischen Maltzan und Tschitscherin: *Die wichtigsten Punkte des späteren Vertrages von Rapallo werden bereits in Berlin skizziert.* Aber Maltzan weiß sehr genau, daß in Berlin wegen des Widerstandes von

Rathenau und Ebert mit einer schnellen Vertragsunterzeichnung nicht zu rechnen ist. So wird die legale Vertragsunterzeichnung örtlich und zeitlich nach Genua verschoben. Maltzan sollte recht behalten, daß das Liebeswerben der Westmächte um Rußland und die eisige Isolierung der Deutschen in Genua schon auf die Vertragsunterzeichnung wirken würden.

Deutschland wird in Genua von allen Verhandlungen zwischen der Entente und Sowjetrußland ausgeschlossen. Lloyd George weigert sich in Genua, Rathenau zu empfangen. Haß und Illoyalität sind es, die Rathenau ahnen lassen, daß er von den Engländern betrogen werden soll.

Auch die Vertreter Sowjetrußlands müssen in Genua erkennen, daß eine wirtschaftliche Zusammenarbeit mit den Mächten der Entente auf dem Boden der Gleichberechtigung und der Meistbegünstigung ohne Einmischung in die inneren Angelegenheiten Rußlands trotz intensiver Verhandlungen nicht zu erreichen ist. Hinzu kommt die Überlegung, daß die deutschen Arbeiter die Hauptlast der neuen Verschuldung gegenüber Sowjetrußland tragen müßten, und die Sowjets hoffen doch noch immer auf die Solidarität der deutschen Arbeiterschaft mit ihrem Land...

Im Augenblick der Konferenz steht also Sowjetrußland Deutschland als einziger Partner zur Verfügung, und Deutschland sieht als einzig möglichen Verbündeten nur Sowjetrußland. Rathenau selbst ist ratlos. Bei seiner Abreise nach Genua spürt er den Haß und die Schadenfreude seiner innenpolitischen Gegner in Deutschland, die so dringend wünschen, der »Erfüllungspolitiker« möge mit leeren Händen aus Genua zurückkommen.

Rathenau kommt nicht mit leeren Händen zurück. Der Vertrag von Rapallo ist die einzige Frucht der Genuaer Konferenz. Aber die Tage des deutschen Außenministers sind gezählt.

Am 23. Juni 1922 hält *Dr. Karl Helfferich,* der Fraktionsvorsitzende der Deutschnationalen Volkspartei jene Rede, die ihn *als intellektuellen Mörder* Rathenaus in die Geschichte eingehen läßt. Dem »ganzen Jammer der Gegenwart« stellt Helfferich in seiner demagogischen Rede das glorifizierte Bild des »geachteten und gefürchteten Kaiserreiches« gegenüber, »das Glück unserer Vergangenheit und die Sehnsucht unserer Zukunft«.

Die Politik der Erfüllung ist für Helfferich nicht nur eine Politik der Feigheit und des Kriechens vor »französischen Bajonetten«, sie ist in seinen Augen geradezu hochverräterisch. Er fordert allen Ernstes, *daß die deutsche Regierung wegen der Erfüllungspolitik vor einen Staatsgerichtshof gestellt werden müsse.* Helfferich leugnet auch jede Schuld der kaiserlichen Regierung und der Generalität am Ausbruch des Weltkrieges. Es ist eine giftige (»Saustall«-)Rede voller Haß, voller Wut, voller Demagogie:

»Die Politik der Erfüllung hat uns die furchtbare Entwertung des deutschen Geldes gebracht, hat unseren Mittelstand zermalmt, hat zahllose Menschen und Familien in Not und Elend gebracht, hat zahllose Menschen in Verzweiflung und Selbstmord getrieben, sie hat große wertvolle Teile unseres nationalen Produktionskapitals dem Auslande ausgeliefert, sie hat unsere wirtschaftliche und soziale Ordnung in ihren Grundfesten erschüttert!« [18]

Das ist natürlich schrecklichste Demagogie, vor allem wenn man bedenkt, daß es gerade Helfferich während des Krieges war, der in seiner Eigenschaft als Staatssekretär der Finanzen den finanziellen Bankrott des Deutschen Reiches *aktiv mit verursachte!*

Frank Faßland schreibt 1922 über das »Finanzgenie« Karl Helfferich folgendes: *»Helfferich ließ sich nicht nur neue und zwar immer höhere Kriegskredite vom Reichstag bewilligen, sondern er fundierte sie auch durch Kriegsanleihen. Drei jener gewaltigen ›Finanzsiege‹, die in der Presse nicht weniger gefeiert wurden als die großen Schlachten, durch die wir uns zu Tode gesiegt hatten, wurden unter seiner Aegide als Schatzsekretär erfochten. Sie erbrachten 9, 12 und 10 ¾ Milliarden Mark. Mit gewaltiger Propaganda, mit Strömen von Werbeschriften, mit schreienden Plakaten und mit mehr oder weniger starkem Druck, auf alle, die zeichnen oder nicht zeichnen konnten, wurde diese Kriegsanleihe in Szene gesetzt... In seiner Zukunftskalkulation bildete die große Kriegsentschädigung der besiegten Feinde den Hauptposten, der alle Löcher zustopfte, alle Bedenken im Keime erstickte... Als in der Revolution, die nicht weniger eine Folge des Militär- als des Währungszusammenbruches war, die Defizitwirtschaft immer furchtbarere Dimensionen annahm, hat er nichtsdestoweniger diejenigen als die Reichsverderber angeklagt, die doch schließlich nur das geerntet, was er gesät hatte.«* [19]

Rathenau hat auf diesen furchtbaren Angriff Helfferichs nicht mehr geantwortet. Am Abend ist er zu einem Essen in die Amerikanische Botschaft geladen. Er wirkt nachdenklich und zerstreut.

Als er am nächsten Morgen kurz vor elf im offenen Wagen ins Amt fährt, wird er in der Königsallee von einem ebenfalls offenen Wagen überholt. Im Fond sitzen zwei Herren in langen Ledermänteln und Lederkappen. Als sie Rathenaus Wagen überholen, schießt zunächst der eine mit einer Maschinenpistole auf Rathenau. Dann wirft der andere eine Eierhandgranate. *Rathenau ist sofort tot.* Wirbelsäule und Unterkiefer sind zerschmettert. Fünf Schüsse haben ihn getroffen. Der Wagen mit den Mördern braust davon.

Wer sind die Mörder?

Sie heißen: Erwin Kern, Oberleutnant zur See a. D., 25 Jahre alt, und Hermann Fischer, Ingenieur, ebenfalls 25 Jahre alt. Der Wagen wird von dem 21jährigen Ernst-Werner Techow gesteuert. Fischer und Kern fliehen und werden am 17. Juli im Turm in der Ruine Saaleck von der Polizei entdeckt. Da sie sich nicht ergeben wollen, findet Kern bei den anschließenden Schießereien den Tod. Fischer begeht neben ihm Selbstmord. Ernst-Werner Techow wird der Prozeß gemacht.

Woher kamen die Mörder, und welches waren ihre Motive?

Das Stichwort heißt *»Marine-Brigade Ehrhardt«*. Die sechsjährige Entstehungsgeschichte der Weimarer Republik, die erst 1924 im Zusammenhang mit der wirtschaftlichen Stabilisierung für die nächsten vier Jahre einen einigermaßen konsolidierten Zustand erreicht, liest sich wie die Geschichte von der Geburt und der Kindheit eines ungeliebten Nachwuchses, zu dessen »Vaterschaft« sich niemand bekennen und dessen »Mutter« eigentlich gar kein Kind haben wollte. Die Linkssozialisten und die Kommunisten kämpfen vergeblich für die sozialistische Republik. Rechte Sozialdemokraten, Teile des Zentrums und die ganze politische Rechte, Kleinbürger und Bauern, die gesamte Industrie und vor allem das Riesenheer, das sich nun ab 1918 teils aufzulösen beginnt, teils in Freikorps und in der Reichswehr neue Organisationen findet – diese Masse von Millionen deutscher Männer, von denen der größere Teil nicht immer satt wird und verzweifelt, haßerfüllt und verwirrt ist, sucht gierig nach den »Schuldigen« an der Katastrophe. Die Mehrheit dieser Menschen will weder Demokratie noch Republik und wird so leicht das Opfer von Demagogen.

Die Geschichte des Freikorps »Brigade Ehrhardt« beginnt Ende Oktober 1918 in Wilhelmshaven und endet am 26. August 1933, als der ehemalige Korvettenkapitän Hermann Ehrhardt die Reste seiner Brigade dem Reichsführer SS Heinrich Himmler unterstellt. Im Mai 1919 nimmt die Brigade Ehrhardt an der blutigen Unterdrückung der Münchener Räterepublik teil, nachdem sie bereits im April desselben Jahres an der Niederschlagung der linken Regierung in Braunschweig beteiligt ist. Im Juli 1919 zerstreut die Brigade gewaltsam Demonstrationen von Berliner Arbeitern im Zusammenhang mit dem Verkehrsarbeiterstreik in Berlin. Ab August 1919 sehen wir die Brigade im Einsatz beim ersten oberschlesischen Aufstand. Das offene Bekenntnis als Gegner der Republik, das Führen der kaiserlichen Reichskriegsflagge, das Hakenkreuz am Stahlhelm und ein offen bekundeter Judenhaß gehören bereits zum eisernen ideologischen Rüstzeug der Brigade Ehrhardt. Alle diese hier geschilderten Einsätze geschehen übrigens unter dem Oberkommando des sozialdemokratischen Reichswehrministers Gustav Noske, dem selbst noch Hitler mit einer Pension dankt. Das heißt, die Regierung der Republik, die schon die Morde an Rosa Luxemburg und Karl Liebknecht offen oder versteckt duldete, bedient sich von Anfang an geschworener Feinde der Demokratie und der Republik zur Niedermetzelung von Linkssozialisten und Kommunisten. *An dieser mehr oder weniger offenen Duldung des Rechtsradikalismus, und das Bündnis mit ihm wurde von rechten Sozialdemokraten wie Ebert, Scheidemann und Noske begründet, ist die Weimarer Republik letzthin zugrunde gegangen.* Es ist eine notorische Geschichtslüge, wenn bis heute behauptet wird, Weimar sei zwischen »links und rechts« zerrieben worden.

Auch am *Kapp-Putsch* von 1920, durch den eine Militärdiktatur unter Generallandschaftsdirektor Kapp, General Walter Freiherr von Lüttwitz und General Erich Ludendorff errichtet werden sollte, nimmt die Brigade Ehrhardt neben der Gardekavallerie-Schützendivision mit dem berüchtigten Hauptmann Waldemar Pabst, dem Liebknecht-Luxemburg-Mörder, aktiv teil. Das Scheitern des Kapp-Putsches am Willen von 12 Millionen organisierten Arbeitern, die in den Generalstreik treten, zeigt ganz eindeutig, welche Bevölkerungsschicht als einzige bereit war, die Errungenschaften der Republik zu verteidigen. Der Kapp-Putsch belegt auch einwandfrei, daß die Reichswehr, die sich ausdrücklich weigert, auf die Putschisten zu schießen, zur Verteidigung der Republik schon von Anfang an nicht bereit war.

Am 31. Mai 1920 wird die Brigade Ehrhardt in Munsterlager aufgelöst, nachdem die republikanische Regierung – nach Berlin zurückgekehrt – sogar noch alle finanziellen Zulagen gezahlt hatte, die die Putschistenregierung Kapp der Brigade Ehrhardt großzügig gewährt hatte. Ein Teil der Brigademitglieder wird von der Reichsmarine übernommen, ein Teil geht ins Zivilleben, ein dritter Teil gründet als unmittelbare Nachfolgeinstitution der Brigade die militärische Geheimgesellschaft *Organisation C. (Consul),* die im Laufe des Jahres 1921 ihren ersten Einsatz beim dritten oberschlesischen Aufstand hat. Sie nimmt an den Kämpfen um den Annaberg teil. Waffen und Geld erhält sie wiederum von der Reichsregierung. Die Bezirksorganisationen der Organisation Consul sind über das ganze Reich verteilt. Sie verfügt von Anfang an über erhebliche Geldmittel, etwa 400000 Mark pro Monat, die von der Reichswehr, von der Industrie und vom Großgrundbesitz aufgebracht werden: Judasgeld für Fememorde.

Was Rathenau anbelangt, so gab es keineswegs nur *ein* Komplott aus den Reihen der Organisation »Consul«. Die offene Aufforderung, Rathenau zu ermorden, existiert, wie wir durch das eingangs zitierte »Lied« der Brigade Ehrhardt bewiesen haben, mindestens seit Anfang 1921, ganz davon abgesehen, daß es seit der Novemberrevolution als ein amüsanter Sport angesehen wurde, demokratische Politiker umzubringen. Für die Zeit zwischen 1918 und 1923 konnten etwa 300 Morde an linken Politikern namentlich festgestellt werden. 1922, nach der Unterzeichnung des Rapallovertrages, ist die Stimmung in rechtsradikalen Kreisen so, daß Alfred Kerr vier Wochen vor dem Attentat Rathenaus Ermordung in einer Zeitung voraussagt. Und es ist für uns angesichts der furchterregenden Urteilssprüche in den Prozessen gegen die KZ-Mörder seit Ende des Zweiten Weltkrieges nicht verwunderlich, daß *schon damals rechtsradikale Attentäter und Mörder immer ungeschoren oder fast ungeschoren davonkamen.* Die »Weltbühne« schildert 1922 eindringlich diese Mordatmosphäre unter der Überschrift »Mord mit allem Komfort«, wenn sie schreibt:

»Wer so ein republikanisches Schwein ›abgekehlt‹ hat – wie es im deutschnationalen Apachen-Jargon heißt –, hat sein Abstandssümmchen samt den nötigen Teuerungszuschlägen in der Tasche... Und wenn er gefaßt wird, wird er befreit. Und wenn er nicht befreit wird, wird er freigesprochen. Und wenn er nicht freigesprochen wird, wird er nach kurzer Zeit amnestiert.

Das ist der markanteste Unterschied zwischen den politischen Morden in der deutschen Republik und den Attentaten der letzten 100 Jahre: früher waren es die Taten von geknechteten, abgehärmten, armen, verhungerten Fanatikern, die sich ihre »Höllenmaschinen« aus alten Konservenbüchsen und selbstgebrautem Sprengstoff fertigten; Menschen, die bereit waren, für ihre Idee nicht nur zu morden, sondern auch zu sterben. . . Kein Mercedeswagen stand ihnen zur Verfügung, nicht Automäntel und – aus Noskes und Geßlers ›Heeresbeständen‹ gestohlene – Maschinengewehre, nicht Flugzeuge und mit 20 Korruptionen erkaufte Pässe. Der Mord in der deutschen Republik ist gewissermaßen ein Mord mit allem Komfort. . . Wo kommen die Millionen her? Die Antwort weiß jeder: die Großagrarier, die Großindustriellen zahlen alles. Es sind dieselben Kreise, die während des Krieges die Propaganda des Massenmordes bezahlten.«[20]

Rathenaus Biographen berichten aus dem Jahre 1922, daß Rathenau immer wieder über neue Mordpläne gegen ihn informiert wurde. Und hier wird nun das Verhalten Rathenaus wirklich rätselhaft, denn er lehnt jeden persönlichen Schutz ab. Es ist, als habe er mit dem Leben schon abgeschlossen, als suche er fast den Tod. Aus seinen Briefen spricht müde Resignation, Abschiedsstimmung. 1920 äußert der 53jährige: »Ich blicke mehr rückwärts als vorwärts. Meine Arbeit ist fast getan. Noch hält sie mich, aber sie treibt mich nicht mehr.«[21]

Unmittelbar vor der Reise nach Genua schon nimmt Rathenau praktisch Abschied vom Leben in einem Brief an eine Freundin. Wenn es sein muß, will er sich opfern.[22]

Zur gleichen Zeit bereiten Mitglieder der Organisation Consul den Mord an Walther Rathenau vor:

»Am 18. Juni wurde in der Wohnung der Frau Techow zwischen dem fahnenflüchtigen Psychopathen Günther, dem 16jährigen Schüler Gert Techow, Kern und seinem Freunde Fischer der Plan entworfen, nach dem Rathenau tatsächlich ermordet worden ist: Verfolgung seines Autos durch ein zweites Auto und Schüsse von Auto zu Auto. . . Kern glaubte. . . feststellen zu müssen, daß mit einem gewöhnlichen Revolver keine genügende Sicherheit bestünde, das Ziel zu treffen, und beschloß daher, eine Maschinenpistole zu beschaffen. Er fuhr deshalb mit Techow und Fischer nach Schwerin, um eine Maschinenpistole. . . zu holen. . . Den Abend vor der Tat, den des 23. Juni, verbrachten die Verschworenen zusammen. Sie tranken Bier, Kognak und Wein und sprachen dabei noch einmal die Gründe durch, warum Rathenau beseitigt werden müsse.«[23]

Widerlich und für uns heute ganz unfaßbar ist die literarische Verbrämung und Verherrlichung der Mörder durch den Schriftsteller *Ernst von Salomon, der zum Kreis der Rathenau-Mörder gehört*. In seinem Buch *»Die Geächteten«* beschreibt Salomon, wie er und Kern einer Rede Rathenaus am 22. Oktober 1921 in Frankfurt am Main zuhören. Salomon will dem Leser suggerieren, der spätere Mörder Kern habe Rathenau allein durch seinen stählernen Blick in Verwirrung gebracht. Er schreibt:

»Kern stand, die Arme vor der Brust verschlungen, fast unbeweglich an der Säule neben mir. Und da geschah das Unbegreifliche. Es geschah, während der Minister sprach von Führertum und Vertrauen, während seine Stimme sich bohrte in den toten stillen Raum, in den Dunst welterfahrener Behäbigkeit, der über der Versammlung lag. Sicherlich, es kann nicht anders sein, schlug jene eine tödliche Sekunde ein in jedes Herz. Es muß wie ein Pochen gewesen sein, zwei Pulsschläge lang, ein Pochen in jeder Brust, beklemmend, jäh, aufreißend ein Tor zum Tode, von einem Blitzschlag erhellt und schon vorbei. Vorbei, wie weggewischt, unwirklich nun und doch geschehen. Ich sah, wie Kern, halb vorgebeugt, nicht ganz drei Schritt von Rathenau entfernt, ihn in den Bannkreis seiner Augen zwang. Ich sah in seinen dunklen Augen metallisch grünen Schein, ich sah die Bleiche seiner Stirn, die Starre seiner Kraft, ich sah den Raum sich schnell verflüchtigen, daß nichts mehr blieb von ihm als dieser eine arme Kreis und in dem Kreis zwei Menschen nur. Der Minister aber wandte sich zögernd erst, sah flüchtig erst, verwirrt sodann nach jener Säule, stockte, suchte mühsam, fand sich dann und wischte fahrig mit der Hand sich von der Stirn, was ihm angeflogen war. Doch sprach er nun fortan zu Kern allein. . .«[24]

Es soll mit diesem verworrenen Geschwätz Salomons der Eindruck hervorgerufen werden, zwei gleichwertige Persönlichkeiten hätten sich hier gegenübergestanden, wie durch ein mystisches Band unsichtbar miteinander verbunden. Eine Verhöhnung des Ermordeten, wie sie infamer nicht sein konnte.

Der Mord an dem Außenminister wird von der politischen Rechten mit unverhohlener Genugtuung aufgenommen. Obwohl man nun wirklich nicht sagen kann, daß Rathenau auf der Seite der deutschen Arbeiterschaft stand, war es doch die Arbeiterschaft, waren es *Millionen Arbeiter, die nach der Mordtat für Rathenau, für die demokratische Republik demonstrierten.* In Berlin waren es über eine Million Menschen, die die Straßen säumten, als Rathenau beerdigt wurde. Aber eine sozialdemokratische Führung, die ausdrücklich die Revolution wie die Pest haßte, konnte angesichts demonstrierender Arbeiter nur Furcht und Unbehagen empfinden.

Als Dr. Karl Helfferich am 25. Juni 1922, einen Tag nach dem

Mord an Rathenau, den Plenarsaal des Reichstages betritt, kommt es zu einem leidenschaftlichen Zusammenstoß. Unter den Rufen »Mörder, Mörder! Hinaus mit den Mördern!« muß der leichenblasse Helfferich, mit dem Blumenstrauß eines Verehrers in der Hand, den Saal verlassen. Trotz der Proteste der Deutschnationalen wird Walther Rathenau im Plenarsaal des Reichstages aufgebahrt. Der Reichskanzler Joseph Wirth sagt bei der Trauerfeier:

»Er fiel nicht für sein Volk, er fiel, um die Menschen Versöhnung zu lehren... Wir müssen dieses Werk, das wir unter schweren Nöten begonnen haben, fortsetzen. Es ist das Werk der Rettung unseres Volkes, es ist das Werk der Rettung von ganz Europa. Von dem Tage an, wo wir unter den Fahnen der Republik aufrichtig diesem neuen Staatswesen dienen, wird mit Millionen Geldern ein fürchterliches Gift in unser Volk geleitet. Es bedroht von Königsberg bis Konstanz eine Mordhetze unser Vaterland, dem wir unter dem Aufgebot aller unserer Kräfte dienen. Da schreit man es hinaus, daß das, was wir tun, ein Verbrechen am Volke wäre, es wird nach dem Staatsgerichtshof geschrien, und da wundert man sich, wenn verblendete Buben nachher zur Mordwaffe greifen.«[25]

Das sind in einer Stunde der Wahrheit deutliche Worte, die auf die intellektuelle Urheberschaft des Mordes durch die Deutschnationalen gemünzt sind. Wirth ist es auch, der wenige Tage später im Zusammenhang mit der Beratung des Republikschutzgesetzes das Wort geprägt hat: *»Der Feind steht rechts.«* Dieser Ausspruch Joseph Wirths ist, oft wiederholt, von vielen nicht geglaubt und immer wieder nicht beherzigt worden, bis in die jüngsten Tage hinein.

Wir wollen deshalb an dieser Stelle aus der Reichstagsrede Wirths vom 25. Juni 1922 etwas mehr zitieren als nur den obengenannten Ausspruch, denn es ist das merkwürdige Schicksal der Deutschen bis auf den heutigen Tag geblieben, die Zerstörer der nationalen Einheit immer auf der linken Seite der politischen Szenerie zu suchen. Auch die Mehrheit der Heimatvertriebenen hat lange nicht begriffen, daß es Hitler und sein Anhang und keineswegs die Alliierten waren, die es den Schlesiern, den Pommern und den Ostpreußen vor der Weltgeschichte unmöglich machten, im Dunstkreis von Auschwitz so weiter zu leben, als sei nichts passiert...

Wirth sagte am 25. Juli vor 60 Jahren unter anderem:

»Wundern Sie (nach rechts) *sich, wenn unter dem Einfluß der Erzeugnisse ihrer Presse der letzten Tage Briefe an mich kommen, wie*

ich hier einen von gestern in der Hand habe, der die Überschrift trägt: ›Am Tage der Hinrichtung Dr. Rathenaus!‹ – wundern Sie sich dann, wenn eine Atmosphäre geschaffen ist, in der auch der letzte Funke politischer Vernunft erloschen ist?

Wollen wir aus dieser Atmosphäre – und das ist es doch, worauf es allein ankommt – wieder heraus, wollen wir gesunden, wollen wir aus diesem Elend herauskommen, dann muß das System des politischen Mordes endlich enden, das die politische Ohnmacht eines Volkes offenbart.

Ich war vorhin beim Kirchgang Zeuge des Aufmarsches der großen Massen zur Demonstration im Lustgarten. Da war Ordnung, da war Disziplin. Es war eine Ruhe; aber mögen sich die Kreise in Deutschland durch diese äußere Ruhe nicht täuschen lassen. In der Tiefe droht ein Vulkan!

In jeder Stunde Demokratie! Aber nicht Demokratie, die auf den Tisch schlägt und sagt: wir sind an der Macht! – nein, sondern jene Demokratie, die geduldig in jeder Lage für das eigene unglückliche Vaterland eine Förderung der Freiheit sucht! In diesem Sinne muß jeder Mund sich regen, um endlich in Deutschland diese Atmosphäre des Mordes, des Zankes, der Vergiftung zu zerstören!

Da steht (nach rechts) *der Feind, der sein Gift in die Wunden eines Volkes träufelt. – Da steht der Feind – und darüber ist kein Zweifel: dieser Feind steht rechts!«*[26]

Wenn man sich fragt, ob Walther Rathenau legitime Nachfolger in der Politik hatte, dann muß diese Frage für die Weimarer Republik mit »Nein« beantwortet werden. Stresemanns durchaus realitätsbezogene Politik war einseitig auf den Westen ausgerichtet. Weder gegenüber der Sowjetunion noch, was sich als fast ebenso verhängnisvoll auswirken sollte, gegenüber Polen findet Stresemann Ansätze einer konstruktiven Politik.

Auch nach 1945 wird in Westdeutschland keineswegs an Rathenaus, sondern vielmehr an Stresemanns politischen Grundsätzen angeknüpft. Erst mit Schröder, Scheel, Brandt und Schmidt stoßen wir auf Politiker der Nachkriegsära, die das Vermächtnis Walther Rathenaus aufnehmen. *Zwischen 1950 und 1970 (und wirklich nur bis dann?) gilt »Rapallo« im Munde der Mehrheit der westdeutschen Politiker immer noch als Diffamierung,* wenn auch das rechte Schlagwort von den »Verzichtpolitikern«, gemünzt auf die Oder-Neiße-Grenze, nicht jene Konsequenz zeitigen konnte wie das mörderische Wort von den »Erfüllungspolitikern«.

Wir müssen wegen des seltsamen Schicksals eines der Mörder Rathenaus hier noch Ausführungen machen, die weit über das Jahr 1922 hinausgehen. Wir hatten vom Tod von Kern und Fischer am Ort ihrer Festnahme berichtet. Hier werden beide begraben, Hitler läßt ihnen später einen prächtigen Leichenstein setzen.

Ernst-Werner Techow, der den Wagen der Mörder steuert, begegnen wir knapp 20 Jahre später, und zwar als Offizier der Fremdenlegion in einem Fort an der libyschen Grenze. Er nennt sich jetzt Tessier. Dort in diesem Fort begegnen ihm jüdische Flüchtlinge aus Deutschland, die nicht wissen, wer Tessier eigentlich ist. Sie sind erstaunt über einen Offizier, der mit Kenntnis und Hochachtung von der jüdischen Kultur spricht und der auch Hebräisch versteht. Eines Tages meldet sich bei Tessier ein Legionär namens Rathenau. Tessier fragt ihn, ob er mit dem 1922 ermordeten Außenminister verwandt sei, was der Legionär bejaht. Er sei Rathenaus Neffe. Darauf sagt Tessier zur Verblüffung aller: »Ich bin einer der drei Männer, die Ihren Onkel töteten.« Techow holt einen Brief hervor. Es ist der Brief, den Mathilde Rathenau nach der Ermordung ihres Sohnes an die Mutter Techows schrieb, als sie hört, daß die Mutter des Mörders sich in der Öffentlichkeit nicht mehr zeigen könne, ohne beschimpft zu werden. Der Brief hat folgenden Wortlaut:

»In namenlosem Schmerz reiche ich Ihnen, Sie ärmste aller Frauen, die Hand. Sagen Sie Ihrem Sohn, daß ich im Namen und im Geist des Ermordeten ihm verzeihe, wie Gott ihm verzeihen möge, wenn er vor der irdischen Gerechtigkeit sein volles, offenes Bekenntnis ablegt, und vor der Göttlichen bereut. Hätte er meinen Sohn gekannt, den edelsten Menschen, den die Erde trug, so hätte er eher die Mordwaffe auf sich selbst gerichtet als auf ihn. Mögen diese Worte Ihrer Seele Frieden geben. Mathilde Rathenau.«[27]

Als Techow den Brief vorgelesen hat, sagt er zu den Umstehenden: *». . . dieser Brief ist das Kostbarste, was ich besitze. Er eröffnete mir eine neue Welt. Im Gefängnis begann ich die Werke Ihres Onkels zu studieren. Später, in der Legion las ich alles, was ich über das jüdische Problem bekommen konnte. In Syrien lernte ich Hebräisch. Ich erkannte, daß die Nazis die Tatsachen über die Juden verfälscht hatten, um ihre Grausamkeiten zu entschuldigen. Ich kenne die Wirkungen ihrer barbarischen Instinkte sehr gut, da ich ihnen selbst einmal verfallen war. Seit 18 Jahren kämpfe ich gegen dieses Übel. Frau Rathenau hat einen Sieg über sich selbst errungen, als sie diesen Brief an meine Mutter schrieb, und auch ich habe versucht, über mich Herr* *zu werden. Ich habe immer auf eine Gelegenheit gehofft, meine Verbrechen wiedergutmachen zu können.«*[28]

Techow sollte bald Gelegenheit bekommen, seinen Worten Taten folgen zu lassen. 1941 arbeitet er in Marseille. Er spioniert für eine der Mächte, die gegen Hitler-Deutschland Krieg führt und besorgt auch Ausreisevisa und Pässe für Juden. Ungefähr 700 von ihnen soll er bis dahin das Leben gerettet haben. Die ihn dort kennenlernen, sprachen mit großer Hochachtung von ihm.

So schließt sich der Kreis. Hitler und seine Anhänger ermordeten planmäßig etwa 6 Millionen Juden. Rathenaus Name steht als frühes Opfer des Geistes von Auschwitz an der Spitze dieser grauenhaften Liste. Einer der Mörder bereut und rettet 700 Juden das Leben – ganz unter dem Eindruck der Persönlichkeit des Ermordeten. . .

Sergej Kirow
Der Schlaf der Vernunft bringt Ungeheuer hervor
(1934)

Klio, die Muse der Geschichte, hat es bisher nicht vermocht, in den Kreml eingelassen zu werden.
Isaac Deutscher

Wir haben von Fehlern, Dramen, Tragödien und Verbrechen gesprochen...
Dennoch sehen wir die Oktoberrevolution nach wie vor als das größte revolutionäre Ereignis dieses Jahrhunderts an, nicht nur für Rußland. Sie gab der Emanzipation der Arbeiter und der Befreiung unterdrückter Völker auf allen Kontinenten große Impulse...
Die Stalinzeit brachte neben Fehlern und Dramen auch große Fortschritte: Sie hat die Sowjetunion in die Lage versetzt, dem deutschen Angriff siegreich zu widerstehen.
Enrico Berlinguer

Am 1. Dezember 1934 gegen Abend wird im Smolny in Leningrad das Mitglied des Politbüros, der Sekretär des ZK der KPdSU und Erster Sekretär des Gebiets-Parteikomitees, durch Revolverschüsse ermordet. Nach Stalin ist er einer der ranghöchsten Funktionäre der Sowjetunion.

Er heißt *Sergej Mironowitsch Kirow* (der eigentliche Name lautet Kostrikow). Kirow wurde am 15. März 1886 geboren. Mitglied der russischen Sozialdemokratie war er seit 1904. Von 1905 bis 1907 nimmt Kirow aktiv an der ersten russischen Revolution teil, und viermal wird er in den folgenden Jahren verhaftet und ins Gefängnis geworfen. Nach der Oktoberrevolution führt Kirow Einheiten der revolutionären Armee im Kaukasus. 1919 wird er Mitglied des Revolutionskomitees in Astrachan, 1921 Sekretär des ZK der Kom-

Sergej Mironowitsch Kirow.
Keystone Pressedienst

munistischen Partei in Aserbeidschan. Kirow ist Mitbegründer der Transkaukasischen Föderation. 1923 wird er Mitglied des ZK der Partei. Ab 1926 ist Kirow Erster Sekretär des Parteikomitees in Leningrad. 1930 wird er Mitglied des Politbüros. 1934 wird Kirow zum Sekretär des ZK gewählt.

Über Ablauf und Hintergründe des Attentats vom 1. Dezember 1934 gibt es nur Vermutungen, nicht mehr. Sicher gibt es in den Archiven des Kreml mehrere Akten unter dem Stichwort »Kirow« und unter dem Stichwort »Stalin«. Aber diese Akten sind meines Wissens weder einem sowjetischen noch einem ausländischen Historiker jemals auch nur für eine Minute zugänglich gewesen. Chruschtschow setzte 1956 eine Untersuchungskommission für den Fall Kirow ein. Wie oft sie tagte, wissen wir nicht. *Ihre Untersuchungsergebnisse sind uns nicht bekannt.*

Das heißt, alles, was wir über dieses Attentat und seine Hintergründe wissen, stammt aus zweiter oder dritter oder gar vierter Hand. Ein Beispiel:

»Der 1. Dezember begann in Leningrad wie gewöhnlich. Ein später trüber Morgen. Über den Fabrikschornsteinen kräuselt sich Rauch. Die Kinder eilen zur Schule, die Hausfrauen in die Geschäfte. Die Leningrader, wie alle anderen Sowjetmenschen, haben nicht vermutet, daß in die stille Symphonie einer friedlichen Lebensweise ein unheilverkündender Akkord hineingreift und noch an diesem Tage ertönen wird, ein weitreichendes Ereignis, für viele mit tragischen Folgen. Sergej Mironowitsch Kirow beendet seine Vorbereitungen für einen Vortrag um 16 Uhr. Während er hastig die beschriebenen Blätter in die Innentasche seiner Feldbluse einsteckt, dachte er daran, daß die Bezirksvorsitzenden bereits auf dem Wege nach Leningrad sind, wo eine Versammlung des Partei-Aktivs zur Auswertung des letzten Plenums der KPdSU (B) stattfand. Maria Wlowna (Kirows Frau) *und die Haushälterin wollen ihm das Mittagessen im Eßzimmer reichen, Kirow setzt sich aber an den Küchentisch und aß schnell etwas, zog seinen Herbstmantel über, setzte seine graue unverwechselbare Feldmütze auf, nachdem er im Smolny anrief und mitteilte, daß er losfahre. Bevor Sergej Mironowitsch wegging, blättert er noch einmal in seinem Kalender und fragt seine Frau: ›Marussia, wann hatte ich das letztemal Geburtstag?‹ ›Ist ja schon gut. Abends warten auf Dich Piroggen mit Kohl. Und einen starken Tee werde ich zubereiten. Ich werde ihn selbst kochen.‹ Kirow lächelt zufrieden und nahm Maria in die Arme: ›Ach meine Liebe,*

irgendein Ereignis naht heran. Laß uns erst mal die Sache mit den Brotkarten erledigen, dann können wir jeden Tag Geburtstag feiern.‹ Im Hausflur begrüßt er seinen Chauffeur Judin sowie seinen Leibwächter und setzt sich in den Wagen. Sie fahren über die Troitzki-Brücke (heute Kirow-Brücke), *die schönste aller Brücken über die Newa. Der Sekretär des Gebietskomitees und des ZK wußte noch nicht, daß morgen über diese Brücke ein Trauerzug von der Petrograder Seite ziehen würde und dem Sarg ein großes Porträt voranschweben würde mit einem Kranz mit schwarz-roten Schleifen – sein – Kirows – Porträt.*

Dreißig Jahre lang diente Sergej Mironowitsch selbstlos dem arbeitenden Volk, dem Kampf der Partei für eine lichte Zukunft. Er erinnert sich an jedes Jahr der schweren Gefechte für den Sozialismus, die sich in sein Gedächtnis eingegraben hatten und in die Falten und die auch im Haar ihre Spuren hinterlassen hatten. Aber das Interessanteste, so denkt Kirow, liegt noch vor uns. Wie viele wunderbare Dinge. Man möchte leben und nochmals leben. Mironowitsch ahnte nicht, daß in etwa 15 Minuten... Er wäre doch noch einmal aus dem Wagen gestiegen, um noch einen letzten Blick auf Leningrad, auf die Stadt, die er ins Herz geschlossen hat, zu werfen. Aber nein, er fährt weiter, er eilt und schaut zu, wie der nasse Asphalt und der festgefahrene Schnee unter dem Kühler verschwanden. Er schaut nach vorn und denkt still darüber nach, wie hoch wohl die Produktivität der Brotfabriken sein müßten, um ohne Störung das Volk zu ernähren. Im Leningrader Sowjet hat man einen entsprechenden Bericht vorbereitet und an die entsprechende Abteilung im Gebietskomitee weitergereicht. Nachdem er das Gebäude des Smolny betrat, hörte er nicht mehr die Schritte des ihn begleitenden Leibwächters. Ohne abzuwarten, ging er zum 3. Stock hinauf. Während Sergej Mironowitsch auf das Geschäftszimmer des 2. Sekretärs des Gebietskomitees zusteuerte, hielt er einen Augenblick an, um die Tür zu öffnen. Und plötzlich erschallt ein dumpfer Schuß aus nächster Nähe ins Genick. Kirow schwankt, dreht sich hin und her und schlägt heftig mit der Stirn gegen das Parkett. Die Schirmmütze beschreibt mit der Stirnseite ein Sechseck und legt sich flach an den Hals. Sie wiegte sich noch im heißen Blutstrahl.

Abends versank ganz Leningrad in tiefe Trauer. Traurig ertönte das Radio. Durch den schrecklichen Schmerz erschüttert, fanden die Leningrader in dieser Nacht keinen Schlaf. Die Menschen schluchzten in den Fabriken, auf den Straßen...«[1]

Es ist unglaublich, aber dieser Kolportage-Roman ist der sowjetischen Bevölkerung tatsächlich 1964 als eine »ernsthafte« geschichtliche Forschung aufgrund von Archivquellen serviert worden. Was wirklich geschah, wissen wir nicht genau. Am eingehendsten hat sich *Roy A. Medwedew* mit dem Mord an Sergej Kirow beschäftigt. Es ist die Darstellung eines sowjetischen Marxisten, dessen Untersuchung über Geschichte und Folgen des Stalinismus allerdings bisher in der Sowjetunion selbst nicht erscheinen durfte. Medwedew hat ganz offensichtlich ernsthaftes Quellenstudium betrieben und zahlreiche noch heute lebenden Zeitgenossen Lenins und Stalins befragt. Natürlich waren auch ihm die entscheidenden Quellen, die im Kreml lagern, nicht zugänglich. Er schildert Kirows Ermordung so:

»Am 1. Dezember wurde Kirow, Mitglied des Politbüros, Sekretär des ZK der KPdSU und Erster Sekretär des Gebietskomitees, in Leningrad durch einen Schuß in den Rücken getötet. Der Mord weckte im sowjetischen Volk Trauer und Zorn. Jedermann verlangte die Ergreifung und strenge Bestrafung der Täter. Es hieß, der Schuß sei von Leonid Nikolajew abgefeuert worden, einem jungen Parteimitglied. Er sei verhaftet worden, als er zu fliehen versuchte. Das schien eine gründliche Untersuchung nötig zu machen, doch wurde die Untersuchung in direkter Verletzung aller Rechtsnormen, des gesunden Menschenverstandes und des Wunsches geführt, die wahren Schuldigen nicht zu finden und zu bestrafen.

Die Ermordung Kirows war ganz augenscheinlich nicht die Tat Nikolajews allein gewesen. Peter Tschagin, prominenter Parteiführer und enger Gefährte Kirows, hat dem Autor berichtet, daß 1934 mehrere Male versucht wurde, Kirow zu ermorden. Es war eine echte Menschenjagd, die von starker Hand geleitet wurde. So kam es bereits im Sommer 1934 während Kirows Reise nach Kasachstan zu einem Mordversuch... Kirow liebte es, in Leningrad umherzugehen, und Nikolajew beobachtete ihn dabei. Kirow wurde selbstverständlich bewacht; seine Leibwächter, geführt von dem NKWD-Funktionär Borisow, gingen in Zivilkleidung vor und hinter ihm.

Die Wachsamkeit der Leibwächter wurde durch einen Passanten erweckt, der sich zu nahe an Kirow herandrängte. Man hielt ihn fest. Es war Nikolajew, seine Aktentasche wies einen Schlitz auf, durch den man einen Revolver hervorziehen konnte, ohne die Tasche aufmachen zu müssen. In der Tasche befand sich tatsächlich ein geladener Revolver, neben einem Stadtplan, auf dem Kirows üblicher Spaziergang verzeichnet war. Man brachte Nikolajew sogleich in die Leningrader Zentrale der NKWD, wo er vom stellvertretenden Direktor I. Saporo-

shez vernommen wurde. . . Nach der Vernehmung Nikolajews berichtete Saporoshez telefonisch an Jagoda in Moskau, damals Volkskommissar für Inneres und enger Vertrauter Stalins. Einige Stunden darauf wies Jagoda Saporoshez an, Nikolajew gehen zu lassen. Mit wem hatte Jagoda sich unterdessen beraten?. . . Nachdem Nikolajew entlassen worden war, stellte er sich recht tölpelhaft an und wurde schon wenige Tage später auf einer Brücke neuerlich von Kirows Leuten festgenommen. Zum zweitenmal nahm man ihm den gleichen, geladenen Revolver ab. Die sonderbare Lässigkeit des Leningrader NKWD, das Nikolajew wiederum freiließ, erregte nun bei Kirows Leibwächtern Verdacht. Einige versuchten zu protestieren, bekamen beim NKWD aber gesagt, das gehe sie nichts an. Einzelne Leibwächter wurden vorübergehend ihrer Parteiausweise beraubt und mit Ausschluß bedroht. Das alles sah so verdächtig aus, daß Borisow beschloß, Kirow offen zu sagen, es sei jemand hinter ihm her, der bewaffnete Terrorist Nikolajew sei bereits zum zweitenmal freigelassen worden, nachdem die Leibwächter ihn verhaftet hatten. Wir wissen nicht, was Kirow nach diesem Gespräch mit Borisow unternahm. Jedenfalls erfuhren die Verschwörer sehr bald von dem Gespräch zwischen Kirow und Borisow, und das besiegelte dessen Schicksal.

Trotz allem gelang es Nikolajew, Kirow am 1. Dezember im Leningrader Smolny zu töten. Am gleichen Tage noch kamen Stalin, Molotow, Woroschilow, Jeshow, Jagoda. . . aus Moskau nach Leningrad. Auf dem Moskauer Bahnhof von Leningrad schlug Stalin, ohne die Handschuhe auszuziehen, den Direktor des Leningrader NKWD, Medwed, zur Begrüßung ins Gesicht, und gleich nach seiner Ankunft übernahm er selber die Untersuchung des Falles. Man führte ihm Nikolajew vor. Was da geschah, kann man bruchstückweise aus mehreren Berichten rekonstruieren.

An einem Tisch saßen in einem großen Zimmer Stalin, Molotow, Woroschilow. . . und mehrere andere. Hinter ihnen stand eine Gruppe Leningrader Parteifunktionäre, abgesondert davon eine Gruppe Tschekisten. (Am Tage von Kirows Ermordung machte Saporoshez Ferien im Süden, er konnte also unmöglich am nächsten Tag schon in Leningrad sein.) Man brachte Nikolajew, der auf beiden Seiten gestützt wurde. Stalin fragte, warum er Kirow erschossen habe. Nikolajew fiel in die Knie, deutete auf die hinter Stalin stehenden Tschekisten und rief: ›Die haben mich doch gezwungen!‹ Tschekisten liefen zu Nikolajew und schlugen ihn mit Pistolenkolben. Blutverschmiert und bewußtlos wurde er weggeschleift. . .«

»... die Art der von Stalin angeordneten Untersuchung und die folgenden Ereignisse legen die Vermutung nahe, daß Kirow mit Stalins Wissen ermordet wurde. Kirow war lange mit Stalin befreundet gewesen, doch wenn es um seine politischen Ziele ging, bedeutete Freundschaft für Stalin nichts. Man darf das Bild Kirows nicht vergolden. Er glich in vielem der näheren Umgebung Stalins, wo viele verabscheuungswürdige Ereignisse der späten zwanziger Jahre hätten ohne seine Mitwirkung nicht geschehen können. Als Individuum war Kirow allerdings in vieler Hinsicht anders als Stalin. Seine Schlichtheit und seine Zugänglichkeit, seine Verbundenheit mit den Massen, seine unerschöpfliche Energie, sein Rednertalent und seine vorzüglichen theoretischen Kenntnisse – das alles machte Kirow zum Liebling der Partei. Sein Einfluß nahm unaufhörlich zu, und seine Autorität in der Partei stand 1934 nur noch der von Stalin nach. Als damals im Zusammenhang mit einer Erkrankung Stalins die Frage auftauchte, wer dessen Nachfolge antreten solle, entschied sich das Politbüro für Kirow.

Der niederträchtige, mißtrauische, grausame und machthungrige Stalin konnte brillante unabhängige Geister nicht in seiner Nähe ertragen. Kirows zunehmende Popularität, sein wachsender Einfluß mußten Stalins Neid und Mißtrauen wecken. Kirows große Autorität bei den Kommunisten und seine Abneigung, Stalin unbesehen in allem zuzustimmen, mußten diesem bei der Verwirklichung seiner ehrgeizigen Pläne als Hindernis erscheinen... Kirows Ermordung ist ein bedeutendes Glied in jener Kette von Ereignissen, die zur Ergreifung der unumschränkten Macht durch Stalin führt.«[2]

Am Ende des 20. Jahrhunderts wissen wir eins mit großer Bestimmtheit: Die Tatsache, daß im November 1917 auf einem Sechstel der Erde die Sowjetmacht errichtet wurde – auf einem riesigen Territorium, das in Europa im Westen beginnt und gegenüber Alaska endet –, daß schlagartig der politische und wirtschaftliche Einfluß der bis dahin die Geschichte der Welt bestimmenden Mächte wie die USA, Frankreich, England und Deutschland für dieses Sechstel der Erde ausgeschaltet wurde – und dieser Zustand dauert nun 65 Jahre an –, diese Tatsache ist zwar heute *mühsam anerkannt, aber keineswegs »verdaut«*. Die Hoffnung der westlichen Großmächte, Rußland und mit ihm der Ostblock möchten eines Tages zusammenbrechen, die Supermacht Sowjetunion möchte blitzartig in der Versenkung der Geschichte verschwinden und alles würde wieder so »normal« werden wie zum Beispiel 1910 – diese Hoffnung ist immer noch erstaunlich ungebrochen. Und es ist gerade diese Hoffnung, die 99 Prozent der westlichen Sachbuchliteratur über das moderne Rußland zu immer neuen grotesk anmutenden geistigen Bocksprüngen veranlaßt, die mit Geschichtsschreibung wenig zu tun haben. Dieser Zustand wird ergänzt

1. durch die (durchaus begreiflichen) *haßerfüllten Darstellungen* von Emigranten oder aus der Sowjetunion Ausgewiesenen;

2. durch die von sowjetischen Historikern verfaßten Darstellungen, die nach wie vor eine fast *lupenreine Apologetik* sind. Einige Ausnahmen bilden wenige Standardwerke über den Zweiten Weltkrieg und einige Memoiren sowjetischer Militärs.

So ergibt sich für den Historiker, der sich mit russischer Geschichte zwischen 1920 und 1935 beschäftigen muß, eine fast unglaubliche Situation, nämlich daß er mit ganz wenigen Ausnahmen auf dem Gebiet der Außenpolitik und der Kriegsgeschichtsschreibung auf *keinerlei Quellen im Sinne exakter Geschichtsschreibung* zurückgreifen kann, es sei denn, er betrachtet den »Kurzen Lehrgang der Geschichte der KPdSU«, die Reden Stalins, die Erinnerungen Trotzkis und die gedruckten Protokolle der Moskauer Prozesse von 1937/1938 als solche »Quellen«. Gleichzeitig wird der Historiker mit einer Fülle von »geschichtlichen« Darstellungen konfrontiert, die nur niedergeschrieben wurden, um entweder zu beweisen, daß Rußland seit 1917 einen blutigen Irrweg beschritt, oder um zu betonen, daß seit der Oktoberrevolution alles ganz hervorragend sozusagen planmäßig im Sinne des Marxismus gelaufen sei.

In seiner tausendjährigen Geschichte hat Rußland drei hervorragende Herrscher hervorgebracht: Der eine begründet das russische Reich und tut die ersten Schritte zur Kolonisierung des unermeßlichen Ostens, der zweite führt das mittelalterliche Rußland in die Neuzeit und verbindet seine Wissenschaft, seine Kultur mit Westeuropa, der dritte führt den riesigen russischen Agrarstaat in das Zeitalter der modernen Industrie und Technik, und indem unter seiner Führung der furchtbarste Feind geschlagen wird, der je in seiner Geschichte erstand, wird die Sowjetunion eine der beiden Supermächte unseres Erdballs. Die Namen dieser drei Herrscher:

- *Iwan IV. (der Schreckliche),*
- *Peter I. (der Große),*
- *Jossif Wissarionowitsch Stalin.*

Sofort wird Widerspruch angemeldet werden. In der Emigranten- und Dissidentenliteratur von dem brillanten Trotzki bis zu dem kaum brillanten Kopelew ist Stalin nichts anderes als ein blutiger Dummkopf. Andere sehen in Lenin einen Riesen und in Stalin nur einen Kretin, der nach Lenins frühem Tod die Macht an sich riß.

Hier muß prinzipiell bemerkt werden: *Lenin ist* in die Geschichte ganz sicher als *der große Theoretiker und Praktiker der Revolution von 1917,* als der Schöpfer der bolschewistischen Partei eingegangen. Das Losreißen eines Sechstels der Erde vom Einfluß der Westmächte, die Oktoberrevolution, das ist Lenins Werk. Schon vier Jahre nach der Revolution aber erkrankt Lenin so schwer (drei Schlaganfälle hintereinander), daß er an den Regierungsgeschäften praktisch nicht mehr teilnimmt.

Wieder andere Gegner Stalins sehen in *Trotzki* den einzigen großen russischen Staatsmann des 20. Jahrhunderts, und an diesem Bild hat bekanntlich Trotzki am eifrigsten mitgewebt.

Auch die berühmte Geheimrede Chruschtschows auf dem XX. Parteitag der Kommunistischen Partei der Sowjetunion von 1956 enthält zahlreiche Passagen, die Stalin der Lächerlichkeit preisgeben sollen. Aber zu diesem Zeitpunkt war Stalin schon drei Jahre tot; und wie relativ einfach ist es, dem großen, grausamen Tiger und Menschenfresser ein paar Fußtritte zu geben – wenn er schon verendet ist! Wir werden auf die Problematik von Chruschtschows Rede zurückkommen.

Es mag noch hundert weitere Einwände gegen die These geben, daß Stalin einer der drei bedeutenden Herrscher Rußlands gewesen ist, aber niemand kommt an der Tatsache vorbei, *daß Stalin in den 65 Jahren nach der Oktoberrevolution 30 Jahre lang praktisch der Alleinherrscher über das nachrevolutionäre Rußland war* und daß unter seiner persönlichen Diktatur in diesem Zeitraum ein Kontinent vom verhungerten, rückständigen, analphabetischen und in weiten Landstrichen zerstörten Agrarstaat zu einer der industriellen Supermächte unseres Erdballs geführt wurde, dessen Wissenschaft, Kultur, Wirtschaft und Volksbildung es heute mit jedem Staat der Erde aufnehmen. Und hier kommt der Haupteinwand gegen Stalin: »Es ist richtig, unter der Führung Stalins wurde Rußland einer der mächtigsten Industriestaaten der Welt und es kämpfte erfolgreich gegen Hitler, der diesen Kontinent versklaven wollte. Aber um welchen Preis geschah das? Hekatomben von Menschen wurden der Größe Rußlands und der Unfehlbarkeit und Einmaligkeit Stalins sinnlos geopfert. *Wie kann man von Größe sprechen, wo wir nur Blut und Leichen sehen?«*

Auch auf diesen gewichtigsten Einwand muß geantwortet werden, denn wo immer man sich mit der Geschichte Stalins beschäftigt, seine Grausamkeit läßt jedem, der ein Herz im Leibe hat, das Blut in den Adern erstarren. Die Antwort des Historikers auf diese wichtigen Einwände gegen Stalin mögen seltsam klingen. Sie lauten so: *Wenn ihr eurem Herzen folgt, wenn euch das Mitleid überwindet, dann beschäftigt euch lieber nicht mit der Geschichte der Menschheit. Denn die Geschichte der Menschheit in ihrer Totalität ist eine Geschichte härtester Fron und schlimmsten Hungers, eine Geschichte wüster Kriege und blutiger Kämpfe der Klassen und auch eine Geschichte von großen Herrschern und leidenden Massen. Aber die Größe aller dieser Herrscher ist von Schmutz verkrustet, und über den Schmutz läuft das Blut von vielen Unschuldigen.*

Die Wirklichkeit des modernen Rußland, die sich »sozialistisch« nennt, hat mit den Vorstellungen der Schöpfer der Theorie des Sozialismus, »eine freie Assoziation von gleichberechtigten Menschen ohne Hunger, ohne Ausbeutung, Leben im Überfluß bei ungehinderter Entfaltung aller menschlichen Fähigkeiten und Anlagen« zu schaffen, nichts zu tun. *Stalin hat der Idee des Sozialismus den allergrößten Schaden zugefügt.* Ganz davon abgesehen, daß im Namen von Ideen schon immer schauderhafte Handlungen begangen wurden, wenn wir nur daran denken, wieviel Tausende ausgerechnet im Namen Jesu Christi auf dem Scheiterhaufen enden mußten und was alles die bürgerliche Gesellschaftsordnung mit den Menschen gemacht hat, obwohl sie mit der wunderbaren Parole »Freiheit, Gleichheit, Brüderlichkeit« antrat.

Wie jeder Nachfolger Lenins hatte Stalin es mit der Wirklichkeit eines Kontinents zu tun, nicht mit der Theorie der beiden deutschen Wissenschaftler des 19. Jahrhunderts Marx und Engels. Und dieser riesige Kontinent stellte jedem Herrscher so unerbittliche Fragen, wie sie Marx und Engels wohl kaum geahnt hatten.

Die erste dieser Fragen hatte die Oktoberrevolution, hatte Lenin bereits beantwortet: Soll Rußland nach der Zerschmetterung des zaristischen Absolutismus bei der bürgerlichen Republik stehenbleiben, beim Parlamentarismus, seinem Mehrparteiensystem, dem Privateigentum an Grund und Boden, Fabriken und Bodenschätzen; oder soll Rußland durch Räte unter Führung einer Partei entwickelt werden, sollen Grund und Boden nationalisiert und damit der Landhunger der Millionen landloser und landarmer Bauern gestillt, sollten Industrie und Bodenschätze verstaatlicht und damit dem

Einfluß des einheimischen und vor allem des ausländischen Kapitals restlos entzogen werden? Die Oktoberrevolution hatte alle diese Fragen eindeutig mit »Ja« beantwortet *und sich damit eine Welt von Gegnern, eine feindliche Welt ringsum geschaffen.* Nach der unblutigen Revolution, dem überaus blutigen Bürgerkrieg und dem Hinauswurf der ausländischen Interventen hatte die geschichtliche Wirklichkeit eine weitere Frage bereits beantwortet: die Frage, ob in Westeuropa auch andere Völker sich von ihren bisherigen Herren befreien und den sozialistischen Weg mit Rußland gehen würden. In den Augen Lenins und vor allem auch in den Augen Trotzkis waren die entwickelten Industriestaaten des Westens die große Hoffnung und der natürliche Verbündete für den hoffnungslos zurückgebliebenen Agrarstaat Rußland. *In der Verbindung eines revolutionären Deutschland und eines revolutionären Rußland sahen die Führer der russischen Revolution die wesentliche Bedingung für eine Überlebenschance.* Die Wirklichkeit zerstörte alle diese Hoffnungen grausam. *Rußland blieb allein.* Die deutschen Kommunisten zum Beispiel wurden wieder und wieder geschlagen, ihre Führer Karl Liebknecht und Rosa Luxemburg schon früh ermordet. Nur mit Mühe konnte die deutsche Sozialdemokratie wenigstens dazu gebracht werden, die konstitutionelle Monarchie der Hohenzollern durch die bürgerliche Republik zu ersetzen. Der Vertrag von Rapallo war zwar ein bedeutendes Dokument und ein wichtiger Schritt zum Frieden und zur Konsolidierung, aber doch nur ein schwacher Ersatz für die hochfliegenden Träume von einem sozialistischen Deutschland an der Seite eines sozialistischen Rußland. Rußland mußte seinen bitteren Weg ohne Freunde, ohne Verbündete, ganz allein gehen.

Lenin stirbt 1924. Seit 1922 schon ist Stalin gewählter Generalsekretär der Kommunistischen Partei der Sowjetunion. Was sollte nun geschehen? Bis heute sind die Stimmen nicht verstummt, daß es ein geradezu wahnwitziges Unternehmen war, unter diesen Bedingungen eine neue Gesellschaftsordnung allein, in einer feindlichen Umwelt, in einem solchen zutiefst rückständigen Lande zu verwirklichen. Aber was wäre die Alternative gewesen? Die Alternative wäre die Kapitulation vor Frankreich, England, Deutschland, den USA und Japan gewesen, der Rückfall in einen semikolonialen Zustand: Rußland als neues Ausplünderungs- und Anlageobjekt ausländischer Kapitalgesellschaften, wie es das in der zweiten Hälfte des 19. Jahrhunderts und dann bis zum Jahre 1917 war. Stalin räumte mit allen Illusionen über den möglichen Sieg der Kommunisten in Westeuropa auf, aber auch mit allen Vorstellungen einer vorsichtigen Industrialisierung bei Bevorzugung der Konsumgüterindustrie.

Eine der Grundprinzipien der sozialistischen Idee war bis dahin immer der Internationalismus gewesen. Die Bolschewiki waren geschworene Internationalisten, geschworene Feinde jeder Art von Nationalismus. Stalin erkannte sehr genau, *daß mit den großen Ideen des Internationalismus der Aufbau der nachrevolutionären Gesellschaft in Rußland nicht möglich war.*

Er wußte auch, daß allein und ausschließlich mit Gewalt nicht alles erreicht werden konnte. Deshalb sind seine nächsten politischen Schritte außerordentlich charakteristisch für seine Art von Herrschaftsausübung. Schon beim Tode Lenins hatte Stalin die Ansätze einer Ideologie entwickelt, die eine für sein (Stalins) Denken typische Mischung von Mythen, Glaubenssätzen und historischen Erinnerungen waren. Trotz des leidenschaftlichen Protestes von Lenins Witwe und nicht weniger Altbolschewisten wurde Lenins Körper wie der Leib eines Heiligen einbalsamiert und in dem bekannten Mausoleum auf dem Roten Platz für immer über einer deutschen Kühlanlage aufgebahrt. Das Mausoleum ist bis zum heutigen Tage ein Wallfahrtsort, die Stätte eines Heiligen Grabes. Mit der Philosophie von Marx, Engels und Lenin hat das überhaupt nichts zu tun. Dies von Stalin geschaffene Mekka in Moskau ist dem philosophischen Materialismus und der Ratio des Marxismus geradezu entgegengesetzt. Mit der Einführung byzantinischer Rituale, den Stalin mit dem »Schwur am Grabe Lenins« fortsetzt – und dieser Schwur ist nichts anderes als ein leidenschaftliches Glaubensbekenntnis im Stile der griechisch-orthodoxen Kirche –, wird der beeindruckenden Nüchternheit der Marxschen Gesellschaftsanalyse ein Glaubensbekenntnis entgegengesetzt. In seiner bekannten Vorlesung *»Probleme des Leninismus«* hatte Stalin bereits *die gesamte Lehre von Marx und Engels auf eine Sammlung von knappen, einprägsamen Glaubensformeln zusammenschrumpfen lassen.* Nun fügt er seiner Ideologie ein neues Element hinzu: Erinnerungen an die russische Geschichte, die er wie ein Stimulans in seine Agitation einbaut. In seiner Rede vor Wirtschaftsfunktionären im Februar 1931 sagt Stalin:

»Wir wollen uns nicht besiegt geben. Nein! Das wollen wir nicht. Die Geschichte lehrt uns, daß das alte Rußland immer besiegt wurde, weil es rückständig war. Das alte Rußland wurde von Tatarenkhans be-

siegt, es wurde besiegt von türkischen Beys, von feudalen Adligen Schwedens, es wurde geschlagen von polnisch-litauischen Pans, es wurde geschlagen von französischen und englischen Kapitalisten, von japanischen Baronen, Rußland wurde immer und von allen besiegt. Weshalb? Weil es rückständig war. Es war rückständig in militärischer Hinsicht, es war kulturell rückständig, es war politisch rückständig, es war industriell rückständig und es war landwirtschaftlich rückständig. Rußland wurde besiegt, weil es sich lohnte, es zu besiegen, und weil die Sieger keine Strafe zu befürchten hatten. Ihr erinnert Euch an die Verse des Dichters aus der Zeit vor der Revolution: ›Arm bist Du, Mütterchen Rußland, aber Du bist voll des Überflusses. Mächtig bist Du, aber Du bist hilflos, Mütterchen Rußland.‹

... Wir hängen 50 oder 100 Jahre hinter den fortgeschrittenen Völkern dieser Erde zurück. Wir müssen das in zehn Jahren nachholen. Entweder tun wir das, oder die anderen werden uns zerschmettern.«[3]

Zweierlei darf nicht übersehen werden: Zum einen, die Geschichte hat die Befürchtungen Stalins vollauf bestätigt, womit sie ihm keineswegs erlaubt hat, mit den grausamen Mitteln vorzugehen, mit denen er dann vorging. Zum andern, es kann nicht übersehen werden, daß diese Art Agitation insbesondere auf die sowjetische Jugend der damaligen Zeit eine ungeheuer mobilisierende Wirkung hatte.

1931 ist das Jahr, wo sich Rußland qualvoll *vom Agrar- zum Industriestaat wandelt*. In den folgenden zehn Jahren wird jene Industrie unter ungeheuren Opfern und Entbehrungen wie mit bloßen Händen aus dem Boden gekratzt, die die Sowjetunion dann befähigt, Hitler und seine Armee zu besiegen. Den westeuropäischen Zeitgenossen von 1931 mochten die Reden Stalins übertrieben vorkommen, irrational und bombastisch. Heute wissen wir: Ohne die zwischen 1931 und 1941 geschaffene industrielle Basis und mit den in diesen zehn Jahren erzogenen und gebildeten Menschen des Industriezeitalters hätte Hitler Rußland für längere Zeit in einen gigantischen Sklavenstaat verwandeln können.

Am Ende des ersten Planjahrfünfts (1928–1933) sind circa 1500 Industriebetriebe neu errichtet. Über 11 Millionen Arbeiter und Angestellte werden in dieser Zeit in den Industrialisierungsprozeß einbezogen. Gegenüber 1913 hat sich die Industrieproduktion, die erst nach 1927 ungefähr den Vorkriegsstand erreicht, um das 2,7fache entwickelt. Es gab jetzt Industriezweige, wie der Bau von Traktoren, Maschinen, Automobilen und Flugzeugen und große

Teile der chemischen Industrie, die es nie zuvor in Rußland gegeben hatte. Die Einkünfte der Arbeiter waren, nachdem sich deren Situation zunächst drastisch verschlechtert hatte, eindrucksvoll gestiegen, die ersten 4 Milliarden Rubel wurden im Wohnungsbau investiert, in 80 Prozent der Betriebe wurde der 7-Stunden-Tag eingeführt.

Ebenso bedeutend wie die industrielle Revolution muß die *Kulturrevolution* eingeschätzt werden. Nicht wenige der nichtrussischen Völker der Sowjetunion lebten zur Zeit der Oktoberrevolution in mittelalterlichen feudalen Verhältnissen, einige Völker sogar noch in der Urgemeinschaft wie die Indianer Südamerikas. Das wichtigste Problem, um industrialisieren zu können, war die Überwindung des Analphabetentums. Bis 1940 lernen von 156 Millionen Menschen circa 60 Millionen Lesen und Schreiben. Dabei muß bedacht werden, daß 1917 von 100 Tadschiken, Kirgisen, Jakuten, Turkmenen und Usbeken höchstens einer lesen und schreiben konnte.

Stalin hat mit eiserner Hand das alte Rußland um und um gepflügt, und das mit einer dritten neuen Revolution neben der Bildungs- und der Industrierevolution auch buchstäblich, nämlich mit der *Agrarrevolution*.

1917 konnte die Riesenmasse der Bauern Rußlands für die Revolution gewonnen werden. Die Bolschewiki waren die einzigen von allen Parteien, die den Bauern nicht nur das Land der Gutsbesitzer versprachen, sie gaben es ihnen tatsächlich und stillten damit endlich den Hunger nach Land, der die Millionen armer russischer Bauern so lange geplagt hatte. Zehn Jahre später entsteht eine für den Bestand des Staates äußerst gefährliche Situation, die erste wirkliche und übrigens einzige Krise nach dem Ende des Bürgerkrieges und der Intervention. Es zeigt sich, daß die Masse der Bauern, circa 15 Millionen Mittelbauern und circa 8 Millionen arme Bauern, in ihrer Mehrzahl immer noch ausgerüstet mit dem Hakenpflug der Urväter, viel weniger für den Markt produziert als die Großgrundbesitzer 1917. Die 2 Millionen Großbauern (russisch: »Kulaken«), die in einem entschiedenen Gegensatz zum Staat stehen und so die bedeutendste oppositionelle Gruppe ausmachen, produzieren zwar für den Markt, fordern aber höhere Preise, die ihnen die aufkaufenden Staatsbehörden nicht zugestehen wollen. Die Großbauern stellen auch andere Forderungen, nämlich die Möglichkeit, moderne Maschinen kaufen zu können, die Möglichkeit, die Lohnarbeit ausweiten zu können. Aber alles das will der Staat aus prinzipiellen Erwägungen, nämlich das kapitalistische Privateigentum nicht zu stärken, den Großbauern nicht erfüllen. Und da die Kulaken für ihr Geld nicht jene Industrieprodukte kaufen können, die sie sich wünschen, halten sie ihre Getreidevorräte zurück und verringern sogar drastisch die Anbauflächen. So zeichnet sich 1928 nicht nur das Gespenst einer Hungersnot ab, sondern vor allem die Realität einer gefährlichen Opposition, die, wie wir schon betonten, *die einzig wirklich bedeutende Opposition in der Geschichte der jungen Sowjetunion* gewesen ist.

Wir können hier nicht alle Lösungsmöglichkeiten der Agrarfrage im 20. Jahrhundert durchspielen. Aber: ob auf der Grundlage des Privateigentums oder auf der Grundlage des genossenschaftlichen Eigentums: der Einsatz von Traktoren, Bodenbearbeitungs- und Vollerntemaschinen war und ist nur auf großen Flächen möglich und rentabel. So verschwanden zum Beispiel im Zuge der »Flurbereinigung« fast geräuschlos viele Tausende von kleinen Bauernhöfen nach dem Kriege in der Bundesrepublik Deutschland, und ihre Besitzer reihten sich in das Millionenheer der Arbeiter ein. Dringende Probleme wurden so finanziell gelöst. Stalin dagegen löst die Probleme der russischen Landwirtschaft mit nackter Gewalt, mit Gewaltmaßnahmen, die bürgerkriegsähnliche Züge annehmen. Dabei bestanden besondere Schwierigkeiten darin, daß die arme Bauernschaft und die Mittelbauern weder psychologisch auf die genossenschaftliche Umwandlung der Landwirtschaft vorbereitet waren noch der Staat in der Lage war, die unmittelbaren materiellen Vorteile der genossenschaftlichen Großlandwirtschaft zu beweisen. Es gab noch nicht die Industrie, die in der Lage gewesen wäre, die jetzt entstehenden landwirtschaftlichen Genossenschaften (Artels) mit Traktoren und all den anderen landwirtschaftlichen Maschinen und auch mit gutem Saatgut und vor allem auch mit chemischen Düngemitteln zu beliefern – und nur alles das zusammen wären die einzig überzeugenden »Argumente« gewesen, mit denen vor allem die Masse der 15 Millionen Mittelbauern von den unbestreitbaren Vorteilen der genossenschaftlichen Bearbeitung von Grund und Boden überzeugt worden wären. So wurde auch aus der Sicht der Mechanisierung der Landwirtschaft her die überhastete Industrialisierung eine Frage auf Leben und Tod. Die 2 Millionen Kulaken und ihre Familien wurden nicht nur enteignet, sondern mit physischer Gewalt abtransportiert. Teilweise wurden sie im europäischen Rußland angesiedelt, die Mehrheit aber in den menschenleeren Gebieten Sibiriens, wobei ein Teil von ihnen in Straflagern zusammengefaßt wurde. Eine nicht näher zu ermittelnde große Zahl dieser Kulaken und ihrer Familienangehörigen sind bei diesen gewaltsamen Aktionen umgekommen. Aber auch die Masse der anderen Bauern wehrt sich verzweifelt gegen die Kollektivierung, die sie sich als staatliche Landwirtschaftsfabriken vorstellen und durch die sie – ihres Bodens beraubt – wieder zu Landarbeitern degradiert würden. Es kommt zu regelrechten großen Aufständen, bei denen die Bauern ihr Getreide verbrennen und ihr Gerät zertrümmern. Zwischen 1929 und 1933 werden circa 30 Millionen Stück Großvieh, 18 Millionen Pferde, 100 Millionen Schafe und Ziegen von den rebellierenden Bauern abgeschlachtet, was der Volkswirtschaft einen ungeheuren Schaden zufügt. Es kommt zu neuen Hungersnöten, und viele Bauern sterben vor Hunger.

Es ist viel darüber gerätselt worden, welches die tiefsten Beweggründe Stalins für dieses im Augenblick geradezu selbstmörderische Unternehmen der sogenannten Sozialisierung der Landwirtschaft gewesen sein mag. Mit Mißtrauen allein ist das nicht zu erklären, mit Gründen der Vernunft sowieso nicht, denn schon lange vorher hatten Lenin und nach seinem Tode vor allem Trotzki und andere Parteifunktionäre langfristige Pläne zur Entmachtung der Großbauern und zur Kollektivierung der Landwirtschaft ausgearbeitet. Immer waren sie von Stalin barsch zurückgewiesen worden. Aus der oben zitierten Rede Stalins vor Wirtschaftswissenschaftlern spricht offensichtlich auch panische Furcht, die Sowjetunion könne den Wettlauf mit der Zeit nicht gewinnen. Stalin war, und das zeigt auch sein Verhalten beim Ausbruch des deutsch-sowjetischen Krieges 1941, *in Wirklichkeit nicht »der Stählerne«*. Seine schier *unermeßliche Überheblichkeit* und sein *manisches Streben nach Alleinherrschaft* sind gepaart mit *abgrundtiefem Mißtrauen und Furcht*.

Mit der vollständigen Zerschlagung der kulakischen Opposition hatte Stalin in der Sowjetunion dann keine ernst zu nehmenden Gegner mehr. Die offizielle sowjetische Geschichtsschreibung für den Zeitraum von 1917 bis 1935 wimmelt von der Darstellung immer neuer oppositioneller Gruppierungen, die angeblich riesige Gefahren für den Bestand der Sowjetunion heraufbeschworen. Man darf das nicht ernst nehmen. In Wirklichkeit waren alle diese legendären »Blocks«, »Parteien« und »Zentren« entweder überhaupt nicht vorhanden, sondern teilweise von Stalin persönlich erfunden worden, oder es waren kleine Gruppen von altbolschewistischen Intellektuellen, die bei Zusammenkünften in der Diskussion die Probleme des Landes erörterten, dabei allerdings nicht selten mit Recht die Frage aufwarfen, wie man Stalin als Generalsekretär ablösen könne, da er vor aller Augen die von Lenin geschaffene sozialistische Demokratie zerstörte und an die Stelle der Kritik und der Überzeugung und des materiellen Anreizes als einziges Mittel der Herrschaft die nackte physische Gewalt einsetzte.

Mit der Herausgabe des *»Kurzen Lehrganges der Geschichte der KPdSU 1938«* schreibt Stalin die gesamte Geschichte der russischen Arbeiterbewegung um und ernennt sich selbst zum alleinigen Mitarbeiter und zum gleichwertigen Nachfolger Lenins. Die Spuren dieser ungeheuerlichen Fälschung der Geschichte der KPdSU sind durch die offizielle sowjetische Geschichtsschreibung bis heute nicht vollständig getilgt worden. In dieser Art von »Geschichtsschreibung« erscheinen solche Bolschewiki wie Trotzki, Sinowjew, Kamenjew, Bucharin, Radek und Rykow wie Ungeheuer, Verbrecher, ausländische Spione. Aber Bucharin und Radek arbeiten noch 1935 mit Stalin zusammen in der Verfassungskommission, und auch keiner der anderen Genannten war bis dahin mit dem Leben bedroht worden, obwohl alle diese Männer in Opposition zu Stalin standen und auch niemals ein Hehl daraus machten. *Stalin allein und dann alle seine Apologeten stempeln die Opponenten Stalins zu ungeheuerlichen Verbrechern, um auf irgendeine Weise die massenhaften Folterungen, Morde und Deportationen rechtfertigen zu können.*

Neben den mit ihren Familien einige Millionen Menschen umfassenden Kulaken hatte Stalin als Einzelpersönlichkeit von großem Einfluß vor allem *Leo Trotzki* gegen sich. Trotzki, bis 1925 Oberkommandierender der Roten Armee, war 1929 aus der Sowjetunion ausgewiesen worden. Aber auch Trotzki gegenüber war zu diesem Zeitpunkt niemals der Gedanke aufgekommen, ihn vielleicht lebenslang einzusperren oder gar zu erschießen, was selbst nach einem Bürgerlichen Gesetzbuch gerecht gewesen wäre, wenn alle diese ungeheuerlichen Verbrechen, die Trotzki angedichtet wurden, auch nur zu einem Bruchteil Wahrheit gewesen wären. Später, 1940, *läßt Stalin dann Trotzki in Mexiko ermorden.*

Atemlose Stille herrscht in dem großen, modernen Saal. Der untersetzte, kräftig gebaute Mann, der seine bäuerliche Herkunft niemals verleugnete, spricht schon eine Stunde. Jetzt sagt er:

»Nach der verbrecherischen Ermordung Kirows begannen die Massenunterdrückungen und die brutale Verletzung der sozialistischen

Gesetze. Am Abend des 1. Dezember 1934 unterzeichnete der Sekretär des Präsidiums des Zentralen Exekutivkomitees, Jenukidse, auf Anordnung Stalins ohne die Zustimmung des Politbüros, die zwei Tage später beiläufig nachgeliefert wurde, folgende Direktive:

›1. Die Untersuchungsbehörden sind angewiesen, die Fälle all derer zu beschleunigen, die wegen der Vorbereitung von Terrorakten angeklagt sind.

2. Die Richter sind angewiesen, die Vollstreckung von Todesurteilen wegen Verbrechen in dieser Kategorie nicht aufzuhalten, um etwa eine Begnadigung in Betracht zu ziehen, da das Präsidium des Zentralen Exekutivkomitees der UdSSR es nicht für nötig hält, Eingaben dieser Art entgegenzunehmen.

3. Die Organe des Kommissariats für Innere Angelegenheiten sind angewiesen, das Todesurteil gegen Verbrecher der o. g. Kategorie sofort nach der Urteilsverkündung zu vollstrecken.‹

Diese Direktive wurde zur Grundlage für den Massenmißbrauch der sozialistischen Gesetze. In vielen der zusammengedichteten Gerichtsverhandlungen wurden die Angeklagten der Vorbereitung ›von Terrorakten‹ beschuldigt; sie waren daher jeder Möglichkeit beraubt, ihren Fall noch einmal untersuchen zu lassen, selbst wenn sie vor Gericht aussagten, daß ihr ›Geständnis‹ mit Gewalt erzwungen wurde und wenn sie die gegen sie vorgebrachten Beschuldigungen auf überzeugende Weise entkräfteten. Es muß festgehalten werden, daß die besonderen Umstände der Ermordung Kirows bis heute noch in vielem unerklärlich und mysteriös sind und einer sorgfältigen Untersuchung bedürfen. Es gibt Gründe für die Annahme, daß Kirows Mörder Nikolajew unterstützt wurde von einem der Leute, deren Aufgabe es war, Kirow zu beschützen. Anderthalb Monate vor der Ermordung wurde Nikolajew wegen verdächtigen Benehmens verhaftet, aber er wurde wieder freigelassen. Es ist ein ganz ungewöhnlich verdächtiger Umstand, daß an dem Tage, an dem der zum Schutz Kirows abgestellte Tschekist zur Vernehmung gebracht wurde – es war der 2. Dezember 1934 –, er bei einem ›Verkehrsunfall‹ ums Leben kam, bei dem kein anderer Insasse desselben Wagens auch nur verletzt wurde. Nach der Ermordung Kirows erhielten hohe Funktionäre der Leningrader Staatspolizei sehr leichte Strafen, aber im Jahre 1937 wurden sie erschossen. Wir können annehmen, daß sie erschossen wurden, weil man die Spuren derjenigen verwischen wollte, die Kirows Ermordung organisiert hatten.«[4]

Wir schreiben den 24. Februar 1956. *Nikita Sergejewitsch Chruschtschow enthüllt in seiner berühmten Geheimrede die furchtba-*

ren Praktiken Stalinscher Machtausübung. Diese Rede Chruschtschows ist das seltsamste Dokument der sowjetischen Geschichte. Nie vorher nach Lenins Tod und nie nachher ist mit einer solchen brutalen Offenheit über die Wirklichkeit der Stalinzeit offiziell in der Sowjetunion gesprochen worden. Wahrscheinlich beschlossen schon hier am 24. Februar 1956 nicht wenige der im Saal Anwesenden, Chruschtschow diese Rede heimzuzahlen, was dann ja auch geschah. Man muß bedenken, im Präsidium des XX. Parteitages von 1956 saßen immer noch Leute wie Malenkow und Kaganowitsch, die sich persönlich an Folterungen von angeblichen politischen Verbrechern beteiligt hatten. Das erschreckendste an der Rede Chruschtschows sind nicht die Enthüllungen, die nicht neu waren, sondern etwas ganz anderes. Da sitzen sie nun alle, die Stalins Lebensweg begleitet haben, die um ihn und mit ihm hoch aufgestiegen sind und alle materiellen Vorteile ihrer Stellungen genossen hatten und die teilweise mit Stalin unmittelbar jahrzehntelang zusammengearbeitet hatten wie etwa Molotow. Sie alle kennen das auswendig, was Chruschtschow da vorträgt, es ist doch ihr eigenes Leben, von dem da gesprochen wird. Mußten nicht alle diese mit Orden bedeckten Träger von in der Sowjetunion und teilweise in der ganzen Welt wohlbekannten Namen, wie Suslow, Malenkow, Kaganowitsch, Bulganin, Woroschilow, Molotow, Mikojan und auch Chruschtschow selbst, in den Augen der Delegierten des XX. Parteitags als eine Riege erbärmlicher Feiglinge dastehen? Sie waren es doch, die bei der Lobpreisung Stalins allen anderen vorangegangen waren! Keiner von ihnen hatte den Versuch gemacht, etwas gegen diesen Massenmörder zu unternehmen, im Gegenteil: sie hatten ihm immer beigepflichtet, sie hatten ihn immer mit Beifall überschüttet. Hätte es nur einen einzigen wirklichen Widerstand gegen Stalin gegeben, Chruschtschow hätte es sich sicher nicht entgehen lassen, diesen Widerstand auf dem XX. Parteitag darzustellen.

Wir müssen uns fragen, wie ist das alles zu erklären, denn mit der Darstellung abgrundloser menschlicher Feigheit allein ist das natürlich auch nicht erklärt. Zwei Fakten sind es vor allem, die zu überdenken sind:

1. Als Rußland nach 1917 den Sprung in die Neuzeit macht, hat zum Beispiel England schon eine vielhundertjährige parlamentarische Tradition hinter sich. Schon im 16. Jahrhundert gibt es dort ein starkes und selbstbewußtes Bürgertum, das im Namen der ganzen Nation ein bedeutendes, nicht zu übersehendes Gegengewicht zum

Herrscher darstellt. Ohne ein selbstbewußtes Bürgertum hätte es im 18. Jahrhundert keine amerikanische Unabhängigkeitserklärung und keine Deklaration der Menschenrechte, keine bürgerliche Republik gegeben. Eine ganz ähnliche, teilweise noch tiefere Auswirkung hat die Französische Revolution von 1789. Der Adel verliert seine Macht, die auf der Leibeigenschaft der Bauern beruht, vollständig, der König verliert sogar seinen Kopf. *Vollständig anders die Entwicklung in Rußland: Der Sprung vom absolutistischen Mittelalter in die Neuzeit der Räterepublik praktisch ohne irgendeinen größeren Übergang konnte zwar in einer erstaunlich kurzen Frist die Industrialisierung und Modernisierung des Landes durchführen, aber in keiner Weise wie in England und Frankreich den in Jahrhunderten gewachsenen Demokratisierungsprozeß »nachholen«.* Nur die russische Geschichte allein gibt die Antwort darauf, warum Stalin 30 Jahre lang ein unabsetzbarer Herrscher und eben nicht ein Primus inter pares war, ein Staatsoberhaupt oder Ministerpräsident, der jederzeit abgewählt oder gestürzt werden konnte. Es befinden sich diejenigen in einem Irrtum, die nach anderen Fakten für Stalins Gewaltherrschaft über 30 Jahre lang suchen. Die Lehren von Marx und Engels und auch die Theorien Lenins geben eben keine Antwort darauf.

2. Der zweite Grund ist ebenso gewichtig: *Der dem Volk immer ferne Stalin war letzthin, und wir mögen das nur zögernd anerkennen, ein überaus erfolgreicher Herrscher! In den Augen der Massen war Stalin der lebende Lenin,* der eine geradezu mystische Verehrung genoß. Und man muß auch bedenken, was für Herrscher Rußland im 19. Jahrhundert seit Katharina gehabt hatte, eine Ansammlung von grausamen Nullen. Stalin führt Rußland zu neuer Größe. In den Augen Rußlands gibt der Gang der geschichtlichen Entwicklung Stalin in den entscheidenden Punkten recht, immer aufs neue, bis zu seinem Tode. Als Stalin 1953 stirbt, atmen Unzählige auf, aber Millionen beweinen ihn.

Die dem Attentat auf Kirow folgenden Massenmorde an jeder auch nur möglichen und vermeintlichen Opposition erscheinen bei aller Grauenhaftigkeit der Vorgänge nach Zeugenaussagen Millionen Sowjetbürgern damals als eine durchaus notwendige Abrechnung mit vermeintlichen Ungeheuern, die sich ja in öffentlichen Prozessen selbst der schlimmsten Verbrechen bezichtigen. Niemand weiß damals, mit welchen ungeheuerlichen Mitteln diese *öffentliche Inszenierung der Prozesse* vorbereitet wurde. Da sich von diesen riesenhaften Prozeßinszenierungen selbst zahlreiche ausländische juristisch beschlagene Prozeßbeobachter täuschen ließen, wie konnte man erwarten, daß die Masse der Sowjetbürger, die ja überhaupt über keine sachliche Information verfügte, sich nicht täuschen ließ? Es wäre auch ganz falsch, anzunehmen, von den Massenverfolgungen nach Kirows Tod seien alle Familien der sowjetischen Bevölkerung betroffen gewesen. Das war ganz und gar nicht der Fall. Betroffen waren die Familien vor allem der Altbolschewisten. Denn wie hätte es zur gleichen Zeit, wo die Hinrichtungsmaschinerie ununterbrochen arbeitete, zu einem solchen Massenenthusiasmus bei der Industrialisierung Rußlands kommen können?

Der Wille: »Wir wollen nicht immer wieder geschlagen werden«, und das Bewußtsein, mit jeder neuen Fabrik, mit jedem neuen Elektrizitätswerk, jeder neuen Straße, jedem neuen Kanal, jeder neuen Schule und jeder neuen Universität würde das Leben jedes einzelnen Menschen sich sichtbar vor aller Augen zum Bessern wandeln, diese Überzeugung war allgemein. Ausländer, die damals Rußland besuchten und die keineswegs mit dem Kommunismus sympathisierten, bestätigen übereinstimmend diese *ungeheure Aufbruchstimmung eines ganzen Kontinents.* Diese ungeheure Aufbruchstimmung und Begeisterung konnte von keiner Persönlichkeit, auch nicht von Stalin, einfach befohlen werden.

Wir Deutsche, die wir zwischen 1933 und 1945 selbst eine grausame Diktatur an der Spitze des Reiches nicht nur duldeten, sondern ihr millionenfach zujubelten, fast bis zum bitteren Ende, *sollten eigentlich für bestimmte historische Aspekte der russischen Geschichte mehr Verständnis aufbringen* als Völker mit langen demokratischen und republikanischen Traditionen, zu denen das deutsche Volk bekanntlich nicht zählt. *Aber das ist ganz und gar nicht der Fall.* Die ältere Generation unter uns, die in ihrer Mehrheit Hitler gerade wegen seines blindwütigen Antikommunismus und Antidemokratismus zujubelte, hat es der Sowjetunion bis heute nicht »verziehen«, daß es sowjetische Soldaten waren, die uns, indem sie Blut und Leben hingaben, von Hitler befreiten und uns nun ausgerechnet das Leben ermöglichten, das wir heute führen. Eine höchst unpopuläre Meinung, ein Trauma geradezu. Zum Schluß, als Hitler sich mit seiner neugebackenen Ehefrau Eva im Bunker der Reichskanzlei vergiftet, da will das deutsche Volk sich auch noch aussuchen, von wem es gefälligst vom Naziregime befreit werden wollte. Amerikaner und

Engländer: ja! Russen: nein! Wir waren wohl wirklich – historisch gesehen – ein höchst naives Volk.

Die Ermordung Kirows ist bis heute »mystisch und geheimnisvoll« geblieben. Selbst Chruschtschow weiß 1956 offenbar nicht, ob Stalin das Attentat zum willkommenen Anlaß nahm, um einen Ausrottungsfeldzug gegen die alte Garde der Bolschewiki und der damals führenden Militärs zu beginnen oder ob er gar der Initiator des Mordkomplottes selbst war, um einen tüchtigen und populären Politiker zu beseitigen, der seiner eigenen Stellung vielleicht einmal gefährlich werden konnte.

Man hätte nun annehmen können, daß die sowjetische Geschichtsschreibung die Rede Chruschtschows zum Ausgangspunkt einer realistischen Darstellung dieses Stalinschen Abschnittes der sowjetischen Geschichte gemacht hätte. Das war übrigens auch die entschiedene Forderung des begabten Generalsekretärs der Italienischen Kommunistischen Partei *Palmiro Togliatti.* Die sowjetische Geschichtsschreibung ist diesen Weg, wie wir an einem drastischen Beispiel gezeigt haben, nicht gegangen. In dem Standardwerk *»Geschichte der UdSSR«,* drei Teile, das auch in der Bundesrepublik Deutschland in deutscher Sprache erschien[5], wird man vergeblich nach dem Attentat auf Kirow, das ganz eindeutig ein Wendepunkt in der Herrschaft Stalins darstellt, noch nach den berüchtigten Moskauer Prozessen suchen. Keine Zeile darüber. Auch, wie bereits erwähnt, hat eine eingesetzte Untersuchungskommission zum Fall Kirow keinerlei Untersuchungsergebnisse publiziert.

In seiner umfangreichen Arbeit über den Stalinismus leugnet Medwedew entschieden, daß die Terrorherrschaft Stalins die sozialistische Entwicklung vollständig überlagern konnte. Aber wie kann man von Sozialismus in einem Lande sprechen, dessen Wirklichkeit in einem so krassen Gegensatz selbst zu seinen eigenen erklärten Verfassungsgrundsätzen steht? Haben sich nicht in Wirklichkeit Lenins Befürchtungen von 1922, die Maschinerie der Macht könne sich in die falsche Richtung bewegen, vollauf bestätigt? Die Oktoberrevolution hatte das alte Rußland vernichtet und die Tore aufgestoßen zu Bildung und Kultur eines ganzen Kontinents. Stalins unheilvolles dreißigjähriges Wirken hat diesen Prozeß teilweise bis zur Unkenntlichkeit deformiert und gebremst. Nachdem die internationale Solidarität der Arbeiterschaft der 2. Internationale am 1. August 1914 zertrümmert wurde, schaute am Ende des furchtbaren Völkermordens des Ersten Weltkrieges die arbeitende Welt voller Hoffnung auf die Sowjetunion. Aber zu einer neuen weltumfassenden Solidarität kam es nie mehr mit Ausnahme der antifaschistischen Front gegen Hitler zwischen 1941 und 1945. Stalin zerstörte alle Hoffnungen, das neue Rußland könne das große Vorbild sein für ein »Vaterland der Werktätigen«.

Natürlich träumen viele Menschen immer noch von einer gerechten Gesellschaftsordnung jenseits der bürgerlichen Welt. Wie sollte das auch anders sein? *Aber Stalin und seine Apologeten haben solche Träume brutal zerstört.*

So wurde Stalin – auch eine Ironie der Geschichte – partiell der beste und zuverlässigste Verbündete aller, die das Rad der Geschichte anhalten oder gar zurückdrehen möchten. Der Mord an Sergej Kirow ist da nur ein Moment in einem der düstersten Kapitel der Geschichte unseres Jahrhunderts.

Patrice Emergy Lumumba
Weiße und schwarze Plünderer
(1961)

»Der Handel folgt der Flagge. Tja, sagt J. J., wenn die so schlimm sind wie die Belgier im Kongo-Freistaat, dann muß es da schlimm zugehen. Habt ihr den Bericht von diesem Mann gelesen, diesem, wie hieß er doch gleich? Casement, sagte der Bürger. Er ist Ire. Ja, den meine ich, sagte J. J. Vergewaltigen die Frauen und Mädchen und schlagen den Eingeborenen auf den Bauch, um auch den letzten roten Gummi aus ihnen herauszuquetschen.«
James Joyce, »Ulysses«

Die Geschichte Afrikas ist, wenn wir einmal von relativ wenigen Fachleuten absehen, bei uns ganz unbekannt. Das hängt unter anderem auch damit zusammen, daß Afrika über Jahrhunderte *in den Augen der Europäer Objekt und nicht Subjekt der Geschichte* war. Aus der Sicht der englischen, der französischen, der belgischen, der portugiesischen und später auch der deutschen Kolonialherren war Afrika ein riesiges, finsteres, unheimliches Gebiet – so finster wie die Hautfarbe seiner Bewohner, und niemals war es in den Augen der Europäer irgend etwas anderes als ein Objekt der Ausplünderung: Sklaven, Rohstoffe, Früchte, Gewürze und Bodenschätze – Afrika immer als Gegenstand des Profites, nicht als Gegenstand der Geschichtsschreibung. Von weltgeschichtlichen Darstellungen war Afrika wegen angeblicher »Geschichtslosigkeit« lange ausgeschlossen. Da hat sich erst nach 1945 einiges geändert.

Bis zum Ende des 18. Jahrhunderts war die Mehrheit der europäischen Gelehrten sogar der Meinung, daß die afrikanische Bevölkerung dem Menschenaffen näher stände als der menschlichen Rasse.

Gewisse exakte Vorstellungen gab es damals lediglich über die politische, wirtschaftliche und kulturelle Entwicklung Nordafrikas seit den arabischen Eroberungen. Das berühmte Geschichtswerk des arabischen Philosophen und Historikers *Ibn Chaldun,* »Geschichte der Berber und nordafrikanischen Dynastien«, stammt aus der zweiten Hälfte des 14. Jahrhunderts. Aber über das riesige Land südlich der Sahara bis zum Kap gibt es nur spärliche Nachrichten: einige arabische Reiseberichte und frühe portugiesische Quellen, das ist alles.

Die Vorstellung, daß es zwischen dem 4. und dem 16. Jahrhundert in Afrika südlich der Sahara entwickelte eigenständige Feudalstaaten mit einer hohen wirtschaftlichen und kulturellen Entwicklung gab, ist bei der überwiegenden Mehrheit unserer europäischen Zeitgenossen ganz unbekannt. Wer kennt schon bei uns die frühen eigenständigen *Staatenbildungen von Ghana, Mali, Songhai, die Hausa-Stadtstaaten und Bornu im West- und Zentralsudan, Benin und die Yorubastaaten-Gründungen an der Küste von Guinea, Äthiopien, die Stadtstaaten an der Küste Ostafrikas, Monomotapa und das Kongoreich, so wie die sich im 15. und 16. Jahrhundert festigenden Staaten Luba und Lumba,* von denen arabische Reiseberichte, einheimische Chroniken, frühe portugiesische Berichte und nicht wenige mündliche Überlieferungen Zeugnis ablegen? Wer weiß, daß Städte wie *Timbuktu, Djemme* und *Gao* im afrikanischen Mittelalter Hochburgen mohammedanischer Bildung waren, daß an der Universität in Timbuktu islamisches Recht, Literatur, Geographie, Mathematik, Astronomie und Philosophie gelehrt wurden? Wer von uns hat eine genaue Vorstellung, wie die Landwirtschaft, die Eisengewinnung und -verarbeitung, die Bronze- und Gelbgußtechnik, Tuchherstellung und Färbetechnik völlig unabhängig von der Entwicklung in Europa in Afrika blühte, bevor die kolonialen Eroberer kamen?

Genug der Fragen. Die koloniale Eroberung Afrikas beginnt im 15. Jahrhundert mit den Entdeckungsfahrten, die *Prinz Heinrich, der Begründer der portugiesischen Seemacht* (1416), angeregt hatte. Von da ab unterbricht von Jahrhundert zu Jahrhundert immer brutaler die europäische Kolonialexpansion die historisch eigenständige Entwicklung Afrikas. Vor allem der *Sklavenhandel* zwischen dem 14. und dem 19. Jahrhundert, dem nach vorsichtigen Schätzungen *über 100 Millionen Afrikaner zum Opfer fallen* (Schätzungen anderer Forscher gehen bis zu 150 Millionen), zerstört das politische, kultu-

Patrice Lumumba als Gefangener von Mobutus Söldnern
(5. Dezember 1960).
Keystone Pressedienst

relle und wirtschaftliche Leben Afrikas nachhaltig. Die traditionellen sozialen Organisationen beginnen sich aufzulösen. Aber der Höhepunkt der Eroberung und Aufteilung Afrikas unter die europäischen Großmächte ist das 19. Jahrhundert und dann ganz besonders die Jahre 1885 bis 1914. *1885 ist erst ungefähr ein Fünftel Afrikas in europäischem Kolonialbesitz, 1914 aber ist Afrika bis auf ganz kleine Gebiete vollständig aufgeteilt.*

Nach 1867 wendet sich immer mehr das Interesse der Europäer jenem riesigen Gebiet im Herzen Afrikas zu, das vom Äquator durchschnitten wird, *dem Kongo.* In der Zeit der Sklavenjagden erreichten Europäer nur Teile des Kongogebietes. Längere Durchquerungen unternahm 1867 bis 1873 der Schotte *David Livingstone,* der die Quellflüsse des Kongo entdeckte und 1873 am Bangweolo-See starb. 1875/1876 durchquert der Amerikaner *Henry Morton Stanley* ebenfalls den Kongo und befährt dabei den damals in Europa unbekannten Mittellauf. Stanley versteht es, in Europa große Aufmerksamkeit für das von ihm bereiste Gebiet bei Gruppen von Kolonialinteressenten zu erwecken.

Größtes Interesse wird beim *belgischen König Leopold II.* geweckt, auf dessen Anregung bereits 1876 eine »Internationale Afrikanische Assoziation« gegründet worden war, die die Vorbereitung von Kolonialeroberungen zum Ziel hatte. Im Auftrag Leopolds II. reiste Stanley 1879 erneut in den Kongo, und hier schließt er nun mit 450 Häuptlingen des Kongobeckens »Schutzverträge« ab. Unter dem Vorwand der Bekämpfung des Sklavenhandels war bis 1884 fast das gesamte riesige Kongogebiet in das *persönliche* Eigentum des belgischen Königs übergegangen. Die *Berliner Kongokonferenz 1884/1885,* die auf Initiative Bismarcks stattfand und in Anwesenheit bevollmächtigter Vertreter aus 15 Staaten über die endgültige Aufteilung Zentralafrikas beriet, *erkannte die »Privatkolonie« Leopolds II. als Kongo-Freistaat an.* Die dabei erklärte Zollfreiheit und der freie Handel für alle Nationen schienen diese Privilegien Leopolds II. zu begrenzen. Die diplomatischen Vertreter von 17 Staaten, die von November 1889 bis Juli 1890 an der in Brüssel durchgeführten vorgeblichen »Antisklavereikonferenz« teilnahmen, billigten jedoch einen Antrag Leopolds, der ihm die Erhebung von Zöllen auf alle Handelsgüter gestattete. Durch diese internationalen Abmachungen in seinem Herrschaftsanspruch gestärkt, veranlaßte Leopold, im Kongo zahlreiche Militärstationen zu errichten und die

Bevölkerung zu Abgaben und Zwangsarbeit, vor allem zum Sammeln von Wildkautschuk und Elfenbein zu verpflichten.

Gegen diese Gewaltherrschaft kam es schon sehr früh zu *Volksaufständen,* so in den Bezirken Lukua und Lomani (1895–1897). Es dauert jahrelang, bis das ganze Gebiet des Kongo-Freistaates vollständig dem belgischen König und seinen Wirtschaftsinteressen unterworfen ist. Die Enthüllungen über das grausame Terrorsystem Leopolds durch den ehemaligen Kontorangestellten Morel um die Jahrhundertwende brachten zutage, daß Hunderttausende Afrikaner dem Zwangsarbeitssystem zum Opfer gefallen seien, führten zu einer weltweiten Entrüstung der Weltöffentlichkeit über die *Kongogreuel* und zwangen Leopold II. schließlich 1908, *seine »Privatkolonie«* gegen die Zahlung von 8 Millionen Goldmark *an den belgischen Staat abzutreten.* Zwischen 1885 und 1905 hatte Leopold über 71 Millionen belgische Francs aus der Bevölkerung herausgepreßt.

Mit der Umwandlung des Landes in die Kolonie Belgisch-Kongo traten dann zwar einige Veränderungen ein, die aber das bisherige Ausbeutungssystem lediglich modifizierten und die Lage der Bevölkerung nur wenig besserten. Das Land geriet in die Hände *belgischer Monopolgesellschaften, in die britisches, später amerikanisches Kapital eindrang.* Eine außerordentliche Vormachtstellung erringt sehr früh unter diesen Gesellschaften die *»Union Minière du Haut Catanga«. Durch diese Gesellschaft wird Katanga die ökonomische Basis der Kolonie.* Die Aktivitäten der Gesellschaft waren vor allem auf den Abbau von Kupfer und anderen Erzen konzentriert, sie waren jedoch in praktisch allen Wirtschaftszweigen zu finden.

Nach dem Ersten Weltkrieg, vor allem als Folge der Auswirkung der Weltwirtschaftskrise, die das Lebensniveau der Bevölkerung weiter herabdrückt, beginnt sich ein *Land- und Bergwerksproletariat* allmählich zu formieren. 1921 entsteht auch eine antikoloniale religiöse Bauernbewegung, die von dem afrikanischen Zimmermann *Simon Kimbangu* gegründet wurde. Sie lehrte, Gott würde die Weißen vertreiben. Die Kolonialbehörden verhafteten Kimbangu und verbannten ihn auf Lebenszeit. Von der gewachsenen Kampfkraft der noch jungen Arbeiterschaft zeugt auch der erste Generalstreik der Bergarbeiter Katangas 1941. Die ständig sich verschärfende Ausbeutung führt zu weiteren Kämpfen gegen die Kolonialherrschaft, so etwa 1945 zum Streik in der Hafenstadt Matadi.

Nach dem Ende des Zweiten Weltkrieges nimmt die *antikoloniale Bewegung* einen mächtigen Aufschwung. 1946 gibt es Aufstände in der Ostprovinz und 1947 in der Äquatorialprovinz. 1946 muß die belgische Kolonialverwaltung Gewerkschaften zulassen. Das einheimische Bürgertum bleibt infolge des Drucks der Kolonialbehörden und der belgischen Wirtschaftsmonopole zahlenmäßig und ökonomisch schwach, stellt aber im Unabhängigkeitskampf einen einflußreichen Faktor dar. 1953 entstehen die *ersten politischen Gruppierungen*.

Es ist der 10. Oktober 1958, an dem der steile Aufstieg, aber auch die Tragödie, des *Patrice Lumumba* beginnt. Lumumba ist 33 Jahre alt, und sein Werdegang als Afrikaner in einer europäischen Kolonie kann als typisch gelten für die hauchdünne Schicht von Afrikanern, denen die Weißen erlauben, sich Bildung anzueignen. Geboren am 2. Juli 1925 in der Provinz Kasai, im Zentrum des Kongo gelegen, besucht Lumumba protestantische und katholische Missionsschulen. Mit dem erworbenen Wissen, das man mit der Bildung vergleichen kann, die eine deutsche Mittelschule vermittelt, steht Lumumba hoch über der Masse seiner Landsleute. Er zeichnet sich durch Fleiß und Wissensdurst aus, und er entwickelt früh einen kritischen Sinn für politische Zusammenhänge. Lumumba arbeitet sich als Autodidakt durch wirtschaftliche und politische Handbücher hindurch. Es sind wohl seine persönlichen Erfahrungen in der Wirklichkeit, in der er lebt, die seine antiklerikale Einstellung formen, und diese Einstellung entwickelt sich bald zu einer politischen Gegnerschaft zur belgischen Kolonialmacht.

Damit stellt er sich bewußt in die Tradition afrikanischer Politiker, die sich schon vor, besonders aber nach dem Zweiten Weltkrieg auf den Panafrikanischen Kongressen zu Wort melden. Während die Vorkriegskonferenzen vorwiegend von schwarzen Intellektuellen aus den USA und aus der Karibik bestritten werden, treten beim fünften derartigen Treffen in Manchester die Vertreter des »Schwarzen Afrika« zum erstenmal selbst auf. Unter ihnen sind schon solche späteren Führer des afrikanischen Unabhängigkeitskampfes wie *Jomo Kenyatta* (Kenia), *Nnamdi Azikiwe* (Nigeria), *Dr. Kwame Nkruma* (Ghana), *Obasemi Awolowo* (Nigeria) und *Hastings Banda* (Malawi) zu finden. Ihre Vorstellungen hat Kwame Nkruma in seinem Programm von 1947, *»Was zu tun ist«*, formuliert:

»Die Völker der Kolonien wissen genau, was sie wollen. Sie wollen frei und unabhängig sein, fähig, sich selbst auf einer gleichen Stufe mit allen anderen Völkern zu empfinden, ihr eigenes Schicksal, ohne

äußere Einmischung, zu gestalten und ungehindert zu sein, einen Fortschritt zu erreichen, der sie mit anderen technisch fortgeschrittenen Nationen der Welt gleichstellen wird. Äußere Einmischung hilft nicht bei der Entwicklung ihres Landes. Sie behindert, erstickt und erdrückt nicht nur den wirtschaftlichen Fortschritt, sondern den Geist und die einheimischen Unternehmungen der Völker selbst. Die zukünftige Entwicklung des Volkes von Afrika und anderer kolonialer Völker kann nur Platz greifen unter Bedingungen der politischen Freiheit, die weiten Spielraum zur Erstellung und Ausführung ökonomischer Pläne und sozialer Gesetzgebungen sichern, wie sie heute für jedes wirklich zivilisierte Land geboten sind, und die tatsächlich zum Wohle des Volkes seien und durch das Volk selbst unterstützt und angewandt werden. Solche Bedingungen können nicht unter fremden Regierungen existieren, das Volk wird sicher nicht aufblühen unter Kolonialismus und Imperialismus.«[1]

Das hätten auch Forderungen Lumumbas sein können. Aber er hatte es viel schwerer, seinen Landsleuten politische Grundbegriffe beizubringen. Wie sollten im Kongo sage und schreibe 16 schwarze Intellektuelle (die Zahlenangaben schwanken zwischen 7 und 16!) ihren 14 Millionen analphabetischen Landsleuten das Abc der Politik beibringen? Deshalb klingen die ersten Proklamationen Lumumbas so sehr einfach, fast primitiv, wenn er von seinen Landsleuten fordert: *»Unabhängigkeit, wenn ihr betet! Unabhängigkeit auf euren Mauern! Auf den Taxis! Und wenn ihr einem Mädchen den Hof macht, dann vergeßt nicht das Wort ›Unabhängigkeit‹.«*

Die belgische Kolonialregierung wird früh auf Lumumba, den Angestellten des Postscheckamtes von Stanleyville, aufmerksam. Als König Baudouin 1955 eine Reise durch den Kongo macht, wird ihm Lumumba vorgestellt, und der König unterhält sich zwei Stunden mit ihm. Die belgischen Kolonialherren, die wissen, daß diese riesigen und an Bodenschätzen reichen Gebiete als Kolonie auf Dauer nicht zu halten sind, sind auf der Suche nach einheimischen Kollaborateuren, die in ihrem Namen das Volk beherrschen können. Lumumba aber wird nicht ihr Mann. Auch ihm gegenüber versuchen die Belgier es zunächst mit der Peitsche und dann mit dem Zuckerbrot, denn die Vorstellung, diese unvorstellbaren Werte, die allein in der Südprovinz Katanga als Kupfer, Kobalt, Zink, Zinn, Gold, Silber, Mangan, Wolfram, Uran, Kadmium und Germanium lagern, könnten den weißen Besitzern durch die politische Tätigkeit schwarzer Afrikaner entrissen werden – diese Vorstellung ist für die

Kolonialherren grauenhaft. Zudem waren Konkurrenten aufgetreten. Mächte wie Frankreich und die USA wollen nun auch endlich ihr Kapital im Kongo arbeiten lassen. Das belgische Monopol auf Ausbeutung der Bodenschätze soll endlich »geknackt« werden, und so wird eifrig die Fahne der Entkolonialisierung geschwenkt, und das erweist sich auch im Kongo als ein probates Mittel.

Aber nun zu Lumumba. Peitsche: Der Postbeamte wird vor Gericht gestellt. Er wird angeklagt, er habe Geld unterschlagen. Tatsächlich hat Lumumba Geld unterschlagen, aber keinen Pfennig für sich genommen, sondern alles für politische Arbeit ausgegeben. In den Elendsquartieren der Schwarzen wird eine Geldsammlung veranstaltet, um dem Postscheckamt von Stanleyville das unterschlagene Geld zurückzuzahlen. Das Urteil gegen Lumumba fällt sehr milde aus. Die Empörung der Bevölkerung über seine Verhaftung ist schon zu groß. Zuckerbrot: Lumumba wird der Posten eines Verkaufsdirektors der belgischen Brauerei in Leopoldville angeboten. Lumumba nimmt an. Über seine Arbeitszeit kann er frei verfügen. Jetzt hat er Zeit für politische Arbeit. *Am 10. Oktober 1958 wird unter seiner Leitung die Kongolesische Nationalbewegung gegründet.* In ihrem Aktionsprogramm beruft Lumumba sich ausdrücklich auf die Charta der Vereinten Nationen. Er schreibt:

»Unsere Bewegung hat als grundlegendes Ziel die Befreiung des kongolesischen Volkes vom kolonialistischen Regime und die Unabhängigkeit des Landes. Wir berufen uns dabei auf die Deklaration der universellen Menschenrechte. Diese sind durch die UN-Charta allen Menschen dieser Welt garantiert. Der Kongo hat daher als menschliche Gemeinschaft das Recht, sich in die Reihe der freien Völker einzuordnen.

Wir wünschen, daß in unserem großen Land ein demokratischer, moderner Staat errichtet wird, der Freiheit, Gerechtigkeit, sozialen Frieden, Toleranz, Wohlstand und Gleichheit ohne Diskriminierung für alle Bürger sichert.

In einem Antrag, den wir kürzlich an den für den Kongo zuständigen Minister in Brüssel richteten, haben wir ganz klar festgestellt – wie viele andere Kongolesen –, daß der Kongo nicht mehr als Kolonie betrachtet werden kann, weder zum Zweck der Ausbeutung noch als Siedlungsgebiet, und daß die Unabhängigkeit conditio sine qua non für den Frieden ist.«[2]

Es hatte sich viel gewandelt. Noch zwei Jahre vorher hatten kongolesische Intellektuelle und Verwaltungsbeamte in einem Manifest, das die Zeitschrift »Afrikanisches Bewußtsein« veröffentlichte, eine ganz andere Sprache gesprochen – ein Zeichen dafür, wie rasch das Bewußtsein im Kongo wuchs. 1956 ist in diesem Manifest noch von einer »dreißigjährigen Übergangszeit der Emanzipation« des Kongo von Belgien die Rede. Die kongolesische Elite träumt von einer kongolesischen Nation mit Einschluß der Weißen. Belgien und seinen König läßt man hochleben. Davon ist 1958, zwei Jahre später, keine Rede mehr.

Unter dem Druck der Weltöffentlichkeit, vor allem aber unter dem wachsenden Druck der Afrikanischen Unabhängigkeitsbewegung, wie sie mit der Proklamation der Unabhängigkeit von Ghana und Guinea zum Ausdruck kommt, *beschließt die belgische Verfassungskonferenz von Brüssel, dem Kongo zum 30. Juni 1960 die Unabhängigkeit zu geben.*

Die Brüsseler Konferenz beginnt am 20. Januar 1960. Am »Runden Tisch« sitzen 24 kongolesische Politiker unterschiedlicher politischer Richtungen, ferner belgische Kolonialbeamte, Kabinettsmitglieder und Parlamentarier. Welche Interessen werden auf dieser Konferenz vertreten? *Die Interessen der belgischen Hochfinanz gehen dahin, den Kongo als Einheitsstaat nicht bestehen zu lassen.* Es geht ihr allein um die Südprovinz *Katanga,* in der sich alle wesentlichen Bodenschätze, die wir aufzählten, konzentrieren. Die belgische Hochfinanz wünscht ein nachkoloniales Regime in Katanga, das es ihr ermöglicht, weiter ungestört (ungestört von der Konkurrenz der Großmächte und ungestört von einheimischen Politikern) die ungeheuren Rohstoffquellen Katangas auszubeuten. Der Konkurrenz aber, der französischen, der englischen, der amerikanischen, der westdeutschen, der italienischen und der japanischen Hochfinanz, ging es und geht es darum, das belgische Ausbeutungsmonopol mit dem Ende der kolonialen Periode zu brechen und ungehindert ihr Kapital in einen kongolesischen Einheitsstaat oder mehrere »Kongos« einfließen und arbeiten zu lassen, wobei auch ihnen zunächst die Regierungsform – ob westlich-parlamentarisch oder als Militärdiktatur – gleichgültig war (und wohl auch gleichgültig ist). Unter den auf der Brüsseler Konferenz anwesenden kongolesischen Politikern *war Lumumba, der konsequenteste Vertreter der Freiheit und der Unabhängigkeit des Kongo, zunächst nicht zu finden, wohl aber seine zukünftigen Mörder, Moise Kapende Tschombe und Joseph Kasawubu.*

Wer waren diese Männer? In der Literatur werden sie entweder als *»Separatisten«* oder als *»prowestlich«* bezeichnet, während Lumumba mit Vorliebe die Etiketten *»Nationalist«* oder *»proöstlich-kommunistisch«* angeklebt werden. Diese Bezeichnungen sind oberflächlich, und sie verschleiern ganz einfach die Wahrheit. Richtig ist vielmehr, daß Tschombe ein schwarzer Vertreter des belgischen Kapitals war, Kasawubu zunächst ein Vertreter des französischen, dann auch des englischen Kapitals, dann auch des amerikanischen Kapitals, während der dritte Mörder im Bunde, der »Führer« und Militärdiktator im ehemaligen Kongo und des heutigen Zaire, *Joseph Desire Mobutu,* der sich Mobutu, der »Kühne Krieger, der Hahn, der keine Henne ausläßt«, nennt, von der internationalen Hochfinanz überall und wahllos Geld genommen hat, wo er es nur bekommen konnte. *Die Laufbahnen dieser drei Plagen des Kongo sind charakteristisch für jene Schicht afrikanischer Politiker, die in der jetzigen Periode des verschleierten Kolonialismus konsequent die Interessen internationaler Finanzkreise vertreten.* Patrice Lumumba, und das sei hier schon angemerkt, hat niemals während seiner dreijährigen Laufbahn als afrikanischer Politiker die Interessen irgendeiner Finanzgruppe oder die Interessen irgendeiner ausländischen Großmacht vertreten. Er war übrigens auch niemals Kommunist. Lumumba hatte nur einen einzigen Wunsch: der ungeheuere Reichtum des Kongo, vor allem der ungeheuere Reichtum der Provinz Katanga, möge den Kongolesen zugute kommen. Aber indem er diesen Wunsch öffentlich aussprach und auch zu verwirklichen trachtete, hatte Lumumba sich schon selbst zum Tode verurteilt.

Woher kommen diese Tschombe, Kasawubu, Mobutu?

Moise Tschombe wurde 1920 in der Provinz Katanga geboren. Er entstammte einer alten Häuptlingsfamilie, die es durch Zusammenarbeit mit den belgischen Kapitalisten zu einem Millionenvermögen brachte, das Tschombe übrigens völlig verschwendete. Er war Agent der »Union Minière du Haut Catanga« bis zu seinem bis heute nicht vollständig geklärten Tod in Algerien.

Joseph Kasawubu wurde 1917 in der Provinz Leopoldville geboren. Erzogen in katholischen Missionsschulen und Seminaren, wird Kasawubu zum Priester geweiht und zum Generalsekretär eines Priesterseminars ernannt. Später wird er exkommuniziert und ist seit 1942 Mitarbeiter der Finanzabteilung des belgischen Generalgouverneurs. Ab 1957 ist Kasawubu Bürgermeister einer Vorstadt von Leopoldville. Seit 1958 ist er der starke Mann der Abako-Partei, die, von Frankreich finanziert, die Vereinigung der Provinz Leopoldville mit der 1958 gegründeten Autonomen Republik Kongo anstrebt. Diese Republik Kongo (Kongo-Brazzaville) hat erst zehn Jahre später nach schweren inneren Auseinandersetzungen die ersten Schritte aus der französischen Abhängigkeit gemacht.

Der dritte im Bunde, *Mobutu,* wird 1930 ebenfalls in der Provinz Leopoldville geboren. Nach dem Besuch einer Jesuitenschule wird er Soldat in der 25 000 Mann starken, 1891 von Leopold II. gegründeten »Force Publique«, eine unter dem Kommando belgischer Offiziere stehende Eingeborenen-Streitmacht, eine belgische Söldnertruppe, die in den Augen der Kolonialherren als unbedingt zuverlässig gilt, was auch Lumumba zum Verhängnis werden sollte. In der Armee bringt es Mobutu zum Feldwebel und Mitarbeiter der Geheimdienste Belgiens und Frankreichs. Zeitweilig ist er als Journalist tätig. Unter den vielen schwerwiegenden Fehlern, die Lumumba als Ministerpräsident beging, sollte sich die Ernennung des ehemaligen Feldwebels Mobutu zum Generalstabschef der Lumumba-Regierung als der folgenreichste Fehler erweisen...

Kehren wir nach Brüssel zurück. Januar 1960. Lumumba ist nicht unter den dort versammelten kongolesischen Politikern, denn die belgische Militärverwaltung des Kongo hatte Lumumba verhaftet und ins Gefängnis gesperrt. Das war so gekommen: Obwohl Tschombe und Kasawubu mehrfach öffentlich aufgetreten waren und die Einheit des Kongo beschworen hatten, durchschaute Lumumba ihr Spiel bald, und er ahnte deren ständige Zusammenarbeit mit der belgischen und französischen Hochfinanz. Lumumba beruft deshalb im April 1959, als Kasawubu sich in Brüssel aufhält, überraschend einen *ersten Kongreß aller kongolesischen Parteien* ein. Auf seine Initiative hin sprechen sich die Parteirepräsentanten für einen *unabhängigen kongolesischen Einheitsstaat* aus, was, das muß hier betont werden, auch vollständig der allgemeinen Stimmung der kongolesischen Bevölkerung entsprach, soweit sie überhaupt schon in der Lage war, sich politisch auszudrücken.

Die belgische Kolonialverwaltung schickt, als sie die für sie äußerst unangenehme Nachricht vom Ergebnis des Parteienkongresses erreicht, Kasawubu in einem Militärflugzeug nach Elisabethville, wo Kasawubu mit Tschombe konferiert. Was besprochen wurde, wird drei Tage später klar: Im Eingeborenenviertel von Leopoldville kommt es plötzlich zu Unruhen und Demonstrationen, wobei dem aufmerksamen Beobachter der Szene auffällt, daß Militär und Polizei bereits kurz *vor* dem Ausbruch der Unruhe am »Tatort« eingetroffen waren. Natürlich war es ganz »selbstverständlich«, daß Lumumba, der sich zu diesem Zeitpunkt etwa 1000 Kilometer von Leopoldville entfernt aufhielt, der Anstifter der Unruhen und Demonstrationen war. So konnte er gefangengesetzt werden, und Kasawubu und Tschombe hofften, mit der Ausschaltung Lumumbas könne die nachkoloniale Periode mit der Aufteilung des Kongo in Interessensphären der Großmächte in aller Ruhe eingeleitet werden. Aber wie sich nach dreitägigen Beratungen in Brüssel im Januar 1960 schon zeigte, war an irgendeine Beschlußfassung ohne Lumumba überhaupt nicht zu denken. Die Inszenierung der Unruhen in Leopoldville durch Kasawubu und die anschließende Gefangennahme Lumumbas hatten diesem eine ungeheuere Popularität eingebracht. Schon jetzt wird Lumumba im Volk als Märtyrer der kongolesischen Einheit und Unabhängigkeit angesehen. Der belgischen Regierung bleibt angesichts dieser Situation zähneknirschend nichts anderes übrig, als Lumumba aus dem Gefängnis zu holen und ihn nach Brüssel fliegen zu lassen. In der Berichterstattung über den weiteren Verlauf der Kongokonferenz mischen sich Wahrheit und Sage. Richtig ist, *daß Lumumba von der Stunde seines Eintreffens an die Konferenz leitet und seine Vorschläge angenommen werden müssen*. Falsch ist die Annahme, Lumumbas Sieg sei ein Sieg seines diplomatischen Geschicks gewesen. Lumumba war wirklich kein Diplomat, und die folgenden zwölf Monate bis zu seiner Ermordung beweisen, daß er tapfer, ehrlich und unbestechlich war und wirklich dann als Märtyrer starb. Aber er verschätzte sich völlig, was das Kräfteverhältnis im Kongo anbelangte, und er durchschaute keineswegs vollständig das Spiel der internationalen Hochfinanz mit dem Kongo. Auch über die Rolle der USA und der UNO in diesem Spiel täuschte er sich fast bis zu seinem gewaltsamen Ende.

Die wichtigste Resolution, die auf der Kongokonferenz im Januar 1960 in Brüssel angenommen wurde, lautet:

»Die volle Unabhängigkeit des Kongo wird am 30. Juni 1960 proklamiert. Dem Kongostaat gehören die sechs Provinzen an, die heute Belgisch-Kongo darstellen.

Das kongolesische Parlament wird in den ersten allgemeinen Wahlen von April und Mai 1960 bestellt und aus einem 137 Parlamentarier umfassenden Unterhaus sowie einem 84 Mitglieder zählenden Oberhaus bestehen.

Am 30. Juni 1960 werden die belgischen Behörden in der Ausübung der Souveränität von Kongolesen abgelöst; die erste endgültige kongolesische Regierung wird bis zum 10. Juli 1960 gebildet. Bis zur Proklamierung der Unabhängigkeit werden sechs kongolesische Delegierte ein Kollegium bilden, das eng mit dem belgischen Generalgouverneur für den Kongo, Henri Cornelis, zusammenarbeitet und die Verantwortung für die Regierung teilt. Belgien und Kongo werden einen Freundschafts- und Beistandspakt unterzeichnen, der auch Sicherungen für belgische und fremde Investitionen im Kongo enthalten wird. Ferner werden in diesem Abkommen Vereinbarungen zur Garantie der Rechte der 100000 belgischen Staatsangehörigen enthalten sein, die in der früheren belgischen Kolonie verbleiben werden. . .«

Das heißt, das Bekenntnis zum kongolesischen Einheitsstaat ist in dieser wichtigsten Resolution eindeutig. Aber wenn die damalige Berichterstattung betont, daß sei allein das Verdienst Lumumbas gewesen, so muß man doch fragen, ob die belgische Regierung und eine Handvoll meist korrupter kongolesischer Politiker es gegenüber der Weltöffentlichkeit überhaupt wagen konnten, die Aufteilung des Kongo in Interessensphären der internationalen Hochfinanz bei formaler Entlassung aus dem Kolonialstatus offen zu bekunden? Das muß verneint werden.

Der Plan war vielmehr, den Kongo als einheitlichen Staat aus der Kolonialverwaltung zu entlassen, um dann in kürzester Zeit *durch entsprechende »Maßnahmen« den Beweis antreten zu können, die kongolesische Regierung sei nicht fähig, das Land zu regieren, und es sei nötig, »im Interesse der Weltwirtschaft« die riesigen Rohstoffquellen der Provinz Katanga zu »schützen«.* Das »Chaos« müsse durch die »Ordnung« ersetzt werden. Die Geschichte des Kongo ist eine der typischen Varianten nachkolonialer imperialistischer Machtausübung in Afrika. Und ein Ende dieser Entwicklung ist bis heute noch nicht abzusehen. . .

Nirgends in Afrika hatten die Kolonialmächte eine intakte Verwaltung und eine einheimische technische Intelligenz hinterlassen, die in der Lage gewesen wäre, hochkomplizierte Technologien in der Industrie und eine komplizierte Staatsmaschine zu beherrschen. *Ganz bewußt waren alle Schlüsselstellungen in den Händen der Weißen verblieben.* Soweit überhaupt einheimische Verwaltungskräfte und einheimische Ingenieure, Techniker, Ärzte und Lehrer herangebildet worden waren, waren sie in ihrer Mehrheit so erzogen worden, daß sie sich ein weiteres Bestehen der neuen unabhängigen afrikanischen Staaten ohne den Einfluß und das »Know-how« der Weißen überhaupt nicht vorstellen konnten. *Es gab und es gibt nur wenige Ausnahmen von dieser schlimmen Regel.* Diese allgemeine Feststellung auf den Kongo angewendet, der, was die politische und wirtschaftliche und kulturelle Emanzipation der einheimischen Bevölkerung anbelangt, *zu den zurückgebliebensten Ländern Afrikas gehörte und gehört,* läßt nur ahnen, welches Schicksal der Kongo erleiden *mußte,* als schon vor dem Tage der Unabhängigkeitserklärung die Weißen begannen, ihr Kapital und ihre Fachkräfte in großem Maßstab aus dem Kongo abzuziehen.

Das geschah schon während des im April/Mai 1960 stattfindenden Wahlkampfes. Entgegen den Beschlüssen der Brüsseler Konferenz treten Kasawubu und Tschombe schon in diesem Wahlkampf für eine Föderation des Kongo ein, Lumumba allein für einen Einheitsstaat. Die merkwürdigste Erscheinung dieses Wahlkampfes ist, daß ganz gezielt einige Stämme, die sich unter dem Einfluß von Kasawubu und Tschombe für die Föderation des Kongo aussprechen, über andere Stämme, die sich als eifrige Anhänger Lumumbas ausweisen, herfallen und Metzeleien beginnen, was wiederum die Belgier dazu benutzen, neue Truppen in den Kongo einfliegen zu lassen, angeblich zum Schutz der Europäer. Gleichzeitig und schlagartig tauchen in der gesamten Weltpresse Greuelnachrichten von Abschlachtungen von Europäern, vergewaltigten weißen Frauen, eingemauerten Nonnen usw. auf. Greueltaten, die keineswegs zu diesem Zeitpunkt, aber viel später erfolgten und nicht von den Anhängern Lumumbas durchgeführt wurden. Eine panische Fluchtbewegung setzt unter den Weißen ein, und das Wirtschaftsleben droht bereits zusammenzubrechen. *Die Wahlen enden so, daß Lumumba mit seiner Partei eine relative Mehrheit erringt. Aber Kasawubus Anhängerschaft ist doch so stark, daß er zum Staatspräsidenten gewählt wird. Lumumba wird Ministerpräsident.*

Wenn wir mit Staunen beobachten, wie wenig Einfluß Lumumba und seine Regierung in den folgenden sieben Monaten bis zu seiner Ermordung gewinnen konnte, dann müssen wir uns fragen, auf welche gesellschaftlichen Kräfte (über eine allgemeine Sympathie hinaus) sich Lumumbas Regierung überhaupt stützen konnte. Am Ende der Kolonialzeit im Kongo bestehen zwei Strukturen nebeneinander, nämlich einmal die *Kolonialverwaltung mit ihrer Armee* und dem weißen Management der Industrie. Daneben bestehen als historische Gesellschaftsstruktur die teilweise immer noch *feudal organisierten Eingeborenen-Stammesgemeinschaften,* das heißt, von einer sehr dünnen Schicht einheimischer Intelligenz abgesehen, kann sich Lumumba weder auf die Armee noch auf ein einheimisches Bürgertum noch auf ein organisiertes einheimisches Proletariat stützen. Seine relativ schwachen organisatorischen Stützen sind einige Stämme in den östlichen Provinzen Orientale und Kiwu, die dann auch unter *Gizenga* den vergeblichen Versuch machen, nach Lumumbas Ermordung das Land von dem immer noch bestehenden Kolonialregime zu befreien. Man muß mit allem Nachdruck feststellen: *bei dieser Machtkonstellation war Lumumbas Versuch, ein einheitliches und von den internationalen Finanzkreisen wirklich unabhängiges Kongoreich zu schaffen, schon zum Scheitern verurteilt, ehe er das Amt des Ministerpräsidenten errang.* Am 30. Juni 1960 ruft Ministerpräsident Lumumba die *»République du Congo«* aus. Der König ist anwesend, und statt feierlicher Phrasen, wie sie bei solchen Gelegenheiten geprägt werden, nutzt Lumumba die Feier aus, um mit der belgischen Kolonialmacht in aller Öffentlichkeit abzurechnen:

»Obwohl die Unabhängigkeit des Kongo heute übereinstimmend mit Belgien – einem befreundeten Land, mit dem wir auf der Basis der Gleichberechtigung verkehren werden – proklamiert worden ist, kann kein Kongolese, der diese Bezeichnung verdient, je vergessen, daß sein Land in einem täglichen Kampf erobert werden mußte. Es war ein hitziger und idealistischer Kampf, in dem uns keine Entbehrungen, keine Leiden und kein Blutvergießen erspart blieben. Wir fochten diesen gerechten und edlen Kampf aus, um der entehrenden Sklaverei ein Ende zu setzen, die uns durch ein beschämendes Regime der Unterdrückung auferlegt worden war. Die Wunden sind zu frisch, als daß wir sie aus unserem Gedächtnis verdrängen könnten. Wir mußten Schwerarbeit leisten für einen Lohn, der uns nicht gestattete, genug zu essen, anständige Kleider zu kaufen und unsere Kinder richtig aufzuziehen. Wir wurden mit Beleidigungen und Schlägen traktiert, die wir von morgens bis abends erdulden mußten, weil wir Neger sind. Landbesitz von Negern wurde mit angeblich legalen Mitteln beschlagnahmt. Wir mußten erkennen, daß für Weiße und für Neger unterschiedliche Gesetze erlassen wurden. Für die Weißen gab es wunderbare Häuser, für die Neger schmutzige Slums.

Wer wird je die Galgen und Schießereien vergessen, die für so viele unserer Brüder den Tod bedeutet haben, oder die Gefängnisse, in welchen diejenigen schmachteten, die den Kugeln der Neger-Soldaten entkommen waren; schwarze Soldaten, die von den Kolonialisten als

Unterdrückungsinstrument mißbraucht wurden. Die von den Kolonialisten auferlegten Leiden sind beendet. Gemeinsam werden wir einen neuen Kampf beginnen, der unser Land zum Frieden, zum Wohlstand und zur Größe führen wird.«[3]

Der König war sehr verlegen nach dieser Rede. Die Beamten der belgischen Kolonialverwaltung, die mit dem König auf der Tribüne saßen, schwiegen eisern. Mit diesem Lumumba, so analysierten sie ganz richtig, konnte es keine Zusammenarbeit geben. *Mit seiner Rede bei der Unabhängigkeitsfeier hatte Lumumba schon sein Todesurteil gesprochen.*

Schon in den nächsten Tagen entwickelt sich die Situation dramatisch. In der richtigen Erkenntnis, die Regierung müsse sich bei ihren ersten Schritten auf die einzige verbliebene Ordnungsmacht, nämlich auf die Armee, »Force Publique«, stützen, fuhr Lumumba in die bei Leopoldville gelegene Kaserne »Leopold II.«, um durch persönliche Gespräche die Soldaten für die Ziele der Regierung zu gewinnen. Aber augenblicklich zeigt es sich, daß diese Söldner, die seit 70 Jahren für Geld zur jeder Schandtat bereit gewesen waren, politischen Argumenten überhaupt nicht zugängig waren. Diese Soldaten wollten allein das, was Söldner immer wollen: Geld, Frauen, Beute jeder Art. Außerdem wollten diese Söldner die Plätze der belgischen Offiziere einnehmen. Lumumba, der, wo immer er bisher aufgetreten war, seine Zuhörer allein durch die Kraft seiner Argumente gewinnen konnte, scheitert schlimm. Die Soldaten lassen ihren Ministerpräsidenten nicht ausreden. Sie schießen ihre Gewehre in die Luft ab und verprügeln Lumumba und seine Begleiter. Noch kommt Lumumba mit dem Leben davon. Aber als er seinen Amtssitz erreicht, wird ihm klar, daß die belgische Hochfinanz zu ihrem ersten Schlag ausgeholt hat: *die »Force Publique« hat in allen Provinzen des Kongo zur gleichen Stunde gemeutert.* In vier Städten – und diese Städte liegen bis zu 1000 Kilometer voneinander entfernt – ziehen die Söldner durch die Straßen, plündern und zünden die Häuser der Weißen an. Die von belgischen Zeitungen seit langem angekündigte »Nacht der langen Messer« scheint ausgebrochen zu sein. Für die Weltöffentlichkeit, die nur sehr lückenhaft über die Vorgänge informiert war, mußte ganz klar sein: kaum gehen die Weißen, kaum geben sie die »altbewährte Verwaltung« aus ihren Händen, schon versinkt der Kongo im Chaos. Daß die Meuterer allein von den belgischen Kommandeuren der »Force Publique«

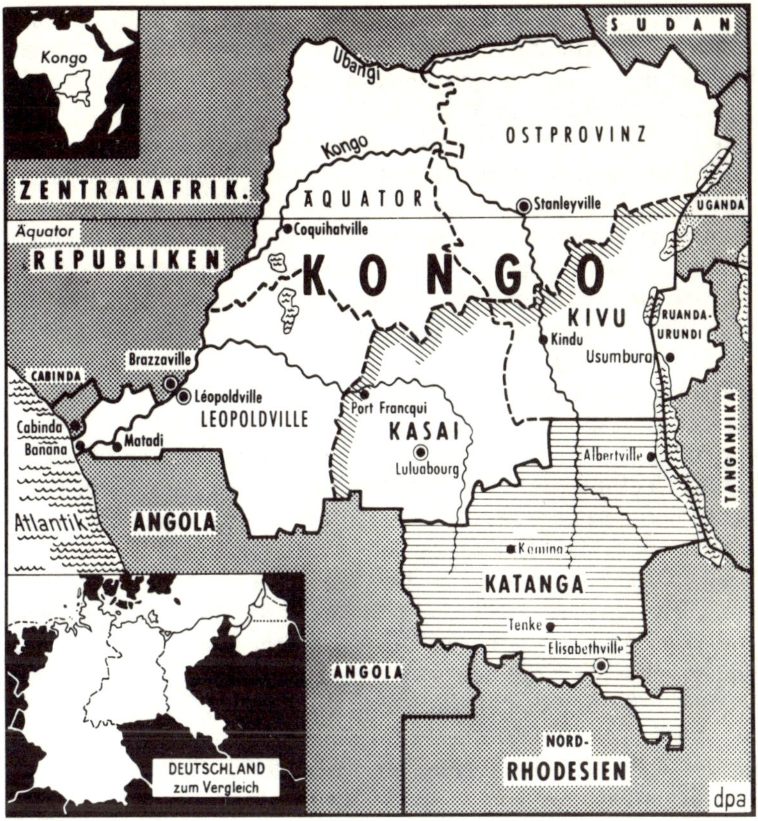

Karte des Kongo nach der Sezession Katangas (Juli 1960). *dpa*

angeheizt worden waren, da diese allein die Funk- und Telefonverbindungen zwischen den einzelnen Militärverbänden in Händen hatten, erfuhr die Weltöffentlichkeit natürlich nicht.

Genau fünf Tage nach dem ersten Schlag der belgischen Hochfinanz erfolgt der zweite. Tschombe wird von den belgischen Konzernen als nächste Trumpfkarte ausgespielt. *Am 11. Juli 1960 erklärt Moise Tschombe die Provinz Katanga als selbständigen Staat, und sich selbst ernennt er zum Regierungsoberhaupt. Belgische Truppen landen auf den Flugplätzen Katangas und übernehmen den Schutz der kostbaren Industrie- und Förderungsanlagen der »Union Minière«.*

Gleichzeitig läßt Tschombe von seinen Truppen unter der Führung des von ihm ernannten Oberbefehlshabers Guy Weber ein erstes Blutbad unter den Anhängern des kongolesischen Einheitsstaates im Katanga anrichten. Ebenfalls gleichzeitig werden belgische Truppen in die übrigen Provinzen des Kongo eingeflogen, angeblich zum Schutz der Weißen. Diese Truppen unterstützen überall die separatistischen Kräfte, die gegen Lumumba gerichtet sind.

Nur zwölf Tage war der Kongo mit seinem Ministerpräsidenten Lumumba frei gewesen. Der »Kommunist« Lumumba (die Weltpresse hatte ihn unbesehen zum »moskauhörigen Linksradikalen« abgestempelt) wendet sich zunächst an Präsident Eisenhower mit der Bitte, amerikanische Truppen zur Wiederherstellung der kongolesischen Souveränität zu entsenden. Eisenhower lehnt ab. Darauf wendet sich Lumumba telegraphisch an die Vereinten Nationen mit der Bitte, gemäß der UNO-Charta zum Schutz der Sicherheit und der Souveränität des Kongo UNO-Truppen zu entsenden. Ganz richtig definiert Lumumba den *Einfall belgischer Truppen als Aggressionshandlung*. Die diplomatischen Drähte beginnen zu glühen. Die Sowjetunion fährt grobes Geschütz auf: nicht nur Belgien, auch die USA, Frankreich, Großbritannien, die Bundesrepublik Deutschland und Portugal werden der Aggression gegen den Kongo beschuldigt. Zeichnet sich ein neues »Korea« im Herzen Afrikas ab? Am 13. Juli 1960 tritt der *Weltsicherheitsrat der UNO* zusammen. Er *beschließt, UNO-Polizeitruppen in den Kongo zu entsenden*. Grundlage der Aufgaben der UNO-Truppen sind die Resolutionen des Weltsicherheitsrates vom 14. und 21. Juli und vom 9. August 1960. Diese Resolutionen besagen in einem Satz: das Expeditionskorps der UNO soll Souveränität, Ordnung und Gesetzlichkeit der Kongo-Republik wiederherstellen. Um es gleich vorwegzunehmen: Der Einsatz der UNO-Truppen im Kongo gehört zu den schwärzesten Kapiteln der Geschichte der Vereinten Nationen. Am gleichen 13. Juli, als der Weltsicherheitsrat zusammentritt, erklärt die Regierung Lumumba dem belgischen Aggressor den Krieg, worauf der belgische Militärbefehlshaber von Leopoldville, Oberst Deysens, den Flughafen von Leopoldville und die Stadt selbst militärisch besetzen läßt.

Es scheint so, als ob Lumumba zu diesem Zeitpunkt immer noch auf amerikanische Hilfe hofft. Mit dem amerikanischen Manager Louis Edgar Detwiler schließt er einen 50-Jahres-Vertrag über 8,2 Milliarden DM ab. Amerikanische Finanzkreise wollen diese Riesensumme im Kongo investieren zur Ausbildung der Kongolesen für den Aufbau einer landeseigenen Technik und Verwaltung. Gleichzeitig veröffentlicht Lumumba sowohl in New York als auch in Leopoldville das *Programm seiner Regierung*. Hier die wichtigsten Punkte:

– *Abschaffung jeder Rassendiskriminierung;*

– *Anhebung der Löhne um 30 Prozent;*

– *Verbot der Kinderarbeit;*

– *Bildung eines Beamtenapparates ausschließlich aus Kongolesen;*

– *Trennung von Staat und Kirche, Verbot, die Religion für politische Zwecke zu mißbrauchen;*

– *Blockfreiheit;*

– *Überprüfung aller mit Belgien abgeschlossenen Verträge, Heranziehung belgischer Fachleute zur Lösung aller anstehenden technischen Probleme;*

– *Garantie der Unabhängigkeit des Gerichtswesen;*

– *Ablehnung der Verstaatlichung der Industrie.*

Ein solches Regierungsprogramm, das wir als ein liberal gemäßigtes Regierungsprogramm bezeichnen würden, hätte in der Welt Vertrauen erwecken sollen. Selbst belgische Politiker mußten bei objektiver Einschätzung zu dem Ergebnis kommen, daß die Regierung Lumumbas kein belgienfeindliches Regierungsprogramm aufgestellt hatte. Allerdings: Die Regierung Lumumbas wollte sich keinem der internationalen Militärblöcke oder Wirtschaftssysteme anschließen, und auch Belgien mußte davon überzeugt sein, daß alle bisher abgeschlossenen Verträge einschließlich der Geheimverträge, die die belgische Hochfinanz einseitig bevorzugt hatten, sicher von der kongolesischen Regierung als ungültig erklärt würden. Hinzu kam, daß Lumumba als konsequenter Neutralist auch normale und freundschaftliche Beziehungen zum Ostblock anstrebte. Schon das mußte ihn in den Augen der »westlichen Welt« als höchst verdächtig hinstellen.

In New York trifft Lumumba auf den Mann, der an seinem furchtbaren Schicksal mitweben wird, bis ihm selbst der Kongo zum Schicksal wird. Aber als Lumumba im Gebäude der UNO dem *Generalsekretär der Vereinten Nationen,* dem damals 55jährigen Schweden *Dag Hammarskjöld,* die Hand zur Begrüßung schüttelt, da wissen diese beiden Männer nicht, *daß der Kongo ihrer beider schnellen Tod herbeiführen würde.* Hammarskjöld, das muß hier mit allem Nachdruck betont werden, hat gegenüber der Regierung Lumumba vom ersten Tage an sein Amt als Generalsekretär mißbraucht. Er war, schon ehe er Lumumba zu Gesicht bekam, Partei, und er hat seinerzeit dem Ansehen der Vereinten Nationen den größten Schaden zugefügt. Alle seine Handlungen sind eindeutig gegen die Regierung Lumumba gerichtet, die bis zum heutigen Tage die einzige rechtmäßige Regierung des Kongo geblieben ist und die damals angesichts der belgischen Aggression alle Hoffnungen auf die Hilfe der Vereinten Nationen richtete.

Aber schon setzt die internationale Hochfinanz zu einem dritten Schlag gegen Lumumba an. In aller Stille und *unter dem Schutz belgischer Truppen wird ein Kongreß der Abako-Partei des Staatspräsidenten Kasawubu vorbereitet. Die Situation ist schon so, daß der Ministerpräsident Lumumba durch belgische Soldaten daran gehindert wird, mit seinem Staatspräsidenten überhaupt zu sprechen.* Der Kongreß der Abako-Partei beschließt zweierlei:

1. Lumumba sei unfähig, die Sicherheit des Kongo zu garantieren;
2. nur eine Föderation des Kongo (ganz im Sinne von Tschombe) könne seine Lebensfähigkeit garantieren, und eine unabhängige Regierung in Katanga werde für Ordnung und Wohlstand sorgen.

Mit diesen Beschlüssen war Staatspräsident *Kasawubu mit seiner Partei eindeutig auf die Seite der Neokolonialisten übergegangen.* In der Folgezeit hat sich Kasawubu mehrfach für und dann wieder gegen Lumumba ausgesprochen. Er entwickelte sich zu einem Meister in der Kunst des Umfallens, der in der Folgezeit zwischen der ausländischen Hochfinanz, zwischen Tschombe und Mobutu hin und her schwankte.

Der vierte Schlag der Belgier: in der Provinz *Kasai* kommt es zu Metzeleien zwischen den Stämmen der Balubas und der Luluas. Die Balubas stehen auf der Seite Lumumbas auf der Seite eines einheitlichen kongolesischen Staates. Sie sind lediglich mit Speeren, Pfeil und Bogen ausgerüstet. Die Luluas dagegen sind mit Gewehren ausgerüstet – mit belgischen Gewehren! Jedermann kann sich vorstellen, welcher dieser beiden Stämme bei dem anderen Stamm Blutbäder anrichtete. Gleichzeitig entfaltet die Abako-Partei im Negerviertel von Leopoldville einen Aufstand, bei dem Lumumba selbst verletzt wird. In Katanga beginnt Tschombe zum Schutz seines Separatstaates eine Fremdenlegion zu gründen, in der sich gegen hohe Bezahlung »Spezialisten« aus ganz Europa und aus Amerika einfinden, Landsknechte, die für Geld zu allem bereit sind.

Und in dieses Chaos werden die UNO-Truppen eingeflogen! Es kommt da zu einem bezeichnenden Zwischenfall, der zeigt, welche Partei der Generalsekretär Hammarskjöld sofort ergriffen hat. Am 12. August 1960 landet er mit zwei Kompanien schwedischer Soldaten auf dem Flugplatz von Elisabethville in der Provinz Katanga, nachdem Tschombe, um seine Macht zu demonstrieren, die Flugzeuge der UNO zunächst über dem Flugplatz kreisen ließ und ihnen die Landeerlaubnis verweigerte. Aber dann wird Hammarskjöld von Tschombe herzlich begrüßt. Eine Ehrenkompanie der Katanga-Polizei ist angetreten. Der Generalsekretär schreitet die Front der Ehrenkompanie ab, grüßt die »Staatsfahne« des von keinem Land der Welt anerkannten Staates Katanga, und die Militärkapelle spielt die »Staatshymne« von Katanga: »Der Zukunft entgegen. . .« Und Hammarskjöld, der laut Beschluß des Sicherheitsrates die Einheit und Unabhängigkeit des Kongo herstellen soll, macht diese plumpe Inszenierung mit und verleiht damit dem Separatstaat Katanga einen Hauch von Legitimität.

Hammarskjöld verhandelt mit Tschombe hinter verschlossenen Türen. Das Ergebnis entspricht der Verbeugung, die Hammarskjöld vor der Katanga-Fahne gemacht hatte, und ist eine Mißachtung aller UNO-Resolutionen. *Die Armee und die Polizei des Separatstaates dürfen ihre Waffen behalten,* und die belgischen Soldaten denken überhaupt nicht daran, Katanga zu verlassen. Es bleibt alles so wie bisher. Um es vorwegzunehmen: erst eineinviertel Jahr später, im Dezember 1961, nachdem auch Dag Hammarskjöld ein Opfer des Mörders Tschombe geworden ist, wird Katanga auf Befehl des neuen Generalsekretärs U Thant besetzt und dem separatistischen Spuk der Belgier ein Ende bereitet.

Es kann uns nicht verwundern, daß Lumumba angesichts dieser Politik des Generalsekretärs Hammarskjöld einen schnellen Lernprozeß durchmacht. Alle Hoffnungen hatte er auf die UNO-Truppen gesetzt – alle Hoffnungen sind zerstört. Bereits vier Tage nach der Unterredung Hammarskjölds mit Tschombe kommt es zum *offenen Bruch zwischen Lumumba und Dag Hammarskjöld.* Auf Anordnung Lumumbas beginnen die Kongo-Soldaten, die ihm noch unterstehen, in Leopoldville einen Kleinkrieg gegen die UNO-Soldaten weißer Hautfarbe, die als erste Antwort auf diesen kleinen Krieg den Flugplatz besetzen und sperren.

Das blutige Spiel treibt nun seinem Höhepunkt entgegen. Am 6. September 1960 erklärt der Staatspräsident Kasawubu Ministerpräsident Lumumba für abgesetzt, worauf Lumumba seinerseits Kasawubu für abgesetzt erklärt. Am gleichen 6. September 1960 stellt sich das kongolesische Kabinett geschlossen hinter Lumumba. An den folgenden Tagen sprechen Abgeordnetenhaus und Senat der Kongolesischen Republik mit überwältigender Mehrheit *Lumumba ihr Vertrauen aus und wählen ihn zum Staatsoberhaupt und zum Oberbefehlshaber der Armee.* Lumumba gibt zwei Anordnungen, die zu seinen letzten gehören:

1. Alle UNO-Truppen sollen sofort den Kongo verlassen;

2. die kongolesische Armee mit Staatschef Oberst Joseph Mobutu soll Katanga besetzen.

Aus alledem wird nichts. Lumumba, und das zeigt sich jetzt ganz kraß, hat keine *reale* Macht mehr. Die UNO-Truppen verhindern nicht nur den Einmarsch der Kongo-Armee in die Provinz Katanga, die UNO »kauft« die Kongo-Armee und ihren Staatschef, indem sie den seit Monaten rückständigen Sold auszahlt. Wieviel Geld Mobutu selbst bekommen hat, ist nicht bekannt.

Am 12. September gibt Kasawubu eine vollständige Liste einer neuen kongolesischen Regierung bekannt mit *Ileo* als Ministerpräsident. Der Kongo hat jetzt in Leopoldville zwei Regierungen und in Katanga mit Tschombe an der Spitze eine dritte Separatregierung. Gegen Lumumba läßt Kasawubu einen Haftbefehl erlassen, und *Lumumba flüchtet* am 16. September in ein Militärlager ghanesischer UNO-Truppen, nachdem am 15. September Oberst *Mobutu eine Militärdiktatur* errichtet und das Parlament des Kongo auseinandergejagt hat. Am 21. September läßt Mobutu alle Regierungsgebäude, das Polizeipräsidium und das Gebäude des Senders Leopoldville besetzen. Die UNO-Truppen, die Lumumba jeden Zutritt zum Sender mit Waffengewalt verwehrt hatten, ziehen sich ohne Widerstand zurück. In Katanga werden erneut Anhänger des Einheitsstaates auf Befehl Tschombes niedergemetzelt. Mobutus Militärdiktatur wird sowohl durch den Separatstaat Katanga bestätigt als auch von den diplomatischen Vertretungen von 17 Nationen, darunter die USA, Großbritannien, Frankreich und die Bundesrepublik Deutschland. Die Militärdiktatur Mobutus festigt sich. Im Oktober 1960 sind alle Möglichkeiten, aus dem Kongo einen einheitlichen und unabhängigen Staat zu schaffen, vollständig gescheitert.

Wenn das Wochenmagazin »Der Stern« im Juni 1981 in einem ausführlichen Artikel feststellt, *»Zaire* (Kongo), *das an Bodenschätzen reichste Land Afrikas, ist bankrott: Auf der Jagd nach Rohstoff-*

quellen und billigen Arbeitskräften haben die Industrienationen die 28 Millionen Einwohner des Landes in unbeschreibliches Elend gestürzt. Ein größenwahnsinniger, korrupter Staatspräsident (Mobutu) *von westlichen Gnaden öffnete der Ausbeutung Tür und Tor. Unterdrükkung, Intrigen, provozierte Aufstände und Strafexpeditionen haben in der Geschichte der ehemaligen Kolonie am Kongo eine blutige Spur hinterlassen«,*[4] so gilt diese Feststellung aus dem Jahre 1981 bereits für den Oktober 1960. Allein in Leopoldville sind über 50 Prozent aller schwarzen Familien ohne jedes Einkommen. Die gesamte Infrastruktur ist zusammengebrochen. Es gibt keine Nahrungsmittel, es gibt keine ärztliche Versorgung. Nach 80 Jahren belgischer Kolonialherrschaft gibt es nicht einen einzigen eingeborenen Arzt. Nur noch 50 der 400 Krankenhäuser sind überhaupt arbeitsfähig. Die Malariaerkrankungen nehmen erschreckend zu. Ebenso die Gefahr von Seuchen. Und keine Bank der Welt ist mehr bereit, den Kongo-Franc in eine andere Währung umzutauschen. – Aber im November 1960 nimmt Moise Tschombe aus der Hand eines belgischen Ministers das Großkreuz des Ordens der belgischen Krone entgegen.

Und Lumumba? Wenn man das »Spiegel«-Gespräch liest, das 1960 mit Lumumba geführt wurde, weiß man: Lumumba war ein *gebildeter und humaner Idealist. Aber sein tödlicher Irrtum ist ein vierfacher:*

1. Lumumba hat nicht begriffen, daß die historisch gewachsenen Stämme des Kongo, deren Strukturen zwar in Auflösung begriffen waren, der Bildung einer kongolesischen Nation als stärkstes Hindernis entgegenstanden. *Lumumba wollte sich auf eine Nation stützen, die es noch gar nicht gab.*

2. Lumumba hatte zu spät begriffen, daß die Länder der Dritten Welt in der UNO noch zu schwach waren, um dem eisernen Griff der Weißen nach den Rohstoffen des Kongo Einhalt zu gebieten. Und die UNO, auf die Lumumba alle Hoffnungen gesetzt hatte, erweist sich zu diesem Zeitpunkt als ein eindeutiges Instrument amerikanischer und europäischer Imperialisten.

3. In Afrika selbst hatte Lumumba durchaus in Ghana, Guinea, in Ägypten und in Marokko Verbündete. Aber auch diese Staaten waren zu schwach, um der Lumumba-Regierung wirksam helfen zu können, um einen unabhängigen Staat herzustellen.

4. Lumumba glaubte an eine Solidarität aller schwarzen Afrikaner gegenüber den weißen Herren. Auch das war ein großer Irrtum

von ihm. Die Trennungslinie, das war nicht die unterschiedliche Hautfarbe, sondern das waren die ganz gegensätzlichen politischen und ökonomischen Interessen. Es gab im Kongo viel mehr Stammeshäuptlinge und maßgebliche Politiker, die auf die Karte des weißen Neokolonialismus setzten, weil dieser ihnen ein Leben im Wohlstand versprach, als solche, die bereit waren, zusammen mit Lumumba und seiner Regierung den langen und dornigen Weg der Entwicklung eines neutralen und unabhängigen Kongo zu gehen.

Trotzdem: *Im Januar 1961 standen die Zeichen für die Vorstellung Lumumbas von einem einheitlichen, neutralen und demokratischen Kongo günstiger als drei Monate vorher:*

– Im Januar 1961 wird *John F. Kennedy* Präsident der Vereinigten Staaten von Amerika, und damit beginnt die amerikanische Politik realistischere Züge anzunehmen. Gleichzeitig kommt es zu einem *Regierungswechsel in Belgien* selbst. Auch hier mehren sich die Stimmen, die sich gegen die traditionelle Kongo-Politik Belgiens richten.

– König Mohammed V. von Marokko fordert am 4. Januar 1961 bei der Eröffnung der *Gipfelkonferenz der afrikanischen Staaten* sofortige Beendigung der Kongo-Krise und die Wiedereinsetzung von Patrice Lumumba als Regierungschef. Die versammelten Staaten beschließen, ihre in den Kongo entsandten Truppen dem Oberbefehl der UNO sofort zu entziehen, wenn Lumumba nicht befreit wird.

– Am gleichen 4. Januar landet Hammarskjöld in Leopoldville. Er wird zu seiner großen Überraschung von einer vieltausendköpfigen Menge empfangen, die in den Ruf »Freiheit für Lumumba« ausbricht. Auch ein Zeichen dafür, daß die Stimmung im Kongo selbst sich zugunsten von Lumumba zu wandeln beginnt. In der darauffolgenden langen Unterredung mit seinem Stellvertreter im Kongo, Dajal, muß Hammarskjöld zur Kenntnis nehmen, daß die *UNO im Kongo völlig versagt* hat. Auch Dajal sieht allein in der Wiedereinsetzung Lumumbas die einzige Möglichkeit, einen Ausweg aus dem Chaos zu finden.

– Der *Kongo* befindet sich, als Hammarskjöld in Leopoldville eintrifft, *in voller Auflösung*. Die Ostprovinzen und die Provinz Kiwu stehen inzwischen ganz auf der Seite Lumumbas. Der sogenannte Bergbaustaat in der Provinz Kasai und Katanga kooperieren mit der belgischen Hochfinanz. Mobutus Macht, die immer mehr geschrumpft war, beschränkt sich im Januar 1961 auf die Provinzen Leopoldville, die Äquatorialprovinz und Teile der Provinz Kasai.

Das neue Element der kongolesischen Entwicklung zwischen Oktober 1960 und Januar 1961 ist die *wachsende Autorität des Gefangenen Lumumba im Kongo selbst und sein stark gewachsenes Ansehen bei den führenden afrikanischen Politikern.* Das alles bedeutet eine wachsende Gefahr sowohl für Kasawubu, für Tschombe und auch für Mobutu. Alle drei wissen: wenn Lumumba wieder Ministerpräsident wird, ist es aus mit ihrer Macht. Das muß verhindert werden.

Zunächst versuchen Mobutu und Kasawubu es angesichts dieser Situation mit Lumumba »im guten«. Am 13. Januar 1961 konferieren sie mit Lumumba in dem Militärlager von Thysville, wohin Lumumba gebracht worden war, nachdem er vergeblich versucht hatte, aus Leopoldville in eine mit ihm sympatisierende Ostprovinz des Kongo zu fliehen. Mobutu bietet Lumumba einen hohen Posten in seiner Regierung an, wenn Lumumba ihm, Mobutu, und seinen Anhängern Straffreiheit garantieren würde. Lumumba lehnt ab. Er fordert die Einberufung des rechtmäßig gewählten Parlaments, das dann darüber entscheiden soll, ob er, Lumumba, wieder als Ministerpräsident eingesetzt wird oder nicht. Das lehnt Mobutu ab.

Vier Tage später wird die Welt durch die ungeheuerliche Nachricht überrascht, *Lumumba befinde sich nicht mehr im Militärlager von Thysville, sondern in der Nähe von Elisabethville in Katanga in den Händen seines Todfeindes Tschombe.* Kasawubu und Mobutu hatten einen gefesselten Lumumba an diesem Tage in ein Flugzeug setzen lassen und Tschombe telegraphisch die Ankunft eines »Paketes« angekündigt. Es vergehen dann nur noch wenige Stunden, und *Lumumba wird auf Befehl Tschombes von einem belgischen Offizier im Gefängnis ermordet.* Das erfährt die Weltöffentlichkeit aber erst viel später. Zunächst verbreitet der Mörder Tschombe die Meldung, Lumumba sei aus dem Gefängnis von Elisabethville geflohen, von Einwohnern eines (nicht genannten) Dorfes sei er erkannt und sofort erschlagen worden. Lumumbas Leiche ist irgendwo im Busch verscharrt, sein Grab ist niemals gefunden worden.

Als Lumumba starb, hatten seine Anhänger nach energischen militärischen Aktionen fast die Hälfte des Kongo-Staates bereits erobert...

Die Leiden des kongolesischen Volkes sind auch 1981, 20 Jahre nach der Ermordung Lumumbas, keineswegs beendet. Aber zunächst stirbt unter bisher nicht ganz erhellten Umständen noch 1961, und zwar am 17. September, die Persönlichkeit, die am Schicksal Lumumbas so kräftig mitgewebt hatte: Dag Hammarskjöld.

Bis weit in den Februar 1961 hinein hatten die weltweiten Demonstrationen für den ermordeten Lumumba angedauert. Von der Zuschauertribüne der UNO gellt am 15. Februar 1961 der Ruf: *»Es lebe Lumumba! Nieder mit seinen Mördern!« Hammarskjöld schaut konsterniert. Sieben Monate später ist er tot.*

Er stirbt wie Lumumba in Katanga. Sein Flugzeug stürzt brennend ab, als er auf dem Wege zu einer neuen Unterredung mit Tschombe ist. Es gibt für das Attentat auf Hammarskjöld zwei Versionen: *Entweder ist das Flugzeug durch eine im Flugzeugrumpf versteckte Bombe zum Absturz gebracht worden, oder es ist von Tschombes Soldaten mit Hilfe eines Düsenjägers abgeschossen worden.* Es tauchten auch Gerüchte auf, daß Nord-Rhodesien an der Ermordung von Hammarskjöld mitgewirkt hätte.

Das Echo in der Weltöffentlichkeit über dieses neue politische Attentat war durchaus geteilt. Hammarskjöld hatte schon lange sein Gesicht verloren. Zu offensichtlich war, daß er alle UNO-Beschlüsse mißachtet hatte. So endlich unter Druck gesetzt, hatte er sich auf die Reise gemacht, um Tschombe mitzuteilen, nun müsse Katanga endlich dem Kongo wieder angeschlossen werden. Aber Hammarskjöld redete nicht mehr. Er konnte Tschombe diese Botschaft nicht mehr mitteilen.

1964 verlassen die letzten UNO-Soldaten den Kongo. Zunächst versucht nun Tschombe, die ganze Macht an sich zu reißen. Anfang 1965 wird er wahrhaftig Ministerpräsident des Kongo, aber im Oktober desselben Jahres setzt ihn Kasawubu ab, und am 24. November 1965 kommt Mobutu durch einen neuen Militärputsch an die Macht. Tschombe geht ins Exil nach Spanien. Von dort aus wird er entführt *und stirbt unter ebenfalls nicht vollständig geklärten Umständen in einem Gefängnis in Algier.*

Mobutu bewährt sich in den folgenden 20 Jahren bis auf den heutigen Tag als Henker des Kongo. Er »säubert« 1966/1967 den Kongo von vermeintlichen oder wirklichen Anhängern Lumumbas. Nach allgemeinen Schätzungen sollen Hunderttausende den Tod gefunden haben. Aber zum Ärger der Belgier öffnet Mobutu auch südafrikanischen, französischen, englischen, japanischen und deutschen Kapitalisten den Kongo für Investitionen. Der Militärstaat, der seit 1966 *Republik Zaire* heißt, versinkt trotz seines Reichtums in völliger Armut. Zum Beispiel schrumpft die Länge der befahrbaren Straßen des Kongo von 145 000 auf 7500 Kilometer. Schon 1976 muß Zaire wegen andauernder Mißwirtschaft und Korruption seine Zahlungsunfähigkeit bekennen. Es haben sich drei Milliarden Dollar Schulden angehäuft. 1978 sind es vier Milliarden Dollar. Der Weltwährungsfonds muß zur Linderung der Not im Kongo 150 Millionen Dollar herausrücken. Aber der Kongo ist ein Faß ohne Boden.

In seiner letzten Botschaft an seine Landsleute vor seiner Ermordung im Januar 1961 sagt Lumumba:

»Diese Politik der Korruption, die darin besteht, jeden unbestechlichen Politiker als Kommunisten und jeden Landesverräter als prowestlich zu bezeichnen, muß bekämpft werden. Wir wollen nicht im Schlepptau irgendeines Blockes sein. Wenn wir nicht aufpassen, kann es passieren, daß wir einem Neokolonialismus ausgeliefert werden, der genauso gefährlich wäre wie der Kolonialismus, den wir am 30. Juni begraben hatten. Das imperialistische Spiel besteht darin, das kolonialistische System in Kongo beizubehalten und lediglich einige Akteure auszuwechseln wie in einem Theaterstück, das heißt: an die Stelle der belgischen Kolonialisten Neokolonialisten zu setzen, die man nach Bedarf manipulieren kann. Das ist es, was man tun muß, um den Segen und die Unterstützung der Imperialisten zu erhalten.

Ich habe immer gesagt, daß ich die Niederlassung belgischer, amerikanischer, französischer, deutscher, schweizerischer, kanadischer, italienischer oder anderer Firmen in Kongo befürworte. Immer wehren werde ich mich jedoch gegen die schändlichen Manöver, zu korrumpieren und zu spalten.

Wir sind Afrikaner, und wir wollen es bleiben. Wir haben unsere Philosophie, unsere Sitten und unsere Tradition, die denen anderer Völker in nichts nachstehen.

Dies zu verleugnen und statt dessen die Lebensweise anderer Völker anzunehmen hieße, uns unseres Charakters zu berauben. Unser Ziel, das Ziel eines jeden kongolesischen Patrioten, der sein Land liebt, muß sein, unser Land in nationaler Solidarität und Eintracht aufzubauen.

Unser Sofortprogramm muß sein, die Reichtümer unseres Landes durch gemeinsame Anstrengung zu nutzen, um dadurch eine nationale Wirtschaft zu schaffen, die uns erlaubt, die Lebensbedingungen unserer Bürger schnell zu verbessern.

Wir sind fest entschlossen, durch unseren Zusammenhalt und unsere Solidarität unseren Beitrag zur Befreiung Afrikas, dem Erbe unserer Vorfahren, zu leisten.«[5]

Dieses Vermächtnis Lumumbas hat bis heute Bestand. Wir müssen noch einmal bekennen, daß wir über diese Persönlichkeit und überhaupt über Afrika, dessen Schicksal die Weißen so lange bestimmt haben, viel zuwenig wissen. Wenn man die Jahrgänge des *»Spiegel«* aus den Jahren 1960/1961 nachliest, erschrickt man ; das Nachrichtenmagazin nennt Lumumba verächtlich einen: *»Einheitsapostel, ziegenbärtigen Urwaldpolitiker, geifernden Nationalisten, Poltergeist, abgeriegelten Ziegenbart«*. Die Demokratie, die Lumumba anstrebt, nennt das gleiche Blatt eine *»Urwald-Demokratie«*, und den Kongo nennt er eine *»Urwald-Republik«*. In allen diesen »Spiegel«-Artikeln werden die Vorurteile der »weißen Rasse« gegenüber dem schwarzen Afrika konserviert.

1961 wird in Belgien eine Anekdote erzählt: Generalleutnant Emile Janssens, ehemaliger Oberbefehlshaber der Force Publique des Kongo, salutiert vor dem Denkmal Leopolds II. in Brüssel, und zum Erstaunen der erschrockenen Zuschauer brüllt der General das Denkmal mit den Worten an: *»Sire, sie haben Euch den Kongo zur Sau gemacht!«*

»Sie« können wir heute noch finden, in Brüssel *und anderswo*. Sie machen den Kongo immer noch zur *»Sau«*.

Martin Luther King
There's No Way
Like the American Way
(1968)

Unterm Stein – habt ihr's gerochen?
Liegen Lincolns Stinkeknochen.
Weil er wollt' die Nigger retten,
Liegt jetzt seine Seel' in Ketten.
Lied aus den Südstaaten (1865)

Sie denkt, auch im Himmel könnte sie liegenbleiben und bis mittags ruhn,
Während die schwarzen Engel um sieben aufstehn und den Singsang tun.
Countee Cullen

Hoppla, Leute, steigt jetzt aus den Löchern auf
Hißt die Lider, schaut, die Wasser steigen auch
Wenn die Häute trocken bleiben sollen euch
Müßt ihr sie euch aus dem Wasser holen gleich
Sonst versinkt ihr als ein dummer Stein
Denn die Zeiten ändern sich
Ihr Congressmen, Senatoren tretet vor
Tretet aus dem dunklen Lobbycorridor
Der in Freiheit draußen sich das Blut abwischt
Ist es, der die unbeglichne Rechnung tischt
Und sie wird beglichen werden müssen auf den Cent
Denn die Zeiten ändern sich.
Ja, die Langmut der Zukurzgekommnen schwindet
Ja, das Niegedachte wird noch heut verkündet
Ja, was sich auf tausend Jahre eingerichtet
Auszubeuten, zu zerstören, wird vernichtet
Von den letzten, die die ersten sind
Denn die Zeiten schlagen um wie Wind
Bob Dylan

Besonders wichtig ist es für die Schwarzen, diesen unserem Rechtssystem innewohnenden Widerspruch zu bekämpfen, da wir eine Fülle historischer Erfahrungen angesammelt haben, die uns in der Überzeugung bestärken, daß die Waage der amerikanischen Gerechtigkeit aus dem Gleichgewicht ist.
Angela Davis, Erklärung an das Gericht vom 5. Januar 1971

»Das Viertel liegt 20 Minuten von der City entfernt, aber längst noch nicht am Rand der Stadt. Die Häuser sind aus Holz und zerfallen. Die Fensterscheiben sind meist eingeschlagen. Auf den Straßen liegt Unrat. Die Müllabfuhr wagt sich nicht hier heraus. Am Straßenrand stehen ausgebrannte Autowracks von den letzten Unruhen, die nach der Ermordung von Martin Luther King hier ausbrachen. Niemand räumt sie fort. Es wimmelt von Kindern. Viele sind nahezu unbekleidet und haben Hungerbäuche. Frauen und Männer hocken mit apathischen Blicken auf den Holztreppen oder kauern auf den Bordschwellen. Es ist heiß. Jetzt, im Juni, gegen 30 Grad. Die Luft ist feucht. Es stinkt nach Urin und Kot. Der Laden an der Ecke ist ein Schnapsgeschäft. Davor torkeln ein paar Betrunkene herum. Später sehen wir die Schule. Viele Klassenzimmer drohen einzustürzen. Hier wird nichts repariert. Der Lehrer erklärt, an einen geregelten Unterricht sei nicht zu denken. Er ist schon froh, wenn er die Kinder dazu bekommt, ruhig zu sitzen. Der Leiter eines Jugendzentrums in dieser Gegend sagt: ›Ich kämpfe hier auf verlorenem Posten. Hier ist nichts zu retten. Die Umstände sind stärker als das bißchen Flickwerk, das wir hier leisten können. Ich weiß nicht, wie lange ich es hier noch aushalte.‹ Dieser junge Neger hat vor zwei Jahren mit viel Idealismus seine Tätigkeit als Sozialarbeiter hier begonnen. Nun ist er am Ende seiner Kräfte. ›Das beste wäre‹, erklärt er resignierend, ›das ganze Viertel würde eines Tages abbrennen.‹

Alle Häuser sind überbevölkert. Zwischen zwölf und achtzehn Menschen in drei, manchmal auch nur in zwei Zimmern zusammengepfercht – das ist keine Ausnahme.

Die Zahl der unehelichen Geburten ist hier fast so hoch wie die der ehelichen. Die Männer kommen und gehen; die Frauen und die Kinder bleiben, und es werden immer mehr hungrige Mäuler. Die Spielgefährten dieser Kinder sind die Ratten. Die Ratten werden so groß und dreist, daß sie nachts schlafende Menschen anfallen. Der Kongreß hat die Gelder zu einer Rattenvertilgungsaktion nicht genehmigt.«[1]

Martin Luther King wird während einer Demonstration gegen die Rassenschranken in den USA von einem Stein getroffen.
Archiv des Verfassers

Was hier ein Deutscher des Jahrgangs 1934 erschrocken beobachtet, sind nicht die riesigen Slums in Südamerika oder am Rande einer der neuen Städte Afrikas, dies hier ist mitten in den USA beobachtet, 1968 in Chicago, nach der Ermordung von Martin Luther King. Es ist *das »andere Amerika«,* das der Tourist höchst selten, der Kinogänger oder der Fernsehzuschauer fast nie kennenlernt: Das Amerika des schwarzen Proletariats.

Die Geschichte der USA, die Geschichte des »weißen« Amerika, ist auch die Geschichte des »schwarzen« Amerika, untrennbar durch den Gegensatz verbunden, unendlich über die Jahrhunderte miteinander verflochten. Entweder war der Neger, aus Afrika herübergeschleppt, ein Sklave und damit eine Sache, die man verprügeln oder verkaufen konnte oder ein Mensch. Entweder ist der schwarze Arbeiter, Schuhputzer oder Pfarrer ein Mensch oder ein »schwarzer Affe«, entweder ist die schwarze Verkäuferin, Köchin oder Lehrerin eine »schwarze Kuh« oder ein Mensch. Entweder hat Gott alle Menschen nach seinem Ebenbild geschaffen und alle Menschen sind vor Gott (und übrigens auch vor der amerikanischen Verfassung) gleich, oder Amerika träumt seinen »weißen Traum«: Die edlen Weißen herrschen, und für die schwarzen Amerikaner sind Schranken da. Es gibt Berufe, Toiletten, Parkbänke, Restaurants, Schulen und Busse, die allein den Weißen vorbehalten waren. Und es gibt Berufe, Toiletten, Parkbänke, Restaurants, Schulen und Busse allein für Schwarze. Und alles dies und noch viel mehr Dinge sind für die Weißen gut oder sogar komfortabel und für die Schwarzen schäbig, miserabel. Und die Weißen gehen in »ihre Kirche« und beten zu ihrem »weißen« Gott, und ein schwarzer Amerikaner darf dort nicht beten, er wird in eine solche Kirche nicht einmal hineingelassen.

Warum das alles so war, und warum das alles teilweise immer noch so ist, ist in Kürze schwer zu beantworten.

John F. Kennedy, einer der wenigen Präsidenten der USA, der die Abstempelung der schwarzen Amerikaner zu Geschöpfen zweiter oder dritter Klasse entschieden bekämpfte, war der Meinung, das Verhältnis des weißen Amerika zum schwarzen Amerika sei eine *»moralische Frage«.* Kennedy irrte, denn die amerikanische Geschichte lehrt uns, daß in ihren Wurzeln diese »amerikanische Moral« in Wirklichkeit *eine ökonomische und eine soziale Frage* ist. Die moralischen, religiösen (»Jesus war ein Angehöriger der weißen

Rasse«) und anthropologischen Begründungen für die Minderwertigkeit des schwarzen Amerikaners sind nichts anderes als letzte und teilweise vielfach gebrochene Widerspiegelungen des eisernen Grundsatzes einer auf Privateigentum an Produktionsmitteln basierenden Gesellschaft, den höchsten Gewinn mit möglichst billigen Arbeitskräften – sprich: Sklaven – zu erzielen. Und auch Europäer profitierten vom lukrativen Geschäft mit der schwarzen Ware.

Wir haben das Wort *»Sklaven«* so schnell hingeschrieben. Der rechtliche Status des schwarzen Amerikaners bis zur Aufhebung der Sklaverei muß erklärt werden, denn der amerikanische Rassismus unseres Jahrhunderts ist ohne das Verständnis der historischen Zusammenhänge vom 17. bis zum 19. Jahrhundert überhaupt nicht zu erklären.

Um 1860 gibt es in den USA 4,4 Millionen schwarze Amerikaner, von denen etwa 90 Prozent Sklaven sind. Als Sklave ist der Neger eine Sache. Er kann wie eine Kuh, ein Pferd, ein Schwein oder ein Schaf gekauft und verkauft werden. In der Mitte des 17. Jahrhunderts sind die amerikanischen Sklaven Bestandteil des Eigentums ihres Herrn an Grund und Boden, 100 Jahre später sind sie bewegliche Sachen im Eigentum ihres Herrn. *Der Sklavenstatus ist vererbbar,* das heißt: Söhne und Töchter von Sklaven sind wieder nur Sklaven. Deshalb kamen schon früh einige weiße Herren auf die wunderbare Idee, kräftige Sklaven zu züchten, wie man Viehherden oder Pferde züchtete, um so viel Geld zu verdienen. Als Sache war der Sklave nicht Staatsbürger, er konnte (im rechtlichen Sinne) keine Familie gründen, er konnte weder erben noch vererben, er konnte weder klagen noch verklagt werden, er konnte vor keinem Gericht als Zeuge auftreten. Kein Sklave darf eine Waffe tragen. Nie mehr als drei von ihnen dürfen zusammenstehen (bei einem Sklavenbegräbnis nie mehr als zwölf). Die Sklaven dürfen sich über die Grenze des Besitzes ihrer Herren hinaus nur mit einem Paß ihrer Herren bewegen. Es war streng verboten, die Sklaven lesen und schreiben zu lehren.

Der Film »Roots« (Wurzeln, Ursprung), der als Fernsehfolge auch bei uns zu sehen war, ist eine sachliche und keineswegs übertriebene Darstellung des rechtlichen Status des Negersklaven. Fluchtversuche oder Aufbegehren der Sklaven wurden durch deren Herren regelmäßig in Selbstjustiz geahndet, wobei Auspeitschung neben Brandmarkung mit glühenden Eisen bis zur Aufhebung der Sklaverei die gängigen Strafen waren. Die Todesstrafe wurde selten vollstreckt, denn ein kräftiger Sklave stellte ein bedeutendes Vermögen dar.

Das war der rechtliche Rahmen des Sklavendaseins. Weder die *Unabhängigkeitserklärung* von 1776 noch die *Verfassung* von 1787 oder der *Katalog der Grundrechte* von 1791 (Bill of Rights) änderten etwas am Status des Sklaven, denn *alle diese Gesetze hatten die (staats-)rechtlichen Beziehungen von Menschen, von Staatsbürgern zu regeln, nicht aber die Beziehungen von »Sachen«, von »menschlichen Sachen«.*

Dieser rechtliche Rahmen des Sklavenstatus muß immer beachtet werden. Daß es innerhalb dieses Rahmens weiße Amerikaner mit Herz und Gewissen gab, die das Leben der Sklaven zu mildern versuchten, und andere, die als grausame Sadisten das Leben der Sklaven schlimmer als die Hölle machten, steht auf einem anderen Blatt und darf nicht mit dem im Süden Amerikas allgemein gültigen Rechtsstatus der Sklaven verwechselt werden.

Die Sklavenfrage kam allerdings im Zusammenhang mit dem amerikanischen *Unabhängigkeitskrieg* in Bewegung. Die Unabhängigkeitserklärung vom 4. Juli 1776 mit ihren hohen menschlichen Idealen, die sich deutlich vom Menschenbild des feudalen Absolutismus abheben, ließ solche Politiker *wie John Adams und Thomas Jefferson schnell auf die Idee kommen, daß die Sklaverei mit den bürgerlichen Idealen der Freiheit, Gleichheit und Brüderlichkeit und vor allem auch mit dem Christentum doch wohl unvereinbar sei. Auf Bundesebene aber scheiterten diese bürgerlichen Politiker,* die in den schwarzen Amerikanern Menschen und damit künftige Staatsbürger sehen wollten. *Hingegen wurde in einigen Einzelstaaten der Union schon früh die Sklaverei abgeschafft.* Nach der herrschenden Verfassungsinterpretation hatten die Einzelstaaten das ausschließliche Gesetzgebungsrecht in allen Fragen der Sklaverei und in allen Fragen der Rassenbeziehungen. So wurde schon am 1. Mai 1780 in Pennsylvanien die Sklaverei abgeschafft, etwas später schrittweise in Connecticut, Rhode Island und New York.

1804 wird in New Jersey, New Hampshire und Massachusetts die Sklaverei völlig abgeschafft, während im Süden alle Anstrengungen von humanen Weißen, das Los der Schwarzen wenigstens partiell zu mildern, fehlschlagen. Allerdings ist es in Virginia ab 1782 möglich, Sklaven durch ihre Herren freizulassen.

Der Kongreß der USA beschließt allerdings am 2. März 1807, *ab*

1808 jeglichen Sklavenhandel zu verbieten. Aber in den folgenden Jahrzehnten wird immer noch eine bedeutende Anzahl von Sklaven nach Amerika verschifft und illegal eingeführt.

Wenn es im Norden der USA nach 1800 nur noch freie Neger gibt und in den Südstaaten 1860 bereits eine Viertelmillion, dann darf nicht übersehen werden, daß die freien schwarzen Amerikaner aber *niemals den weißen Amerikanern gegenüber gleichberechtigt waren.* Die freien schwarzen Amerikaner nehmen schon vor der allgemeinen Aufhebung der Sklaverei immer einen Sonderrechtsstatus ein, einen Status minderen Rechts gegenüber den weißen Amerikanern. Und dieser Sonderrechtsstatus wurde durch die Sklavenbefreiung von 1863 bis 1865 nicht nur nicht aufgehoben, sondern vielmehr teilweise ausgedehnt und »verfeinert«. Dafür einige Beispiele: Vor 1863 mußten im Süden alle schwarzen Amerikaner als wichtigstes Dokument ein gerichtliches Zeugnis bei sich führen – das auch immer gegen Gebühr erneuert werden mußte –, in dem bestätigt wurde, daß der Inhaber des Dokuments seine Freiheit erlangt hatte. Versäumte ein freier schwarzer Amerikaner, Schulden, Steuern, Gerichtsgebühren fristgemäß zu bezahlen, konnte das zuständige Gericht seine »Vermietung« anordnen, bis die Schuld bezahlt war. Es gab Bundesstaaten, deren Grenzen freie schwarze Amerikaner nur gegen Hinterlegung einer sehr hohen Kaution überqueren konnten. Einzelne Staaten, wie Indiana und Oregon, verboten 1851 bzw. 1857 jede Niederlassung eines schwarzen Amerikaners in ihrem Gebiet.

Eine der Ursachen des amerikanischen Bürgerkrieges (1861–1865) – allerdings nicht die alleinige – *ist die immer noch bestehende Sklaverei in den Südstaaten.* Der Sinn des unter Führung Abraham Lincolns geführten Krieges besteht darin, die auseinanderbrechende Union zu retten; das war das Hauptziel, nicht die Sklavenbefreiung. Lincoln hatte das 1862 deutlich gesagt:

»Mein Hauptziel in diesem Kampf ist die Rettung der Union, und nicht, die Sklaverei zu retten oder zu zerstören. Wenn ich die Union retten könnte, ohne einen einzigen Sklaven zu befreien, so würde ich es tun; und wenn ich sie retten könnte, indem ich alle Sklaven befreite, würde ich es gleichfalls tun; und wenn ich sie retten könnte, indem ich manche Sklaven befreite, andere aber nicht, würde ich auch dies tun.«[2]

Der Hauptgegensatz zwischen dem Norden der USA und dem Süden war die Tatsache, daß innerhalb eines großen Staatswesens zwei Gesellschaftsordnungen und Wirtschaftssysteme nebeneinander existierten: *Kapitalismus und Feudalismus.* Und die Feudalordnung mit ihren Plantagenbesitzern und dem Riesenheer der Arbeitssklaven, völlig erstarrt und ohne Perspektive, bietet keinen Raum für eine kapitalistische Entwicklung mit Fabriken, Eisenbahnen, Kapitalanlagen, freien, gebildeten Arbeitskräften.

Als Abraham Lincoln 1860 Präsident wird, sezessiert sich der Süden 1861 aus der Union und gründet die Konföderation, was ihm von Lincoln und dem Norden als »Staatsverrat« ausgelegt wird. Darauf bezieht sich der Beschluß des amerikanischen Kongresses vom Juli 1862 *(Confiscation Act), wonach alle Sklaven für frei erklärt werden, die sich im Besitz der rebellierenden Südstaatler befinden.* Der Kongreß versucht so, dem auf Sklavenarbeit basierenden Süden die ökonomische Basis zu entziehen, was übrigens nicht gelang, denn ein Großteil der Sklaven arbeitet weiter, während die Männer aus den Südstaaten an die Front gingen. Der Süden wird aber dann militärisch besiegt von einem Heer, in dem auch, teilweise unter entwürdigenden Bedingungen, circa 186000 schwarze Amerikaner dienen, von denen circa 38000 fallen und ihr Leben so für bürgerliche Freiheit ohne Rassenschranken hingeben. Was die Weißen mit Staunen bemerken müssen: Die schwarzen Amerikaner, die hier kämpfen, sind nicht mehr die liebenswerten und unterwürfigen Gestalten aus *»Onkel Toms Hütte«*[3], sondern das sind sehr selbstbewußte Soldaten, denen teilweise äußerste Tapferkeit bescheinigt werden muß.

Die Confiscation Act von 1862 tritt als Zusatzbestimmung der Verfassung (13. Amendment) 1865 in Kraft. Der erste Absatz dieser Verfassungsbestimmung lautet: *»Weder Sklaverei noch unfreiwillige Dienstverpflichtung darf – außer als Strafe für Verbrechen, deren ein Angeklagter in einem ordentlichen Gerichtsverfahren für schuldig befunden ist – in den Vereinigten Staaten oder an irgendeinem anderen Ort unter ihrer Hoheit bestehen.«*

Damit sind die schwarzen Amerikaner zwar nach der Verfassung frei, *aber die tiefe Kluft zwischen Verfassung und Verfassungswirklichkeit ist bis heute nicht endgültig geschlossen worden.* Um das zu erreichen, hätte die Macht der Grundbesitzer im Süden so gebrochen werden müssen wie die Macht des Adels in der Französischen Revolution von 1789. Das war aber in Amerika nicht der Fall. Da der Boden der Großgrundbesitzer eben nicht denen zugeteilt wurde, die ihn bearbeiteten, blieb die ökonomische und damit auch die politische Macht der ehemaligen Sklavenhalter im Süden ungebrochen.

Und so brachte die Verfassungsänderung von 1865 zwar den schwarzen Amerikanern formell die Befreiung aus der Sklaverei, aber auch nicht mehr. Und da der Krieg im Süden große Verwüstungen angerichtet hatte, waren viele Plantagenbesitzer nicht einmal mehr in der Lage, freie Lohnarbeiter zu beschäftigen. Viele schwarze Amerikaner verhungern in dieser Zeit, was während der Sklaverei niemals vorgekommen war. Viele Freigewordene strömen in die Städte und Fabriken des Nordens als billigste Arbeitskräfte, und sie werden von den weißen Proletariern des Nordens als feindliche Konkurrenz erkannt und bekämpft.

»Die durch die Sklaverei institutionalisierten Rassenschranken wurden ersetzt durch gesetzliche, wirtschaftliche und soziale repressive Maßnahmen im weitesten Sinne bis hin zu dem maßlosen Wüten der Lynchjustiz. In diesem Zusammenhang tritt jenes besondere Phänomen der amerikanischen Geschichte hervor, nämlich der stete Rückgriff auf die Gewalt als Mittel, den Lauf politischer Entwicklungen ganz entgegen den demokratischen Spielregeln zu beeinflussen. Gerade im Verhältnis der Rassen hätte man annehmen können, daß die sich selbst als Herrenmenschen ansehenden Weißen der Gewalt als Mittel zur Regelung dieser Beziehungen der verachteten Minderheit nicht bedurft hätten, glaubten doch die meisten Neger als Folge der rigorosen Unterdrückung und der Zerstörung ihrer afrikanischen Persönlichkeit schließlich selbst an ihre Inferiorität und verhielten sich lange Zeit entsprechend passiv. Dennoch wurden die Weißen nicht müde, ihre rassische Überlegenheit durch willkürliche Akte individueller und kollektiver Gewaltanwendung bis in unsere Tage zu demonstrieren.«[4]

Die Südstaaten versuchten nach dem Ende des Bürgerkrieges zunächst eine Rechtssituation für den schwarzen Amerikaner zu schaffen, die der Rechtssituation des Sklaven sehr ähnlich war. Aber das gelang nur für wenige Jahre. 1870 ergänzt der Kongreß die Verfassung durch einen neuen Zusatz (15. Amendment), der ehemaligen Sklaven das *Wahlrecht* garantiert. In einem weiteren Gesetz von 1875 wird die Benachteiligung der schwarzen Amerikaner *in Verkehrsmitteln, Restaurants und Theatern* untersagt.

Aber die folgenden Jahrzehnte (bis 1957) sind dadurch gekennzeichnet, *daß der Kongreß keine neuen Bürgerrechtsgesetze verabschiedet, die Einzelstaaten aber, schwerpunktmäßig die Südstaaten, die Rassentrennung mit all ihren schrecklichen Konsequenzen in einer Fülle von Gesetzen juristisch absichern.* Diese Gesetze werden »Jim-Crow-Gesetze« genannt, ein ins Deutsche unübersetzbares Wort.

Der Inhalt dieser Gesetzgebung ist widerlich, zutiefst beschämend, teilweise grotesk. Diese Gesetzgebung ist neben dem Vietnamkrieg und der Außenpolitik der USA gegenüber Mittel- und Südamerika *der* große Schandfleck, der übrigens Amerika immer wieder an den Rand eines Rechtsstaates gedrängt hat.

Die Schilder *»Whites only«* und *»Coloured«* prangten bis in unsere Tage an Telefonzellen, Kassenschaltern, Toiletten, Waschräumen, Zirkuseingängen und Erholungsparks. Der weiße Zeuge in einem Prozeß schwört auf eine andere Bibel als der schwarze Zeuge. Die weiße Prostituierte bekam in New Orleans einen anderen »Standplatz« zugewiesen als die schwarze Prostituierte und so fort. Die menschliche Phantasie vermag sich kaum auszudenken, was alles an Jim-Crow-Gesetzen produziert wurde. Und was nicht »gesetzlich« geregelt war, regelten die weißen Herren, die Polizei und auch die Gewerkschaften. Eine Solidarität von weißen und schwarzen Arbeitern sollte es nicht geben und gab es auch meistens nicht. Und wo die weiße Vorherrschaft nicht juristisch abgesichert wurde, wurde sie durch individuellen Terror abgesichert. Seit der Sklavenbefreiung sind Tausende schwarzer Amerikaner dem Rassenfanatismus zum Opfer gefallen. Eine Tracht Prügel, ein blutiger Rücken – das waren noch die mildesten Formen jenes riesigen Rachefeldzuges – insbesondere des Ku-Klux-Klan –, den der Süden seit 100 Jahren gegen seine ehemaligen Sklaven führte, und der Weg bis in die Gegenwart ist gesäumt mit zu Tode gefolterten, erhängten, verbrannten und grausam verstümmelten schwarzen Amerikanern.

Dabei darf nicht vergessen werden, daß weiße Amerikaner und Amerikanerinnen sich auch mit sehr wechselhaften, oft nur minimalen Erfolgen und unter oft sehr großen persönlichen Opfern für die Verbesserung des Loses der schwarzen Amerikaner einsetzten. Von den tapferen weißen Lehrerinnen, die nach 1861 in großen Scharen in den Süden gehen, von ihren Kirchen ausgesandt, um elementares Wissen unter den schwarzen Analphabeten zu verbreiten, und die von den Südstaatlern angefeindet, isoliert und tief verachtet werden, bis hin zu solchen Präsidenten wie Franklin D. Roosevelt, John F. Kennedy und Jimmy Carter haben nicht wenige Amerikaner bewiesen, wie ernst sie die großartigen humanen Ideale der amerikanischen Verfassung nahmen und nehmen.

Aber es kam der Zeitpunkt, wo das schwarze Amerika zu der festen Überzeugung gelangte, daß es nicht länger zwischen der Haltung eines *»Onkel Tom«* und eines *»John Brown«* hin und her schwanken dürfe. *John Brown ist der legendäre Held der schwarzen Amerikaner,* ein Bauer aus einer streng calvinistischen Familie aus Neuengland, der als weißer Amerikaner 1858 versuchte, einen gewaltsamen Aufstand der schwarzen Sklaven gegen ihre weißen Herren zu entfachen. Der Aufstandsversuch mißlang vollständig. Am 2. Dezember 1859 wird John Brown öffentlich gehängt. Während seiner Vernehmung hatte er gesagt:

»Ich habe Mitleid mit den armen Menschen in der Sklaverei, die keinen haben, der ihnen hülfe; darum bin ich hier. . . wegen meiner Sympathie mit den Unterdrückten und Schlechtweggekommenen, die aber genauso gut sind wie ihr und vor Gott genauso viel wert. . . Ihr könnt einfach über mich verfügen, aber dieses Problem muß noch einmal gelöst werden – das Negerproblem –, und das Ende ist noch nicht gekommen.« [5]

Acht Jahre später ziehen die Soldaten der Union in den Krieg gegen die Sklavenhaltung des Südens, und sie singen ein Lied:

»John Browns Körper, der vermodert tief im Grab,
doch die Seele zieht voran.
Glorie, Glorie, halleluja,
seine Seele zieht voran.«

100 Jahre nach der Hinrichtung John Browns beschließt das schwarze Amerika seinen Weg zu gehen. Das ist einfach hingeschrieben und auch nur ungefähr richtig, nämlich nur soweit, als John Browns Aufstand *eine* Form des Widerstandes war. *Die schwarzen Amerikaner der fünfziger und sechziger Jahre unseres Jahrhunderts entwickeln aber vielfältige Formen des Widerstandes gegen den Rassismus, und unter diesen verschiedenen Formen ist die Widerstandsbewegung Martin Luther Kings keineswegs die früheste und keineswegs die einzige.*

Die schwarzen Amerikaner werden ja keineswegs bei ihrer wachsenden Widerstandsbewegung allein vom Christentum beeinflußt. Da gibt es anarchistische Einflüsse, marxistische. Da gibt es liberale Einflüsse beim schwarzen Bürgertum und trade-unionistische bei der Arbeiterschaft. Und da gibt es ganz elementare Ausbrüche, aus Wut, Erniedrigung und Verzweiflung geboren. . .

Der durchschnittliche Bildungsstand des schwarzen Amerikaners heute kann mit dem Bildungsstand von vor über 100 Jahren überhaupt nicht verglichen werden. Aus der Masse der schwarzen Amerikaner ist in dieser Zeit eine *Phalanx bedeutender Wissenschaftler, Künstler, Kunstschaffender und -interpreten* hervorgegangen. Wir können uns ohne den Beitrag des schwarzen Amerika die vielfältigen Erscheinungsformen der Musik in unserem Jahrhundert zum Beispiel überhaupt nicht vorstellen. Und das betrifft keineswegs nur die sogenannte Unterhaltungsmusik. Genauso bekannt sind Musiker, Tänzer, Sänger, Filmschauspieler.

Weniger bekannt bei uns sind schwarze *bildende Künstler* oder schwarze *Lyriker* und *Romanciers*. Greifen wir aus der Fülle der Literatur des schwarzen Amerika wenigstens ein Beispiel heraus: Claude McKay. In dem Gedicht: Outcast (Ausgestoßen) wird in wunderschönen Rhythmen, die die deutsche Übersetzung nur unzulänglich widergibt, *die Doppeltragödie des schwarzen Amerikaners beschworen: der in zweifacher Hinsicht Heimatlose*. Vor ferner Zeit aus seiner Heimat Afrika verschleppt, fühlt er sich in der Heimat der Weißen nicht zu Hause:

»For the dim regions whence my father came
My spirit, bodaged by the body, longs.
Words felt, but never heard, my lips would frame;
My soul would sing forgotten jungle songs.
I would go back to darkness and to peace,
But the great western world holds me in fee,
And I may never hope for full release
While to its alien gods I bend my knee.
Something in me is lost, forever lost,
Some vital thing has gone out of my heart,
And I must walk the way of life a ghost
Among the sons of earth, a thing apart.

For I was born, far from my native clime,
Under the white man's menace, out of time.

Zum Feuchtland hin, woher die Väter kamen,
Sehnt sich mein Geist, gefesselt an die Glieder.
Ich spräch so gern die nie gehörten Namen
Und sänge längst vergeßne Dschungellieder.
Wäre jener dunkle Frieden mir doch offen!
Doch diese Westwelt hält mich fest im Bann
Und läßt mich nicht mal auf Erlösung hoffen,
Bet' ich auch ihre fremden Götter an.
Etwas von meinem Leben fehlt mir eben,
Das mir für immer hier verlorenging,

So wandle ich als ein Gespenst durchs Leben,
Ein von den Menschen abgesondert Ding.

Denn fern dem Ursprung wurde ich geboren,
Der mir für immer, immer ging verloren.«[6]

Als eine besondere Form der kulturellen Entwicklung müssen *Entstehung und Ausbreitung der schwarzen amerikanischen Kirchen* und die Besonderheit des Glaubens und des Gottesdienstes hervorgehoben werden, denn das ist der Boden, um die Erscheinung Martin Luther Kings zu begreifen. In den Jahrhunderten des Sklaventums hatten natürlich amerikanische Christen, die mehr waren als Sonntags- und Gesangbuchchristen, geahnt, gewußt oder schmerzlich empfunden, daß Sklaverei und christlicher Glaube tiefe Gegensätze waren. Nicht nur hatte ein schwarzer König bei Christi Geburt ein Geschenk überreicht, hätte Christus unter dem Volk, dem er sich zuwandte, den Arbeitern, Zöllnern, Ehebrecherinnen einen schwarzen Sklaven getroffen, sicher wäre er ein Jünger Jesu geworden. Viele weiße Amerikaner wußten das lange, aber sie konnten sich nicht durchsetzen, als die »christliche Doktrin«, Sklaventum und Christentum seien miteinander vereinbar, aufgestellt wurde. Und da viele Weiße des Südens die »schwarzen stinkenden Affen« nicht in ihren weißen Kirchen dulden wollten, schuf sich das schwarze Amerika seine eigene religiöse Welt.

Den Anstoß dazu gaben weder die Katholiken noch die frühen protestantischen Kirchen, Presbyterianer oder Episkopalisten, sondern vielmehr *die Freikirchen,* wie Baptisten oder Methodisten, die sich in einem scharfen Gegensatz zu den erstarrten Kirchen befanden. Zwischen 1770 und 1790 werden im Süden von Baptisten die ersten kirchlichen Organisationen des schwarzen Amerika gegründet. *Die erste schwarze Methodistenkirche entsteht am Anfang des 19. Jahrhunderts, nachdem Schwarze aus den weißen Kirchen gewaltsam entfernt worden waren.* In den schwarzen Kirchengemeinden und in ihren Gottesdiensten spiegeln sich noch heute die Elemente *der afrikanischen Herkunft* und des ehemaligen Sklavendaseins wider. *Die afrikanischen Götter sind unsichtbar mit in diesen Kirchen,* und familiäre Herzlichkeit und leidenschaftliche Schreie nach Gott und Erlösung wären ohne die furchtbare Geschichte der Sklaverei undenkbar. Und Jesus und Maria und alle anderen, die angebetet werden, haben ganz selbstverständlich eine schwarze Hautfarbe...

Bei der hundertjährigen Entwicklung der schwarzen Amerikaner nach der Befreiung aus der Sklaverei muß auch berücksichtigt werden, daß schwarze Amerikaner in beiden Weltkriegen kämpften. Ihr Bewußtsein wurde ganz besonders im Zweiten Weltkrieg gestärkt, als sie als Soldaten gegen einen Feind eingesetzt werden, der den Rassismus, die Vernichtung der Juden und Slawen, auf seine Fahne geschrieben hatte.

Im September 1954 wird die Pfarre an der Dexter Avenue Baptist Church in Montgomery im Staat Alabama neu besetzt. Nach den üblichen Probepredigten entschließt sich die Gemeinde für einen 26jährigen Geistlichen namens *Martin Luther King II.* King hatte einen guten Eindruck gemacht. Aber gewichtig war wohl auch die Protektion von Leuten gewesen, die gute Bekannte des Vaters dieses jungen Mannes waren. Der Vater, Martin Luther King I., war Pastor in Atlanta, aber gleichzeitig Direktor einer Lebensversicherungsgesellschaft, ein wohlhabender und geschäftstüchtiger Mann mit Einfluß. Der Vater hatte dem Sohn eine sorgfältige Bildung und Ausbildung zukommen lassen. Im Frühjahr 1956 promoviert Martin Luther King II. in systematischer Theologie zum Doktor der Philosophie. Der schwarzen Baptistengemeinde im Zentrum von Montgomery gehören vorwiegend Angehörige der Mittelklassen und der Intelligenz an. Es war keineswegs eine Kirche der armen Leute. Der junge Pastor ist freundlich, und in seinen sorgfältig vorbereiteten Predigten kann er auch vollauf den intellektuellen Ansprüchen der Gemeinde genügen. Er ist verheiratet, seine Frau *Coretta* hilft ihm als Gemeindesekretärin, und sie leitet den Kirchenchor, denn sie hat mit großem Erfolg das Konservatorium in Boston als Musiklehrerin beendet. Im November 1955 wird dem Ehepaar King eine Tochter geboren. Nichts schien darauf hinzudeuten, daß dieser junge Pastor aus gutem Hause in wenigen Jahren *einer der bedeutendsten politischen Führer Amerikas im 20. Jahrhundert werden sollte.*

Irgendeine Art Philosophie oder Lebensprogramm hatte King weder zu dieser Zeit noch später entwickelt. Aber er hatte ein paar Grundsätze, die er mühelos ohne besondere intellektuelle Anstrengung aus dem christlichen Glauben ableitete. Das Leben nach dem Tode interessierte den jungen Geistlichen von Anfang an weniger *als das, was die Menschen auf dieser Erde taten und erlitten, und er ist fest davon überzeugt, daß der Christ als Instrument Gottes dem Guten auf dieser Erde zum Sieg über das Böse verhelfen soll.*

Was ist das »Böse« für das schwarze Amerika im Jahre 1955? Die *Rassentrennung*, die *täglichen Schikanen und Demütigungen* bis hin zum Verprügeln und zum Lynchen durch Rassenfanatiker wie der Mordgesellschaft des Ku-Klux-Klan, das ist nur die eine Seite des Bösen. Die andere Seite:

1. Der weitaus größte Teil der schwarzen Amerikaner ist 1955 *im Süden immer noch nicht zu den Wahlen zugelassen*. In 25 Landkreisen des Südens, wo die schwarzen Amerikaner mehr als 80 Prozent der Bevölkerung ausmachen, darf bis in die sechziger Jahre hinein kein schwarzer Amerikaner wählen.

2. Die *Säuglingssterblichkeit* der Kinder ist bei schwarzen Amerikanern im Jahre 1955 doppelt so hoch wie bei weißen Amerikanern.

3. Ganz davon abgesehen, daß im Süden schwarze Amerikaner nicht in »weiße« *Schulen* gehen dürfen, die in allen Fällen materiell und was die Qualität des Lehrpersonals anbelangt wesentlich besser ausgestattet waren als die schwarzen Schulen – die weißen amerikanischen Kinder gehen fast bis 1970 doppelt so lange in die Schule wie die schwarzen amerikanischen Kinder, von denen 1955 25 Prozent nicht länger als fünf Jahre die Schule besuchen. Krasse Unterschiede gibt es auch, was den Besuch von Colleges und Universitäten anbelangt. Noch 1970 besuchen nur 6,1 Prozent der schwarzen Amerikaner die Universitäten, aber 16,6 Prozent der weißen Amerikaner.

4. Auch in der *wirtschaftlichen Situation* ergeben sich sehr krasse Unterschiede zwischen schwarzen und weißen Erwerbstätigen. Unter den akademischen Führungskräften sind (unter Berücksichtigung des prozentualen Anteils an der Gesamtbevölkerung) dreimal so viele weiße wie schwarze Amerikaner zu finden, unter den Verkäufern doppelt so viele weiße Frauen wie schwarze, aber dreimal soviel schwarze Hilfsarbeiter wie weiße Hilfsarbeiter. Als Arbeitslose sind im Durchschnitt ein Drittel bis 50 Prozent mehr schwarze als weiße Amerikaner registriert, unter den weiblichen Lohnarbeitern sind es sogar 11 Prozent der schwarzen Frauen gegenüber 2,8 Prozent der weißen Frauen. Auch die krassen *Unterschiede des Einkommens* fallen 1969 sofort ins Auge: 20 Prozent aller schwarzen Amerikaner haben weniger als 3000 Dollar im Jahr, aber nur 8 Prozent der weißen Amerikaner haben dieses geringe Einkommen. Bei den höheren Einkommen verdienen im Durchschnitt ein Drittel der weißen Amerikaner mehr als der Durchschnitt der schwarzen Amerikaner.

5. Das Elend und die Aufstände in den Ghettos der schwarzen Amerikaner in den Städten des Nordens haben nach amtlichen amerikanischen Untersuchungen einwandfrei die starke Diskriminierung der schwarzen Amerikaner durch städtische und private *Wohnungspolitik* zur Grundlage.

Es gab also für den nachdenklichen jungen Pastor in Montgomery viele Probleme auf dieser amerikanischen Erde, die seiner Überzeugung nach weder mit der amerikanischen Verfassung noch mit dem christlichen Glauben zu vereinbaren waren. Es ist deshalb keineswegs verwunderlich, daß King seinem Gemeinderat sehr bald vorschlug, einige Arbeitskreise und Komitees zu gründen, in deren Zielsetzung sich wie in einer Nußschale die später die ganze Nation erschütternden Kämpfe mit King an der Spitze widerspiegeln:

1. ein Arbeitskreis für religiöse Erziehung;

2. ein Arbeitskreis gegen Rassendiskriminierung und für die Erkämpfung von Bürgerrechten;

3. zwei Komitees zur Förderung von angehenden Akademikern und Künstlern schwarzer Hautfarbe.

Genau zwei Wochen nach dem Tag, als dem Ehepaar King die Tochter Jolanda geboren wurde, war es mit der Ruhe und der Idylle der jungen Pastorenfamilie schon vorbei, denn am Abend des 1. Dezember 1955 weigert sich die von der Arbeit ermüdete Näherin Rosa Parks, in einem städtischen Omnibus von Montgomery einem zusteigenden weißen Fahrgast ihren Platz einzuräumen. Da alle für Weiße bestimmten Plätze bereits besetzt waren, war es »üblich«, daß dann die schwarzen Fahrgäste die für sie im hinteren Teil des Busses reservierten Plätze räumen mußten. Das war in Montgomery, wo die Rassentrennung von der Parkbank bis zu Schulen und Kirchen streng organisiert war, ganz selbstverständlich gewesen. Niemand hatte die 43jährige Frau Parks angestiftet, sich diesen »geheiligten« Sitten zu widersetzen. Frau Parks war einfach müde. Die Rassenschranken hielt sie natürlich für idiotisch, aber sie hatte das alles viele Jahre widerspruchslos hingenommen. Heute, am 1. Dezember 1955, platzte Rosa Parks in Montgomery, Alabama, buchstäblich der Kragen. Sie blieb sitzen, als sie aufgefordert wurde, aufzustehen. Der Busfahrer rief einen Polizisten, der Rosa Parks verhaftete. Gegen eine Kaution von 100 Dollar ließ man sie bis zur Gerichtsverhandlung frei. Die Anklage lautete: Verstoß gegen das Gesetz der Rassentrennung. Die Gerichtsverhandlung sollte vier Tage später stattfinden. Wie es sich zeigt, *ein geringer Anlaß genügte, um in dem folgenden Jahrzehnt Hunderttausende Amerikaner schwarzer und weißer Hautfarbe auf die Beine zu bringen, um die in der Verfassung garantierten Bürgerrechte zu erzwingen.*

Schon vor der Gerichtsverhandlung gegen Frau Parks, die dann zu zehn Dollar Strafe verurteilt wurde, kamen 50 schwarze Amerikaner zusammen, um zu beraten, wie man sich zu diesem Fall der Rosa Parks stellen solle. Es waren keine Hilfsarbeiter und Dienstmädchen, die hier im Gemeindesaal der Dexter-Kirche zusammenkamen. Es waren Ärzte, Lehrer, College-Professoren und erfolgreiche schwarze Geschäftsleute. Auch der Gemeindepastor King war natürlich anwesend. Es war nicht Martin Luther King, der den folgenschweren Vorschlag machte, einen allgemeinen Bus-Boykott für Montgomery auszurufen, ja er zögerte, ob er sich für den Boykottaufruf überhaupt einsetzen sollte. Aber dann erinnerte sich King daran, daß er sich vorgenommen hatte, sich auch um das soziale Elend der Menschen und um ihre Bürgerrechte zu kümmern. Und so setzt sich Martin Luther King für den *Bus-Boykott von Montgomery* ein, und so nimmt sein Lebensweg rein zufällig eine Wende, die ihn dann zum großen politischen Führer der schwarzen Amerikaner und zu einem ihrer Märtyrer macht. King und seine Frau zweifelten natürlich, ob die 50000 schwarzen Amerikaner von Montgomery, die zum größeren Teil täglich die Busse benutzen mußten, um zur Arbeitsstelle und wieder nach Hause zu gelangen, dem Boykottaufruf folgen würden, der am Sonntag, dem 4. Dezember, von allen Kanzeln der Kirchen der schwarzen Amerikaner in Montgomery verkündet wurde. Aber zu ihrer Verwunderung wurde der Boykottaufruf hundertprozentig befolgt. Alle schwarzen Amerikaner Montgomerys gingen zu Fuß. Für viele waren es lange Märsche, und der Bus-Boykott dauerte fast ein Jahr!

Aber dieses Jahr des Boykotts bewirkte nicht nur, daß die schwarzen Amerikaner in Montgomery – und nicht nur dort – zu einem großen Selbstbewußtsein gelangten, dieses Jahr bewirkte auch, daß viele weiße Amerikaner über ihr persönliches Verhältnis zu ihren schwarzen Mitbürgern nachdachten. Es meldeten sich in dieser Zeit und danach nicht wenige prominente weiße Bürger Montgomerys zu Wort, die die Rassentrennung und die wütenden Rassisten scharf verurteilten. *Es zeigte sich plötzlich, daß es keineswegs hier tief im Süden eine einheitliche »weiße« Front gegen das schwarze Amerika gab.*

Natürlich versuchte die Stadtverwaltung und auch die Busgesellschaft, den Boykott zu durchkreuzen. Zweimal wurde auch King verhaftet, das zweitemal wurde er zu 500 Dollar Geldstrafe oder 360 Tagen Zwangsarbeit verurteilt. Das Urteil focht King mit seinen Anwälten durch alle Instanzen durch. Im November 1956 *entschied das Oberste Bundesgericht der USA, das sich übrigens mehrfach in dieser Zeit als eine starke Stütze gegen den Rassismus bewährte, die Rassentrennung in Bussen verstoße gegen die Verfassung der Vereinigten Staaten von Amerika.* Der Bürgermeister hob daraufhin die Rassentrennung in Bussen auf, die schwarzen Amerikaner beendeten den Boykott.

Die Rassisten hatten sich nach allen Seiten hin in den Augen der Öffentlichkeit ins Unrecht gesetzt. Der Boykott war ohne jegliche Gewaltanwendung siegreich zu Ende gegangen. *Gewalt hatte ausschließlich die andere Seite, die Rassisten, angewendet.* Auf Kings Haus waren Schüsse abgegeben worden, fast wäre es in die Luft gesprengt worden. Zwei Kirchen der schwarzen Amerikaner in Montgomery werden durch Sprengstoff vollständig zerstört.

King war von Anfang an für die Gewaltlosigkeit aller Aktionen und Maßnahmen gegen die Rassentrennung, für die Erringung der Bürgerrechte eingetreten. Und es zeigte sich, daß so große Erfolge errungen werden konnten, wie die Stationen dieses Weges belegen:

Anfang 1957: die Konferenz der christlichen Führer der Südstaaten (SCLC) wird in New Orleans von etwa 60 Geistlichen gegründet. Ihr Präsident wird Martin Luther King. Das Ziel der Konferenz ist, nach dem Vorbild des Busstreiks von Montgomery durch gewaltlose Aktionen die vollen Bürgerrechte der schwarzen Amerikaner auf dem Arbeitsmarkt, in den Schulen, beim Wahlrecht durchzusetzen.

März 1959: Martin Luther King reist mit seiner Frau nach Indien. Er wird durch Premierminister Nehru empfangen.

Frühjahr 1960: Beginn der gewaltlosen Proteste, der Sit-ins der Studenten, damit schwarze Amerikaner zum Beispiel Restaurants und Imbißstuben betreten können.

Herbst 1960: In Atlanta wird King bei einem Sit-in verhaftet, zu sechs Monaten Zwangsarbeit verurteilt und in Ketten ins Gefängnis gebracht. Der Senator und Präsidentschaftskandidat John F. Kennedy rettet King. Als Kennedy wenige Tage später mit knapper Mehrheit zum Präsidenten gewählt wird, sind es die schwarzen Amerikaner, die ihm den Wahlsieg gesichert haben.

Dezember 1961: In Albany wird King zusammen mit 700 Demonstranten verhaftet und zu 45 Tagen Gefängnis verurteilt.

9. September 1962: Zwei Kirchen schwarzer Amerikaner in Georgia werden von Rassenfanatikern abgebrannt.

Ende 1962: Justizminister Robert Kennedy, ein Bruder des Präsidenten, setzt 25 000 Soldaten ein, um die Immatrikulation eines schwarzen Studenten an einer weißen Universität zu erzwingen.

Ostern 1963: Beginn der Boykottmaßnahmen gegen die Geschäftswelt von Birmingham, Alabama.

12. April 1963: King wird zusammen mit 50 Demonstranten in Birmingham verhaftet.

2. Mai 1963: »Kinderkreuzzug« von 6000 Kindern durch Birmingham. 2500 Kinder werden von der Polizei verhaftet.

5. Mai 1963: Die schwarzen Amerikaner versuchen in Birmingham, in den weißen Kirchen zu beten. Von 21 Kirchen wird ihnen der Zutritt zu 17 Kirchen verweigert. Gegen Gebetsversammlungen der schwarzen Amerikaner auf der Straße geht die Polizei von Birmingham mit Wasserwerfern vor.

10. Mai 1963: Nach Intervention von Justizminister Robert Kennedy wird die Rassentrennung in Birmingham in Erfrischungsräumen, Toiletten und städtischen Bussen aufgehoben. Alle inhaftierten Demonstranten müssen freigelassen werden.

28. August 1963: Marsch auf Washington für Arbeit und Freiheit. Das ist der Höhepunkt der Bürgerrechtsbewegung mit Martin Luther King an der Spitze. An dem Marsch nehmen 250 000 Menschen teil. Viele weiße Kirchenorganisationen unterstützen ihn – aber nicht die beiden größten Gewerkschaftsverbände! Martin Luther King hält seine historische Ansprache: »Ich habe einen Traum« (Auszug siehe Seite 281).

Wir wollen hier innehalten und überlegen, was Martin Luther King, was die schwarze Bürgerrechtsbewegung bis 1963/1964 erreicht hatte, *als Martin Luther King den Friedensnobelpreis erhält* und Präsident Lyndon B. Johnson ihm im Capitol den Füllfederhalter überreicht, mit dem er am 2. Juli 1964 vor den Fernsehkameras die *Bürgerrechtsakte* unterzeichnete, die nach längeren Kämpfen im Senat und im Repräsentantenhaus angenommen worden war.

Gemessen an den 90 Jahren von 1865 bis 1956 hatten die schwarzen amerikanischen Bürger in diesen sechs bis sieben Jahren eine ganze Reihe eindrucksvoller Siege über den Rassismus errungen.

1950 schien es im Süden noch undenkbar zu sein, daß 13 Jahre später Weiße und Schwarze dieselbe Toilette benutzen oder in einem Restaurant Tisch an Tisch sitzen würden. Aber jene ohne jede Gewaltanwendung errungenen Erfolge dürfen nicht darüber hinwegtäuschen, daß in diesem riesigen Lande erst relativ wenige Rassenschranken durchbrochen worden waren. Auch die Regierungen Kennedy/Johnson, unter denen diese Erfolge durchgesetzt wurden, waren in ihrer Haltung zur Bürgerrechtsbewegung durchaus sehr schwankend. Insbesondere Johnson, einer der wenigen US-Präsidenten (neben F. D. Roosevelt), der den sozialen Problemen seines Landes besonders aufgeschlossen gegenüberstand, ließ es zu, daß der FBI und Edgar Hoover persönlich Martin Luther King auf das schmutzigste verleumdeten, nachdem der FBI lückenlos im Hause von Kings Familie, in den Büros der Bürgerrechtsbewegungen und in allen Hotelzimmern, in denen King auf seinen langen Reisen übernachtete, mit Hilfe von Mikrofonen (»Wanzen«) jedes Wort mithörte und mitschnitt, das King äußerte. In seinem 1981 erschienenen Enthüllungsband äußert David Gerrow die Meinung, die Puritaner Johnson und Hoover hätten sich wie Voyeure benommen, als sie das Sexualleben Kings genüßlich abhorchten. Eine schmutzige und schlimme Geschichte. Auf Veranlassung Hoovers erhielt King einen anonymen Brief, den einer der engsten Mitarbeiter Hoovers fabriziert hatte:

»King, in Hinblick auf Ihren niedrigen Stand will ich Ihren Namen weder mit Herr Referent oder Doktor verzieren. King, sehen Sie in Ihr Herz. Sie wissen, Sie sind ein kompletter Schwindler und eine große Verpflichtung für uns Neger. Die Weißen in diesem Lande haben genug eigene Schwindler, aber ich bin sicher, sie haben keinen dieser Art, der Ihnen in irgendeiner Weise gleichkommt. Sie sind kein Seelsorger, und Sie wissen es. Ich wiederhole: Sie sind ein heilloser Lügner, bösartig und lasterhaft. Sie können nicht an Gott glauben, das ist klar, da Sie an keinerlei persönliche moralische Prinzipien glauben, King, wie bei allen Schwindlern ist auch Ihr Ende absehbar, Sie hätten unser größter Führer sein können, aber schon als Jugendlicher wollten Sie kein Führer sein, sondern Sie haben sich zu einem unmoralischen Schwachsinnigen entwickelt. Nun müssen wir uns auf unsere älteren Führer wie Wilkens verlassen, einen Mann von Charakter, und Gott sei Dank, wir haben mehr von solcher Art. Aber mit Ihnen sind wir fertig. Ihre Ehrendoktorwürde, Ihr Nobelpreis (was für eine grausame Farce) und andere Auszeichnungen werden Sie nicht schützen.

King, ich wiederhole, mit Ihnen sind wir fertig. Niemand kann sich über Tatsachen hinwegsetzen, sogar nicht ein Schwindler wie Sie, ich wiederhole es, niemand kann gegen Tatsachen erfolgreich argumentieren. Sie sind erledigt, es gibt einige von Ihnen, die behaupten, höhere Geistliche zu sein. Der Teufel könnte nicht mehr tun. Welch eine unglaubliche Sünde. King, Sie sind erledigt. Das amerikanische Volk, die kirchlichen Organisationen, die geholfen haben, Protestanten, Katholiken und Juden werden erkennen, was Sie wirklich sind, eine bösartige, abnormale Bestie. So werden es auch andere tun, die hinter Ihnen standen. Sie sind fertig.«[7]

Wir haben diesen Brief fast vollständig zitiert, um zu beweisen, auf welchem Niveau solche Rassenfanatiker wie Hoover Menschen wie Martin Luther King »bekämpften«.

Wie die meisten schwarzen Geistlichen Amerikas ist Martin Luther King ein großer Redner. Aber es ist weniger die Form seiner Ansprachen und Predigten, die die Menschen aufwühlt, sonderen deren Inhalt. Zur Illustration hier ein Auszug aus seiner berühmten Ansprache in Washington 1963 *»Ich habe einen Traum«:*

»Ich habe einen Traum, daß eines Tages auf dem Roten Hügel von Georgia die Söhne früherer Sklaven und die Söhne früherer Sklavenhalter miteinander am Tisch der Brüderlichkeit sitzen können. Ich habe einen Traum, daß sich eines Tages selbst der Staat Mississippi, ein Staat, der in der Hitze der Ungerechtigkeit und Unterdrückung verschmachtet, in eine Oase der Freiheit und Gerechtigkeit verwandelt. Ich habe einen Traum, daß meine vier kleinen Kinder eines Tages in einer Nation leben werden, in der man sie nicht nach ihrer Hautfarbe, sondern nach ihrem Charakter beurteilen wird. Ich habe einen Traum... Ich habe einen Traum, daß eines Tages in Alabama, mit seinen bösartigen Rassisten, mit einem Gouverneur, von dessen Lippen Worte wie ›Intervention‹ und ›Annullierung der Rassenintegration‹ triefen... daß eines Tages genau dort in Alabama kleine schwarze Jungen und Mädchen die Hände schütteln mit kleinen weißen Jungen und Mädchen als Brüder und Schwestern. Ich habe heute einen Traum... Ich habe einen Traum, daß eines Tages jedes Tal erhöht und jeder Hügel und Berg erniedrigt wird. Die rauhen Orte werden geglättet und die unebenen Orte begradigt werden. Und die Herrlichkeit des Herrn wird offenbar werden...«[8]

Zwei Monate vor seinem gewaltsamen Tod hatte Martin Luther King in einer Predigt ein persönliches Glaubensbekenntnis abgegeben. Sein Vermächtnis an die Lebenden hatte er, an den Tod denkend, so ausgedrückt:

»Ich möchte, daß an jenem Tage jemand sagt, Martin Luther King jr. versuchte, sein Leben für andere zu geben. Ich möchte, daß an jenem Tage jemand sagt, Martin Luther King jr. versuchte, seinen Nächsten zu lieben. Ich möchte, daß ihr an jenem Tag sagt, er versuchte, in der Kriegsfrage das Richtige zu tun. Ich möchte, daß ihr an jenem Tag sagen könnt, er versuchte die Hungrigen zu nähren. Und ich möchte, daß ihr an jenem Tag sagen könnt, er versuchte, die Nackten zu kleiden. Ich möchte, daß ihr an jenem Tag sagt, er versuchte, zu jenen zu gehen, die im Gefängnis saßen. Ich möchte, daß ihr sagt, er versuchte, die Menschheit zu lieben und ihr zu dienen. Ja, wenn ihr sagen wollt, ich sei ein Vorkämpfer gewesen, dann sagt, ich sei ein Vorkämpfer der Gerechtigkeit gewesen, ein Vorkämpfer des Friedens und der Rechtschaffenheit. Und all die andern schalen Dinge werden unwichtig sein. Ich werde kein Geld hinterlassen. Aber ein engagiertes Leben möchte ich hinterlassen. Und das ist alles, was ich heute sagen möchte.«[9]

Diese Rede Martin Luther Kings, auf Tonband aufgenommen, wurde bei seinem Begräbnis noch einmal vorgetragen. Wenn wir den schrecklichen Brief des FBI-Präsidenten Hoover lesen, wenn wir die bösen Bilder sehen mit prügelnden Polizisten, die Hunde auf die Bürgerrechtler hetzen, oder gar die Fotos von ermordeten Schwarzen, Opfer des Ku-Klux-Klan, dann brauchen wir uns eigentlich nicht zu fragen, was das für Menschen sind, die das anderen Menschen antun, denn es ist noch nicht so lange her, daß Millionen Menschen aus Rassenwahn von Deutschen getötet wurden und daß Millionen Deutsche ungerührt mit ansahen, daß da andere Deutsche kein Restaurant, kein Kino betreten, keine Straßenbahn benutzen durften, nur deshalb, weil ihnen ein gelber Stern angeheftet worden war...

Ein amerikanischer Wissenschaftler, Professor *James W. Silver,* hat die Rassenfanatiker so charakterisiert:

»In jeder Gemeinde des Staates Mississippi gibt es am Rande der Gesellschaft von Angst, Furcht und Frustrationen geplagte Weiße. Es macht keinen Unterschied, ob diese Menschen an ihren persönlichen Unzulänglichkeiten leiden oder ob sie von den Umständen gewissermaßen überwältigt werden: Sie flüchten vor ihren Sorgen zeitweilig in die Erregung des Rassenkonflikts. Außerdem werden sie ja angehalten, den Neger auf seinen Platz zu verweisen, wenn es ihnen bessergehen

soll. Rassenbigotterie übersteigt in Mississippi den Verstand, denn aus sehr verschiedenartigen Gründen sind viele politische Führer hier gewillt, sich der namenlosen Ängste und Befürchtungen, von denen die meisten Weißen geplagt werden, für ihre Zwecke zu bedienen. Die armen Weißen glauben selbst nicht daran, daß sie für ihren Lebensstandard die Neger verantwortlich machen können, aber sie sind so in der Lage, aggressive Energien gegen einen sozial anerkannten Sündenbock abzureagieren.«[10]

Das weiße Amerika schlug zurück. Wir berichteten: Mehrere Kirchen der schwarzen Amerikaner waren angezündet oder in die Luft gesprengt worden. Der ehemalige Briefträger *William Moore,* ein weißer Idealist, wurde auf einer Landstraße in Alabama aus dem Hinterhalt erschossen, als er ganz alleine einen Friedensmarsch durch Amerika machte. Bei dem Bombenanschlag auf die Kirche in Birmingham im September 1963 wurden vier Kinder getötet. Im August 1964 wurden drei Bürgerrechtskämpfer, *Andrew Goodman, James Earl Chaney und Michael Henry Schwerner,* bei Philadelphia, Mississippi, bestialisch ermordet. Zwei verbrecherische Polizisten hatten ihre Hand mit im Spiel. Die Ermordeten waren zwei jüdische und ein schwarzer Amerikaner.

Aber der schwerste Schlag gegen die Bürgerrechtsbewegung erfolgte bereits am 22. November 1963. An diesem Tage wurde *John F. Kennedy ermordet.* Über den Mord am 35. Präsidenten der USA sind viele Bücher geschrieben worden. Die Hintermänner und Drahtzieher dieses Mordes sind bis heute ebensowenig entlarvt worden wie die Auftraggeber des Berufsverbrechers, der viereinhalb Jahre später Martin Luther King ermordete. *Bei beiden Morden konnten viele Weiße ihre unverhohlene Genugtuung nicht verbergen.* Wer immer die Mörder bezahlte, das weiße rassistische, antisoziale Amerika, jener Teil der Amerikaner, der Amerika blasphemisch »Gottes eigenes Land« nennt und keine anderen Ideale kennt als den Dollar, *dieser Teil Amerikas hat Kennedy und Martin Luther King ermordet,* tausendmal, viele tausendmal.

Die letzte Wende in Kings kurzem Leben ist das Jahr 1965. Im heißen Sommer 1965 kommt es zu schweren Unruhen in den schwarzen Ghettos von Los Angeles, Cleveland und Chicago. Die Wut des schwarzen Proletariats über ihre Wohnungslage, über die Situation der Schulen, über ihre Arbeitslosigkeit und über die weißen Geschäftsleute, die sie ununterbrochen übers Ohr hauen und in den Slums schlechte Lebensmittel zu überhöhten Preisen verkauften, diese Wut explodierte buchstäblich. Die Bürgerrechtsbewegung hatte sich bis dahin auf den Kampf gegen die Rassenschranken im Süden beschränkt und schwerpunktmäßig konzentriert. Jetzt, wo *in vielen Städten des Nordens eine bürgerkriegsähnliche Situation entsteht,* die sich 1967 auf etwa 150 Städte der USA ausbreitet, sieht sie sich genötigt, sich dem Norden und seinen dringenden Problemen zuzuwenden. Die Gründe, weshalb die christliche Bürgerrechtsbewegung SCLC die Parole ausgibt, ab 1965 müsse schwerpunktmäßig im Norden gearbeitet werden, sind sehr unterschiedlicher Art gewesen. Der wichtigste Grund war sicher, daß King angesichts der Wutexplosion in den schwarzen Ghettos der Städte begriff, daß sich in diesen Ghettos ein ganz anderer und außerordentlich gefährlicher sozialer Sprengstoff angesammelt hatte, als das im Süden der Fall war, und daß mit den wertvollen Erfahrungen, die in den sieben Jahren vorher im Süden gesammelt worden waren, den schwarzen Amerikanern im Norden geholfen werden müsse. Aber es gab auch andere Gründe. Mit der »Black Power«, den »Black Panthers« und anderen radikalen politischen Bürgerrechtsbewegungen beginnt eine Entwicklung, die das mühsam aufgebaute Werk Kings, eine gewaltlose Bürgerrechtsbewegung zu schaffen, zu vernichten drohte.

Gegen das, was King und seine Mitstreiter im Norden Amerikas antrafen, war der Busstreik in Montgomery eine Idylle gewesen, so hart ging es dort zu. Die städtische Polizei schlug nicht nur erbarmungslos zurück. Sie hatte das »Recht« auch sofort auf ihrer Seite, denn schwarze amerikanische Arbeiter, die sich zu bewaffnen suchten, die die Ghettos anzündeten und plünderten, konnten doch in den Augen der Mehrheit der satten Bevölkerung nicht mehr »das Recht« auf ihrer Seite haben. Auch folgten die schwarzen, verzweifelten, ausgehungerten Proletarier den schwarzen Priestern aus dem Süden keineswegs so wie die schwarzen Gläubigen, die im Süden geschlossen hinter ihren Kirchenführern standen. Ganz andere Fronten entstanden hier, und es waren nicht einzelne Weiße oder kleine Gruppen von Weißen, die den Schwarzen gewaltsam entgegentraten. Hier trat die Masse der weißen Arbeiter und Mittelständler den schwarzen Konkurrenten mit blankem Haß entgegen, und die Black-Power-Partei stellte sich an die Spitze der gleichfalls mit blankem Haß reagierenden jungen Schwarzen.

Angesichts all dessen, was er selbst sieht und erlebt, ändert sich

Martin Luther King in diesem Jahr. *Das Prinzip der Gewaltlosigkeit gibt er nicht auf, aber indem er erklärt, daß eine grundlegende Revolution der Werte der amerikanischen Gesellschaft notwendig sei,* indem er betont, die Regierung der USA gäbe für die Tötung jedes Vietnamesen eine halbe Million Dollar aus, aber für den armen Amerikaner, der unterstützt werden müsse, nur 53 Dollar im Jahr, indem Martin Luther King das Geflecht von Weltherrschaftsträumen, Rassismus, Armut und Hochrüstung durchschaut, *wird er immer noch und gerade jetzt in der Nachfolge Christi ein radikaler Gläubiger mit revolutionären Zügen.* In den Augen seiner Gegner ist er längst ein Kommunist, und FBI-Hoover kann nur noch nicht genau feststellen, ob King mehr nach Kuba, nach Moskau oder nach Peking neigt. Die vier Jahre bis zu seinem Tode sind gekennzeichnet durch den Kampf der Bürgerrechtsbewegung gegen die Armut und gegen den Krieg in Vietnam. Diese Kämpfe sind die am wenigsten erfolgreichen. Die Chicagoer Freiheitsbewegung von 1966, die sich sowohl gegen die Rassentrennung in den Schulen als auch gegen die Diskriminierung der schwarzen Amerikaner auf dem Chicagoer Wohnungsmarkt wendet, endet zwar im August 1966 mit einer Übereinkunft zwischen den Vertretern der schwarzen Amerikaner und den Wohnungsbehörden und den Wohnungsmaklern, aber es zeigt sich später, daß die Behörden vor allem Verschleppungstaktiken anwenden und damit den Inhalt der Übereinkunft vollständig verwässern.

Am 4. April 1967 hält King in der Riverside-Kirche in New York eine programmatische Rede gegen den Vietnamkrieg:

»Vor einigen Jahren gab es in diesem Kampf einen strahlenden Augenblick. Es schien als bestünde eine wirkliche Aussicht auf Besserung für die Armen, die Schwarzen wie die Weißen, durch das poverty program. Es gab Experimente, Hoffnungen, Neuanfänge. Dann kam die Eskalation in Vietnam, und ich mußte zusehen, wie das Programm zerschlagen und inhaltlos gemacht wurde, als wäre es irgendein politisches Spielzeug in den Händen einer Gesellschaft, die auf Krieg versessen war, und da wußte ich, daß Amerika niemals die nötigen Mittel oder Energien für die Rehabilitierung seiner Armen einsetzen würde, solange Abenteuer wie in Vietnam fortlaufend Menschen und Kenntnisse und Geld schlucken wie ein dämonisches, zerstörerisches Saugrohr. Und so war ich immer mehr gezwungen, im Krieg nicht nur ein moralisches Verbrechen, sondern auch einen Feind der Armen zu sehen und als solchen zu bekämpfen.

Zu einer vielleicht noch tragischeren Einsicht der Wirklichkeit gelangte ich, als mir klar wurde, daß der Krieg weit mehr anrichtete als nur die Hoffnung der Armen in der Heimat zu zerstören. Er schickte ihre Söhne und Brüder und Gatten in den Kampf und in den Tod, und zwar im Verhältnis zur übrigen Bevölkerung in viel höherer Zahl. Wir nahmen die jungen Schwarzen, für die unsere Gesellschaft keinen Platz hat, und brachten sie 8000 Meilen weit fort, um Freiheiten in Südostasien sicherzustellen, die sie in Südwestgeorgia und Ostharlem selbst nicht gefunden hatten. Und damit stehen wir wiederholt der grausamen Ironie gegenüber, schwarze und weiße Jungen auf den Fernsehschirmen zu beobachten, wie sie gemeinsam töten und gemeinsam sterben für eine Nation, die unfähig gewesen ist, sie auch nur miteinander auf die gleiche Schulbank zu setzen. Wir sehen, wie sie in brutaler Solidarität die Hütten eines armen Dorfes niederbrennen, und sind uns bewußt, daß sie in Detroit nie im selben Häuserblock wohnen dürfen. Ich konnte nicht schweigen angesichts einer solchen grausamen Manipulation der Weißen.«[11]

Diese Anti-Vietnam-Rede brachte Martin Luther King große Sympathien ein auf der Seite der amerikanischen Linken und bei den Pazifisten in der ganzen Welt, die den Vietnamkrieg bekämpften. Aber diese Rede isolierte King gleichzeitig von vielen seiner liberalen Freunde, ganz gleich ob sie weißer oder schwarzer Hautfarbe waren. In den Augen des liberalen Amerika war ein Mensch, der seine Stimme gegen den Vietnamkrieg erhob, nicht mehr ein loyaler Amerikaner, er stand bereits außerhalb der amerikanischen Gesellschaft. Auch die Hälfte der schwarzen Amerikaner, die King bisher so bedingungslos gefolgt waren, hatten für seine Vietnam-Rede kein Verständnis. *Sie begriffen offensichtlich den Charakter dieses Krieges und die Wechselbeziehungen zwischen Krieg und Armut nicht.*

Die »öffentliche Meinung« über Martin Luther King und seine Riverside-Rede gab die Illustrierte »Life« so wieder: *»Dr. Martin Luther King ist nahe daran, die Sache zu verraten, für die er bisher gekämpft hatte... Über weite Strecken war seine Rede eine demagogische Verleumdung, die sich wie ein Manuskript für Radio Hanoi anhörte.«*[12] Für das Weiße Haus war King, der eine »kommunistische« Rede gehalten hatte, (politisch) schon ein toter Mann.

Im Februar 1968 veröffentlicht Martin Luther King einen neuen Plan, mit dem er vorschlägt, mit der Errichtung neuer Werte für die amerikanische Gesellschaft ernst zu machen. Wollte Martin Luther King eine Revolution? Man hat ihm das nachgesagt. Aber King wollte nichts anderes, als daß diese Gesellschaft, die reiche, amerikanische, aus allen Nähten platzende Gesellschaft, *die Armen nicht hungern lassen sollte.* Nichts mehr, nichts weniger. King forderte für die Armen Amerikas (ganz gleich welcher Hautfarbe) Arbeit oder eine Sozialunterstützung, die ihnen ein Existenzminimum garantierte. Wir würden solche Forderungen aus unserer Sicht als gemäßigte sozialdemokratische Forderungen bezeichnen, in Amerika wurden sie von den Reichen als »reiner Bolschewismus« aufgefaßt. Wir müssen dabei bedenken, wie groß die Armut in den USA war und ist. 1968, als King ermordet wurde, gab es immerhin 6 Millionen amerikanische Familien, circa 35 Millionen Menschen, die offiziell als »arm« bezeichnet werden mußten. Diese 35 Millionen Menschen verdienten nicht genug, um ihrer Familie das Existenzminimum zu sichern.

King meinte, mit einem eindrucksvollen *Marsch der Armen nach Washington* – und die Armen sollten die Reichen belagern – könne man solche Forderungen durchsetzen. Das war utopisch, und King hatte sich völlig verrechnet. Man kann davon ausgehen, daß der Plan des Marsches der Armen und Kings Vietnam-Rede die beiden berühmten Tropfen waren, die das Faß zum Überlaufen brachten. *Irgendwo wurde zu dieser Zeit der Berufskiller James Earl Ray gegen Zahlung einer stattlichen Summe angeheuert. . .*

Kings Plan sah eine Summe von rund 12 Milliarden Dollar vor, die die Regierung zur Entwicklung eines Arbeitsbeschaffungsprogrammes zur Verfügung stellen sollte. Aber die Regierung hatte diese 12 Milliarden Dollar nicht, dieses Geld und noch viel mehr war längst in der Hölle des Vietnamkrieges verschwunden.

King und sein Mörder trafen am 4. April 1968 in Memphis, Tennessee, zusammen. Ray reist in einem weißen Mustang nach Memphis, mietet sich gegenüber vom Lorraine-Motel ein, einem billigen Hotel, das schwarzen Amerikanern gehörte. Hier wohnt King.

Er war wegen der schwarzen Müllarbeiter von Memphis gekommen, die am 12. Februar 1968 in den Streik traten, nicht nur weil sie sich ungerecht behandelt fühlten, sondern vor allem auch weil die Stadtverwaltung ihre schwarzen Gewerkschaften als Verhandlungspartner nicht anerkennen wollte. Der Streik hatte schon lange gedauert, und die Streikenden hatten einen Protestmarsch durch die Hauptstraße von Memphis organisiert, der von der Polizei mit Schlagstöcken und Tränengas brutal aufgelöst worden war. Für den

28. März 1968 war eine neue Demonstration geplant. An ihr nahm Martin Luther King teil. Die Demonstration sollte gewaltlos verlaufen, aber bald klirrten die ersten Schaufensterscheiben. King und seine Mitarbeiter hatten die Demonstration nicht unter Kontrolle. Daraufhin ließ King die Demonstration offiziell abbrechen, aber die Polizei begann ihren Rachefeldzug. Ein 16jähriger Junge wurde getötet, 60 Personen wurden schwer verletzt, fast 300 Menschen wurden verhaftet. Es kam zu Plünderungen und Brandstiftungen. 4000 Mann Nationalgarde wurden eingesetzt, und es wurde eine Ausgangssperre über die Stadt verhängt.

Die Gewalt auf beiden Seiten hatte Martin Luther King sehr depremiert. *Trotzdem plante er eine zweite gewaltlose Demonstration für den 8. April 1968. Dieser Marsch durch Memphis fand auch statt. Er verlief friedlich. 35 000 Menschen nahmen an ihm teil. Es war der Abschied von Martin Luther King, der Gedenkmarsch für den großen Führer der schwarzen Amerikaner, der am 4. April 1968 gegen Abend in das Fadenkreuz eines Zielfernrohres gekommen war. . .*

Ray schießt aus 70 Meter Entfernung aus dem Fenster eines Badezimmers heraus. Eine Stunde später ist Martin Luther King tot.

Am 9. April 1968 geleiten 150 000 Menschen – das größte Begräbnis, das Atlanta in seiner Geschichte gesehen hatte – King auf seinem letzten Weg. Der Pastor liegt in einem Holzsarg, und der steht auf einem Karren, den zwei Maultiere ziehen. Coretta King sagt: *»Mein Mann gab sein Leben für die Armen der Welt, für die Arbeiter der Müllabfuhr von Memphis und für die Bauern von Vietnam.«*

Das ist wahr.

Nach Kings Tod mehrten sich, vor allem auch in Europa, die Stimmen, die allen Ernstes vorschlugen, die schwarzen Amerikaner sollten in ihre Urheimat Afrika zurückkehren, denn in Amerika würden sie niemals Frieden und Gleichberechtigung finden. Aber alle, die so etwas vorschlagen, verkennen vollständig den sozialen Hintergrund nicht nur des amerikanischen Rassenkonfliktes, sondern auch den sozialen Hintergrund der Parolen, die an unseren Häuserwänden erscheinen: »Türken raus!«

Keine Transporte nach Afrika oder in die Türkei oder wohin auch immer können sozialen Sprengstoff beseitigen. Martin Luther King dachte in die richtige Richtung, als er eine menschlichere Welt vorschlug. Und doch war er letzthin ratlos. Und seine Idee der Gewaltlosigkeit, wie konnte sie siegen in einer Welt, die – nicht nur in Amerika – so vollständig auf Gewalt aufgebaut ist?

Hanns Martin Schleyer
Ein Rachefeldzug blindwütiger Bürgerkinder
(1977)

»Weg mit
den Anträgen
den Demonstrationen
den Wahlen
es lebe die rote Garbe, wo aus dem Feuer die Kunst aufsteigt.«
Françoise d'Eaubonne

»Der heutige Terrorismus ist ein Krisensymptom des heutigen Bewußtseins.«
Carl Friedrich von Weizsäcker

»Im Terrorismus wird nicht die ganz andere Gesellschaft, sondern die Fratze unserer eigenen Gesellschaft sichtbar.«
Rolf Zundel

»Sie haben genug zum Essen, sexuelle Freiheit und Klosetts mit Wasserspülung. Warum, zum Teufel, sind sie nicht glücklich?«
George B. Shaw

»Wir haben nichts dafür übrig, daß sie in eine Lage gebracht wurden, wo die Alternative nur darin zu bestehen scheint, zu ihrem schäbigen Leben zurückzukehren oder einen schäbigen Tod zu sterben.«
Mescalero Nr. 3 über Hanns Martin Schleyer

Ein Professor einer hessischen Hochschule verteilte Anfang 1982 ein kleines anonymes Blättchen, das er zwar nicht verfaßt hatte, aber mit dessen Inhalt er sich offensichtlich voll identifizierte. Unter der Überschrift *»Tabufragen 1981«*[1] heißt es unter anderem:

»Wer organisiert die Demonstrationen, wer finanziert sie und wie groß ist der Prozentsatz der Demonstranten, die öffentliche Hilfe (Bundesjugendplan, Sozialhilfe, Arbeitslosenunterstützung, Bafög u. a.) beziehen?

Was machen wir auf die Dauer mit dem Vierten Stand an Dauerarbeitslosen, Süchtigen, Kettenrauchern, ›Alkoholkranken‹, Gewohnheitsverbrechern und dergleichen?

Weshalb nützt man nicht jede Möglichkeit, Ausländer, die auf unsere Kosten leben, gegen unsere Gesetze verstoßen, die das Friedensgebot mißachten, abzuschieben?«

Was eine demokratische Regierung charakterisiert, dazu wird folgendes ausgeführt: *»Man nennt eine Regierung ›demokratisch‹, wenn sie alles tut, was das Volk nicht will: Inflation, Schuldenwirtschaft, Verteilung von Steuergeldern an korrupte Regierungen und an Revolutionsbewegungen, Bestrafung der Eltern, Enteignung der Sparer, Unterstützung der Kriminellen, Bevorzugung der Arbeitslosen, Krankfeierer und Faulpelze, Demoralisierung der Labilen, Beschimpfung der Soldaten usw.«*

Und dieser Professor hat auch den feinen Unterschied zwischen Kapitalismus und Sozialismus herausgefunden: *»Es gibt Menschen, die sparen einen Teil ihres Einkommens. Und es gibt Menschen, denen teilt der Staat diese Ersparnisse zu. Ohne die Ersparnisse der einen würden die anderen hungern oder müßten arbeiten. Daher nennt man diejenigen, die arbeiten und sparen, Kapitalisten, und die, die nicht arbeiten und nicht sparen, Sozialisten.«*

Der Professor und Lehrstuhlinhaber, der ein solches Machwerk süffisant verteilen läßt, würde es sich sicher entschieden verbitten, wenn man ihn als einen verkappten Nazi titulieren würde, auch wenn er eine Argumentation billigt und verbreitet, die eine verblüffende Ähnlichkeit mit jenen Schlagworten hat, mit denen Hitler und seine braunen Horden die Weimarer Republik zerschlugen. Ein Student, nach seinem Eindruck über dieses Flugblatt befragt, sagte (1982!): *»Wenn man solche Gemeinheiten liest, da möchte man einen Revolver haben.«*

Und damit sind wir beim Thema: denn es waren in den sechziger Jahren gerade solche dummdreisten »Antworten« auf brennende Fragen des akademischen Nachwuchses, die *die Studentenbewegung auslösten,* die Studenten veranlaßten, auf die Straße zu gehen und für ihre Forderungen zu demonstrieren.

»Sympathisanten« verlassen nach der Beerdigung der in Stammheim durch Selbstmord umgekommenen RAF-Terroristen den Friedhof durch einen dichten Polizeikordon.
Keystone Pressedienst

Die Ermordung Hanns Martin Schleyers, der am 5. September 1977 gegen 17.30 Uhr in Köln entführt wurde, ist der *Höhepunkt und* auch das vorläufige *Ende der Organisation »Rote Armee Fraktion«,* die mit immer neuen Mordanschlägen im In- und Ausland unseren Staat neun Jahre lang in Atem hielt. Es ist leidenschaftlich darüber gestritten worden, und das bis vor die Gerichte, *ob dieser Terrorismus aus der Studentenbewegung der sechziger Jahre entstanden sei oder nicht* und ob er intellektuelle Befürworter unter bekannten Schriftstellern habe. Wir müssen schon hier diese Frage unbedingt mit *»Nein«* beantworten, soweit die Theorie aufgestellt wurde, die sich in der Studentenbewegung widerspiegelnde politische Krise der Bundesrepublik Deutschland hätte *unausweichlich* zum politischen Mord führen müssen.

Die deutsche Geschichte des 20. Jahrhunderts weist eine Eigentümlichkeit auf, auf die immer wieder hingewiesen werden muß. Die englische und auch die französische Demokratie entstand (wir drükken das hier natürlich sehr verkürzt aus) nach siegreichen bürgerlichen Revolutionen. Die deutschen Republiken, die von Weimar und die von Bonn und Berlin (Ost), entstanden infolge verlorener Kriege. Waren bei der Begründung der Weimarer Republik eine allgemeine Erschöpfung, aber auch noch der Zorn auf das unheilvolle Tun des letzten Hohenzollernkaisers, ausschlaggebend, *so sind die Bonner und die Ostberliner Republiken primär Ausdruck des Willens der jeweiligen Siegermächte.* Die Generation, die Hitler so begeistert bejubelt hatte, bevor das große Zittern und Sterben begann, wollte endlich Ruhe haben, etwas zu essen, »anständig« leben, über die Vergangenheit schweigen und nicht ausgefragt werden, auch nicht und vor allem nicht von ihren Kindern. So bekamen wir (wir erkämpften sie nicht) eine Republik, eine Demokratie, eine sehr anständige Verfassung, aber wir hatten nur sehr wenige »geborene« Demokraten. Und wer aktiven Widerstand gegen Hitler geleistet hatte, wurde nicht etwa geehrt in dieser Republik, sondern galt eher als verdächtige Person.

Da gibt es nun die junge Generation – zwischen 1942 und 1949 geboren, die nach 1960 ihr Studium an den Universitäten aufnimmt. Einiges über Freiheit, Republikanismus und Demokratie haben sie schon auf der Schule gelernt. Nicht allzu viel – und sehr überzeugend hatte das alles auch nicht geklungen, denn die Lehrer dieser Schüler hatten ihre eigene Vergangenheit oft selbst noch nicht »bewältigt«. Und als sie nun Studenten werden, vielleicht in Hamburg mit seinen

»langen republikanischen Traditionen« oder in Berlin, wo sogar die Universität ganz programmatisch »Freie Universität« heißt, da zeigen sich Widersprüche, die für die Studenten zunächst völlig unerklärlich sind. Sie müssen verblüfft feststellen, daß diese Hochschulen mit ihrer strengen Hierarchie und ihren verstaubten Traditionen *(»Unter den Talaren – Muff von tausend Jahren«)* und dem nicht selten grandiosen Hochmut der Professoren, die die Studenten weder wissenschaftlich oder gar in politischer Hinsicht als Gesprächspartner anerkennen – daß das alles mehr ein Stück wohlpräparierter Feudalismus ist als eine Hochschule in einem demokratischen Staat. Der Geist des Grundgesetzes hatte offensichtlich einen großen Bogen um die Hochschulen gemacht. Hinzu kommt, daß im Rahmen des *Studium generale,* das ja auch vor allem Grundkenntnisse über Geschichte, Gesellschaft und Politik vermitteln sollte, als »Zugpferde« nicht selten extrem konservative Redner wie Baron Guttenberg, William S. Schlamm und Kurt Ziesel auftreten.

Es gibt auch andere Schlüsselerlebnisse, die viele Studenten für lange Jahre prägen. Dafür zwei Beispiele:

1961 führt der *Sozialistische Deutsche Studentenbund* (SDS), damals die von der SPD geförderte sozialdemokratische Studentenorganisation, eine *Aktion »Ungesühnte Nazijustiz«* durch. Das war eine durchaus legitime und längst überfällige Aufklärungsmaßnahme, denn die Mehrheit der Richter des Hitler-Reiches, die dem Dritten Reich teilweise bis fünf Minuten *nach* zwölf dienten (wie der so spät aufgeklärte Fall des Ministerpräsidenten von Baden-Württemberg Filbinger deutlich macht), amtieren immer noch ungestört in der Republik als angesehene Gesetzeshüter. Als nun die sozialdemokratischen Studenten mit ihren Aktionen an die Öffentlichkeit treten, auch unter Hinzuziehung von Akten aus der DDR (das gesamte Reichsarchiv und auch das Preußische Staatsarchiv befinden sich in Potsdam und in Merseburg), da müssen sie zu ihrer großen Verblüffung erfahren, daß sie nicht nur die Hochschulhierarchie, die CDU, die FDP gegen sich haben, sondern auch ihre eigene Partei, die SPD. *Der SPD-Parteivorstand* streicht nicht nur dem SDS alle finanziellen Zuschüsse, er *trennt sich* darüber hinaus *vom SDS,* dessen Mitgliedschaft als nicht mehr mit der Mitgliedschaft in der SPD vereinbar erklärt wird.

Ein anderes prägendes Erlebnis für viele Studenten war die Begegnung mit dem lyrischen und dramatischen Werk von *Bertolt Brecht.* Im Sommer 1961 wird an der Hamburger Universität im

Rahmen eines Brecht-Zyklus, der von Tausenden von Studenten besucht wird, die *»Kriegsfibel«* von Brecht als Bild-Ton-Folge aufgeführt. Da zeigt der Dichter den studentischen Zuschauern, die nie eine Zeile von ihm in ihren Schulbüchern gefunden hatten, die Porträts von sechs Feldmarschällen Hitlers, und er schreibt dazu:

»Das sind sechs Mörder. Nun geht nicht davon
Und nickt nicht, lässig murmelnd ein ›ganz recht‹:
Sie zu entlarven kostete nun schon
An fünfzig Städte uns und ein Geschlecht.«[2]

Das war eine Sicht der Geschichte, wie sie die Studenten dieser Generation nie vorher erlebt hatte, und natürlich fragten sie sich: *»Sind solche Offiziere nicht vielleicht auch in der Bundeswehr?«* Und die Studenten stellen mit dem Dichter Bertolt Brecht fest: *»Die Staatsgewalt geht vom Volke aus, aber wo geht sie hin?«*

Diese Frage wird den Studenten in den folgenden Jahren so drastisch beantwortet, daß mancher von ihnen es sein Leben lang nicht vergaß. Wir müssen uns daran erinnern, daß *die ersten politischen Auftritte der Studenten sofort als »Störung« empfunden wurden.* In den Augen der Mehrheit der Bevölkerung sollte die *Ruhe und Ordnung des Wirtschaftswunders* der sechziger Jahre, das Geldverdienen und der Konsum, nicht gestört werden. Schon gar nicht von denen, die »auf Staatskosten leben«, wie ein wie mit der Gebetsmühle immer wieder vorgebrachtes Argument lautete und lautet. *Mager/Spinnarke* bemerkten hierzu treffend:

»Die Unruhe der Studenten ist das Ergebnis eines sehr weit verbreiteten, jahrelang aufgestauten Unbehagens an Politik und Hochschule. Die politisch aktive Minderheit hat eine Politisierung der Mehrheit nur erreichen können, weil es der Mehrheit sehr leicht gemacht wurde, sich mit den Protesten der Minderheit zu solidarisieren. Daß es so weit kam, liegt weniger an der ›Wühlarbeit‹ radikaler Kräfte als am Verhalten der Autoritäten, die – wie in Berlin – keine Gelegenheit vorübergehen lassen, ohne ihre autoritäre Einstellung hervorzukehren.«[3]

In der Ablehnung der politischen Betätigung der Studenten durch die Gesellschaft steckte, und das haben die Studenten früh erkannt, ein handfestes Stück Heuchelei, denn die massive Kritik an ihnen setzt erst ein, als sie sich ernsthaft bemühen, die tiefen Widersprüche zwischen Verfassungspostulat und Verfassungswirklichkeit aufzudecken. Auch sahen die Studenten viel früher als die Mehrheit der bundesrepublikanischen Bevölkerung, daß die Beziehungen zur DDR, zu Polen, zur Sowjetunion im Sinne des Friedens versachlicht und verbessert werden mußten. Alles das, was die Sozialdemokratie dann später als nagelneue realistische Ostpolitik der Öffentlichkeit endlich präsentierte, war in studentischen Kreisen längst Jahre vorher durchdiskutiert worden.

In diesen Jahren gingen nicht nur in der Bundesrepublik, sondern in vielen Teilen der Welt, in Frankreich, in Italien, in den USA, in Südamerika und Japan die Studenten in immer neuen Aktivitäten gegen den barbarischen Vietnamkrieg, gegen Militärdiktaturen und gegen ununterbrochene Verletzungen der primitivsten Menschenrechte auf die Straße. Die Studenten der Bundesrepublik Deutschland sahen sich *in ihren Protestaktionen international und weltweit bestätigt.*

Und in dieser Situation kommt der Schah von Persien!

»Er wurde von der Bundesregierung empfangen wie eines der mächtigsten Staatsoberhäupter der Welt, der Öffentlichkeit in Triumphzügen präsentiert wie ein charismatischer Führer, gerecht und weise und also Jubel und Bewunderung verdienend. Ein großer Teil der Öffentlichkeit, von der Bundesregierung offensichtlich richtig eingeschätzt, entbot sie ihm – und sollten viele von ihnen auch mehr die Garderobe, die Juwelen der Farah Diba gemeint haben als die politischen Verdienste, die politische Bedeutung des Schahs.«[4]

Einige zehntausend Studenten waren plötzlich auf der Straße. Die Bundesregierung und vor allem auch der Senat von Berlin (West) wollten nicht begreifen (und manche haben es bis heute nicht begriffen), daß junge Intellektuelle Demokratie und Menschenrechte so ernst nahmen und nehmen, daß es ihnen unerträglich erschien, daß die Bevölkerung 22 Jahre nach Hitlers Tod einen Diktator umjubeln wollte, dem ein Menschenleben nichts galt, und den die Bundesregierung allein des Erdöls wegen umdienerte. In einem Flugblatt des AStA München aus dem Jahre 1967 heißt es deshalb folgerichtig:

»Die völlige Abhängigkeit des Bauern vom Grundherrn wurde mit der Bodenreform in Persien in keiner Weise behoben. Ich bin hier Zeuge grauenhafter Szenen menschlichen Elends. Mit eigenen Augen sehe ich, wie Kinder und Jugendliche, Männer und Frauen durch Mangel an Medikamenten und Nahrung, aus Hunger und Entbehrung langsam dahinsiechen. Ich kenne Kinder, zu Skeletten abgemagert, die sich jahrelang nackt wie die Würmer im Dreck wälzen und sich von Unkraut und faulen Fischen ernähren. Im Mai 1961 konnte man

erleben, wie Regierungstruppen 4000 Lehrer angriffen, die in Teheran für höhere Gehälter streikten. Kein Richter, Beamter, Universitätslehrer oder sonst ein Organ, das nicht von den Inquisitoren des Schahs kontrolliert würde.«[5]

Die *Erschießung des Studenten Benno Ohnesorg* wurde von nicht wenigen Studenten als vorsätzliche Tötung durch einen durchgedrehten Polizisten aufgefaßt, denn Benno Ohnesorg hatte friedlich demonstriert, übrigens zum erstenmal in seinem Leben, sich an keinerlei Gewalttätigkeiten beteiligt, und es sind Fotos erhalten geblieben, die Benno Ohnesorg Sekunden vor seinem Tode mit dem Polizisten Kurras, der den Todesschuß abgab, friedlich diskutierend darstellen.

Das Echo in der Bevölkerung, die sich in ihrer Mehrheit ihr Illustriertenbild vom Schah plus Farah Diba nicht vermiesen lassen wollte, war für die Studenten niederschmetternd. Ihnen wurde grausam bewußt: Wir leben in einer Demokratie, die von einer breiten Öffentlichkeit zwar als Konsumparadies, aber nicht als Freiraum für geistige Auseinandersetzungen verstanden wird. Manch ein Bürger in Berlin hatte den demonstrierenden Studenten zugerufen, daß es wohl am besten wäre, man würde sie alle »vergasen«. Der Berliner »Tagesspiegel« vom 7. Juni 1967 veröffentlichte einen symptomatischen Leserbrief mit folgendem Wortlaut:

»Wir, die arbeitende Bevölkerung, haben es satt, uns von den dummen Jungen, die erst einmal trocken hinter den Ohren werden sollen, terrorisieren zu lassen. Wann greift die Polizei endlich mit hartem Besen durch? Diese Lümmel, die auf Kosten der Steuerzahler ein nicht gerade schlechtes Leben führen, sollte man einmal für ein Jahr ins Arbeitshaus sperren, damit sie wieder zur Vernunft kommen.«[6]

Wir müssen davon ausgehen, daß sich solche schlimmen Erfahrungen hundertfach wiederholten und sich tief in das Bewußtsein junger, intelligenter, idealistisch gesinnter Menschen eingruben. Und es gab keine Solidarität.

Die Studenten hatten in ihren Vorlesungen sicher nie daran gedacht, warum das Problem der *»Repräsentativen Demokratie«* immer so sehr betont worden war. Jetzt wußten sie es: Es sollte eine Demokratie sein, die dem Bürger erlaubte, alle vier Jahre in einer Wahlkabine frei über die Zusammensetzung der kommenden Volksvertretung zu entscheiden. Das sollte das unabdingbare Recht aller Staatsbürger sein, *aber nicht mehr*. Noch 1982 veröffentlichte die Bundesregierung ein Plakat, auf dem der schwarzrotgold gefärbte

Stuhl eines Filmregisseurs abgebildet und auf dem zu lesen ist: *»Sie schreiben das Drehbuch. Wir führen Regie.«* Niemand scheint zu merken, daß ein solches Plakat, eine solche Auffassung von Demokratie eine krasse Verhöhnung der Bevölkerung darstellt.

Das, was die Studenten mit ihren kraftvollen und oft originellen Demonstrationen, Sit-ins usw. taten, schien in den Augen der saturierten Mehrheit schon die Grenzen der Legalität zu überschreiten. Dieser Meinung waren »natürlich« auch Verfassungsschutz und Polizei, die, und das ist inzwischen längst geschichtlich gesichert, *ihr gerütteltes Maß zur Radikalisierung der Studentenschaft beigetragen haben.* Die Gesellschaft selbst hatte in ihrer Grundstruktur ihre autoritären Züge bloßgelegt, und die Gesellschaftstruktur entsprach genau dem Bild, das *Herbert Marcuse,* den man nicht zu Unrecht den geistigen Vater der Studentenrevolten in der ganzen Welt nennt, von der Gesellschaft der repressiven Toleranz entworfen hat. *Die Toleranz liberaler Konvenienz ist danach zum Mittel geworden, um jede Alternative im Leben der Gesellschaft zu unterdrücken.*

Mager/Spinnarke kommen im November 1967, die Ereignisse des Jahres überblickend, zu sehr bemerkenswerten Schlußfolgerungen, die bis heute Gültigkeit haben:

»Die studentischen Protestaktionen des Frühjahrs und Sommers 1967 haben die demokratische Wohlstandsgesellschaft, die soeben die Regelung ihrer wirtschaftlichen und politischen Sorgen vertrauensvoll in die Hände einer Großen Koalition gelegt hatte, in einer Weise beunruhigt und provoziert, die Rückschlüsse auf die Labilität, Unsicherheit und ›Bodenlosigkeit‹ dieser Gesellschaft zuläßt. Ihre Reaktionen, die sich in brutalen Maßnahmen Luft schafften, bestätigten im nachhinein sehr eindrücklich, daß die Studenten berechtigten Anlaß hatten, Kritik an einer solchen Gesellschaft zu üben.« [7]

Was hat sich in den anderthalb Jahrzehnten seit den Schüssen auf Benno Ohnesorg verändert? Eine ganze Menge, und doch nicht alles. Es war ein mühseliger Lernprozeß mit immer neuen Erkenntnissen und immer neuen Rückschlägen. *Die wichtigste und bleibende Frucht der Studentenunruhen von 1967 sind einmal die Bürgerinitiativen,* die sich in den letzten Jahren auch auf der Ebene der Volksvertretungen zu *Alternativen Listen* und den *»Grünen«* formierten und konsolidierten, *zum andern die neue Friedensbewegung* gegen Atomraketen, Nachrüstung und Neutronenbomben. Die Tradition der Ostermärsche lebt 1982 wieder auf, Hunderttausende beteiligen sich. Ein größerer Teil unserer Bürger, verglichen mit 1967, betrachtet die Wirklichkeit unserer Welt mit wacheren Augen als damals, ganz gleich, ob es sich um Umweltprobleme, um Grundfragen demokratischer Mitbestimmung oder um die drohende militärische Zerstörung Europas handelt. Aber nicht nur eine freiheitlichere Haltung hat sich ausgebreitet, hat festere Formen angenommen, tritt bestimmter auf. Zugleich haben die tiefsitzende Enttäuschung über die Sozialdemokratie, die eben nicht mehr Demokratie wagte, und nicht zuletzt die neun Jahre terroristischer Aktivität eine *nach rückwärts schauende Stabilisierung* herbeigeführt. Der Stimmenzuwachs der Rechtsparteien CDU und CSU, die ungebrochene Beliebtheit von Franz-Josef Strauß in breiten Bürgerschichten, die sture Zustimmung vieler Menschen zu Überreaktionen des Staates auf Demonstranten und Hausbesetzer, alles das sind auch untrügliche Zeichen. Und im selbsternannten »Preußenjahr« 1981 begannen die Deutschen nun auch noch, sich auf bestimmte Traditionen zu besinnen. *Wenn die Deutschen sich schon auf die Suche nach ihrer Tradition machen, dann müssen die Demokraten auf der Hut sein.* Das lehrt uns die Geschichte.

Und was wurde aus den Studenten von 1967? Rückblickend kann tungsbeamte, Universitätsprofessoren, Juristen usw. tätig sind. Für nicht wenige von ihnen sind die Ereignisse von damals, einschließlich der Erschießung von Benno Ohnesorg, des Attentats auf Rudi Dutschke und der Blockade der Springer-Hochhäuser, nur noch Erinnerung. Für andere waren die Ereignisse von 1967 bis 1970 Schlüsselerlebnisse, die prägend wurden. Viele Professoren, die heute um 40 Jahre alt sind, unterscheiden sich in ihrem Denken kraß von der älteren Akademikergeneration.

Wenden wir uns nun aber jenen 0,1 Prozent der Studenten von 1967 zu, die sich mit dem Abflauen der großen Protestbewegung um 1970 herum dazu entschließen, *mit der Pistole, der Maschinenpistole, dem Brandsatz, der Rakete und der Bombe auf die Gesellschaft loszugehen,* kurz: die jenseits von allen gesellschaftskritischen Analysen und Einsichten sich einbilden, *durch den individuellen Terror, durch das Attentat könne eine andere Gesellschaft geschaffen werden.*

Wie kam es zu diesem schrecklichen Irrtum, dem eine Kette von kaltblütigen Gewalttaten folgte? Über diese Frage sind viele Bücher geschrieben worden, und sie haben alle ergeben: Eine bündige Antwort, die auf jeden Fall zutrifft, gibt es nicht.

Beschäftigen wir uns mit zwei exemplarischen Lebensläufen:

Da ist zunächst ein Anarchist, der schon durch seinen »Namen mit Signalwirkung« allen bekannt ist und der, obwohl zeitweise bewaffnet, niemals schoß: *Fritz Teufel,* geboren 1943. Er stammt aus einer württembergischen Familie aus Ludwigsburg. Sein Vater ist Steuerbevollmächtigter. Als 20jähriger beginnt Teufel 1963 an der Freien Universität Berlin mit dem Studium der Publizistik, der Theaterwissenschaft und der Literaturgeschichte. Auf sein Leben zurückblickend, sagt Teufel, daß er behütet aufgewachsen sei und sich über weite Strecken seines jungen Lebens wohl fühlte: »Meine Mutter hat mich sehr geliebt.«[8] Böse Auseinandersetzungen gab es allerdings schon mit dem Vater, als Teufel noch Oberschüler ist und sich sein politisches Bewußtsein langsam zu bilden beginnt. Die Sprüche seines Vaters etwa über Fidel Castro: »Wenn se de fidelen Castro doch fidel kastrieren täte« und über Menschen der Dritten Welt: »Je mehr von diesen Schwarzen und Gelben verrecken, desto besser ist es doch für uns«, sind für den weichen und empfindsamen Sohn unerträglich. Ein Schlüsselerlebnis für ihn wird ein KZ-Prozeß in Stuttgart, an dem er als Zuhörer teilnimmt. Er ist fassungslos über die grausigen Dinge, über die so sachlich verhandelt wird, und er kann es nicht begreifen, warum der Richter so höflich und verständnisvoll zu den Angeklagten spricht, die in Teufels Augen Ungeheuer darstellen: *»Die Leute auf den Richterstühlen und die Angeklagten hatten eine verblüffende Ähnlichkeit miteinander.«* Teufel vergleicht später diese höflichen Richter mit jenen, die Studenten aburteilen. Und er stellt da beträchtliche Unterschiede fest.

Teufel, inzwischen mit dem Marxismus bekannt geworden, sucht aber nicht ideologische Wahrheiten, sondern Zärtlichkeit, Gemeinschaft mit Gleichgesinnten. Zusammen mit fünf anderen Studenten und drei Studentinnen gründet er die *Kommune I,* gedacht als *Keimzelle eines neuen (sozialistischen) Lebens.* Aus dem Versuch, »nicht in eheähnlichen Verhältnissen zu verblöden«, macht die Boulevardpresse das, was sie kennt und woran sich die Phantasie ihrer spießbürgerlichen Doppelmoral entzündet: die Kommune I sei ein Puff, wo alle mit allen schliefen.

Als der Vizepräsident der USA, Humphrey, Westberlin im April 1967 besucht, werden alle Mitglieder der Kommune I verhaftet. Für Fritz Teufel ist Vizepräsident Humphrey der Vertreter jenes Amerika, das den Vietnamkrieg mit unerhörter Grausamkeit führt und blutige Diktatoren in Mittel- und Südamerika und in der übrigen

Welt unterstützt. Die Kommune versucht, Humphrey lächerlich zu machen: Sie will Rauchkerzen und Mehlbeutel werfen. Aber dieser Ulk wird zu einem gefährlichen Politikum, als die Springer-Presse mit riesigen Schlagzeilen den schaudernden Westberlinern und auch den Bundesbürgern mitteilt, auf Humphrey sei durch die Kommune I ein Sprengstoffattentat geplant gewesen und der gefundene Sprengstoff (das Mehl) stamme aus der chinesischen Botschaft. Teufel lernt, was Pressefreiheit in Wirklichkeit sein kann. Wieder ein Schlüsselerlebnis, genauso wie sein persönliches Schicksal beim Schah-Besuch im gleichen Jahr. Die Polizei kennt Fritz Teufel schon. Sie verhaftet ihn schnell, und Polizisten mißhandeln den Studenten in einem Polizeiauto, nachdem über Polizeifunk die gefälschte Meldung verbreitet wird, ein Polizist sei von Studenten erstochen worden. Fritz Teufel wird wegen schweren Landfriedensbruches angeklagt. Er soll mit Steinen geworfen haben. Gegen den Polizeibeamten Kurras dagegen, der Benno Ohnesorg tötete, wird nicht einmal ein Verfahren eröffnet.

1970 wird Fritz Teufel zu zwei Jahren Haft wegen Teilnahme an der Vorbereitung eines Sprengstoffattentates auf das Münchener Justizgebäude verurteilt. Bis heute ist umstritten, ob die Beweiskette gegen ihn wirklich lückenlos war, aber davon abgesehen, Teufel befindet sich 1970 auf dem Höhepunkt seiner persönlichen Radikalisierung. Zwei Jahre vorher, am 2. April 1968, hatten Andreas Baader und Gudrun Ensslin in einem Frankfurter Kaufhaus Brandsätze gelegt. Es entsteht ein Sachschaden von 2,2 Millionen DM. *Die Kette der Warenhausbrände,* gedacht als Mahnung an die durch Napalm verbrannten Menschen in Vietnam, *leitet die blutigen und mörderischen Aktionen der späteren »Roten Armee Fraktion (RAF)« ein.* Fritz Teufel und die Kommune I befürworten zu diesem Zeitpunkt Brandstiftungen als Mittel des politischen Kampfes, *allerdings mit der Einschränkung, daß kein Menschenleben gefährdet werde.* Hier werden im Denken und Handeln Teufels schon die Grenzen zwischen Realität und Irrealität verwischt. Die zweijährige Haft, verbunden mit völliger Isolierung, radikalisiert Fritz Teufel noch mehr. Zehn Jahre später bekennt er offen, daß er daran dachte, wie er nach seiner Freilassung die Menschen umbringen könne, die ihm ein solches Schicksal bereiteten. Dazu ist es niemals gekommen.

Schon ein Jahr nach seiner Entlassung aus der Haft soll Fritz Teufel schon wieder verhaftet werden. Sein Bild erscheint auf den bekannten Fahndungsplakaten des Bundeskriminalamtes, die zu

Zehntausenden vom Postamt bis zur Tankstelle zu sehen sind. Teufel entzieht sich der Festnahme und arbeitet von April 1974 bis zum Mai 1975 unter einem falschen Namen in einer Essener Fabrik als Hilfsarbeiter. Teufel arbeitet schwer, und zum erstenmal in seinem Leben lernt er die soziale und menschliche Situation der Arbeiter kennen, die er bisher nur aus Büchern herausgelesen hatte. Wieder ein wichtiges Schlüsselerlebnis, das ihm unter anderem auch die Frage beantwortet, warum die Mehrheit der Arbeiterschaft nach zermürbender 8-Stunden-Schicht nicht in der Lage ist, aus eigenem Antrieb zum politischen Bewußtsein ihrer eigenen Lage zu gelangen.

Aber auch in anderer Hinsicht erweist sich die Zeit als Hilfsarbeiter als außerordentlich positiv für das weitere Leben von Fritz Teufel. Am 10. November 1974 wird der Westberliner Kammergerichtspräsident Günter von Drenkmann von Mitgliedern der RAF erschossen, am 27. Februar 1975 der Berliner CDU-Vorsitzende Peter Lorenz entführt und eine Woche später freigelassen, nachdem fünf Mitglieder der RAF, die im Gefängnis saßen, nach Aden ausgeflogen worden waren. Im selben Jahr 1975 wird Teufel verhaftet, der Mittäterschaft am Drenkmann-Mord, der Lorenz-Entführung und der Teilnahme an zahlreichen Banküberfällen angeklagt. Der Staatsanwalt fordert 15 Jahre Zuchthaus für Fritz Teufel. Wieder ist die Beweiskette sehr lückenhaft, aber es scheint so, als habe sich Teufels Schicksal jetzt erfüllt. *Viereinhalb Jahre (!) schweigt Fritz Teufel während der Untersuchungshaft.* Erst vor Gericht enthüllt er sein lückenloses Alibi für die Tatzeit: der Hilfsarbeiter unter falschem Namen in Essen. Der Prozeß hat seine Sensation! Teufel muß freigelassen werden. Heute lebt er in einer ehemaligen Küche in einem besetzten Haus in Westberlin. Er nennt sein Zimmer »Teufelsküche«.

Wohlgemerkt: Fritz Teufel hat sicher Taten begangen, die nach dem Strafgesetzbuch geahndet werden mußten und wurden, und er hat sich lange am Rande unserer Verfassungslegalität bewegt. Aber er ist niemals auch nur einen Augenblick jenes Monster gewesen, zu dem ihn die Boulevardpresse Arm in Arm mit dem Bundeskriminalamt stempelte. Kein Einzelschicksal.

Das zweite Beispiel eines Lebenslaufes: *Susanne Albrecht.*

Wolfgang Salewski erzählt den Lebenslauf von Susanne Albrecht so: »Susanne Albrecht wuchs in einem vornehmen Elternhaus im Hamburger Villenvorort Blankenese auf. Der Vater, ein renommierter Seerechtsanwalt, konnte seiner Familie jeden Wunsch erfüllen.

Der Schwiegersohn der holländischen Königin, Prinz Claus von Amsberg, ist im Hause Albrecht ebenso zu Gast gewesen wie der Bankier Jürgen Ponto. All die Dinge, von denen andere Mädchen nur träumen konnten, besaß Susanne Albrecht von klein auf.«[9] Die weiteren Stationen in Susanne Albrechts Leben: 1971 macht sie ihr Abitur und immatrikuliert sich an der Hamburger Universität mit dem Studienfach Sozialpädagogik. Schon zu diesem Zeitpunkt sagt sie den Satz, der oft zitiert wurde: *»Diese ewige Kaviar- und Lachsfresserei habe ich ordentlich satt.«* Susanne Albrecht sucht eine wirkliche Lebensaufgabe, und sie hofft, diese Lebensaufgabe in einem Kinderladen zu finden. Sie ist mit ihrer neuen Aufgabe sehr zufrieden, und sie löst sich plötzlich von ihrem Elternhaus und nimmt ein Zimmer in Hamburg. 1973 wird Susanne Albrecht zum erstenmal zusammen mit etwa 80 anderen jungen Menschen verhaftet, die durch Hausbesetzungen gegen Bodenspekulation protestieren. Zu diesem Zeitpunkt gehört sie zum größeren Umfeld, später dann zum Kern der Roten Armee Fraktion.

»Erst am letzten Juli-Wochenende des Jahres 1977 kehrte Susanne Albrecht noch einmal in die Kreise zurück, denen sie den Kampf angesagt hatte. Mit einem Rosenstrauß in der Hand klingelte sie am 30. Juli, einem Samstag, gegen 17.10 Uhr an der Gartenpforte einer Villa in Oberursel. Eine junge Frau und ein Mann waren bei ihr, als Susanne Albrecht ihren Nennonkel Jürgen Ponto besuchte. 10 Minuten später lag der Chef der Dresdner Bank sterbend im Arbeitszimmer seines Hauses, tödlich von fünf Schüssen aus zwei großkalibrigen Pistolen getroffen. Susanne Albrecht und ihre Freunde flohen. . .

Das Mädchen Susanne, das eigentlich etwas Vernünftiges in seinem Leben tun wollte, war zur Mörderin geworden.«[10]

Belassen wir es bei diesen beiden Lebensläufen, denen Dutzende folgen könnten. Keiner gleicht dem anderen; Ähnlichkeiten allerdings gibt es. Fast alle Mitglieder der Anarcho-Szene und der Roten Armee Fraktion, mit ganz wenigen Ausnahmen, entstammen wohlbehüteten bürgerlichen Kreisen. Und fast alle, wiederum mit ganz wenigen Ausnahmen, sind angehende Akademiker. Das proletarische Element, die Arbeiterklasse, auf die die RAF zu Beginn ihrer Aktivitäten immer wieder Bezug nimmt, war praktisch in ihren Reihen nicht vertreten. Der damalige Justizminister der Bundesrepublik, Dr. Hans Jochen Vogel, betonte mit vollem Recht, *die Terroristen seien weder Kinder von Karl Marx noch Kinder von Adolf Hitler, es seien unsere Kinder.*

Konkreter ausgedrückt: Es sind halbgebildete oder gebildete Kinder des saturierten Bürgertums, die, die tiefen Widersprüche unseres Daseins in dieser Welt überscharf erfassend, in den furchtbaren Irrtum abgleiten, durch Tötung einzelner Persönlichkeiten könne irgend etwas geändert werden. Als ein besonderes Element in diesen Lebensläufen müssen die Erfahrungen mit den Überreaktionen von Polizei und Justiz hervorgehoben werden, die oft das auslösende Moment für eine Kette von immer neuen Gewalttaten darstellt. Diese Erkenntnis ist in der Zwischenzeit durch zahlreiche Psychologen untermauert worden, so auch von der Psychologin Emma Goldmann:

»Die Psychologie der politischen Gewalt zu analysieren ist nicht nur sehr schwierig, sondern auch sehr gefährlich. Wenn man solche Aktionen mit Verständnis behandelt, wird man sofort ihrer Verherrlichung geziehen. Wenn man... Mitgefühl mit den Attentätern zeigt, riskiert man, als Sympathisant angesehen zu werden. Jedoch allein Intelligenz und Sympathie können uns näher an den Ursprung menschlicher Leiden heranführen und werden uns befähigen, eine Lösung zu finden... Bevor wir nicht wirklich die Menschlichkeit in uns fühlen, können wir nicht im entferntesten den gerechten Zorn verstehen, der sich in der menschlichen Seele ansammelt, die brennende, bohrende Leidenschaft, die den Sturm unvermeidlich macht. Die unverständige Masse sieht denjenigen, der einen gewalttätigen Protest gegen unsere sozialen und ökonomischen Ungleichheiten artikuliert, wie eine wilde Bestie an, wie ein grausames, herzloses Monstrum, dessen Freude es ist, Leben zu zerstören und in Blut zu baden; oder im besten Fall wie auf einen nicht zurechnungsfähigen Verrückten. Nichts ist jedoch weiter von der Wahrheit entfernt...«[11]

Die Frage allerdings, wann und wie ein Mensch, durch eine Reihe von Schlüsselerlebnissen angeheizt, zum Revolver greift oder (als Alternative) als Clown verkleidet einer Demonstration vorantanzt oder dann doch seinen »Frieden« mit der Gesellschaft macht, diese Frage kann, wir betonten es bereits, niemals generell, sondern nur im Zusammenhang mit der Analyse der Einzelpersönlichkeit beantwortet werden. Der eine demonstriert, der andere frißt seine Erbitterung zähneknirschend in sich hinein, der dritte flüchtet sich in Familie und Karriere, der vierte ist sein ganzes Leben lang ein »Linksdenker«, oder es läßt ihn alles, was um ihn herum vorgeht, völlig unberührt; aber da ist dann doch einer, der schießt. Aber wer dieser ist, der schießt, kann man nicht voraussagen. Susanne Albrecht wurde eine

Mörderin, Fritz Teufel wurde kein Mörder. Auch *Ulrike Meinhof,* die vor ihrem Selbstmord nur noch töten wollte und sonst nichts mehr, war einmal ein wohlbehütetes Mädchen, das betete, bevor es in der Mensa als Studentin seine Mahlzeit einnahm. Ulrike Meinhof war eine hochbegabte Publizistin, deren beste Artikel der »Weltbühne« der zwanziger Jahre alle Ehre gemacht hätten. Bei der Analyse des Lebens und der Entwicklung von Ulrike Meinhof sind unter anderem auch ihre grauenhaften Eheerlebnisse niemals berücksichtigt worden, die ganz sicher zu ihrer Entwicklung beigetragen haben. Vieles ist da zusammengekommen, ehe sie den furchtbaren Entschluß faßte, zum Revolver zu greifen.

Bei den Mitgliedern der RAF, die viel zu oberflächlich mit den russischen Narodniki verglichen werden, tritt das verzerrte Geschichtsbild mit der Überbetonung der Rolle der Persönlichkeit in der Geschichte gar nicht so in den Vordergrund wie bei den Anarchisten des 19. Jahrhunderts. Die RAF ist politisch von Anfang an sprachlos, ihre Argumentation dürftig, eigentlich antiintellektuell. *Von dem ernsthaften Versuch einer wissenschaftlichen Analyse der gegebenen Gesellschaft kann keine Rede sein.* Hier zwei Proben:

»Wir sagen natürlich, die Bullen sind Schweine, wir sagen, der Typ in der Uniform ist ein Schwein, das ist kein Mensch, und so haben wir uns mit ihm auseinanderzusetzen. Das heißt, wir haben nicht mit ihm zu reden, und es ist falsch, überhaupt mit diesen Leuten zu reden, und natürlich kann geschossen werden.«[12]

»Wie es falsch ist, die Kräfte der Revolution zu entmutigen, indem man sie unterschätzt, ist es falsch, ihnen Auseinandersetzungen vorzuschlagen, in denen sie nur verheizt und kaputtgemacht werden können. Der Widerspruch zwischen den ehrlichen Genossen in den Organisationen – lassen wir die Schwätzer einmal raus – und der Roten Armee Fraktion ist der, daß wir ihnen vorwerfen, die Kräfte der Revolution zu entmutigen, und sie uns verdächtigen, wir würden die Kräfte der Revolution verheizen.«[13]

Ganz auffällig ist: Als in der Roten Armee Fraktion die Serie der Morde beginnt, hört jede theoretische Auseinandersetzung auf, ja, solche Diskussionen werden leidenschaftlich abgelehnt, als fürchteten die Mitglieder der RAF eine ernsthafte Analyse der gesellschaftlichen Wirklichkeit, denn diese Analyse der gesellschaftlichen Wirklichkeit *hätte ihr Tun als verbrecherisch und völlig unsinnig entlarvt.* Die Mordserie der Roten Armee Fraktion hat den Charakter eines

Rachefeldzuges gegen die Gesellschaft, nicht den Charakter eiskalt überlegter Taten mit dem Ziel, die Gesellschaft zu ändern. Es ist der Rachefeldzug von Bürgerkindern gegen eine Gesellschaft, die ihnen gewalttätig entgegentritt, als sie erst zu protestieren beginnen und noch nicht an Gewalt dachten, und die ihnen im übrigen mit grauenhafter Langeweile, Konsumterror, massenhafter Sinnlosigkeit und auch mit viel Zynismus entgegengähnt.

Den Rachefeldzug dieser verwirrten Bürgerkinder beantwortet die Gesellschaft mit ihrer Art von Rache, die sich zunächst in den Medien, insbesondere den Produkten aus dem Hause Springer, austobt. Hier zeigt sich die Fratze der Gesellschaft in unverhüllter Form. Obwohl »Bild« beispielsweise in jeder Ausgabe über viele Spalten hinweg Anzeigen von Bordellen, Massagesalons, Hostessen abdruckt, wagt dieses Skandalblatt es, allein die Studenten der APO-Szene als eine wilde Bande von Sexomanen, Lesben und Homos darzustellen, um Teile des Kleinbürgertums mit seiner unbefriedigten Sexualphantasie aufzuhetzen. *Auch wird der Gegensatz zwischen der protestierenden Jugend und der RAF von Anfang an systematisch verwischt, um der Nation einreden zu können, die Mordserie der RAF schwimme auf einer Welle von Sympathie, die von Fritz Teufel bis zu Heinrich Böll reiche.* So gestaltet sich die Verteufelung aller Intellektuellen, die Gegensätze und Abgründe unserer Gesellschaft immer wieder mit Recht beachten und ausloten, zu einer Hexenjagd. Es soll in der Presse der Eindruck erweckt werden, wir hätten eine heile, harmonische Welt, wenn es da nicht diese ewigen Störenfriede gäbe. Josef Goebbels, der nach dem Revolver greifen wollte, um die »Asphalt-Literaten« und Intellektuellen abzuknallen, hätte seine helle Freude an dieser Presse gehabt. Dieser schamlose Feldzug der Heuchelei und der Lüge, der Marx, Engels, Lenin und Marcuse, Adorno und Rudi Dutschke in einem Atemzug für die Taten der RAF verantwortlich macht, hat bis heute seine tiefen Wunden hinterlassen.

Ganz nach dem Beispiel des unseligen Polizeibeamten Kurras häuften sich die *Überreaktionen von Polizei und Justiz.* Sinnlose Massenverhaftungen, Parteilichkeit der Richter, Isolierhaft und Mißhandlung von Gefangenen, hemmungsloser Griff nach aufgespeicherten Daten, das ist das Unkraut, das die zarte Pflanze »demokratische Justiz« zu überwuchern drohte und droht.

Heute erkennen wir, daß die Überreaktionen des Staates dem Gedanken der Rechtsstaatlichkeit, den Menschenrechten und der

Demokratie einen vermutlich weitaus größeren Schaden zugefügt haben als alle Terroranschläge der RAF zusammen.

Es muß im nachhinein ausdrücklich festgehalten werden, daß zwar letzthin die Rechtsstaatlichkeit gewahrt und wiederhergestellt wurde, daß aber die Reaktionen auf die Mordserie der RAF deutlich zeigten, daß Demokratie, Wahrung der Menschenrechte, Rechtsstaatlichkeit und Toleranz gegenüber Andersdenkenden keineswegs zu den Selbstverständlichkeiten in unserer jungen Republik gehören. Einer jungen Generation wurde in aller Öffentlichkeit vorexerziert, wie der Marsch in ein neues 1933 aussehen *könnte*. . . *Offensichtlich ist, daß die Rote Armee Fraktion unter anderem auch eine solche Wirkung einplante.* Wenn Helmut Kohl bei der Mogadischu-Bundestagsdebatte am 20. Oktober 1977 enthusiastisch die *»große Solidarität«* feierte, dann hält Christian Graf von Krockow dem mit Recht entgegen, daß die *»Scheinidylle der totalen Volksgemeinschaft . . . zur folgerichtigen und realen Ergänzung das Konzentrationslager, den Krieg und die Endlösung«* habe, und fährt dann fort: *»Konflikte ertragen und sachgerecht – also auch sachbegrenzt – austragen lernen im Rahmen jener ›Spielregeln‹, die Rechts- und Verfassungsordnung dafür bereitstellen, muß mithin ein Kernstück politischer Bildung ausmachen, die diesen Namen verdient.«*[14]

Wir hatten bereits betont, daß die Entführung und Ermordung von Hanns Martin Schleyer Scheitelpunkt einer Serie von Morden, Banküberfällen und Sprengstoffattentaten war, die seit 1968, seit dem Kaufhausbrand in Frankfurt, die Bundesrepublik in Atem hielten. Hier eine kurze Übersicht:

1969: 48 Brand- und Sprengstoffattentate

1970: 117 Brand- und Sprengstoffattentate

1971: etwa 10 Mordanschläge

1972: 11. Mai: Sprengstoffanschlag auf das Offizierskasino der USA in Frankfurt am Main. *Ein Toter, 13 Verletzte.*

12. Mai: Sprengstoffanschlag auf die Augsburger Polizeidirektion. Fünf Polizisten werden verletzt.

15. Mai: Sprengstoffanschlag auf das Auto eines Bundesrichters in Karlsruhe. Dessen Frau wird schwer verletzt. Sprengstoffanschlag auf das Verlagshaus Axel Springers in Hamburg.

24. Mai: Sprengstoffanschlag auf das Hauptquartier der US-Armee in Heidelberg. *Drei Tote, fünf Verletzte.*

1974: 10. Februar: Sprengstoffattentat auf das Hochhaus des Bundesverbandes der Deutschen Industrie in Köln.

10. November: Mord an dem Westberliner Kammergerichtspräsidenten *Günter von Drenkmann.*
1975: 27. Februar: Entführung des Berliner CDU-Vorsitzenden *Peter Lorenz.* Nach einer Woche freigegeben, nachdem fünf Mitglieder der RAF freigepreßt worden sind.
24. April: Überfall auf die Deutsche Botschaft in Stockholm. *Zwei Tote auf der Seite der Überfallenen, zwei Tote der RAF.*
21. Dezember: Geiselnahme von 70 Teilnehmern der OPEC-Konferenz in Wien. *Drei Tote.*
1977: 7. April: Ermordung des Karlsruher Generalbundesanwalts *Siegfried Buback,* seines Fahrers und eines Polizisten.
30. Juli: Mord an dem Vorstandsvorsitzenden der Dresdner Bank, *Jürgen Ponto.*

Was geschah am 5. September 1977?

Am Nachmittag dieses Tages befindet sich *Hanns Martin Schleyer* auf der Fahrt vom Sitz des Bundesverbandes der Deutschen Arbeitgeberverbände zu seiner Zweitwohnung in Köln-Braunsfeld. In seinem Wagen ist er mit seinem Fahrer allein. Dem Wagen folgt ein zweiter mit drei Polizisten, die zu Schleyers Schutz eingesetzt worden sind. Als der Wagen Schleyers in die Vincenz-Statz-Straße einbiegt, muß der Fahrer anhalten, denn ein Mercedes-Wagen steht quer zur Fahrbahn, daneben liegt ein blauer Kinderwagen. Schleyers Fahrer bremst so stark, daß das nachfolgende Fahrzeug der Polizisten auf Schleyers Wagen auffährt. In diesem Augenblick der Verwirrung stürmen fünf Personen auf die Fahrzeuge zu, *töten durch gezielte Schüsse Schleyers Fahrer und die drei Polizeibeamten, schleppen Schleyer zu einem in der Nähe stehenden VW-Bus und entkommen.*

Wer war Hanns Martin Schleyer? Der getötete Polizist *Roland Pieler* nennt Schleyer einen »Pfundskerl«. Pieler war zu seinem Schutz eingesetzt. Präsident *Carstens* sagt bei der Eröffnung der Bundestagsdebatte vom 20. Oktober 1977 über den Ermordeten:

»Mit ihm verliert unser Land einen Mann, der durch sein Wirken in fast drei Jahrzehnten zum Aufbau der deutschen Wirtschaft, zur Schaffung Tausender von Arbeitsplätzen, zur Verwirklichung von mehr sozialer Partnerschaft zwischen Unternehmern und Arbeitnehmern wesentlich beigetragen hat. Freiheit, Toleranz, Leistung waren die Leitmotive.«[15]

Bundeskanzler *Helmut Schmidt* in derselben Bundestagsdebatte: *». . . daß nach dem Urteil der Bundesregierung die deutsche Wirt-*

schaft in ihm eine ihrer hervorragenden Unternehmerpersönlichkeiten verloren hat, ein Mann von hohen Führungseigenschaften, dessen Engagement, dessen Wissen, auch sein Gespür für sozialen Ausgleich, ihn befähigt haben, sein Amt als Sprecher der Industrie und der Arbeitgeber auf eine Weise auszuüben, die ihm Anerkennung eingebracht hat. Für die Bundesregierung war er kein einfacher Gesprächspartner.«[16]

Helmut Kohl: *»Viele von uns – auch ich – haben in Hanns Martin Schleyer einen guten Freund verloren. Wir in der CDU trauern um ein Mitglied, das sich unserer Idee immer leidenschaftlich verpflichtet wußte. Unser ganzes Volk verliert einen Mann, der... seiner Überzeugung treu blieb, auch wenn sie ihm nicht immer öffentlichen Beifall einbrachte, einen Mann, der – wie wenige – entscheidenden Anteil an der wirtschaftlichen Entwicklung, an der Stabilität und am sozialen Frieden unseres Landes hat.«*[17]

Aber niemand wagt, nach dem Mord an Schleyer, Kritisches über dessen wirklichen Lebenslauf zu sagen, denn jedes kritische Wort über den Ermordeten wäre blitzartig als Sympathie zu den Mördern ausgelegt worden, so angeheizt war die Stimmung im Jahre 1977. Das hatte der Schriftsteller *Erich Fried* im selben Jahr schon schmerzhaft erfahren müssen, als er nach der Ermordung des Generalbundesanwalts Siegfried Buback ein Gedicht veröffentlichte, *aus dem keinerlei Sympathie mit den Mördern, aber – und das war der furchtbare Stein des Anstoßes – auch keinerlei Sympathie mit dem Ermordeten herauszulesen war:*

»Sein Tod wird helfen / das Denken / auf ihn abzulenken / und so zu verdecken das Unrecht / von dem dieser Mensch / nur ein Teil war / schon darum / kann ich nicht ja sagen / zu seinem Tod / vor dem mir fast genauso sehr graut / wie vor seinem Leben...
Es wäre besser gewesen / so ein Mensch / wäre nicht so gestorben / es wäre besser gewesen / ein Mensch / hätte nicht so gelebt.«[18]

Wenn man den wirklichen Lebenslauf Hanns Martin Schleyers liest, dann wird man sofort an dieses Gedicht erinnert. Der Sachbuchautor *Bernt Engelmann* konnte von Glück sagen, daß er Bruchstücke des wirklichen Lebenslaufes Schleyers drei Jahre *vor* dessen gewaltsamen Tod veröffentlichte und nicht danach. Engelmann beschreibt in seinem Tatsachenroman *»Großes Bundesverdienstkreuz«* Schleyers Leben so:

»Schleyer, Hanns Martin, geboren am 1. Mai 1915 in Offenburg,

Mitglied des Vorstandes der Daimler-Benz AG und Präsident der Bundesvereinigung der Deutschen Arbeitgeberverbände (BDA). Seit 1931 Mitglied der HJ, dann der SS und der NSDAP. Jurastudium in Heidelberg, dort ›Amtsleiter‹ des NS-Reichsstudentenwerks, einer – so die Zeit – ›Tarnorganisation des Sicherheitsdienstes (SD)‹; NS-Amtsleiter und Mitunterzeichner eines Denunziantenberichts an das Badische Ministerium für Kultur und Unterricht; 1938 Leiter des NS-Reichsstudentenwerks in Innsbruck, 1941 in Prag. Bis 1945 als SS-Führer und Leiter des Präsidialbüros im ›Zentralverband der Industrie für Böhmen und Mähren‹ in Prag tätig.

Seit 1951 bei der Daimler-Benz AG, zuletzt Personalchef. Zahlreiche Aufsichtsratsmandate.«[19]

Den Denunziationsbericht Schleyers vom 29. Mai 1937 an das Badische Kultusministerium zitiert Bernt Engelmann so:

» ›Im Laufe der Unterredung wurde das Gespräch auf die Tatsache gelenkt, daß ein Teil der Universität Freiburg am Fronleichnamstag geschmückt war... Rektor Metz bemerkte dazu, er könne dagegen nichts machen, außerdem seien die katholischen Studenten und Dozenten auch Deutsche, die zu uns gehörten...! In diesem Zusammenhang ist noch zu bemerken, daß nach Aussagen von verschiedenen Männern die Universität Freiburg am 1. Mai – dem nationalsozialistischen Staatsfeiertag der nationalen Arbeit – nicht geschmückt war...‹ Sodann wurde in dem Gedächtnisprotokoll noch hervorgehoben, daß Rektor Metz am Tage dieser Auseinandersetzung die Dreistigkeit gehabt hätte, dem gerade in Freiburg anwesenden NS-Reichsstudentenführer zu verbieten, vor den Teilnehmern eines Sportwettkampfes zwischen den Universitäten Freiburg und Basel eine Ansprache zu halten. ›Zu dieser Frage äußerte sich Rektor Metz folgendermaßen: Der Reichsstudentenführer darf unter keinen Umständen zu den Studenten sprechen... Es sei auf die Gefühle der Gäste aus der neutralen Schweiz Rücksicht zu nehmen! –... Uns wäre es auch nicht recht, wenn wir in Basel von Sozialdemokraten (!) empfangen würden.‹

Unterschrieben war dieses denunziatorische Protokoll, mit dem Rektor Metz staatsfeindliche Gesinnung unterstellt wurde, von drei prominenten Nazi-Aktivisten: Gaustudentenführer Dr. Oechsle, Studentenführer Gernot Gather, Amtsleiter Hanns Martin Schleyer.«[20]

Nach *eigenen* Angaben war Schleyer *»alter Nationalsozialist und SS-Führer«*. Er war eine der wichtigsten Figuren bei der Eingliederung der gesamten tschechoslowakischen Wirtschaft in die deutsche Kriegswirtschaft. Schleyer gehörte damit zu jenen Stützen des nazistischen Terrorregimes, die nach dem Kriege (fast) niemals zur Verantwortung gezogen wurden: den Generälen, den Richtern und den Wirtschaftsführern, obwohl diese drei Gruppen, die eine immense Macht ausübten und oft den Terror steuerten, ohne sich persönlich die Finger schmutzig zu machen, viel eher nach 1945 vor ein ordentliches Gericht gehört hätten als die kleinen SS-Leute, denen die »Dreckarbeit«, die Mordgeschäfte, befohlen wurden und die diese »Arbeit« geflissentlich ausführten. Dieser bedeutende Wirtschaftsführer Hitlers wandelt sich nach dem Kriege nahtlos zu einem deutschen Demokraten und wird einer der wichtigsten Wirtschaftsführer und Konzerngewaltigen der Bundesrepublik Deutschland. Seine Gegnerschaft zu den Gewerkschaften ist bemerkenswert. Niemals bis zu seinem gewaltsamen Tode hat Schleyer seinen »Herr-im-Hause«-Standpunkt verleugnet.

Wer diese und andere Wahrheiten über Hanns Martin Schleyer nach 1977 aussprach, mußte mit Morddrohungen rechnen. Es gab aber schon damals mutige und offene Stimmen. *Walter Boehlich* schrieb 1978 zum Beispiel:

Die Bundesrepublik Deutschland. . .»hat sich ungezwungen zum legalen Nachfolger des Deutschen Reiches erklärt und hat dessen Nachfolge nicht nur staatsrechtlich angetreten. Sie hat, da sie auf Mehrheiten sich stützen mußte und die Mehrheit erwiesenermaßen faschistisch und antikommunistisch war, den Antikommunismus zur Staatsreligion gemacht, und dabei sehr bald vergessen, daß nicht die Kommunisten, sondern die Faschisten Deutschland von 1933 bis 1945 regiert haben. Die braunen, die blutigen Flecken sind zu lässigen Jugendsünden erklärt worden. Erst zögernd, dann immer ungenierter, fast widerspruchslos, so daß für die Wirklichkeit der Bundesrepublik beides charakteristisch ist: die Integration der Wegbereiter und Helfershelfer wie die Berufsverbote für Linke. . . Der Weg von Prag nach Köln, vom Zentralverband der Industrie für Böhmen und Mähren zum Industrie- und Arbeitgeberverband kann auch als folgerichtig gesehen werden und ein beklemmendes Licht auf die deutsche Industrie werfen, die nur den einen Ehrgeiz zu haben scheint, effizient zu sein, im Frieden wie im Krieg, mit allen erlaubten Mitteln. Im Kriege mit Zwangsarbeitern und KZ-Häftlingen, im Frieden mit Fremdarbeitern, deren Behandlung und Ausbeutung einmal als Anklage gegen die Bundesrepublik dienen wird. . .«[21]

Aber: Wer die Vergangenheit kritisch beleuchtete und beleuchtet um einer besseren Gegenwart und Zukunft willen, wurde den Terroristen zugeordnet, den Terroristen von 1977 und dann auch (Ironie der Geschichte), den Terroristen von 1933 bis 1945. *Erich Fried* stellt deshalb mit Recht die peinliche Frage: *»Ist eine Demokratie / in der man nicht sagen darf / daß sie keine / wirkliche Demokratie ist / wirklich eine / wirkliche Demokratie?«*

Hanns Martin Schleyer war also am 5. September 1977 in die Gewalt der RAF geraten; *am 19. Oktober wird Schleyers Leiche im Kofferraum eines Autos in Mülhausen im Elsaß aufgefunden.* Was geschah in der Zwischenzeit? Die Entführung Schleyers löste die riesigste und umfassendste Fahndungsaktion in der Bundesrepublik aus, die unser Staat bis dahin erlebt hat. Sie war ohne entscheidende Erfolge geblieben. Im nachhinein scheint das wesentliche Ergebnis dieser Fahndungsaktion der drohende Triumph des Polizeistaats über den Rechtsstaat zu sein, wofür es viele Beweise gibt. Es wurden, um nur einige Beispiele zu nennen, zahlreiche junge Leute verhaftet, die eine gewisse äußere Ähnlichkeit mit den Entführern Hanns Martin Schleyers hatten. Sie wurden zum großen Teil entwürdigend behandelt. *Ein ganzes Volk wurde eingeschüchtert,* und die Presse eröffnet ein wahres Trommelfeuer unter der Überschrift *»Die Sympathisanten«.* Es scheint so, wenn man dieser Presse folgt, als seien alle Intellektuellen, die laut und offen über den Zustand unserer Gesellschaft nachdachten, Sympathisanten und selbst potentielle Mörder. Die Diffamierung, die RAF sei aus der Studentenbewegung der sechziger Jahre hervorgegangen, sie sei ihre eigentliche Frucht, erlebt in diesen Wochen nach der Entführung Hanns Martin Schleyers ihren absoluten Höhepunkt.

Die RAF selbst, die keinerlei politische Erklärungen abgab, *bewies dagegen schlagend, daß ihre Morde und Entführungen mit Politik,* mit irgendeiner anvisierten gesellschaftlichen Veränderung, *überhaupt nichts zu tun hatten.* Mit der Entführung Schleyers wollte die RAF elf gefangene Mitglieder der Roten Armee Fraktion freipressen. Das gelang nicht. Den elf Gefangenen wurden 13 Morde und 43 Mordversuche zur Last gelegt. Ihre Freipressung – und das hatten die Aktivitäten freigepreßter RAF-Mitglieder nach der Entführung von Peter Lorenz bewiesen, hätten neue Gewalttaten zur Folge gehabt.

Die Bundesregierung hatte eine schwere Verantwortung auf sich genommen, denn die Entscheidung, der Roten Armee Fraktion nicht nachzugeben, bedeutete nach aller Wahrscheinlichkeit das Todesurteil für Hanns Martin Schleyer. Bundeskanzler Helmut Schmidt begründet die schwerwiegende Entscheidung der Bundesregierung in der Bundestagsdebatte vom 20. Oktober 1977 so:

»Das Bundesverfassungsgericht hat in den frühen Morgenstunden des 16. Oktober im Namen unseres Volkes für Recht erkannt: Die Art. 1 und 2 unseres Grundgesetzes verpflichten den Staat, jedes menschliche Leben zu schützen. Diese Schutzpflicht ist umfassend. Sie gebietet dem Staat, sich schützend und fördernd vor dieses Leben zu stellen, das heißt vor allem, es auch vor rechtswidrigen Angriffen von seiten anderer zu bewahren. An diesem Gebot haben sich alle staatlichen Organe je nach ihren besonderen Aufgaben auszurichten.

– Alle staatlichen Organe! – Das Verfassungsgericht hat hinzugefügt: Das Grundgesetz begründet eine Schutzpflicht nicht nur gegenüber dem einzelnen, sondern auch gegenüber der Gesamtheit aller Bürger.

Die Wahrnehmung dieser doppelten Pflicht setze voraus, daß die staatlichen Organe ihre Maßnahmen der Vielfalt der jeweiligen konkreten Situation ohne Festlegung auf ein bestimmtes Verhalten anpassen können.«[22]

Aus der Rückschau muß festgestellt werden, daß *dieser Beschluß der Bundesregierung zusammen mit der Befreiung der 85 Geiseln aus der Lufthansa-Maschine in Mogadischu der RAF praktisch das Genick brach und daß diese Beschlüsse der Bundesregierung richtig gewesen sind.* Raspe, Baader und Gudrun Ensslin folgen Ulrike Meinhof: Sie beenden ihr Leben selbst in der Gefängniszelle, was im westlichen Ausland große Protestdemonstrationen hervorruft, da allgemein angenommen wird, die drei Gefangenen hätten nicht Selbstmord verübt, sondern seien ermordet worden. Es ist durch internationale medizinische Sachverständige aber so gut wie einwandfrei festgestellt worden, daß die drei Genannten Selbstmord machten. Ungeklärt ist allerdings noch, wie die Waffen zum Selbstmord in die streng bewachten Zellen geschmuggelt werden konnten. Die Terroristin Irmgard Möller, die sich ebenfalls töten wollte, überlebte.

Die Ratlosigkeit der deutschen Linksintellektuellen gegenüber der damaligen Situation hat sehr gut der Film »Deutschland im Herbst« eingefangen.

Der Schaden, der der demokratischen Bewegung und dem demokratischen Gedanken durch die Rote Armee Fraktion zugefügt wurde, durch Überreaktion von Bundesorganen, von untergeordneten

Dienststellen und einzelnen Beamten, die sich zu racheähnlichen Handlungen hinreißen ließen, ist bis heute nicht vollständig behoben. Das Problem des Berufsverbotes, des Radikalenerlasses, das weite Feld des Datenschutzes einerseits, die immer neuen Verweigerungen, demokratischen Basisbewegungen wie Hausbesetzungen wegen Mißbrauch des Eigentumsrechts, Demonstrationen und Bürgerinitiativen gegen Kernkraftwerke, gegen die Zerstörung der Natur auf der anderen Seite, das sind die Folgen dieser historischen Prozesse.

Iring Fetscher folgert aus dem Erlebnis der Studentenbewegung:

»Niemand kann es den jungen Menschen verdenken, daß sie in einem noch so glänzend ausstaffierten Spießerideal kein Lebensziel erblicken können. Der ›Sinn des Habens‹, des Mehr-haben-Wollens verdeckt alles andere, und der private Egoismus zerstörte menschliche Beziehungen bis in die Familien hinein. Noch die legitimen Ziele der Emanzipation wurden durch den dominierenden Privategoismus tangiert. In dieser Lage konnten junge Menschen allenfalls im energischen Eintreten für Benachteiligte, Entrechtete, Randgruppen oder kolonialunterdrückte Völker der Dritten Welt einen Lebenssinn finden.

Auf dieser Suche wurde ihnen von der älteren Generation wenig Hilfe zuteil. Idealisierungen von Revolutionären der Dritten Welt – wie Che Guevara und Ho Tschi Minh – konnten aber oft gegenüber der enttäuschenden Realität postrevolutionärer Verhältnisse nicht standhalten. Die Hoffnung auf raschen Wandel im eigenen Lande durch die reformistische Sozialdemokratie mußte enttäuschen. Verwöhnt durch die Schnelligkeit aller Veränderungen in einer durchtechnisierten Welt und durch eine permissive Erziehung trieb revolutionäre Ungeduld zu widersinnigen Formen des Aktivismus – bis hin zum Individualterror. Die Trugschlüsse der Terroristen sind nicht nur eine Herausforderung für deren selbstkritischere Intelligenz, sondern für uns alle.«[23]

Dem ist nicht mehr viel hinzuzufügen. Es darf nicht geschehen, daß eine Generation, die dem Terror Hitlers hysterisch zujubelte, mit der Kritik ihrer Kinder an der unbewältigten Schuld ihrer Eltern nur deshalb brutal abrechnen kann, weil eine Handvoll von in Panik geratenen Bürgerkindern auf eine höchst unvollkommene Gesellschaft mit der Maschinenpistole losgeht, anstatt an deren demokratischer Änderung, die möglich ist, wirklich mitzuarbeiten.

Erzbischof Oscar Arnulfo Romero
Die gefährliche Nähe der United Fruit Company (1980)

»Die Vereinigten Staaten scheinen von der Vorsehung dazu auserwählt, Lateinamerika im Namen der Freiheit ins Elend zu stürzen.«
Simon Bolivar

»Gewalt übt man mit Gewehren, Granaten, Panzern und einer Menge kostspieliger Werkzeuge aus, über die das Volk bekanntlich nicht verfügt. Darum entscheidet über die Anwendung von Gewalt, wer sie bezahlen kann. Ein Bauer wird seine Kuh, die seinen Kindern Milch gibt, nur dann für ein Maschinengewehr verkaufen, wenn das Leben der Kinder von einem anderen Maschinengewehr bedroht ist. Wenn sich also die Bauern bewaffnen, warum?«
Camilo Torres

In den Augen der Herrschenden war er schon lange ein *»Kommunistischer Skorpion«,* ein giftiges Insekt, das man so schnell wie möglich mit den Absätzen in den Boden stampfen sollte. Am Montag, dem 24. März 1980, geschah es dann. Ein Exilkubaner, ein bezahlter Killer, *tötet den Erzbischof bei einer Totenmesse in einer Krankenhauskapelle in San Salvador;* er ist mindestens der siebente Priester, der in zwei Jahren von rechten Todeskommandos in diesem kleinen mittelamerikanischen Staat ermordet wurde. Der Erzbischof wußte schon lange, daß seine Tage gezählt waren. Während einer Predigt in der Kathedrale von San Salvador – wie immer überfüllt, besucht von den Armen, gemieden von den Reichen – hatte Romero gesagt:

»Mögen sie mich umbringen – die Stimme der Wahrheit werden sie damit nicht zum Schweigen bringen. Heute verlangt das Volk von seiner Kirche, sehr viel entschiedener als früher, auf seinem Leidensweg nicht allein gelassen zu werden.« [1]

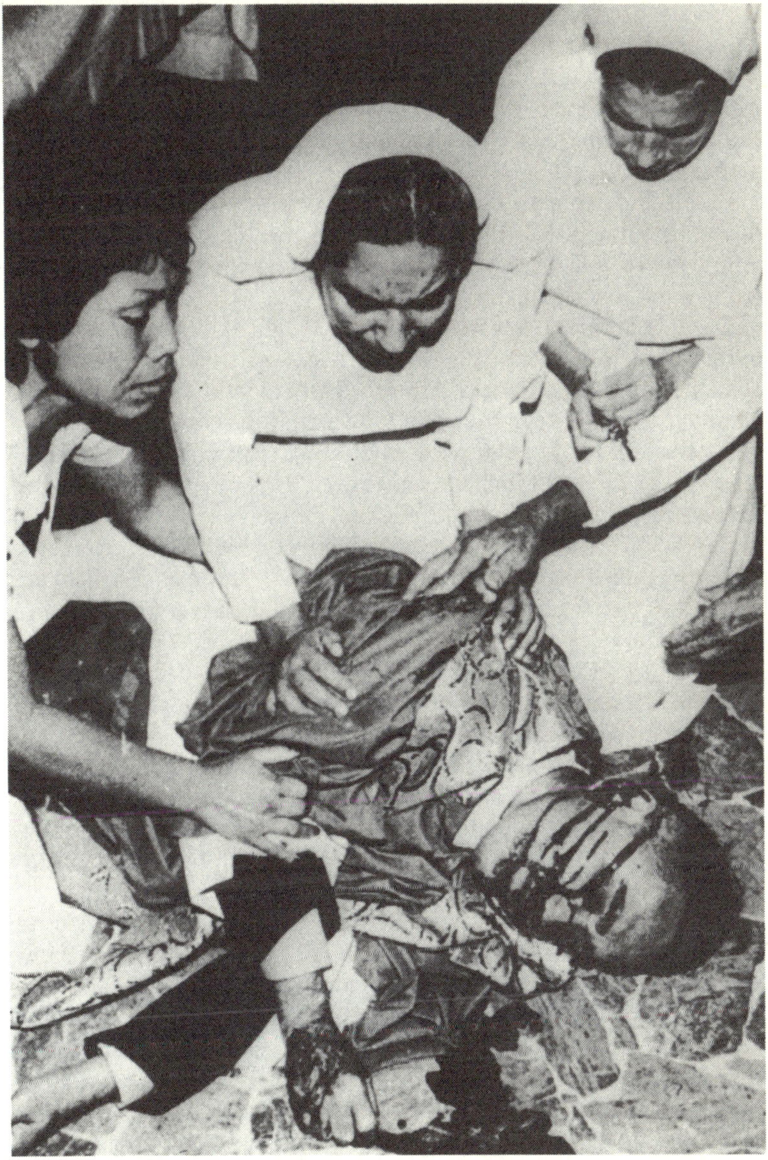

Erzbischof Romero als Opfer rechter Terroristen auf den Altarstufen einer Krankenhauskapelle in San Salvador (24. März 1980).
dpa

Als der Erzbischof dann tot und blutüberströmt vor dem Altar liegt, melden sich die Mächtigen dieser Welt.

Alle scheinen »bestürzt und empört«. *Aber alle wußten und wissen, was in dem Menschenschlachthaus El Salvador täglich geschah und täglich geschieht.* Die Empörung und die Bestürzung waren bei den meisten ein Akt schlimmer Heuchelei.

Erzbischof Romero ist ein weiteres Beispiel dafür, wie prägend die unmittelbaren Einflüsse der Umwelt, vor allem auch das politische Umfeld, auf einen Menschen zu wirken beginnen, der lange als völlig unpolitisch galt.

Das Kind armer Leute hatte nur zwei Möglichkeiten aufzusteigen, indem er sich entweder für den Offiziers- oder den Priesterberuf entschied. 1944 wird Oscar Arnulfo Romero zum Priester geweiht, nachdem er die Gregorianische Universität in Rom mit Auszeichnung besucht hatte. 1970 wird er Bischof. Vorher war er 26 Jahre lang Pfarrer einer ländlichen Gemeinde. Als der Papst ihn 1977 zum Erzbischof ernennt, sind die reichen Leute von El Salvador mit dieser Wahl des Vatikans sehr zufrieden. Noch tastet Romeros Auslegung des Evangeliums die Vorrechte der Besitzenden nicht an. In den Augen der Liberalen und der Sozialisten dagegen gilt Romero als *Reaktionär*.

Drei Jahre später, als er tot ist, stirbt in der Gestalt des Erzbischofs, der vom Vatikan mehrfach verwarnt wurde, ein großer und leidenschaftlicher *Fürsprecher der armen Leute gegen das unmenschliche Regime der Militärs und der Großgrundbesitzer.* Erzbischof Romero stirbt in der Erkenntnis, daß die wachsende Gewalttätigkeit der Hungernden, Ausgebeuteten und Unterdrückten die oft lange hinausgezögerte Antwort »von unten« auf die triumphierende Gewalttätigkeit und den protzenden Reichtum der Herrschenden ist.

Das ist weiß Gott eine in der Weltgeschichte nicht neue Erkenntnis, schon gar nicht eine Karl Marx angedichtete Erfindung. Jahrhunderte vor Marx, im deutschen Bauernkrieg, als die armen Bauern, die die unverschämte Frage gestellt hatten: *»Als Adam grub und Eva spann, wo war denn da der Edelmann?«,* hatte ihnen ein Geistlicher geantwortet, daß gegen den Übermut der Reichen nur die Gewalt des armen Mannes helfen könne. Der Geistliche hieß *Thomas Müntzer.* Die Geschichte von El Salvador ist eine immer neue Illustration dieser einfachen Wahrheit, die viele immer noch nicht glauben wollen. Wie ein Wunderdoktor, der allein die von ihm zusammengebraute Medizin vor der staunenden Menge hochhält, wird die parlamentarische Demokratie als das alleinige Heilmittel gegen alle Gebrechen dieser Welt angepriesen. Unsere politischen Wunderdoktoren drücken sich nämlich um die Beantwortung der Frage herum, was denn ein Volk tun soll, wenn ihm jahrzehntelang eben diese parlamentarische Demokratie und mit ihr Menschenrecht und politische Grundrechte verweigert werden oder wenn gar der Parlamentarismus wie ein fadenscheiniges Mäntelchen den Terror nur mühsam zu verhüllen sucht. Da sind dann die Priester gerade recht, die Geduld, Gehorsam, Demut und ein schönes Leben nach dem Tode predigen. Ein solcher Hirte seiner armen Herde wollte Romero nicht mehr sein – und deshalb mußte er sterben.

Werfen wir einen Blick auf die *Geschichte El Salvadors*. Die 300 Jahre dauernde Kolonialherrschaft Spaniens (und Portugals) über Mittel- und Südamerika geht mit der gesamtkontinentalen Unabhängigkeitsrevolution in der ersten Hälfte des vorigen Jahrhunderts auch für El Salvador zu Ende. Aber obwohl die imperialistische Epoche der USA erst mit dem Ende des 19. Jahrhunderts einsetzt, hatten die USA schon mit der Monroe-Doktrin von 1823 Latein- und Mittelamerika zur zukünftigen Einflußsphäre der USA erklärt.

Die Abwehr europäischer Hegemonialeinflüsse ist schon verflochten mit der Vorstellung der eigenen Vorherrschaft auf dem amerikanischen Kontinent. Die Geschichte El Salvadors – und der Geschichtsablauf aller Staaten Mittelamerika ist, wenn man von Nuancen absieht, fast austauschbar – ist die Geschichte eines *fast ununterbrochenen Bürgerkrieges*. Hier die wichtigsten Daten:

Zwischen 1821 und 1839 erringt El Salvador seine Unabhängigkeit gegen Mexiko. Zwischen 1841 und dem Ende des Jahrhunderts lösen sich Militärdiktaturen fast ununterbrochen ab. Nachdem eine Intervention Guatemalas militärisch abgewehrt wird, gelingt es den Liberalen 1871 unter General Gonzalez, die Konservativen zu stürzen. Bis 1876 wird eine Verfassungsreform durchgeführt: Parlamentarismus, Unabhängigkeit der Gerichte, allgemeines Wahlrecht, Trennung von Staat und Kirche. 1876 können die Konservativen mit Hilfe Guatemalas ihre Macht wieder herstellen. Noch einmal gibt es ein liberales Zwischenspiel (1885–1890). Aber dann herrschen die Konservativen ununterbrochen bis 1927. Die Wirtschaft ist im Interesse ausländischer Kapitalanleger (zunächst britisches, dann immer mehr amerikanisches Kapital) fast völlig ruiniert. 80 Prozent der Einnahmen El Salvadors kommen aus dem Kaffeeanbau. Ab 1927 wird mit dem Präsidenten P. R. Rosque eine begrenzte Liberalisierung begonnen, die 1930 auch zur Gründung einer legalen kommunistischen Partei führt. 1931 wird Präsident Rosque durch einen Staatsstreich des Generals M. Hernandez Martinez gestürzt. 1932 beginnen etwa 10000 Indios und Kaffeepflücker – verhungert, verelendet und von ihrem Grund und Boden vertrieben – einen Aufstand. Sie fordern Land, und sie wollen nicht mehr, als sich satt essen. Das ist der Auftakt zur *Militärdiktatur, deren Gewalt bis heute nicht gebrochen ist,* zu jenem barbarischen Feldzug, dessen einziges Ziel es ist, durch eine möglichst große Anzahl von grausamen Morden und brutalen Folterungen die eigene Bevölkerung einzuschüchtern. Schon 1932 wird Diktator Martinez von den USA und Großbritannien militärisch unterstützt. Insgesamt läßt er ungefähr 30000 Indios abschlachten. Diese furchtbaren, jetzt schon 50 Jahre zurückliegenden Ereignisse haben sich unauslöschlich in das Gedächtnis der Einwohner eingegraben. Seither antwortet die Militärdiktatur El Salvadors auf alle weiteren Versuche der Bauern und der Arbeiter, ihr Leben zu verbessern, mit der gleichen stumpfsinnigen Barbarei. Präsidentschaftswahlen werden regelmäßig durch Wahlbetrug »gewonnen«. Als beispielsweise die Opposition am 1. März 1970 gegen einen solchen Wahlbetrug protestiert, wird der Belagerungszustand verhängt. Allein in der Hauptstadt werden 100 Menschen erschossen und 600 verletzt. Die Kette der Militärdiktaturen seit 1931 wird nur noch ein einziges Mal durchbrochen. Am 26. Oktober 1960 stürzen demokratisch gesinnte Offiziere die »Kaffeediktatur« – erste Auswirkung der kubanischen Revolution in Mittelamerika. Aber die Zeit demokratischer Freiheiten dauert nur drei Monate, und schon hat sich eine neue Diktatur mit Hilfe der USA installiert. *So ist es bis heute geblieben.*

Das 21031 Quadratkilometer große El Salvador mit 4,1 Millionen Einwohnern, *von denen in den vergangenen Jahren eine halbe Million (!) ins Ausland flüchteten,* ist heute nach wie vor ein rückständiges Agrarland. Hauptzweig der Landwirtschaft ist nach wie vor der Kaffeeanbau, der ein Drittel der Exporterlöse einbringt. Außerdem sind in jüngster Zeit Baumwoll- und Zuckerkulturen entstanden, um das Land von der krisenanfälligen Monokultur etwas unabhängiger zu machen. Die unterentwickelte Industrie, die etwa ein Fünftel des Bruttoinlandproduktes erzeugt, stellt vor allem Mineraldünger her und verarbeitet landwirtschaftliche Produkte. Eindeutig beherrscht das US-Kapital das gesamte Wirtschaftsleben.

Das soziale Elend ist allgemein. Über die Hälfte der Salvadorianer haben ein durchschnittliches Pro-Kopf-Einkommen von umgerechnet 300 DM im Jahr. 300000 Kleinbauern besitzen 43000 Hektar Land, während die sechs reichsten Gutsbesitzerfamilien über 72000 Hektar verfügen. Diese Machtverhältnisse sind in anderen Teilen Lateinamerikas eher noch schlimmer.[2]

Nach Aussage der katholischen Kirche wurden allein zwischen 1979 und 1981 32000 Menschen umgebracht, davon starben 80 Prozent *nicht* bei Kampfhandlung mit der Partisanenbewegung, die in den letzten Jahren entstanden ist. Die *Partisanenbewegung* ist heute etwa 4000 Mann stark, gut ausgerüstet, sehr beweglich, vom Volk unterstützt und versorgt. Die meisten Waffen sind amerikanischer Herkunft; die Partisanen haben sie der Nationalgarde von El Salvador abgenommen. Wie der ehemalige Botschafter der USA in El Salvador, *Robert Edward White,* 1982 in einem »Spiegel«-Interview bestätigte, begann auch die revolutionäre Bewegung in El Salvador wie fast jede andere revolutionäre Bewegung in Lateinamerika als antikommunistische Gruppe: *». . . alle wurden erst prokommunistisch, als die Vereinigten Staaten kein Verständnis für ihre gerechten Anliegen aufbrachten und weiterhin die bestehende ungerechte Herrschaftsstruktur stützten.«*[3]

Diese grundlegende Erkenntnis eines erfahrenen Diplomaten, der es wissen muß und der übrigens genauso wie Erzbischof Romero einen tiefgreifenden Lernprozeß in El Salvador und vorher schon als Botschafter der USA bei der Organisation Amerikanischer Staaten (OAS) durchmachte, wo er als engagierter Menschenrechtler die chilenische Militärdiktatur scharf kritisierte, wirft mehrere Fragen auf. Die wichtigste muß lauten: Wenn wir 100 Jahre Lateinamerika-Politik der Vereinigten Staaten überblicken, welches war dann die Grundlinie dieser Politik?

Machen wir uns mit einigen Fakten bekannt, um diese Frage beantworten zu können. Beispielhaft mag die Darstellung geschichtlicher Vorgänge in einigen wenigen ausgewählten Staaten sein.

Mexiko

– Zwischen 1845 und 1853 rauben die USA dem benachbarten Mexiko zwei Fünftel seines Territoriums und bilden daraus die Bundesstaaten Kalifornien, Arizona, New Mexiko, Nevada, Utah sowie Teile von Colorado und Wyoming.

– 1877 bis 1911: Unter der Díaz-Diktatur wird Mexiko dem

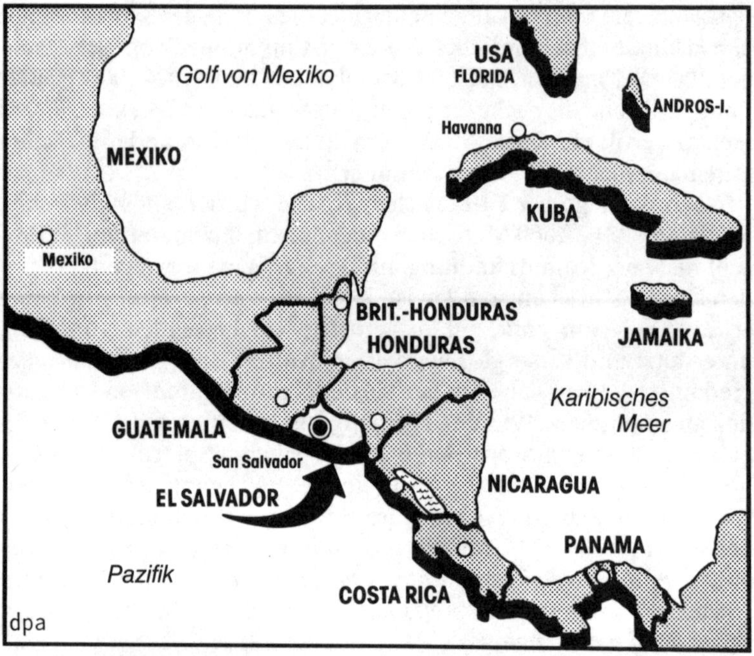

Karte von Mittelamerika. *dpa*

USA-Kapital ausgeliefert. Amerikanisches Kapital kontrolliert 75 Prozent des Bergbaus und 50 Prozent der Erdölproduktion.

– Während der bürgerlich-demokratischen Revolution von 1910 bis 1917 wird der Staatsstreich des Generals Huerta durch den USA-Botschafter Lane Wilson aktiv unterstützt.

– Um 1924 haben die Standard Oil Co. und die Royal Dutch Shell Co. fast die gesamte Produktion von Erdöl in ihren Händen.

– 1927 erzwingen die USA die Aussetzung des Artikels 27 der mexikanischen Verfassung von 1917 (Recht auf Nationalisierung, Enteignung des Großgrundbesitzes) und Abbruch der diplomatischen Beziehungen zur UdSSR.

– Nach der Enteignung aller ausländischen Eisenbahn- und Erdölgesellschaften unterstützen die USA 1938 den profaschistischen Putschversuch des Generals Cedillo.

– Seit der Gründung der Organisation Amerikanischer Staaten (OAS) spielt Mexiko dort als entschiedener Gegner der USA-Interventionspolitik eine progressive Rolle. Nach der kubanischen Revolution widerstand Mexiko dem Druck der USA, die diplomatischen Beziehungen zu Kuba abzubrechen.

Panama

– 1903, nach Inszenierung einer separatistischen »Revolution« und Abtrennung Panamas von Kolumbien, installieren die USA die »unabhängige Republik« Panama, die den USA am 18. November 1903 die Kanalbaurechte übertragen und eine 16 Kilometer breite Kanalzone abtreten.

– 1904 wird eine Verfassung von Panama angenommen, durch die Panama in ein De-facto-Protektorat der Amerikaner verwandelt wird und den USA jederzeit die militärische Intervention gestattet.

– 1908, 1917/1918 und 1921 landen amerikanische Marinesoldaten zur Unterdrückung von Unabhängigkeitsbewegungen. Zu dieser Zeit befindet sich die auf Bananenkultur orientierte Landwirtschaft bereits unter der Vorherrschaft der United Fruit Company.

– 1936 kann der liberale Präsident Arías die Bedingungen des Kanalvertrages von 1903 teilweise mildern.

– Während des Zweiten Weltkrieges stellt Panama den USA Stützpunkte und Depots zur Verteidigung des Panamakanals zur Verfügung.

– 1946/1947 erzwingt eine breite Volksbewegung die Annullierung des Pachtvertrages von 1942.

– Am 25. Januar 1955 wird ein neues Kanalabkommen mit den USA abgeschlossen. Die jährliche Pachtsumme für den Kanal wird erhöht, und es werden Garantien festgelegt, die die Diskriminierung der Staatsbürger Panamas in der Kanalzone ausschließen.

– 1960 erreicht die Volksbewegung gegen die USA einen neuen Höhepunkt. 10000 Arbeiter auf den Plantagen der United Fruit Company streiken. Die USA billigen Panama das »Recht« zu, an bestimmten Punkten der Kanalzone die Staatsflagge Panamas neben der USA-Flagge zu hissen.

– Im Januar 1964 bricht Panama nach einem Massaker von US-Truppen an demonstrierenden Studenten die diplomatischen Beziehungen zu den USA ab und verlangt vor dem UN-Sicherheitsrat die Nationalisierung oder Internationalisierung des Panamakanals.

– Am 11. September 1972 erklärt die Nationalversammlung von Panama die Widerrechtlichkeit der Besetzung der Kanalzone durch die USA.

– Im März 1973 beschäftigt sich eine Sondersitzung des UN-Sicherheitsrates in Panama-Stadt mit den Forderungen Panamas. Gegen das Veto der USA unterstützt die Mehrheit des Sicherheitsrates die Forderungen Panamas.

– Am 7. Februar 1974 unterzeichnen Panama und die USA eine 8-Punkte-Grundsatzerklärung. Im Prinzip wird die Souveränität Panamas über den Kanal anerkannt.

– Am 7. September 1977 wird in Washington ein bis zum 31. Dezember 1999 laufender Vertrag unterzeichnet, wonach Panama 70 Prozent der Kanalzone bis 1979 zurückerhält, die restlichen 30 Prozent bis zum Ende der Vertragsfrist. Die Einnahmen Panamas aus den Kanalgebühren erhöhen sich auf circa 70 Millionen Dollar.

Nicaragua

– Seit dem Ende des 19. Jahrhunderts befindet sich Nicaragua unter der Herrschaft der United Fruit (Kaffee, Bananen, Gold).

– Seit 1912 ist Nicaragua durch US-Marinetruppen besetzt, die erst im Januar 1925 unter dem Druck der Volksbewegung das Land verlassen, aber im Oktober desselben Jahres nach einem Staatsstreich wieder besetzen.

– 1926 beginnt der Befreiungskrieg unter Führung von Augusto Cesar Sandino, der im Januar 1933 den Abzug der US-Verbände erwirkt.

– Am 22. Februar 1934 wird Sandino auf Betreiben der USA-Botschaft und des Kommandeurs der Nationalgarde, Anastasio Somoza, ermordet. Somoza errichtet eine Diktatur, die zu den grausamsten in Lateinamerika gehörte.

– 1954 schließt Somoza ein Militärabkommen mit den USA ab. Nicaragua spielt eine unrühmliche Rolle als »Gendarm Mittelamerikas« (bewaffnete Intervention in Guatemala im Juni 1954 gegen die dortige bürgerlich-demokratische Regierung. Bewaffneter Grenzkonflikt mit Costa Rica).

– Nach 1960 werden unter dem Einfluß der siegreichen kubanischen Revolution auf Betreiben der USA in Nicaragua kubanische Konterrevolutionäre ausgebildet.

– Februar 1978 Beginn der Barrikadenkämpfe als Auftakt des allgemeinen Volksaufstandes gegen die Diktatur unter Führung der Sandinistischen Front der Nationalen Befreiung (FSLN).

– 1979 Sturz der Somoza-Diktatur, Sieg der Sandinistischen Befreiungsbewegung.

Kuba

– Zwischen 1895 und 1898 versuchen die nationalen Kräfte Kubas in einem zweiten Unabhängigkeitskrieg sich von der spanischen Kolonialherrschaft zu befreien. Die kubanischen Revolutionäre werden geführt von José Marti, der 1892 die Kubanische Revolutionäre Partei gründete. In diesem Unabhängigkeitskrieg mischen sich die USA im April 1898 ein und beenden im Spanisch-Nordamerikanischen Krieg die spanische Herrschaft über Kuba bei gleichzeitiger Paralysierung der revolutionären Kräfte.

– Am 12. Juni 1901 erzwingen die USA die Aufnahme eines Zusatzes in die neue Verfassung, der den USA ein Interventionsrecht und die »Verpachtung« des Stützpunktes Guantánamo garantiert. Kuba wird de facto in ein Protektorat der USA verwandelt. Das Eindringen von amerikanischem Kapital verstärkt sprunghaft die Monokultur des Zuckerrohrs und beschleunigt die Proletarisierung der Landbevölkerung. Die USA sichern ihre politische Herrschaft durch diplomatische, aber auch offene militärische Interventionen 1906 bis 1909, 1912, 1917 bis 1922.

– Die am 4. September 1933 an die Macht gekommene kleinbürgerlich-reformistische Regierung Martin wird 1934 mit Hilfe einer Seeblockade der USA gestürzt.

– 1952 kommt F. Batista durch einen Staatsstreich an die Macht. Mit amerikanischer Unterstützung errichtet er eine Diktatur, unter der sich legale und friedliche Formen der Opposition nicht mehr entwickeln können.

– Am 26. Juli 1953 leitet der Sturm auf die Kaserne Moncada in Santiago de Cuba unter der Führung Fidel Castros eine neue Etappe der Befreiungsbewegung ein. Am 1. Januar 1959 flieht Batista ins Ausland. Fidel Castro wird Ministerpräsident. Seine Regierung beseitigt den privaten Großgrundbesitz und enteignet ausländische Banken und Monopole. Die USA brechen die diplomatischen Beziehungen ab und kündigen das Zuckerabkommen. Sie versuchen eine umfangreiche Wirtschaftsblockade gegen Kuba durchzuführen. Der Versuch, 1961 die Revolution militärisch niederzuwerfen, erleidet eine totale Niederlage in der Schweinebucht.

– Im Herbst 1962 entsteht aus der ständigen Interventionsdrohung der USA die Kuba-Krise. Gegen das Versprechen der USA, die Intervention zu unterlassen und die völkerrechtswidrige Blockade aufzugeben, zieht die Sowjetunion auf Kuba stationierte Raketen und Bomber zurück.

Genug der Fakten. Wir können die Frage, welches die Grundlinie amerikanischer Politik gegenüber Mittelamerika in den letzten 100 Jahren war, ganz eindeutig beantworten: *Es war eine Politik des »großen Knüppels«*[4]*, die vor keinem Verbrechen zurückschreckt, um großen amerikanischen Konzernen maximale Gewinne zu sichern.* Eine Politik, die in all ihren Phasen ein blutiger Hohn auf die in der amerikanischen Verfassung beschworenen Menschenrechte darstellt.[5] Eine Politik, die immer aufs neue Mörderregime mit einem Strom von Geld und Waffen versorgte und versorgt mit dem alleinigen Zweck, den ökonomischen, politischen und militärischen Einfluß der Amerikaner an der Südflanke der USA ungebrochen zu erhalten. In dem bereits angeführten »Spiegel«-Interview hat Robert White mit Recht darauf hingewiesen, daß die US-Präsidenten *Woodrow Wilson* (1913–1921), *Franklin Delano Roosevelt* (1933–1945), *John F. Kennedy* (1961–1963) und auch *Jimmy Carter* (1977–1981) – nur zufällig alles Mitglieder der »Demokratischen Partei«? – völlig vergeblich versuchten, eine Politik »der guten Nachbarschaft«, eine Politik, die Demokratie und sozialen Fortschritt in Mittelamerika fördern sollte, einzuleiten. Es blieb meist bei guten Absichten. Denn wie sollten soziale Hilfsprogramme realisiert werden, wenn korrupte Diktatoren die Hilfsgelder in die eigenen Taschen fließen ließen? Wie sollte sich das Leben der Menschen bessern, wenn der *»Polyp« (Spitzname für die United Fruit Company, die in Mittelamerika seit 70 Jahren neokolonialistische Ausbeutung betreibt),* sich jedem sozialen und demokratischen Fortschritt aufs entschiedenste widersetzte?

Die tragische und zugleich groteske Situation Mittelamerikas besteht darin, daß eine hundertjährige Politik der USA – immer unter dem Vorzeichen legitimer Sicherheitsinteressen einer Großmacht an ihren Grenzen – diese Region *in eine Ansammlung von Pulverfässern verwandelt hat, die bereits teilweise wie in Kuba und in Nicaragua explodierten und in Guatemala und in El Salvador noch in diesem Jahrzehnt explodieren werden.* In Mittelamerika wandeln die USA auf einem Minenfeld, sagt Robert White, und niemand von der Regierung *Reagan* (seit 1981) scheint das zu ahnen. Ronald Reagan hat der Menschenrechtspolitik und dem Ansatz der Politik der guten Nachbarschaft Jimmy Carters eine entschiedene Absage erteilt. Seine Konzeption heißt: gewaltsame Unterdrückung jeglicher Opposition in Mittelamerika mit Hilfe immer neuer Waffenlieferungen an die Diktatoren und durch die Ausbildung von Offizieren der

Mörderschwadrone El Salvadors und Guatemalas in den USA selbst.

In El Salvador bestehen bereits 12 Prozent des Offizierkorps aus US-Militärberatern, die die Kriegführung gegen die Partisanenarmee immer mehr in eigene Hände nehmen. Die Reagan-Administration schließt selbst eine direkte Intervention der USA-Truppen in El Salvador nicht aus, was den Beginn einer vietnamesischen Situation bedeuten und den ganzen amerikanischen Kontinent in zwei Lager spalten würde.[6]

Anstatt endlich nüchtern zu analysieren, *warum auf Kuba und in Nicaragua erfolgreiche, von der Mehrheit des Volkes unterstützte Revolutionen stattfanden,* hat die US-Administration die Legende erfunden, nach dem die Sowjetunion Mittelamerika in einen Ring von sowjetischen Stützpunkten verwandeln will. Das heißt: In den Augen der US-Administration sind jeder Mann und jede Frau in Mittelamerika, die zunächst mit friedlichen Mitteln gegen Ausbeutung, Hungerlöhne, Landvertreibung und Wahlbetrug kämpfen und erst zur Waffe greifen, wenn nichts mehr hilft, »Agenten Moskaus« oder »Kommunisten«. Und mit Kommunisten wird nicht verhandelt, wird nicht diskutiert. Es ist, als habe es Vietnam nie gegeben!

Die Mittelamerika-Politik der USA hat Anfang 1982 Auswirkungen, die weit über den amerikanischen Kontinent hinausgehen und die aller Wahrscheinlichkeit nach dem Ansehen der USA schlimmere Schläge versetzen werden als Polen und Afghanistan dem Ansehen der Sowjetunion. Der Korrespondent der »Süddeutschen Zeitung« Friedrich Kassebeer schreibt aus Rio de Janeiro:

»Washington und die Weltunion der Christdemokraten, die auf den Präsidenten Duarte in Salvador setzen, sind in der peinlichen Lage, sich von Bundesgenossen umringt zu sehen, die sich zu einer ›Lebensauffassung westlich demokratischer Art bekennen‹, zu Hause aber nach diktatorischer Manier die Menschenrechte mit Füßen treten.«[7]

Das haben, bevor in den USA selbst solche Erkenntnisse reiften, in Europa das niederländische Parlament und die schwedische Regierung längst erkannt. Das niederländische Parlament verabschiedete mit großer Mehrheit im Februar 1982 eine Entschließung, in der es heißt, daß die amerikanische Unterstützung der Militärjunta von El Salvador keine politische Lösung bringen werde. In der Entschließung wird der Bürgerkrieg in El Salvador als fundamentaler Kampf der Bevölkerung für gleiche Rechte bezeichnet, der nicht zu einem Teil des Ost-West-Konfliktes werden dürfe.

Noch eindeutiger äußerte sich der schwedische Außenminister Ole Ullsten, Mitglied einer »bürgerlichen« Regierung, während einer Fragestunde des schwedischen Reichstages:

»Die USA nehmen ihre Aufgabe als Verteidiger der Demokratie sehr schlecht wahr. . . Es ist kurzsichtig und einer Demokratie wie den USA unwürdig, ein Regime zu stützen, das sich immer mehr von seiner eigenen Bevölkerung isoliert und schwere Verantwortung für einen furchtbaren Terror trägt. Ich teile nicht die Auffassung der amerikanischen Regierung, daß die Krise in Mittelamerika von kommunistischer Subversion herrührt. Die größte Gefahr für Frieden und Stabilität in diesen Ländern sind die sozialen Ungerechtigkeiten, die Armut und die Herrschaft von wenigen.«[8]

Eine sehr eindeutige Stellungnahme. Aber auch in den USA selbst haben 1982 die ersten Demonstrationen gegen die Unterstützung der mittelamerikanischen Diktaturen durch die Reagan-Administration stattgefunden. Die Vietnam-Veteranen sind alarmiert. Selbst der rechtslastige US-Kongreß beschließt (1981), die Regierung solle endlich mit der Opposition El Salvadors Verbindung aufnehmen, um zu verhandeln.

So zeigt der Partisanenkrieg in El Salvador gegen das Terrorregime der Militärs weltweit Wirkungen, wie sie die USA wohl kaum vorausgesehen haben, obwohl schon der Vietnamkrieg den Nimbus der USA, Verteidiger von Freiheit und Demokratie zu sein, in den Augen der Weltöffentlichkeit nachhaltig zerstörte.

Das Attentat auf Erzbischof Romero ist nicht nur eines der zahlreichen blutigen Glieder in der Kette der Gewalttaten der Militärs von El Salvador. Dieses Attentat hat die Probleme Mittelamerikas mit auf eine neue Stufe der Erkenntnis gehoben: Wenn nicht eine radikale Wende der amerikanischen Politik eintritt, werden sich die USA ein zweites Vietnam selbst bereiten.

Erzbischof Romero war zutiefst davon überzeugt, wie er wenige Tage vor seinem Tode äußerte, daß das Volk von El Salvador mit seiner Befreiung begonnen habe: *»Ich setzte eine riesige Hoffnung in diese Bewegung. Indem ich beim Kampf der Bevölkerung Stellung beziehe, tue ich das, was die Kirche zu tun hat. Die Kirche darf sich nicht vom Alltag der Menschen trennen, sondern muß ihn mit dem Licht des Evangeliums erhellen.«*[9]

Nichts ist übriggeblieben von jener amüsant-zynischen Vorstellung, wie sie der US-Außenminister William Maxwell Evarts im vorigen Jahrhundert entwickelte: *»Bei Betrachtung einer Landkarte*

Südamerikas können wir feststellen, daß dieser Kontinent die Form eines Schinkens hat. Onkel Sam hat eine lange Gabel; er wird diesen Schinken verspeisen.«[10]

Auch wenn die Geschichte dieses Subkontinents sich lange nach diesen zynischen Vorstellungen abspielte,[11] wir wissen heute, daß den USA der »Schinkenknochen« noch in diesem Jahrhundert im Halse steckenbleiben kann – und das auch dank der Saat, die Erzbischof Romero gesät hat.

Bei der Beisetzung dieses Märtyrers der Revolution am 30. März 1980 schoß die »Nationalgarde« auf die Trauergemeinde. Es werden nicht die letzten Schüsse im hundertjährigen Bürgerkrieg Lateinamerikas gewesen sein...

Ernesto Cardenal, Friedenspreisträger des deutschen Buchhandels, schreibt:

»Man hörte Schüsse in der Nacht,
Man hörte sie vom Friedhof her.
Niemand weiß, wer umgebracht wurde,
Niemand weiß etwas,
Man hörte Schüsse in der Nacht.
Das ist alles.«

Essay
Das Attentat als geschichtliches Problem

Der Mann mit der Armbrust geht dort, wo der Hohlweg endet, unruhig auf und ab. Es hält ihn nicht auf der Stelle. Immer wieder blickt er in den Hohlweg hinein. Er spricht mit sich selbst. Er macht sich Mut, denn er hat Schreckliches im Sinn. Alle Grausamkeiten des Tyrannen läßt unser Mann noch einmal vor seinem geistigen Auge vorüberziehen. Immer aufs neue rechtfertigt er vor sich selbst und vor der Welt sein Mordgeschäft, das er vorhat. Von einem furchtbaren Eidesschwur, den nur Gott hörte, ist die Rede, von einer heiligen Schuld, die endlich abgetragen werden muß.

Der Tyrann erscheint. Aber noch schießt unser Mann nicht. Eine arme Frau mit ihren Kindern wirft sich dem Tyrannen zu Füßen. Sie bittet um Gnade für ihren Ehemann, der schon ein halbes Jahr ohne Gerichtsurteil eingekerkert ist. Aber der Tyrann bleibt hart. Schon will er mit seinem Pferd die Frau und ihre Kinder niederreiten, schon öffnet er den Mund, um ein neues Terrorgesetz zu verkünden, damit das Volk noch mehr gedemütigt und niedergehalten werde – da schwirrt der Pfeil, und tödlich getroffen sinkt der Tyrann zu Boden.

Der Leser weiß längst, daß wir uns im Hohlweg bei Küsnacht befinden.

Friedrich Schiller hat es sich und seinem »Wilhelm Tell« nicht leichtgemacht. Was für eine Kette von unerhörten Grausamkeiten und Verbrechen läßt der Dichter vor den Augen der schaudernden Zuschauer Revue passieren, bis der Pfeil das Herz des Tyrannen findet! Ein ganzes Volk wird in Angst und Schrecken versetzt. Und wer aufmuckt, wird schrecklich bestraft: der eine wird geblendet, ein anderer muß auf den Kopf seines eigenen Kindes zielen, weil er den Hut des Landvogts nicht grüßte, einem dritten wird die Braut geraubt und ins Burgverließ geworfen. Wir sehen, Schiller hält sich nicht an das Sprichwort, daß doppelt genäht besser hält. Schiller

Georg Elser, der am 8. November 1939 das mißglückte Sprengstoffattentat auf Hitler im Münchener Bürgerbräukeller verübte.
Süddeutscher Verlag

näht vier- und fünffach, *damit auch der allerletzte Zweifel schwinde, diesem politischen Mord könne auch nur ein Hauch von Ungerechtigkeit anhaften.* Und als der Zuschauer meint, nun sei es doch genug der Beweise, da tritt ganz am Schluß des Dramas Johann Parricida, Herzog von Österreich, auf, der den Kaiser, seinen Oheim, ermordete, weil dieser ihm das Erbe vorenthielt. Parricida glaubt, in Tell einen Gleichgesinnten zu finden:

»Ihr erschlugt
Den Landvogt, der Euch Böses tat – Auch ich
Hab' einen Feind erschlagen, der mir Recht
Versagte – Er war Euer Feind wie meiner –
Ich hab' das Land von ihm befreit.«

Tell aber ist aufs äußerste entsetzt, und Schiller hofft, der Zuschauer sei es mit ihm:

»Von dem Blute triefend
Des Vatermordes und des Kaisermords,
Wagst du zu treten in mein reines Haus?...
Unglücklicher
Darfst du der Ehrsucht blut'ge Schuld vermengen
Mit der gerechten Notwehr eines Vaters?...
Gerächt
Hab' ich die heilige Natur, die du
Geschändet – Nichts teil' ich mit dir – Gemordet
Hast du, ich hab' mein Teuerstes verteidigt...«

Ganz klar muß es sein: nicht nur die *Motive* Tells unterscheiden sich völlig von den Motiven Parricidas, auch die *Opfer* kann man in keiner Weise miteinander vergleichen. Hier die Gestalt des gesalbten Kaisers, der auch nicht gerade ein Ausbund von Tugend war, aber immerhin ein Kaiser. Und dort auf der anderen Seite die finstere Gestalt des Landvogts, eines grausamen Tyrannen, der Taten vollführt, von denen der Kaiser angeblich nichts ahnt. Diese beiden Opfer dürfen nicht miteinander verglichen werden. Ganz eindringlich stellt Schiller es uns vor Augen. Die vollständige *Philosophie des Tyrannenmordes* aus der Sicht Schillers als *eine Form des Attentats* wird auf der Bühne dargestellt.

Wir wissen allerdings, daß Tell keine historische Figur war und daß es in diesem Theaterstück überhaupt ziemlich ahistorisch zugeht. Und das in dreierlei Hinsicht.

Zunächst: Die patriarchalische Beschränktheit der Urschweizer war doch ein denkbar unpassendes Beispiel, um die Deutschen im

19. Jahrhundert für bürgerliche Freiheit zu begeistern. Friedrich Engels fragt mit Recht: *»Wo ist der deutsche Spießbürger, der nicht begeistert ist für Wilhelm Tell, den Vaterlandsbefreier... wo die hysterische alte Jungfer, die nicht für die derben Waden und strammen Schenkel der sittenreinen Alpenjünglinge schwärmt?«* [1]

Und er antwortet selbst: *»Der Kampf der Urschweizer gegen Österreich, der glorreiche Eid auf dem Rütli, der heldenmütige Schuß Tells, der ewig denkwürdige Sieg von Morgarten, alles das war der Kampf störrischer Hirten gegen den Andrang der geschichtlichen Entwicklung, der Kampf der hartnäckigen, stabilen Lokalinteressen gegen die Interessen der ganzen Nation, der Kampf der Roheit gegen die Bildung, der Barbarei gegen die Zivilisation. Sie haben gegen die damalige Zivilisation gesiegt. Zur Strafe sind sie von der ganzen weiteren Zivilisation ausgeschlossen worden.*

Seitdem hat man wenig mehr von ihnen gehört. Sie beschäftigten sich in aller Gottseligkeit und Ehrbarkeit mit Kühemelken, Käsemachen, Keuschheit und Jodeln. Von Zeit zu Zeit hielten sie Volksversammlungen, worin sie sich in Hornmänner, Klauenmänner und andere bestialische Klassen spalteten und nicht ohne eine herzliche, christlich-germanische Prügelei auseinandergingen. Sie waren arm, aber rein von Sitten, dumm, aber fromm und wohlgefällig vor dem Herrn, brutal, aber breit von Schultern, und hatten wenig Gehirn, aber viel Wade.« [2]

Zum zweiten scheint Schiller von der positiven Wirkung des Tyrannenmordes überzeugt zu sein, denn als Geßler stirbt, ist das Land sofort frei, und auch der Mord am Kaiser kommt den Schweizern noch zugute, denn dieser zog bereits mit Heeresmacht heran, um den Tod Geßlers zu rächen, wie Melchtal meldet. Nur Parricidas Dolch verhindert, daß der Kaiser die Schweizer mit Krieg überzieht.

In der wirklichen Geschichte der Menschen aber bleiben Tyrannenmorde meist völlig wirkungslos. Oft sogar verschlimmert ein politischer Mord die Lage der Unterdrückten.

Zum dritten ist Schillers Darstellung auch insofern ahistorisch, als er dem Tyrannenmord eine seelenläuternde Wirkung unterstellt. Die Ermordung Geßlers macht alle Helden auf der Bühne besser. Eine wunderbare Harmonie »aller Klassen« macht sich breit. In der Wirklichkeit hat sich der Adel nur selten »ans teure Vaterland« angeschlossen, und schon gar nicht wird der Adel die Rechte der Bauern freiwillig achten oder sogar, wie Rudenz, alle seine Knechte, seine Leibeigenen, ohne Zwang freilassen.

In dem Gedicht *»Die Bürgschaft«* ist Schiller ja sogar der Meinung, daß es eines Tyrannenmordes gar nicht bedürfe, denn der Tyrann kommt in diesem Gedicht selbst zu der Einsicht, daß er ziemlich unanständig gehandelt hat. Kein Wunder, daß *Bertolt Brecht* angesichts der Hitler-Herrschaft Schillers »Bürgschaft« verspottet, da es sich bei dem unglaublichen Schluß des Gedichts herausstellt, daß der Tyrann eigentlich gar kein Tyrann ist!

Der Tyrannenmord im »Wilhelm Tell« ist für Friedrich Schiller ein *Urrecht* des Menschen, ein letztes Mittel, von Gott gebilligt und von Gott gesegnet, wenn sonst nichts mehr hilft.

Wir wollen noch an ein anderes Attentat denken, das Schiller auf der Bühne darstellte. Im Gegensatz zum »Tell« ist dieses Attentat aber der Geschichte entnommen: *Wallensteins Tod*. Mit den Attentaten auf Geßler und Wallenstein hat uns Schiller bereits zwei wesentliche Typen des politischen Mordes überliefert. Wallenstein wird ein *Opfer der Staatsräson*. Der Mann ist hoch gestiegen, durch Ströme von Blut watend. Als nach 16 Jahren Krieg der Friede immer noch nicht in Sicht ist, will Wallenstein auf eigene Faust handeln und Frieden machen, auch gegen den Willen des Kaisers:

»Mir ist's allein ums Ganze. Seht! Ich hab'
Ein Herz, der Jammer dieses deutschen Volks erbarmt mich...
Sagt, wo soll das enden? wer
Den Knäu'l entwirren, der sich endlos selbst
Vermehrend wächst? – Er muß zerhauen werden,
Ich fühl's, daß ich der Mann des Schicksals bin...«

Ob Wallenstein eine Schwächung der Kurfürsten zugunsten eines starken, friedlichen Kaisertums durchsetzen, ob er sich dabei selbst die Krone aufsetzen wollte, das konnte sogar *Golo Mann* in seinem Lebenswerk über Wallenstein nicht klären. Auf jeden Fall: der Fürst war vielen ein Dorn im Auge, nicht zuletzt dem Kaiser und der spanischen Partei. Der Krieg sollte weitergehen, die Interessengegensätze der europäischen Mächte waren noch nicht bis zu Ende ausgefochten. Auch hatte Wallenstein eines allzufrüh erkannt: ein Glaubenskrieg war dieses Morden nicht. Aber die Fiktion des Glaubenskrieges mußte unter allen Umständen aufrechterhalten werden. So wird Wallenstein durch ein geheimes kaiserliches Patent geächtet, und seine Mörder werden hoch geehrt und reichlich belohnt. Solche Fälle gab es viele in der Geschichte. In seiner kurzen Abhandlung »Wallenstein« ist *Hegel* entsetzt über den Schluß des Dramas:

»Wenn dies Ganze ein Roman wäre, so könnte man fordern, das Bestimmte erklärt zu sehen, nämlich dasjenige, was Wallenstein zu dieser Herrschaft über die Menschen gebracht hat. Das Große, Bestimmungslose, für sie Kühne, fesselt sie; es ist aber im Stück und konnte nicht handelnd dramatisch, d. h. bestimmend und zugleich bestimmt auftreten. Es tritt nur als Schattenbild, wie es im Prolog, vielleicht in anderem Sinne, heißt, auf, aber das Lager ist dieses Herrschen, als ein Gewordenes, als ein Produkt.

Das Ende dieser Tragödie wäre demnach das Ergreifen des Entschlusses, die andere Tragödie das Zerschellen dieses Entschlusses an seinem Entgegengesetzten; und so groß wie das erste ist, so wenig ist mir die zweite Tragödie befriedigend Leben gegen Leben; aber es steht nur Tod gegen Leben auf, und unglaublich! abscheulich! der Tod siegt über das Leben! Dies ist nicht tragisch, sondern entsetzlich! Dies zerreißt das Gemüt, daraus kann man nicht mit erleichterter Brust springen!«[3]

Natürlich hatte Hegel recht. Aber auch Schiller hatte keine schuld. Nicht er, sondern Ferdinand II. hat Wallenstein ermorden lassen. Schiller hat das »nur« dramatisch nachvollzogen und so auf geniale Weise das eigentliche deutsche Nationaldrama geschaffen, wie es der deutschen Geschichte entspricht. Und aus dieser Geschichte kann man wahrhaftig nicht mit erleichterter Brust springen!

Das folgende Stück ist niemals auf einer Bühne gespielt worden:

»Es war, als hätte eine 15-Zentimeter-Granate eingeschlagen... Die Explosion hatte im Konferenzraum schwere Verwüstungen angerichtet: Der Tisch war zerfetzt, die Decke teilweise herabgestürzt, die Fenster zersplittert und zum Teil herausgerissen. Ein Mann war durch ein Fenster ins Freie geschleudert worden. Jedoch mußte General Fellgiebel, der telefonisch die Nachricht vom erfolgreichen Attentat zur Bendlerstraße durchgeben sollte, zu seinem Entsetzen sehen, daß Hitler, rauchgeschwärzt zwar und mit versengter und zerrissener Uniform, aber lebend, von Keitel gestützt, aus der qualmenden Baracke wankte. Keitel brachte Hitler in seine Unterkunft und veranlaßte sofortige ärztliche Behandlung. Hitler hatte Brandwunden am rechten Bein, sein Haar war versengt, seine Trommelfelle geplatzt, sein rechter Arm teilweise gelähmt – insgesamt erwiesen sich die Verletzungen aber als leicht.«[4]

Das ist die nüchterne Schilderung des in der europäischen Geschichte – neben dem Attentat von Sarajewo von 1914 – wohl am häufigsten diskutierten Attentats *vom 20. Juli 1944,* mit seltener Kaltblütigkeit ausgeführt von dem Obersten Claus Philipp Maria Schenk Graf von Stauffenberg, Generalstabsoffizier, zur Zeit des Attentats im 37. Lebensjahr stehend. Er und seine Mitverschwörer wollen Hitler töten, das Naziregime beseitigen und den zu diesem Zeitpunkt bereits eindeutig verlorenen Krieg beenden.

Das Stauffenberg-Attentat wirft mit aller Schärfe den gesamten Komplex der Fragen und Probleme auf, der so oder anders in unendlichen Variationen bei jedem Attentat, das in der langen Geschichte der Menschheit immer seinen festen Platz behauptete, auftaucht. Wir hatten gesehen, daß Friedrich Schiller im »Tell« das Attentat als extremes Mittel der Politik grundsätzlich nicht verwirft. Dieselbe Frage taucht natürlich als erste Frage im Zusammenhang mit dem Attentat des 20. Juli auf: *Ist das Attentat aus moralischen, ethischen oder rechtlichen Gründen grundsätzlich zu verwerfen oder nicht?* Bekanntlich ist in der Geschichtsschreibung diese Fragestellung sogar noch erweitert worden, nämlich, ob nicht *jeder* gewaltsame Versuch, gegebene gesellschaftliche Verhältnisse zu verändern, ganz gleich, ob durch ein Attentat, durch einen Putsch oder durch eine Revolution, zu verwerfen sei.

Diese Frage wird in der Literatur und auch in der Rechtsprechung unseres Jahrhunderts eindeutig beantwortet: *Das Attentat ist grundsätzlich durch nichts gerechtfertigt.* Auch der Revolution steht die Mehrheit unserer Historiker ja ablehnend gegenüber, ein Standpunkt, den der Verfasser keineswegs teilt.

Wenn aber dieser Grundsatz uneingeschränkt gilt, gilt er dann nicht auch für Geßler? Gilt er nicht auch für Hitler? Wenn wir die Frage so bewußt zuspitzen, werden wir etwas Erstaunliches feststellen: *Das Attentat auf Hitler* wird ebenso *als »große Ausnahme«* gerechtfertigt, wie schon Friedrich Schiller vor 180 Jahren in seinem Schauspiel alles tut, um Wilhelm Tells politischen Mord an dem Landvogt zu rechtfertigen. Eine Stimme von vielen zu dem Hitler-Attentat: *»So einig wir uns auch darüber sind, daß ein gelungenes Attentat auf Hitler und eine damit verbundene Beendigung des Krieges und der nationalsozialistischen Greultaten nur positiv gewürdigt werden könnten, so klar müssen wir doch gerade in diesem Zusammenhang erkennen, daß es sich hier um eine Ausnahme handelt, um eine Ausnahme von der Regel, daß der Mord als Mittel der Politik grundsätzlich zu verwerfen ist.«*[5]

Darüber muß man nachdenken. Die Verschwörer des 20. Juli

waren sich bekanntlich nicht einig, ob Hitler getötet werden sollte oder nicht. Aber in diesem Streit spielen moralische, ethische oder rechtliche Motive nicht die Hauptrolle. Zur Diskussion steht *die Frage der Zweckmäßigkeit,* die Überlegung, ob man mit dem Attentat die vorgesehenen politischen und militärischen Ziele auch wirklich erreichen konnte oder nicht. Ganz selbstverständlich nehmen die Verschwörer des 20. Juli so etwas wie eine »Güterabwägung« vor.

Das heißt, sie rechtfertigen ihre Tat mit dem durchaus gewichtigen Argument: wir töten Hitler und seinen unmittelbaren Anhang und retten so vielleicht Hunderttausenden das Leben. Ein geradezu klassischer Fall dessen, was ein Jurist den *»übergesetzlichen Notstand«* nennt. Bekanntlich hat außer Hitler, der sich grausam an den Verschwörern rächt, niemand Stauffenberg einen »Mörder« genannt. Vielmehr nennen ihn alle einen Helden, einen Patrioten, der ganz bewußt sein Leben in die Schanze schlug. Zwar schätzt zum Beispiel die Geschichtsschreibung in beiden deutschen Staaten die Verschwörung des 20. Juli als geschichtliches Ereignis unterschiedlich ein, aber es gibt auch hier grundsätzlich keine unterschiedliche Bewertung hinsichtlich der hohen Ideale, von denen sich die Attentäter leiten ließen. Stauffenberg selbst und mit ihm alle Verschwörer des 20. Juli sind davon überzeugt, dem Vaterland und nur dem Vaterland zu dienen, indem sie den Versuch unternehmen, den als Staatsmann verkleideten Verderber Deutschlands zu töten. *Eine solche ganz eindeutige und positive Einschätzung der Motive eines Attentäters ist allerdings sehr selten in der Geschichte.*

Sie trifft aber auch auf die tragische Figur des Schreinergesellen *Georg Elser* zu, der im Alleingang in 35 einsamen Nächten im Münchner Bürgerbräu jene Sprengladung mit einem komplizierten Zeitzünder in einen Pfeiler des Lokals einbaute, die dann am 8. November 1939 um 21 Uhr 20 detonierte. Das Attentat galt ebenfalls Adolf Hitler, der aber wenige Minuten vorher den Raum verlassen hatte. Anton Hoch und Lothar Gruchmann schreiben in ihrer einfühlsamen Untersuchung[6] mit Recht, daß dieser einfache Mann aus dem Volke über die Wirklichkeit des Hitler-Reiches nicht mehr wußte als Millionen seiner deutschen Zeitgenossen, daß er aber, als der Krieg drohte und ausbrach, es für ganz selbstverständlich hielt, seinen persönlichen Beitrag zu leisten, um das Massensterben zu verhindern. Das muß ganz betroffen machen angesichts der Haltung der Mehrheit der Deutschen von 1939. Elser, der einfache Mann aus dem Volke, war der gefährlichste Gegner Hitlers neben jenen anderen, die ihm dann endgültig das Genick brachen: die sowjetischen Soldaten.

Ein weiteres Beispiel: Da wird am 10. Juni 1584 Prinz Wilhelm von Oranien, Erbstatthalter der Republik der Vereinigten Niederlande, von einem seiner Angestellten, Balthasar Gérard aus Burgund, durch zwei Pistolenschüsse tödlich getroffen. Der Attentäter, ein fanatischer Katholik, hat sich unter falschem Namen am Hof des Prinzen eingeschlichen. Von den Niederländern in ihrem blutigen Freiheitskampf gegen die spanischen Söldnertruppen als »Vater des Vaterlandes« verehrt, ist der Prinz in den Augen Philipps II. von Spanien, der sein ganzes Leben lang um den Verbleib der Niederlande bei Spanien kämpfte, ein Hochverräter, den er 1580 öffentlich ächtet. So geschieht es, daß die spanischen Katholiken den Attentäter als Helden feiern und die Niederländer ihn bis heute verfluchen. Die Nachkommen Gérards werden übrigens von Philipp geadelt.

Wir könnten mehrere solche Beispiele anführen. Eins zeigt sich sehr oft: das moralische Urteil über ein Attentat schwankt in der Geschichte. Und selbst dort, wo wir meinen, hier müsse doch in einem konkreten Fall ein Attentat ganz eindeutig moralisch verurteilt werden, werden wir immer wieder auf gegensätzliche Meinungen stoßen. Das weiße Amerika konnte seine Genugtuung über die Ermordung Martin Luther Kings nicht verbergen. Kings Ermordung wurde also nicht nur weltweit beklagt, wie viele meinen könnten, sie wurde auch öffentlich oder halb öffentlich gefeiert (wie übrigens auch der Mord an John F. Kennedy), was für die meisten von uns ganz unfaßbar erscheint.

Kehren wir zur Problematik des Hitler-Attentats zurück. Wie gesagt, eine Verurteilung der Attentäter gibt es generell nicht. Der bekannte Rechtswissenschaftler Gustav Radbruch schrieb 1947:

»Schließlich das Attentat vom 20. Juli 1944. Dieses lag in der Linie der mehr als 1000jährigen Erörterungen über die Rechtfertigung des »Tyrannenmordes«, die sich um die Gestalten eines Harmodions und Aristogeiton, eines Brutus und Cassius wie um die Sagenfigur Wilhelm Tells bewegt. Selbst ein so maßvoller Geist, wie Johann von Schwarzenberg, der Verfasser der Bambergensis und mittelbarer Schöpfer der Carolina, hat das Wort gewagt: ›Tyrannen und ein Hund, der tobt – wer die ertödt, der wird gelobt.‹ «[7]

In der Tat haben in der Geschichte der Völker seit dem 7. Jahrhundert v. Chr. der Begriff des Tyrannen und die *Problematik des Tyrannenmordes* ihren festen Platz.

Die Frage, wer unter den Begriff des »Tyrannen« fällt und ob der einzelne Bürger das Recht oder sogar die Pflicht hat, den Tyrannen zu töten, wird außerordentlich unterschiedlich beantwortet, vor allem mit dem Aufkommen des Christentums, seit sich der in den Römerbriefen des Paulus niedergelegte Grundsatz, daß es *keine Macht ohne die Zustimmung Gottes* gebe, immer mehr durchsetzt.

Für die Griechen des 7. und 6. Jahrhunderts v. Chr. ist ein Tyrann ein Usurpator, einer, der sich die Staatsgewalt widerrechtlich angeeignet hat. Für sie ist das Problem des Tyrannen ganz eindeutig ein *Problem des Staatsrechts, nicht ein Problem der Moral.* Wenn sich in der Folgezeit der Begriff des Tyrannen wandelt, dann hängt diese Wandlung des Tyrannenbegriffes wesentlich damit zusammen, welchen Raum an Freiheit die jeweilige Gesellschaftsordnung dem einzelnen Bürger einräumt. Der Staatsreformer Solon faßt den Tyrannenbegriff schon anders auf, wenn er zu der Erkenntnis kommt, daß der Staat nicht selten an seinen »großen Männern« zugrunde geht. Im Athen des 5. und 4. Jahrhunderts v. Chr. wird der Tyrannenmord nicht nur zum Recht jedes Bürgers, sondern zur Bürgerpflicht. *Tyrannenmörder werden hoch geehrt.*

Machen wir aber von hier einen Sprung von 2000 Jahren ins Spätmittelalter und den Beginn der Neuzeit, dann begegnen wir einem ganz anderen Tyrannenbegriff. Für die Kirche ist jeder Herrscher grundsätzlich ein Tyrann, der kirchliche Ansprüche bekämpft. So wird beispielsweise der französische König Heinrich IV. (er regierte von 1589 bis 1610) von der katholischen Kirche als Tyrann bezeichnet, weil er Frankreich unter Integrierung der protestantischen Minderheit einigt.

Das heißt, die militanten Formen der Glaubenskämpfe dieser Zeit, Calvinismus und Jesuitenorden, Rom-Kirche und Nationalkirche, alles das muß als Widerschein des Ringens zwischen Feudalismus und der Entwicklung des bürgerlichen Nationalstaates gesehen werden.

Aber alles das ist vergangene Zeit und für die Erörterung unseres Anliegens lediglich als Wandel historischer Begriffe in der Geschichte bemerkenswert. Jedoch bei der Beantwortung der Frage, ob die Absicht, Hitler zu ermorden, in irgendeiner Hinsicht moralisch oder im Sinne eines übergesetzlichen Notstandes gerechtfertigt sein könnte, hilft uns die Geschichte der Tyrannen und Tyrannenmörder nicht viel weiter, denn Hitler kann weder mit einem griechischen Tyrannen noch gar mit König Heinrich IV. verglichen werden. Der Begriff des Tyrannen und die Lehren vom Tyrannenmord können uns auch keineswegs als Ariadne-Faden dienen, um uns im Labyrinth der unzähligen Attentate in der Geschichte zurechtzufinden, denn *jedes geschichtliche Ereignis kann letzthin nur mit den moralischen, ethischen, politischen und juristischen Maßstäben seiner Zeit gemessen werden.*

Deshalb, und das ist der *Grundfehler vieler Darstellungen über das Attentat:* wenn wir die Attentate nicht begreifen als konkrete historische Erscheinung ihrer Zeit, verknüpft durch tausend Fäden mit der jeweiligen geschichtlichen Epoche, sondern wenn wir einfach Fall an Fall reihen, dann verstehen wir die Geschichte der Attentate lediglich als eine Kette sensationeller, blutiger und grausamer Geschichten, bei deren Darstellung die Psychologie des Attentäters, das Schicksal des Opfers, der Revolverknall und das vergossene Blut im Mittelpunkt stehen. Eine solche Darstellung ist nicht nur langweilig und einförmig, sie vermittelt uns auch keinerlei geschichtliche Einsichten, wenn der Attentäter mit schöner Regelmäßigkeit mal als grausam und blutdürstig, mal als ein Ausbund von Tugend abgemalt wird. Ganz genauso wird mit den Opfern verfahren: Mal sind sie edel, mal sind sie Bösewichte. Die Darstellung des Attentats in der Geschichte paßt aber weder in die eine noch in die andere Schablone. Dahinter steht die uralte Vorstellung, daß es in letzter und höchster Instanz die geschichtliche Einzelpersönlichkeit ist, die den eisernen Gang der Geschichte bestimmte.

Hans Magnus Enzensberger drückt das im Zusammenhang mit der Ermordung Alexanders II. durch die russischen Sozialrevolutionäre so aus:

». . . wenn das Leben des Staates nur vom Leben des Machthabers abhängt, genügt es, ihn zu ermorden, um die Ordnung der Gesellschaft revolutionär zu verändern. Die idée fixe des Herrschers, als wäre er nicht jederzeit zu ersetzen, steckt seine Gegner an; sie nehmen für bare Münze, was immer nur ein Wahn gewesen ist. Der individuelle Terror basiert auf der Überzeugung, Geschichte werde von Kaisern, Königen und Präsidenten gemacht; eine Überzeugung, die nur von Kaisern, Königen und Präsidenten geteilt wird. Kein Bombenwerfer kann die großen und anonymen gesellschaftlichen Kräfte verändern: das technische und industrielle Potential, den Aggregatzustand der Klassen, die

Besitzverhältnisse und den administrativen Apparat. Aus diesen Gründen hat kein Attentäter moderner Zeiten Epoche gemacht; auch die beiden Schützen von Sarajewo waren nur Bauern in einem größeren Spiel. Die Aktionen der Bombenwerfer sind Anekdoten geblieben.

Anekdoten aber können, wenn sie gut gezielt sind, mehr ausdrücken als Kompendien. In den verzweifelten Handlungen der Verschwörer. . . wurde das Attentat zur historischen Allegorie. Noch im Rankenwerk ihrer Pläne, im artistischen Detail ihrer Anschläge, lassen sich gesellschaftliche Entwürfe entziffern, die bis heute nicht erledigt sind; noch im Opernhaften ihrer Haltung ist Utopie zugegen, die kein Mißerfolg widerlegt.

So irreal ihre unmittelbare politische Wirkung, so ungeheuer war. . . der Eindruck, den sie auf ihre Zuschauer und auf ihre Opfer machten.«[8]

Das ist vollständig richtig. Die einzige Möglichkeit, das Phänomen des Attentats in der Geschichte in seiner Gesamtheit in den Griff zu bekommen, ist unter anderem die Analyse des den Attentätern vorschwebenden Geschichtsbildes, das sie offensichtlich unwiderstehlich zwingt, so und nicht anders zu handeln. Indem der Attentäter auf sein Opfer zielt, hat er es in Gedanken längst aus der Geschichte herausgelöst, und wir können immer wieder bemerken, welches fassungslose Staunen, welche Verzweiflung sich des Attentäters bemächtigt, wenn er begreift, daß die von ihm – meist unter bewußtem Einsatz des eigenen Lebens – erhoffte Wirkung keineswegs eintritt.

Das Rad der Geschichte geht über alles hinweg. Die Persönlichkeit in der Geschichte: das ist wie ein Schiff auf hoher See. Ein stolzer Anblick, Volldampf voraus, ein Gleiten, wie durch alle Ewigkeiten. Aber dann kommen die unruhigen Winde, denen die Orkane folgen. Die See kocht, das Schiff sinkt. Gleichmütig wogt das Meer. Irgendwo am Horizont taucht ein anderes Schiff auf. . .

Es sind die konkreten gesellschaftlichen Interessen im weitesten Sinne, die den Gang der Geschichte bestimmen. Befinden sich die Großen auf der politischen Linie im Einklang mit den allgemeinen Interessen, geht es prächtig voran, und eine große Persönlichkeit kann die Entwicklung wunderbar vorantreiben und ihr sogar sehr individuelle Züge verleihen. Wehen aber die Stürme der Geschichte der großen Persönlichkeit ins Gesicht, dann wird sie schnell zur Unperson. Immer sind es die treibenden Kräfte in Politik und

Wirtschaft selbst und natürlich auch das internationale Kräfteverhältnis, die die großen Persönlichkeiten hervorbringen und sie auch wieder entfernen. *In der geschichtlichen Persönlichkeit drückt sich fast immer eine geschichtliche Epoche aus.* Hitler etwa war kein »Betriebsunfall« der Geschichte, kein Irrtum, den die Mehrheit der Deutschen »eigentlich nicht wollte«. Es ist schrecklich auszusprechen, aber in Hitler ist alles wie in einem Knochenbündel zusammengeschnürt, was eine Mehrheit der Deutschen 1933 dumpf anstrebte und gewinnen wollte: Deutschland über alles...

So ist das Attentat, der gewaltsame Versuch, eine geschichtliche Persönlichkeit aus dem Strom der Geschichte zu entfernen, in Wirklichkeit ein historisch bedingter Irrtum des Täters über die Rolle der Persönlichkeit in der Geschichte.

Georg Büchner hat im »Hessischen Landboten«, im »Danton« und im »Woyzeck« die Abhängigkeit der menschlichen Existenz von Umständen erkannt, die außer uns liegen, wenn er von dem »gräßlichen Fatalismus der Geschichte« und ihrer »zernichtenden« Gewalt spricht.

Auch eine Revolution macht da keine Ausnahme, denn keineswegs, und das war ja immer der Grundirrtum der Anarchisten, kann man eine Revolution durch »den Willen zur Revolution« herbeiführen. Als die Vertreter des Dritten Standes sich am 20. Juni 1789 im Ballspielhaus in Versailles versammeln, um gemeinsam ihre Forderungen gegenüber dem König, dem Adel und dem hohen Klerus durchzusetzen, haben sie noch keine Ahnung, daß sie drauf und dran sind, die Maschine der Revolution in Gang zu setzen. Sie haben auch keineswegs den Willen dazu, jedenfalls zunächst nicht. Eine revolutionäre Situation beinhaltet eine Vielzahl von subjektiven und objektiven Faktoren, die man in dem lapidaren Satz zusammenfassen kann, daß die Herrschenden mit ihrem Latein am Ende sein müssen und die Beherrschten nicht einen Tag so länger weiterleben wollen.

In zahlreichen Darstellungen werden Attentate und Revolutionen in einem Atemzug genannt und somit auf eine Stufe gestellt.

Aber das ist ganz unzulässig. *Die Revolution und das Attentat ergänzen sich nicht, sie schließen einander vielmehr aus.* Das Attentat ist in seinem Kern radikalster Ausfluß des Voluntarismus, des blinden Glaubens, alles könne man ändern, wenn der Mensch nur den Willen dazu habe. *Der Attentäter will der Geschichte ein Schnippchen schlagen.* Jetzt, in diesem Augenblick, soll das gesegnete Zeitalter beginnen. »Ich brauche nur meinen Revolver abzuschießen und alles wandelt sich«, sagt der Anarchist, der übrigens niemals revolutionär war noch ist noch sein wird. In Wirklichkeit ist er, ohne es zu ahnen, *eine Stütze der bestehenden Gesellschaftsordnung, der Bruder des Agent provocateur.*

Der politisch motivierte Mord ist in Wirklichkeit ein gegen die Politik gerichteter Akt. Die Revolution dagegen, als bürgerliche, als bürgerlich-demokratische, als sozialistische Revolution, ist als Revolution immer der höchste Akt der Politik, Ausdruck eines gewaltsamen Zusammenpralls gegensätzlicher gesellschaftlicher Interessen, das gewaltsame Umschlagen in einen Prozeß, als dessen sachlichen Kern wir die radikale Ablösung einer Gesellschaftsordnung durch eine andere aufgrund der Erfordernisse der sie bedingenden Produktionsweise erkennen.

Wieviel Gewalt in einer Revolution angewendet wird, wieviel Blut fließt, hängt primär überhaupt nicht von den Revolutionären ab, sondern vielmehr vom Widerstand der vom Sturz bedrohten Gesellschaftsklassen, die allerdings niemals freiwillig die Bühne der Geschichte verlassen. Die Revolution von 1789, die Errichtung der Pariser Kommune von 1871, die russischen Revolutionen von 1917 waren überraschend unblutige Umwälzungen. Eine Gesellschaftsklasse im Augenblick der Schwäche, des Schocks und der Verblüffung muß keineswegs blutig unterdrückt werden. Typisch ist vielmehr, und das zeigen gerade die genannten Revolutionen ganz eindeutig, daß das Blutvergießen beginnt, wenn die entmachtete Gesellschaftsschicht, nachdem sie den ersten Schock überwunden hat, mangels anderer Argumente gegen den politischen Akt der Revolution mit dem Revolver, dem Gewehr oder der Kanone zu »argumentieren« beginnt. Bezeichnend ist, daß das politische Attentat oft die Antwort auf eine Revolution ist oder als ein Präventivmittel gegen die Revolution gebraucht wird. Die Geschichte hat immer gezeigt, daß die Verteidigung von alten Privilegien zu den scheußlichsten Exzessen führt, wie die blutige Abrechnung des französischen Bürgertums mit den Pariser Arbeitern nach der Niederschlagung des Kommuneaufstandes. *Blut muß aber niemals ein unabdingbares Merkmal einer Revolution sein. Blut ist dagegen das Hauptmerkmal des Attentates.*

Im allgemeinen ist es richtig, daß *Marx, Engels* und *Lenin* den Terrorismus aus grundsätzlichen Erwägungen ablehnten. Diese Erwägungen hängen mit ihrem Geschichtsbild zusammen. Aber es muß hervorgehoben werden, daß Marx und Engels zumindest *Ausnahmen* von diesem Grundsatz ins Auge gefaßt hatten. In einem Brief von Friedrich Engels an Wera Sassulitsch in Genf vom 23. April 1885 spricht Engels die Hoffnung aus, *daß ein Attentat in Rußland eine revolutionäre Bewegung auslösen könne*. Er schreibt in diesem Zusammenhang wörtlich:

»Es ist wichtig für Rußland, einen Stoß zu erhalten, damit die Revolution ausbricht. Ob das Signal von dieser oder jener Partei, unter dieser oder jener Flagge gegeben wird, ist von geringer Bedeutung. Selbst wenn es eine Palastverschwörung ist, sie wird am nächsten Tag hinweggefegt sein. Wo die Situation so gespannt ist, wo revolutionäre Elemente sich so angesammelt haben, wo Tag für Tag die ökonomische Situation der breiten Masse der Bevölkerung immer weniger zu ertragen ist, wo jede Stufe sozialer Entwicklung, von der primitiven Kommune bis zur modernen Industrialisierung und zu mächtigen Finanziers, präsentiert ist, und wo all diese Widersprüche allein durch die Gewalt eines Despotismus ohnegleichen zusammengehalten werden, eines Despotismus, den die Jugend, die Verkörperung der Vernunft und der Wert der Nation, immer weniger ertragen kann, da, in einem solchen Land, ist es wirklich wert, ein 1789 zu initiieren, denn ein 1793 wird nicht lange auf sich warten lassen.«[9]

Dazu ist allerdings anzumerken: Der große »Stoß«, den Rußland erhielt, war dann doch nicht eine Palastverschwörung oder ein Sprengstoffattentat, sondern der Erste Weltkrieg, und die Voraussage von Friedrich Engels, daß dem 1789, das heißt dem Sturz des Feudalismus, ein 1793, die Errichtung einer radikalen Republik, folgen würde – diese Voraussage hat sich vollständig bestätigt.

Noch einmal zu Hitler: Sicher der klassische Tyrann des 20. Jahrhunderts. 1933 legal an die Macht gekommen, zerstört er systematisch die bürgerliche Demokratie. Selbst die primitivsten Menschenrechte verachtet er grenzenlos. Zunächst: die Geißel des eigenen Volkes. Als politischer Brandstifter und Anführer einer Mörderbande zerstört und plündert er dann ganz Europa und läßt Millionen Menschen bewußt und gezielt töten. Als Hitlers Widersacher finden wir in den Verschwörern des 20. Juli eine Gruppe meist adliger Offiziere und einige sozialdemokratisch oder christlich engagierte Politiker. Für sie ist Hitler weder eine Geißel Gottes noch eine Prüfung für die Menschen, sondern ganz einfach ein Verbrecher. Das Hauptziel der

Verschwörer besteht darin, einen Waffenstillstand zu erreichen, um die deutschen Truppen an die Reichsgrenze zurückführen zu können. Das Haupthindernis auf diesem Wege: Hitler und seine fanatische Führungsgruppe, die wild entschlossen ist, lieber ganz Deutschland dem Erdboden gleichzumachen, als die Methoden der Kriegführung oder gar die Kriegsziele aufzugeben.

Eine »legale« Möglichkeit, Hitler zu entfernen, durch Abwahl, massive öffentliche Kritik oder durch Anklage vor einem höchsten deutschen Gerichtshof wegen permanenten Verfassungsbruchs, gab es nicht. Es blieben praktisch nur zwei Möglichkeiten übrig: *entweder Revolutionierung des Volkes oder Tötung durch Attentat.* Die Revolutionierung des Volkes scheidet für die Männer des 20. Juli aus. Die Vorstellung, sich unmittelbar ans Volk zu wenden, an das Volk in Uniform, an das Volk in Zivil, an das Volk in den Sträflingskleidern der KZ – alles das ist ein den Verschwörern völlig fremder Gedanke. Für einen Teil der Verschwörer, die im wesentlichen eine Mischung zwischen liberalen und höchst konservativen Persönlichkeiten darstellt, ist das Volk als ein bewußt einzusetzender politischer Faktor völlig außerhalb des Bewußtseins. Aus der Sicht der Verschwörer bleibt nur der Militärputsch übrig: Tötung Hitlers, Tötung seiner Spießgesellen, Überzeugung der Generalität, die Truppen an die Reichsgrenze zurückzuführen, um einen sofortigen Waffenstillstand zu erreichen.

Das Urteil über das Hitler-Attentat des 20. Juli 1944 *muß zwiespältig bleiben.* Auf der einen Seite ist nicht zu erkennen, welchen anderen Weg die Männer des 20. Juli hätten wählen sollen. Und selbst wenn sie Revolutionäre gewesen wären, war das deutsche Volk zu einer Revolution gegen Hitler bereit? Wir würden uns etwas vormachen, wenn wir diese Frage mit »Ja« beantworten würden. Andererseits hat gerade der wirkliche Verlauf des 20. Juli, das Scheitern des Attentates, weil Stauffenbergs Tasche mit der Bombe den Militärs am Kartentisch im Wege stand und deshalb woanders hingestellt wurde, und der Zufall, daß Hitler sich in dem Augenblick, wo die Bombe explodiert, weit über den Kartentisch beugt, mit aller Eindeutigkeit gezeigt, wieviel beim Attentat vom unberechenbaren Zufall abhängt, wie viele Unwägbarkeiten einen möglichen Erfolg ins Gegenteil verkehren können.

So selbstverständlich, wie wir die Männer des 20. Juli, die für ein freies und friedliches Deutschland ihr Leben in die Schanze schlugen, ehren, so wenig vermögen wir aus der geschichtlichen Erfahrung heraus ihren Weg zu billigen. *Die Geschichte der Tyrannenmorde ist die Geschichte von gescheiterten Hoffnungen auf eine bessere Zukunft.* Die Ermordung Caesars durch Brutus und seine Anhänger vermochte die römische Republik ebensowenig zu retten, wie die Ermordung Alexanders II. von Rußland die furchtbare Selbstherrschaft in Rußland zu beenden vermochte.

Überblicken wir die Weltgeschichte, so sind aber »Tyrannenmorde« um einer besseren Zukunft willen wie Friede statt Krieg, Republik statt Absolutismus, nationale Unabhängigkeit statt fortdauernder nationaler Unterdrückung, *zahlenmäßig weit in der Minderheit.* Vielmehr ist das Attentat in der Geschichte – und denken wir noch einmal an Wallensteins Ermordung – sehr charakteristisch für alle politischen Bestrebungen, die man unter dem allgemeinen Begriff *»Versuche, das Rad der Geschichte zurückzudrehen«* zusammenfassen könnte. *Das Attentat muß vor allem auch als ein der Geschichte immanenter Faktor von Ausübung und Absicherung von Herrschaft, von Macht angesehen werden.*

Wir müssen uns außerdem, wenn wir die Geschichte betrachten, von dem Gedanken trennen, das Attentat sei eine extreme Ausnahme in der Weltgeschichte. Das Gegenteil ist der Fall, vor allem wenn wir die Formen der Ausübung von Macht in den letzten Jahrhunderten betrachten, wobei wir die Massenmorde hier unerörtert lassen. *Das Attentat ist ein ständiger Begleiter der Menschheitsgeschichte.*

Über Attentate gibt es zahlreiche Darstellungen. Aber fast allen ist gemeinsam, daß der Eindruck erweckt werden soll, das Attentat sei ein extremes, vor allem in der Psychologie des Täters wurzelndes blutig-extremes Ereignis. Fast immer werden Attentate losgelöst vom geschichtlichen Hintergrund dargestellt, und vieles ist da geschrieben worden weniger um der geschichtlichen Erkenntnis willen, sondern mehr der Sensation wegen.

Wenn wir davon ausgehen, daß – dem Begriff des Attentats entsprechend – das Opfer immer eine bedeutende Persönlichkeit der Geschichte sein muß, so reicht eine solche Charakterisierung noch keineswegs aus, um einen Mord auch in jedem Falle als politisch zu bezeichnen. Der Anschlag auf eine Persönlichkeit des öffentlichen Lebens, einen Staatsmann, einen hohen Beamten, eine Persönlichkeit an der Spitze einer Partei, einen führenden Militär, Wirtschaftsführer oder einen hohen Geistlichen, muß durchaus nicht immer eindeutig ein Attentat sein. *Denn nicht nur das Opfer müssen wir beachten, sondern auch den Täter.* Richten wir unser Augenmerk auf die Täterpersönlichkeit, dann kommen uns erhebliche Zweifel, ob alles, was in der Literatur als »Attentat« dargestellt wurde, auch wirklich ein Attentat ist.

Nehmen wir eines der jüngsten Beispiele: Am 30. März 1981 streckt der 25jährige *John W. Hinckley* mit sechs Revolverschüssen aus einem Revolver des Typs R 6 14 den 40. Präsidenten der Vereinigten Staaten von Amerika, *Ronald Reagan,* nieder und verwundet zwei seiner Begleiter schwer. Reagan überlebt mit einem Lungensteckschuß den Mordanschlag. War es ein Attentat oder nicht? Schon als bekannt wird, daß Hinckley der amerikanischen Nazipartei angehörte, kommen der Öffentlichkeit die ersten Zweifel, ob dieser Mordanschlag politischer Natur war, denn amerikanische Nazis pflegen auf Negerführer oder weiße Linksintellektuelle zu schießen, nicht aber auf einen erzkonservativen Präsidenten, wie ihn Reagan verkörpert. Dann wird weitergeforscht, und es kommt folgendes zutage: Hinckley ist ein Psychopath.

Er liebt die Filmschauspielerin Jodie Foster »aus der Ferne«. Er hat sie in dem Film »Taxi Driver« gesehen. Der Hauptdarsteller dieses Films, Robert DeNiro, gibt Hinckley das Stichwort für seine Tat, denn er sagt im Film zu Jodie Foster, die eine Prostituierte spielt: »Wenn du mich nicht liebst, bringe ich den Präsidenten um!« Und Hinckley, dieser merkwürdige Sohn aus »guter Familie«, was immer man darunter verstehen mag, schreibt Jodie Foster einen Liebesbrief: »Gib mir eine Chance, mit dieser historischen Tat deine Liebe zu gewinnen.« Und dann schießt Hinckley. Ein politisch motiviertes Attentat? Von der Täterpersönlichkeit und dem Motiv her sicher nicht. Vielleicht war es eine Form von Selbstmordversuch.

Im Juni 1982 wird John W. Hinckley als psychisch gestört (schuldunfähig) von einem amerikanischen Gericht in allen Anklagepunkten freigesprochen, was in der amerikanischen Öffentlichkleit einen Sturm der Entrüstung auslöste.

Aber trotzdem dürfen wir nicht vorschnell urteilen, denn wir sollten nicht nur die politische Persönlichkeit als Opfer und den Täter und seine Motive im Auge behalten, *sondern auch die Auswirkungen eines solchen Attentats, und diese können durchaus politischer Natur sein.*

Zweites Beispiel: Am 2. Juni 1878 schießt Dr. phil. *Carl Nobiling* aus dem Fenster eines Hauses der Straße »Unter den Linden« in

Berlin mit einer Schrotflinte auf Kaiser *Wilhelm I.*, der sonntags gegen 15 Uhr mit seinem Wagen immer diese Stelle zu passieren pflegt. Der Kaiser wird schwer verwundet, der Täter macht einen Selbstmordversuch und stirbt wenige Monate später an den Folgen der selbstbeigebrachten Kopfwunde. Nobiling war ebenso wie *Max Hödel*, der am 11. Mai desselben Jahres ein Attentat auf den Kaiser mit einer völlig untauglichen Waffe versuchte, eine geistig gestörte Persönlichkeit. Nach allem, was wir über die Attentäter wissen, bestehen erhebliche Zweifel, ob beide Attentate politischen Charakter hatten. Aber beide Attentäter werden von Bismarck als Sozialdemokraten hingestellt. Das darauf am 21. Oktober 1878 erlassene »Sozialistengesetz« erklärt die gesamte organisierte deutsche Arbeiterbewegung für die nächsten zwölf Jahre für vogelfrei. In diesen Jahren machen die herrschenden Schichten in Deutschland entscheidende Schritte auf den Ersten Weltkrieg zu. Zwei offensichtlich unpolitische Mordversuche von Psychopathen, die unabsehbare politische Folgen hatten.

Es ist also notwendig, den politischen Mord, das Attentat, allseitig zu betrachten: sowohl das Opfer als auch den Täter und dessen Motive als auch die Folgen des Attentats für die Gesellschaft oder bestimmte Schichten und Klassen der Gesellschaft. Nur so können wir ein Attentat als politischen Mord geschichtlich richtig einordnen.

Der Mord an *Walther Rathenau* – um ein drittes Beispiel zu nennen – läßt sowohl in bezug auf die Täter und ihre Motive als auch in bezug auf das Opfer keine Fragen offen. *Das Rathenau-Attentat kann man als ein klassisches politisches Attentat bezeichnen. Übrigens auch in bezug auf die Folgen.*

Im Augenblick des Todes von Rathenau scheint es so, als könne sein furchtbares Ende zur Besinnung, zur Läuterung, zur Entgiftung der Atmosphäre der Weimarer Republik beitragen. Bei den Trauerfeierlichkeiten und im Reichstag wird immer wieder vom »Vermächtnis« Rathenaus gesprochen. Ohne Zweifel besteht das politische Vermächtnis Walther Rathenaus darin, eine Politik des Friedens und des Ausgleichs mit dem Westen und dem Osten zu suchen. Aber das Vermächtnis Rathenaus wird nicht erfüllt. Im Gegenteil: seine Tat ermuntert den Rechtsradikalismus in Deutschland. Ein Jahr später wagt Hitler zusammen mit Ludendorff in München einen rechtsradikalen Putsch. Direkt nach dem Rathenau-Attentat wird das »Republikschutzgesetz« erlassen. Es soll die Weimarer

Republik gegen den Rechtsradikalismus schützen, gegen die Mörder Rathenaus und deren Gesinnungsgenossen. Aber in der Praxis wird das Republikschutzgesetz gegen »links« angewendet, gegen jene, die auf das Attentat mit riesigen Demonstrationen für eine europäische Friedenspolitik im Sinne des ermordeten Außenministers antworten. Rathenaus Vermächtnis bleibt nichts anderes als eine schöne Phrase am Sarge des Ermordeten.

Wenden wir uns nun einigen Darstellungen politischer Morde zu. Ein Standardwerk der Kriminalistik ist die kriminalwissenschaftliche Studie zum politischen Kapitalverbrechen von *Hans Langemann.*[10]

Bei seiner gründlichen Untersuchung ist es Langemann bald aufgefallen, wie fast unlösbar die Aufgabe war, die er sich stellte, indem er als Ansatz für seine Untersuchung die Kriminalwissenschaft wählte:

»Eine befriedigende Lösung der so gestellten Aufgabe ist schwerer, als es zunächst den Anschein haben mag; denn sie konzentriert sich auf ein Tat- und Täterphänomen, das neben einer Reihe krimineller Aspekte in seiner ursprünglichen Komplexität einen Bereich erschließt, der von einer Vielzahl echter Grenzsituationen, seien sie nun charakterlicher und psychischer, sozialer und politischer, individueller und kollektiver Natur, in einer in diesem Ausmaße in der allgemeinen Kriminalität nicht gekannten Schärfe beherrscht wird. Ethische und moralische Hochwertigkeit stehen den gemeinsten Niederungen menschlichen Handelns, gerechtigkeitssuchende Hypersensibilität der gleichgültigen Mißachtung des Lebens unmittelbar gegenüber; ja, es vermengen sich, psychologisch betrachtet, »Vaterliebe« mit »Vatermord« im Sinne Dostojewskis, und es verwischen sich die Grenzen zwischen dem, was gut scheint, und dem, was böse ist. Die weiteren Ausstrahlungen der Tat aber dringen unmittelbar und tief in den politischen Raum ein, so daß – ganz allgemein gesehen – die Kriminalpolitik zur Staatspolitik wird.«[11]

Mit Recht betont Langemann, daß die Fülle der Veröffentlichungen über das politische Attentat nicht darüber hinwegtäuschen kann, daß die Veröffentlichungen oft ein *»Gewirr von Dichtung und Wahrheit, Zweckdeutung und Naivität«* darstellen und *»Sensationslüsternheit und merkantile Erwägungen«* sehr oft ausschlaggebend sind. Obwohl Langemann zu der sehr richtigen Erkenntnis kommt, daß bei der Schilderung einzelner Attentatsfälle das geschichtliche Gesamtbild in den Vordergrund treten müßte, hält er sich nicht an diese Erkenntnis, so daß letzthin dann doch Fall an Fall gereiht wird, wobei übrigens nicht zu übersehen ist, daß eine auffallend milde Beurteilung eindeutig bei den rechtsradikalen Attentaten Platz greift, während beispielsweise Anarchisten von Langemann von vornherein als »berufsmäßige Kriminelle« eingestuft werden. Bemerkenswert für die Situation in Westdeutschland in den Jahren nach dem Zweiten Weltkrieg sind auch Langemanns Ausführungen über den politischen Massenmord, wobei bezeichnenderweise die Massenmorde an Polen, Juden und sowjetischen Kriegsgefangenen als exemplarische Fälle nicht erwähnt werden. Im Zusammenhang mit dem Problem des politischen Massenmordes schreibt er: *»Allein, diese Form der Tötung aus politischen Gründen ist ihrem Wesen gemäß, da sozusagen ›von Staats wegen‹ durchgeführt, einer kriminologischen Untersuchung gesperrt. Es mag zudem nicht ganz unbedenklich sein, in all diesen Fällen die Bezeichnung ›Mord‹ im Sinne des § 211 StGB uneingeschränkt zu verwenden.«* [12]

Offensichtlich schien es Langemann im Jahre 1956 bedenklich zu sein, Hitler und Himmler schlicht als »Massenmörder« zu bezeichnen. Charakteristisch für seine Denkungsweise ist auch, daß Langemann das Attentat in unmittelbarer Nähe sogenannter Revolutionsführer ansiedelt, die seiner Meinung nach *»die wahren Urheber des politischen Gewaltverbrechens während der Dauer der von ihnen erstrebten Aufstände (sind), indem sie den unzufriedenen Massen jene unerhörten Leidenschaften einflößen und an die primitivsten Instinkte ihrer potentiellen Anhänger appellieren, wodurch sodann Ordnung und Recht bedenkenlos überwunden und vernichtet werden.«* [13]

Ebenso unbefriedigend ist es, wenn Langemann die Täterpersönlichkeiten in

Idealisten,
Wahnsinnige,
ewige Landsknechte,
Auswegslose,
indirekte Selbstmörder,
Kriminelle

einteilt. Gerade hier zeigt es sich am deutlichsten, daß man das Phänomen des Attentats eben nicht vom Standpunkt der Kriminalistik her »in den Griff« bekommen kann.

Es hilft uns nicht weiter, wenn wir – der Einteilung Langemanns nach Tätertypen folgend – Karl Ludwig Sand als einen »Idealisten«

betrachten und die Anarchisten Reinsdorf und Genossen andererseits, die im September 1883 den deutschen Kaiser, die Kronprinzen, die Bundesfürsten und die gesamte Generalität bei der Einweihung des Niederwalddenkmals mit Dynamit in die Luft sprengen wollten, als »geborene Berufsverbrecher« klassifizieren. Den Typ des Attentäters gibt es ebensowenig wie den Typ des Diebes.

Völlig hilflos sind schließlich Langemanns Schlußfolgerungen aus seiner umfangreichen und fleißigen Untersuchung. Der Autor denkt darüber nach, wie man Attentate verhüten könne, nachdem er zu der Erkenntnis kommt, daß *». . . eine echte und wirksame, über die Sühne für begangenes Unrecht hinausgehende Abwehr des Attentats durch die der Strafjustiz zur Verfügung stehenden Mittel nicht oder doch nur unvollkommen erreicht werden kann . . .«*[14]

Aber was rät Langemann den Staatsmännern? Er rät ihnen, sie sollen sich ordentlich aufführen und die Gesetze beachten. Sie sollen für Humanität und Gerechtigkeit eintreten und durch sozial- und kulturpolitische Maßnahmen den »politischen Radikalismus« bekämpfen. Sie sollen insbesondere die Erziehungsarbeit der Jugend im »staatszugewandten Sinne« fördern usw. . . . Langemanns Schlußfolgerungen aus seinen Untersuchungen laufen also auf allgemeine Appelle hinaus, wie sie ja auch an jedem Sonntag, den Gott werden läßt, von der Kanzel her verkündet werden. Alles goldene Worte! Das vertrackte ist nur, daß die Staatsmänner in der ganzen Welt und in allen Jahrhunderten mit einigen rühmlichen Ausnahmen solchen Kanzelworten gegenüber völlig taub waren und taub sind – was natürlich in keiner Weise den politischen Mord rechtfertigen soll. Aber Langemann ringt sich dann doch zu der Erkenntnis durch, daß man in einer extremen politischen Situation ein Widerstandsrecht des Volkes im Sinne eines übergesetzlichen Notstandes eben nicht aus der Sicht der Kriminalistik, sondern allein vom Standpunkt der Geschichte aus einzuschätzen und zu beurteilen hat. Über das Widerstandsrecht eines ganzen Volkes gegen seine Peiniger richtet eben nicht ein Schwurgericht, sondern die Geschichte.

Insgesamt gesehen ist Langemanns Untersuchung (bei allen Vorbehalten!) im deutschen Sprachraum der bis heute bemerkenswerteste Versuch, das Attentat aus der Sicht der Kriminalistik zu untersuchen.

Ein anderes Standardwerk, allerdings schon aus dem Jahre 1912, ist *Paul Limans* historisch-psychologische Studie *»Der politische Mord im Wandel der Geschichte«*.

Eindrucksvoll betont Liman in der Einleitung seines Buches, daß das Attentat der Menschheit niemals irgendeinen Fortschritt brachte, ganz gleich: *»... ob es in der Gestalt des Königsmordes dem Ehrgeiz und der Herrschsucht als Mittel dienen solle, die Krone zu gewinnen, ob die Idealisten der Freiheit Julius Caesar vor der Säule des Pompeius ermorden, ob Clement und Ravaillac in religiösem Fanatismus den Dolch erheben, ob Balthasar Gérard die Fliesen des Schlosses von Delft mit dem Blute des großen Oraniers färbte, oder ob die Nihilisten, ob Wera Sassulitsch, Kibaltitsch und Ryssakow, ob Ossinski und Solowjew und all die ungezählten anderen den Zaren und seine Berater zur Strecke brachten, ob Czolgosz den Präsidenten MacKinley erstach.«*[15]

Aber nach dieser durchaus richtigen Grunderkenntnis kommt Liman zu einer ganz wunderlichen Einteilung seiner Attentatsfälle. Er teilt sie in vier Kategorien, nämlich:

1. Um Zepter und Krone. In diesem Kapitel werden die Verbrechen der Herrschergeschlechter – Stoff für ungezählte Bühnenstükke – geschildert.

2. Brutus und seine Schüler. Hier werden die politischen Attentate als »Recht des Widerstandes« von Brutus bis zu Charlotte Corday (!) in einem Kapitel zusammengefaßt.

3. Der religiöse Fanatismus. Auch hier werden ohne Rücksicht auf die Geschichte historisch ganz unterschiedlich zu bewertende Attentate von der Bartholomäusnacht über die Pulververschwörung bis zum Attentat Eduard Kullmanns auf Bismarck während des Kulturkampfes zusammengefaßt.

4. Endlich: »Der politische Fanatismus«. Hier werden ebenfalls ganz unterschiedlich zu bewertende Attentate in einem einzigen Kapitel zusammengewürfelt, wobei es keiner weiteren Erklärung bedarf, daß der soziale und politische Kampf der Arbeiterschaft im 19. und 20. Jahrhundert natürlich nicht mit dem Schlagwort des »politischen Fanatismus« abgetan werden kann.

Das kurze Schlußwort von Liman zu seiner Untersuchung zeigt mit aller Deutlichkeit, in welch hohem Grade eine fatalistische Geschichtsauffassung den Sinn und die Bedeutung der Geschichte mehr verdunkelt als erhellt. *Liman macht in seiner Darstellung die Geschichte nicht durchsichtiger,* nicht verständlicher. Vielmehr erscheint sie uns nach der Lektüre seines Buches als ein blutiges Knäuel, das kaum zu entwirren ist.

Eine ganz ähnliche Darstellung ist *Christian Zentners* Untersuchung »... den Dolch im Gewande«.[16] Auch hier ist der Versuch, einerseits einzelne Attentate ausführlicher zu schildern, andererseits eine Vielzahl von Attentaten unter einem Oberbegriff zu vereinen, willkürlich und verwirrend. So wird Trotzkis Ermordung geschildert, und gleichzeitig werden unter der Sammelüberschrift »Der Fall Trotzki und die rote Moral« Mao, Fidel Castro, der Berliner Student Fritz Teufel, der von der Polizei ermordete Benno Ohnesorg und Ho Tschi Minh erwähnt. Das ist genauso ungenießbar wie die Schilderung der Ermordung Kotzebues und Heydrichs unter der gemeinsamen Überschrift »Im Namen der Nation«. Das Buch Zentners ist ein Musterbeispiel dafür, wie man das Phänomen des Attentats *mehr verwirren als klären kann.* Genau wie Liman läßt sich Zentner von der Überfülle des Stoffes überwältigen. Wertvoll ist allerdings der Anhang des Buches mit der Chronologie der bekanntesten Attentate, wenn auch diese chronologische Aufzählung nichts anderes aussagt, als daß das Attentat die ganze Geschichte der Menschheit begleitet hat und, wie der aufmerksame Beobachter weiß, offensichtlich auch begleiten wird.

Unter den jüngsten Veröffentlichungen gibt es eine, die ganz merkwürdig ist. Gemeint ist *Walter Laqueurs* »Zeugnisse politischer Gewalt – Dokumente zur Geschichte des Terrorismus«.[17] Das »merkwürdig« bezieht sich nicht auf die gesammelten Dokumente von der Antike bis zur Gegenwart, sondern darauf, was der Herausgeber und einige seiner Mitarbeiter an Definitionen und Vermutungen darlegen. Das beginnt schon bei der Definition des Begriffes »Terrorismus«: Terrorismus ist ein Synonym für Rebellion, Straßenkampf, Bürgerkämpfe, Aufstände, Landguerillakampf, Staatsstreiche und für ein Dutzend andere Dinge.[18]

Laqueur kritisiert zwar mit Recht, daß der Begriff des Terrorismus oft unterschiedslos gebracht wird und so das Begreifen des speziellen Charakters des Terrorismus erschwert wird, aber er ist sich mit sich selbst nicht einig, wenn er etwa den algerischen Unabhängigkeitskrieg gegen die französische Kolonialmacht und den mittelamerikanischen Partisanenkrieg gegen die dort herrschenden Diktatoren als »politischen Terror« definiert, während der politisch und ökonomisch begründete Massenterror eben dieser Diktatoren von ihm ebensowenig als Terror gesehen wird wie die Bartholomäusnacht von 1572.

Ferner behauptet Laqueur, daß der Terrorismus aus der Tradition der Tyrannenmorde des Altertums erwachsen sei. Auch das ist falsch. Wie immer Attentäter unserer Zeit sich als »Brutusse« sehen mögen, darauf kommt es nicht an. Letzthin geht es immer darum, daß der historische Irrtum, man könne durch Einzel- oder Massenattentate gesellschaftliche Zustände ändern oder aufrechterhalten, den Attentäter in der Generalsuniform oder in Jeans zum politischen Mord veranlaßt, nicht die Vorbilder des Altertums. Weil Laqueur nicht in der Lage ist, zwischen Revolution und Attentat zu unterscheiden, kommt er zu Schlußfolgerungen, die durch die wirkliche Geschichte in keiner Weise bestätigt wurden: *»Die Ermordung Hitlers oder Stalins in den zwanziger und dreißiger Jahren hätte nicht nur den Ablauf der Geschichte geändert, sondern auch Millionen von Menschen das Leben gerettet. Terrorismus ist moralisch dann gerechtfertigt, wenn sich kein anderer Ausweg aus einer untragbaren Situation anbietet. Doch das passiert selten, und der Terror ist in den meisten Fällen gerade da nicht erfolgreich, wo die Tyrannei am unerträglichsten ist.«*[19]

Es kann nicht die Aufgabe des Historikers sein, ein erfolgreiches Attentat auf Stalin oder Hitler als rächende Nemesis zu werten und sich auszumalen, was da alles anders geworden wäre. Denn, wie gesagt, die Geschichte lehrt, daß grundsätzlich kein politischer Mord an dem jeweiligen gesellschaftlichen Zustand grundsätzlich etwas änderte. Geändert haben die Welt nur langfristige Evolutionen oder die wenigen großen Revolutionen der Weltgeschichte. Aber die Revolutionen entsprangen eben nicht dem Voluntarismus eines einzelnen, sondern sie waren wirkliche Volksbewegungen, wie zum Beispiel auch die kubanische Revolution, die wir nicht begreifen können, wenn wir mit Laqueur, der in seiner Schrift »Unsere Gewalt« Grundsätzliches zu diesem Thema bringt, hier Fidel Castro als »Terroristen« einstufen.

Einen ganz anderen Weg der Schilderung geht, um noch ein letztes Beispiel zu nennen, *Harry Wilde* mit seinem Buch »Politische Morde unserer Zeit«, Frankfurt 1966. Der Autor schildert die Attentate auf Jaurès, Trotzki und Gandhi.

Es handelt sich ausschließlich um Mordanschläge unseres Jahrhunderts, wobei zwei von ihnen Beispiele dafür sind, wie Persönlichkeiten, die für Gewaltlosigkeit, Frieden und Aussöhnung eintraten, von erbitterten Nationalisten oder religiösen Fanatikern umgebracht wurden. Das dritte ist ein Musterbeispiel, wie Stalin seine politischen Gegner unerbittlich durch die ganze Welt verfolgte. Wilde verzichtet bewußt auf eine Einleitung zu seinem Buch. Seine drei ausführlichen Schilderungen erhellen durchaus den geschichtlichen

Hintergrund, wenn auch auf eine vollständige Darstellung des jeweiligen geschichtlichen Panoramas verzichtet wird. Aber gerade das ist zum vollen Verständnis des politischen Mordes notwendig. Erst so bekommt das Attentat im Ablauf der Geschichte seinen historischen Platz.

Anmerkungen

Papst Alexander VI. Borgia – Ermordung durch eine Mücke? (1503)

1 Die angeblich wichtigste Quelle: Burkhard, Zeremonienmeister im Vatikan, »Diarium«, (herausgeg. v. L. Thuasne, Paris 1883/85) ist eine der dubiosesten Quellen überhaupt.
2 O. Ferrara, Alexander VI. Borgia, Stuttgart 1975, S. 75
3 Susanne Schüller-Piroli, Die Borgia-Päpste Kalixt III. und Alexander VI., München 1980, S. 164f.
4 Ferrara, a. a. O., S. 429
5 Ferrara, a. a. O., S. 132
6 Ferrara, a. a. O., S. 264
7 Schüller-Piroli, a. a. O., S. 374f.
8 Anton Haidacher, Geschichte der Päpste in Bildern, Heidelberg 1965, S. 148

Zweiunddreißig Faß Pulver gegen das Parlament Seiner Majestät (1605)

1 Stefan Zweig, Maria Stuart, 7. Kapitel
2 Anthony Burgess, Shakespeare, Eine Biographie, Düsseldorf 1982, S. 270f.
3 Die Hinrichtung der Pulververschwörer wurde sogar ein Gegenstand der forensischen Medizin. Sir Sydney Smith berichtet in den »Erinnerungen eines Gerichtsarztes« (Stuttgart 1959) über einen Vorfall im Zusammenhang mit der Hinrichtung von Sir Everard Digby: »Als der Henker sein Herz herausnahm und es der Menge mit dem Hinweis: ›Das ist das Herz eines Verräters‹ präsentieren wollte, soll der [bereits abgeschlagene] Kopf deutlich vernehmbar geantwortet haben: ›Du lügst‹« (S. 47).
4 F. C. Dahlmann, Geschichte der englischen Revolution, Leipzig 1844, S. 161 f.

August von Kotzebue – Tod eines Lustspieldichters
und das jähe Erwachen aus einem deutschen Traum (1819)

1 Zitiert nach »August v. Kotzebue, Schauspiele«, Frankfurt/M. 1972, Einleitung
2 Ludwig Börne, Werke in 2 Bänden, Berlin 1976, Bd. 2, S. 300f.
3 Hans H. Gerth, Bürgerliche Intelligenz um 1800, Göttingen 1976, S. 29

4 Friedrich Engels, Brief I an den Redakteur des »Northern Star«
5 Eine Ausnahme z. B. ist Johann Heinrich Voß, Sohn eines mecklenburgischen Leibeigenen, der seinerzeit die vorbildlichen Übersetzungen von »Tausendundeine Nacht«, Shakespeares Schauspiele, Homers »Odyssee« und dessen »Ilias« schuf sowie Übersetzungen von Ovid, Vergil, Horaz und Aristophanes.
6 Bourgeoisie und bürgerliche Umwälzung in Deutschland, Berlin 1977, S. 55
7 Wolfgang Plat, Deutsche Träume, Düsseldorf 1981, S. 350f.
8 Zitiert nach »Ein anderes Deutschland«, Oberbaum-Lesebuch, Berlin 1978, S. 139
9 Ebenda, S. 138
10 Paul Liman, Der politische Mord im Wandel der Geschichte, Berlin 1912, S. 154f.
11 Zitiert nach E. K. Huber, Deutsche Verfassungsgeschichte, Bd. 1, Stuttgart 1961, S. 733
12 Zitiert nach Benz, Kotzebue, Das Rußlandbild der Restaurationszeit, Wiesbaden 1955, S. 8
13 Gerth, a. a. O., S. 112f.
14 Gerth, a. a. O., S. 48
15 Zitiert nach »Große Kriminalfälle«, München 1965, S. 32
16 Ebenda, S. 50
17 John Meier, Volksliedstudien, Karl Ludwig Sand im Liede, Straßburg 1917, S. 178f.
18 Puschkin, Werke, Moskau 1946, S. 21
19 Zitiert nach Huber, a. a. O., Bd. 1, S. 731
20 Ebenda, S. 730
21 Ebenda, S. 733
22 Hans Mayer, Georg Büchner und seine Zeit, Frankfurt 1974, S. 124
23 Ein anderes Deutschland, a. a. O., S 147
24 Ebenda, S. 142

Friedrich Wilhelm IV. – Schallendes Gelächter über ein Attentat (1844)

1 Ernst Lewalter, Friedrich Wilhelm IV., Berlin 1938, S 365f.
2 Zitiert nach Bernt Engelmann, Preußen, München 1979, S. 240
3 Zitiert nach Jürgen Kuczynski, Die Geschichte der Lage der Arbeiter unter dem Kapitalismus, Bd. 1, Berlin 1961, S. 190f.
4 Der Berliner Gassenhauer, Leipzig o. J., S. 309f.
5 Lewalter, a. a. O., S. 377
6 Der Berliner Gassenhauer, a. a. O., S. 317
7 Ein anderes Deutschland, Berlin 1978, S. 184

Zar Alexander II. – Die hundertjährige Jagd auf den Selbstherrscher (1881)

1 Zitiert nach: »Geschichte der UdSSR«, Bd. II, Köln 1977, S. 40
2 Wera Figner, »Nacht über Rußland«, Berlin o. J., S. 588
3 Zitiert nach: »Die Dekabristen«, Leipzig 1975, S. 30

4 Ebenda, S. 47
5 Severin Naliwaiko wurde als Führer eines ukrainischen Bauernaufstandes gegen polnische Magnaten 1597 in Warschau hingerichtet.
6 Zitiert nach: »Die Dekabristen«, Leipzig 1975, S. 51
7 Heinrich Mann, »Ein Zeitalter wird besichtigt«, Berlin 1947, S. 49f.
8 Iwan Turgenjew, »Vorabend«, Berlin 1952, S. 115
9 A. S. Puschkin, Ausgewählte Werke in 4 Bänden, Moskau 1950, Bd. III. S. 371
10 Zitiert nach »Katharina II von Rußland in Augenzeugenberichten«, München 1978, S. 247
11 Ebenda, S. 256
12 Zitiert nach N. F. Beltschikow, »Dostojewski im Prozeß der Petraschewzen«, Leipzig 1977, S. 311
13 Ebenda, S. 13
14 Edward Crankshaw, »Winterpalast«, München 1978, S. 100
15 Wera Figner, »Nacht über Rußland«, Berlin 1928, S. 156
16 Zitiert nach H. M. Enzensberger, »Politische Kolportagen«, Frankfurt 1966, S. 192f.
17 Zitiert nach »Geschichte der UdSSR«, Bd. I, Köln 1977, S. 255
18 In dem Film »Katja, die ungekrönte Kaiserin« mit Romy Schneider als Mätresse und Curd Jürgens als Alexander II. wird die wirkliche Geschichte vollständig auf den Kopf gestellt. Nur die bösen Terroristen sollen den edlen Zar daran gehindert haben, dem Volk endlich eine Verfassung zu geben. Die Verfassung ist angeblich fertig und unterzeichnet, da werden die Bomben geworfen. So werden bis heute Millionen Menschen durch plumpe Geschichtsfälschungen beeinflußt.
19 N. G. Tschernyschewski, »Was tun?«, Berlin 1979, S. 574
20 Ebenda, S.576
21 Ebenda
22 Ebenda
23 Ebenda
24 Zitiert nach Alphons Thun, »Geschichte der revolutionären Bewegung in Rußland«, Leipzig 1883, S. 67
25 Wera Figner, a. a. O., S. 76
26 In zahlreichen Schilderungen wird das Alter von Wera Sassulitsch mit 25 bzw. 27 angegeben. Sie wurde aber am 27. Juli 1849 geboren.
27 Wera Figner, a. a. O., S. 236
28 Wera Figner, a. a. O., S. 88
29 Zitiert nach »Sowjetunion heute«, Küln 1981, Nr. 1, S. 60
30 Ebenda
31 Lenin selbst ist ein spätes Opfer der Auffassung geworden, man könne eine politische Wende herbeiführen, wenn eine große Persönlichkeit der Geschichte getötet würde. Am 30. August 1918 verübte die Sozialrevolutionärin Kaplan ein Revolverattentat auf Lenin, der schwer verwundet wurde. Sein früher Tod als 53jähriger ist mit auf dieses Attentat zurückzuführen.
32 Aus »Gorki«, Ein Lesebuch, Weimar 1953, S. 134
33 Siehe als ein Beispiel für viele: Joel Carmichael, »Die Russische Revolution«, Reinbek 1967
34 Ebenda, S. 211

35 John Reed, »10 Tage, die die Welt erschütterten«, Berlin 1957, S. 247. Die Reportage des amerikanischen Journalisten John Reed über die Oktoberrevolution ist bis heute unübertroffen.
36 Zitiert nach Georg Lukács, »Der russische Realismus in der Weltliteratur«, Berlin 1953, S. 150

Jean Jaurès – Der erste Tote des Ersten Weltkrieges (1914)

1 Wilde, Jean Jaurès, S. 72
2 Ebenda, S. 72
3 Urs Brand, Jean Jaurès, Göttingen 1973, S. 31
4 J. Hampden Jackson, Jean Jaurès, Hamburg 1949, S. 65 ff.
5 Ebenda, S. 73
6 Brand, a. a. O., S. 79
7 Brand, a. a. O., S. 68 ff.
8 Jackson, a. a. O., S. 164
9 Ebenda, S. 180
10 Ebenda, S. 186
11 Zitiert nach: Jean Jaurès, Die neue Armee, Jena 1913, S. 491
12 Zu deutsch: »Die Lebenden rufe ich, die Toten beklage ich, die Blitze breche ich.« (Motto zu Schillers Lied von der Glocke)
13 Louis Aragon, Die Glocken von Basel, Berlin 1953, S. 266 f.
14 Fritz Fischer, Griff nach der Weltmacht, Düsseldorf 1961; derselbe: Krieg der Illusionen, Düsseldorf 1969
15 J. Hampden Jackson, a. a. O., S. 227
16 Ebenda
17 Jean Jaurès, Seine Ermordung vor dem Schwurgericht in Paris, Ludwigsburg 1922, S. 16
18 Ebenda, S. 16 f.
19 Siehe dazu die Erinnerungen Maxim Gorkis an Lenin
20 Brand, a. a. O., S. 98

Walther Rathenau – Ein frühes Opfer des Geistes von Auschwitz (1922)

1 Karl Gareis, Vorsitzender der USPD-Fraktion des Bayerischen Landtages, am 9. Juni 1921 ermordet.
2 Joseph Wirth, Deutscher Reichskanzler 1921/22 (1879–1956). Die Sowjetunion verlieh ihm 1955 den Lenin-Friedenspreis, nicht zuletzt wegen seiner Verdienste um das Zustandekommen des Rapallo-Vertrages.
3 Ernst Schulin, Gespräche mit Rathenau, München 1980, S. 328
4 Es kann bis heute nicht genau erklärt werden, wer von der russischen Delegation wirklich in dieser Osternacht am Apparat war. Nach russischer Darstellung war es Sobanin. Maltzan selbst nennt einmal Rakowski, ein anderes Mal Joffe als seine Gesprächspartner am Telefon. Maltzan hat übrigens in seinen Erinnerungen verschwiegen, daß er selbst zunächst in Rapallo anrief, bevor der Rückruf kam.
5 Zitiert nach Helmuth M. Böttcher, Rathenau, Bonn 1958, S. 285
6 Zitiert nach »Für Eures Volkes Zukunft . . .«, Köln 1980, S. 344 f.

7 Harry Wilde, Rathenau, Reinbek 1971, S. 125
8 Zitiert nach Wilde, a. a. O., S. 60f.
9 Ebenda, S. 182
10 Ebenda, S. 78
11 Ebenda
12 Ebenda
13 Statt mit wertbeständigen Devisen sollten die deutschen Industriellen von der Reichsregierung mit Deutscher Mark bezahlt werden, deren Wert rapide sank.
14 Kurt Rosenfeld, Im Kampf um den Zionismus, Stuttgart 1976, S. 269
15 Schulin, a. a. O., S. 348
16 Harry Graf Kessler, Walther Rathenau, Berlin 1928, S. 317f.
17 Gemeint ist vor allem die durch den Diktatfrieden von Riga (1921) durch Pilsudski erzwungene Ostgrenze Polens, durch die ein Teil der Ukraine und Weißrußlands abgetrennt wird.
18 Zitiert nach Harry Graf Kessler, a. a. O., S. 364
19 Die Weltbühne, 18. Jahrgang, 1922, S. 392f.
20 Ebenda, S. 11 ff.
21 Kessler, a. a. O., S. 302
22 Ebenda, S. 325
23 Kessler, a. a. O., S. 361 f.
24 Schulin, a. a. O., S. 309f.
25 Zitiert nach Böttcher, a. a. O., S. 314f.
26 Zitiert nach »Für Eures Volkes Zukunft . . .«, a. a. O., S. 345ff.
27 Zitiert nach Böttcher, a. a. O., S. 316
28 Ebenda, S. 319

Sergej Kirow – Der Schlaf der Vernunft bringt Ungeheuer hervor (1934)

1 Stephan Krasnikow, S. M. Kirow, Leben und Werk, Moskau 1964 (russ.), S. 199f.
2 Roy A. Medwedew, Die Wahrheit ist unsere Stärke, Geschichte und Folgen des Stalinismus, Frankfurt/M. 1973, S. 178f.
3 Zitiert nach Isaac Deutscher, Stalin, Stuttgart 1951, S. 343
4 Zitiert nach dem Sonderdruck der »Welt« von Juni 1956 – Chruschtschow, »Abrechnung mit Stalin«, Hamburg 1956
5 Köln 1977

Patrice Emergy Lumumba – Weiße und schwarze Plünderer (1961)

1 Falk/Wahl, Befreiungsbewegung in Afrika, Köln 1980, S. 62
2 Ebenda, S. 124f.
3 Falk/Wahl, a. a. O., S. 125
4 »Stern« Nr. 25 vom 11. 6. 1981
5 Falk/Wahl, a. a. O., S. 132f.

Martin Luther King – There's No Way Like the American Way (1968)

1 Frederik Hetmann, Martin Luther King, Hamburg 1979, S. 159ff.
2 Zitiert nach Norbert Mühlen, Die schwarzen Amerikaner, Stuttgart 1964, S. 55
3 Der Roman »Onkel Toms Hütte« von Harriet Elizabeth Beecher-Stowe (1811–1896) erschien 1852 und erreichte bald eine Auflage von 300000 Exemplaren. Obwohl in diesem Roman der Negersklave als christlich, demütig und heiter dargestellt wird, werden auf diese Weise Millionen Menschen in der ganzen Welt zum erstenmal mit dem Los der amerikanischen Sklaven konfrontiert.
4 Bernt Rüster, Rassenbeziehungen in den USA, Darmstadt 1973, S. 11 f.
5 W. Schulte-Molholt, Das Volk, das im Finstern wandelt, Bremen o. J., S. 135
6 Zitiert nach Schulte, a. a. O., S. 264
7 David J. Garrow, The FBI and Martin Luther King, New York 1981, S. 125f.
8 Zitiert nach Hetmann, a. a. O., S. 93
9 Zitiert nach Kondraschow, Martin Luther King, Berlin 1970, S. 222
10 Hetmann, a. a. O., S. 108ff.
11 Martin Luther King, Aufruf zum zivilen Ungehorsam, Düsseldorf 1969, S. 43f.
12 Hetmann, a. a. O., S. 137

Hanns Martin Schleyer – Ein Rachefeldzug blindwütiger Bürgerkinder (1977)

1 Original im Besitz des Verfassers
2 Bertolt Brecht, Die Kriegsfibel, Berlin 1968, S. 31
3 Mager/Spinnarke, Was wollen die Studenten?, Frankfurt/M. 1967, S. 14
4 Ebenda, S. 17
5 Ebenda, S. 17
6 Ebenda, S. 19
7 Ebenda, S. 151
8 Diese und die folgenden wörtlichen Ausführungen von Fritz Teufel sind dem Dokumentarfilm des ZDF von Hans Dieter Grabe: »Lebenserfahrungen – Fritz Teufel«, entnommen.
9 Salewski/Lanz, Die neue Gewalt, Zürich 1978, S. 132
10 Ebenda, S. 134
11 Zitiert nach Walter Laqueur, Zeugnisse politischer Gewalt, Kronberg/Ts. 1978, S. 166f.
12 Ulrike Meinhof, zitiert nach Salewski, a. a. O., S. 126
13 Laqueur, a. a. O., S. 141
14 Zitiert nach »Hat sich die Republik verändert?«, Veröffentlichung des Bundesministeriums des Inneren, Bonn 1978, S. 47
15 Zitiert nach Dokumentation der Bundesregierung zur Schleyer-Entführung, Bonn 1977, S. 82
16 Ebenda, S. 83
17 Ebenda, S. 87
18 Zitiert nach »Die Zeit« Nr. 51 vom 12. Dezember 1977, S. 38
19 Bernt Engelmann, Großes Bundesverdienstkreuz, Autoren Edition 1974, S. 229
20 Ebenda, S. 101 f.

21 Botzat, Kiderlen, Wolff, Ein deutscher Herbst, Frankfurt 1978, S. 120f.
22 Dokumentation, S. 83
23 Hat sich die Republik verändert?, a. a. O., S. 31 f.

Erzbischof Oscar Arnulfo Romero – Die gefährliche Nähe der United Fruit Company (1980)

1 »Stern« 15/80, S. 210
2 Sven Lindquist, Land and Power in South America, London 1979
3 »Spiegel« 5/82, S. 110f.
4 So in der Terminologie des Friedensnobelpreisträgers und imperialistischen US-Präsidenten Theodore Roosevelt (1858–1919).
5 Neben dem schon erwähnten »Teddy« Roosevelt ideologisch verbrämt durch Admiral Alfred I. Mahan (1840–1914) – Pflichtlektüre auf der Kaiserlichen Flotte Wilhelms II. – und dem Journalisten Josiah Strong (1847–1916).
6 Ironischerweise ist diese Spaltung bereits im Falkland-Krieg (1982) deutlich geworden, als die USA eine alte imperialistische Militärmacht (Großbritannien) gegen die Aggression einer Militärdiktatur (Argentinien), die die – stillschweigende – Unterstützung der meisten anderen lateinamerikanischen Staaten genoß, unterstützte.
7 Süddeutsche Zeitung, 17. 2. 1982
8 Süddeutsche Zeitung, 17. 2. 1982
9 »Stern« 15/80, S. 208
10 »Spiegel« 5/82, S. 102
11 Eduardo Galeano, Die offenen Adern Lateinamerikas (Neuauflagen seit 1971)

Essay – Das Attentat als geschichtliches Problem

1 Marx, Engels, Über Kunst und Literatur, Berlin, S. 62
2 Ebenda
3 Zitiert nach Hans Mayer, Meisterwerke deutscher Literaturkritik, Berlin 1954, 1. Bd., S. 807f.
4 Kurt Finker, Stauffenberg und der 20. Juli 1944, Berlin 1970, S. 302f.
5 Christian Zentner, ... Den Dolch im Gewande, Politischer Mord durch zwei Jahrtausende, München 1968, S. 10
6 Anton Hoch, Lothar Gruchmann; Georg Elser: Der Attentäter aus dem Volke, Frankfurt 1980
7 Zitiert nach »Süddeutsche Juristenzeitung«, Jahrgang III, 194, Heidelberg 1948, S. 311
8 Hans Magnus Enzensberger, Politische Kolportage, Frankfurt/M. 1966, S. 196f.
9 Zitiert nach Walter Laqueur, Zeugnisse politischer Gewalt, Kronberg/Ts. 1978, S. 179
10 Langemann, Das Attentat, Hamburg 1956
11 Ebenda, S. 13
12 Ebenda, S. 27
13 Ebenda, S. 315

14 Ebenda, S. 316
15 Liman, Der politische Mord im Wandel der Geschichte, 1912, S. 6
16 Siehe Anmerkung 5
17 Siehe Anmerkung 9
18 Ebenda, S. 225
19 Ebenda, S. 222

Personenregister